김수현 드라마 전집

김수현 드라마 전집

05

불꽃 1

솔

1. 대사 문장에는 띄어쓰기 원칙을 적용하지 않았다.

가장 먼저, 김수현 극본의 대사에는 마치 악보처럼 리듬이 존재한다는 것을 알면 이해가 한층 쉬워진다. 대사의 리듬과 더불어 대사의 타이밍, 대사의 전환점, 호흡의 완급, 감정선의 절제 또는 연장 등이 대본 자체에서 표현되고 있다. 따라서 문법적 원칙보다 대사의 리듬, 장단이 우선하는 이유로 띄어쓰기 원칙은 간혹 무시되고 있으며 이러한 작가의 의도를 손상시키지 않기 위해 띄어쓰기 문법을 적용시키지 않고 원본 그대로 실었다.

2. 대사에는 맞춤법을 적용하지 않은 경우가 적지 않다.

김수현 극작품의 대사는 구어체에 가까운 것으로 한글, 곧 '소리 나는 대로 읽기-쓰기'에 충실하다. 사투리가 대사에 적용될 때, 캐릭터의 어투나 억양을 강조하기 위한 수단으로 쓰일 때에도 그러하다. 곧 모든 대사의 바탕은 실제 생활 속 일상 언어의 발성이며, 때문에 공식적인 맞춤법이 적용되지 않은 경우가 많다. 외래어 또한 대부분 표기법을 적용해 사용하지 않았고, 문장부호의 사용 또한 일부 맞춤법을 적용하지 않았다.

> 예) "가께 오빠"("갈게 오빠") "늘구지 마세요 선생님"("늘리지 마세요 선생님") "택시 타구 갈게요"("택시 타고 갈게요") "어뜩해. 들으셨어요?"("어떡해. 들으셨어요?") "잔소리 피할려 그러지."("잔소리 피하려 그러지.") "친구 잘못 사겨 착한 내 아들 버렸다는 거랑 같아"("친구 잘못 사귀어 착한 내 아들…") "납쁜 자식"("나쁜 자식") "이제 여덜시야"("이제 여덟 시야") "키이"("키key")

마침표(.)를 넣지 않은 대사 문장에 대해
마침표의 유무에 따라 호흡과 말투, 대사와 대사와의 연결, 뉘앙스에서 차이가 있음

4

을 지시하는 것으로 원본 그대로 실었다.

3. 의성어 및 의태어의 사용은 김수현 작가만의 언어를 반영하여 최대한 수정하지 않은 원문을 싣거나, 부분 삭제하였다.

> 예) '식닥식닥'(화나거나 흥분해 가만히 있지 못 하고 숨을 헐떡거리는 상태), '채뜰 듯'(낚아채서 빠르게 들어 올리는 모양)

4. 작품에 쓰인 용어의 설명은 다음과 같다.

S#: S: Scene의 약자. / #: Number를 의미하는 기호.

E: Effect의 약자.
E는 여러 쓰임새가 있다. 이번 전집에서는 대체로 다음 두 가지로 쓰인다.
　① 화면상에서 A의 얼굴 위로 B의 목소리를 나오게 할 때
　② 특별한 음향효과를 지시할 때
　이번 전집에서는 ①에서처럼 화면 연출상의 기법을 위한 경우로 쓰일 경우에는 전후 문맥상 반드시 필요한 경우를 제외하고 부분 생략하였다. 그러나 ②에서처럼 전화벨이나 음향효과를 위한 장면에서는 원문 그대로 E라고 표기하였다.

> 예) E 전화벨 울리고 있고 / E 볼륨 줄여놓은 피아노 연주곡.

F: Filter의 약자.
이것은 예를 들면 A와 B가 통화를 할 때, A가 화면에 나와 있는 상태에서 B의 전화 목소리를 들려줘야 하는 경우, 상대방의 목소리를 전화 저편에서 말하는 것처럼 들리게 하는 음향적 효과를 지시하는 부호이다.

오버랩: Overlap.
앞의 장면과 뒤에 연결되는 장면이 겹쳐지며 다음 화면으로 넘어가게 할 때 쓰는 부호이다. 대본에서의 오버랩은 앞 사람의 대사가 끝나기 전에 다음 사람의 대사를 겹쳐서 말하게 할 때 주로 쓰이고 있다.

인서트: Insert.
일련의 화면에 글자나 필름을 삽입하는 것을 뜻한다. 이 대본에서는 대부분의 경우 이 지시 사항은 생략되었고, 건물의 외경이나 풍경 등의 씬을 삽입할 때 주로 쓰였다.

디졸브: Dissolve.
한 화면의 밀도가 점점 감소되어 사라짐과 동시에 점차 다른 화면의 밀도가 높아져 나타나는 장면 전환 기법 중 하나. 대본에서의 디졸브는 시간이나 장소의 변화를 보여주기 위해 사용되었다.

페이드 인: Fade in.
영상이 검정색 상태에서 다음 이미지가 점차 선명하게 나타나는 장면 전환 효과를 말하는 것으로 대본에서는 'F.I'로 표기했다.

페이드 아웃: Fade out.
화면이 어두워져 완전히 꺼지는 상태. 장면의 전환, 또는 시간을 건너뛸 때 주로 쓰인다. 대본에서는 'F.O'로 표기했다.

스니크 인: Sneak in.
해설이나 대사 등이 진행되고 있는 사이에 음악이나 효과음을 서서히 삽입시키면서 점점 확대해가는 오디오 연출 용어이다.

5. 기호와 지시문에 대한 설명은 다음과 같다.

/ : 대사 속의 / 부호와 지문 속의 / 부호가 있다.
　① 대사 속의 / 부호
　대사 도중에 나오는 / 부호는 말투, 억양을 바꿀 때, 텀term 혹은 호흡을 지시 할 때 쓰인다. 그 길이는 길 수도, 짧을 수도 있으며 바로 전 대사의 호흡을 끊고 바로 다음 대사로 빠르게 연결해야 할 때도 쓰인다.

　　예) **수정**　(일어나 아들 앞으로 가 서며)너 어떻게/어디 아파? 돌았어?

　② 지문 속의 / 부호
　연출할 화면을 나열, 혹은 순서대로 지시하는 부호이다.

　　예) **서연**　???(허둥지둥 다른 손으로 무릎에 놓은 가방 휘저으며 전화 찾는/도저히 전화가 손에 안 잡힌다/브러시질 멈추고 아예 가방 내용물을 무릎에 몽땅 쏟아버린다/지갑 수첩 필통 손수건 콤팩트 립스틱 선글라스 두 통약병 등등/그러나 전화는 없다/설마 하는 얼굴로 내용물들 다시 손으로 움직이며 체크/역시 없다)

　③ 지문과 대사 속의 //
　/ 부호를 겹쳐 사용한 것은 대사와 지문 모두 호흡을 위해 그대로 표기하였다. 행동이나 대사를 완전히 끊고 마무리할 때 사용되었다.

　　예) 지문: (대화 시작되고 유창하게 응답하는 이모//매일 전화로 학습시키는 영어 회화)
　　　　대사: …그럼 // 충격받을 준비해.

( ): 배우의 연기에 대한 지시 사항.

[ ]: 작중 정황을 지시하는 지문.
설정, 행동, 환경, 동선 등을 지시하는 부호이다.

…: 말줄임표
　① 대사의 말줄임표: 배우의 대사에서의 감정선에 따른 호흡의 길이를 지시하는 부호.
　② S#의 말줄임표: 도입되는 장면에 대한 연출의 길이를 조절하라는 뜻이다.
　③ [ ]의 말줄임표: 해당 장면에 대한 추가 연출이 필요하다는 뜻으로 쓰인다.

(오버랩의 기분): 오버랩처럼 대사가 완전히 겹치지 않고 앞 대사가 마무리될 때쯤 대사를 시작하는 것을 말한다.

　예) **이여사**　글쎄 기분 나쁜 이유가
　　　영주　　(오버랩의 기분)엄마 내가 말하구 싶지 않은 거 그래서 알아
　내본 적 있수?

(에서): 장면의 마지막 대사 뒤에 붙여 대사 후 화면이 바로 전환됨을 나타낸다. 간혹 대사 후 바로 화면 전환을 하지 않고 그대로 두어 여운을 줄 때도 사용한다.

　예) **채린**　　어머니 꿈꾸셨어요?(에서)
　　　S# 준모의 침실

6. 배우의 연기나 대사, 작중 정황 등 대본의 서술과 실제 방영된 드라마 방송분이 다를 경우 대본을 우선으로 한다.

주요 인물

박지현   드라마 작가. 종혁의 약혼자.

이강욱   성형외과의. 민경의 약혼자.

허민경   피부과의. 강욱과 약혼.

최종혁   그룹 상속자. 지현과 약혼.

지현네 가족

지현부   지현의 아버지.

지현모   지현의 어머니.

박지태   지현의 오빠.

초희   지태의 아내.

박한수   지현의 남동생.

진이   한수의 아내.

박현식   지태와 초희의 아들.

지현의 동료들

소유자   동료 작가.

나현경   동료 작가.

정감독   드라마 감독.

종혁네 가족
최회장　종혁의 아버지. 세기그룹 회장.
노여사　종혁의 어머니.

민경네 가족
서여사　민경의 어머니.
이모　민경과 민지의 이모.
허민지　민경의 여동생.

강욱네 가족
강욱부　강욱의 아버지.
강욱모　강욱의 어머니.

차례

제1회

S# 왓 프라케우 앞-에메랄드 사원-

[들어가기 전과 안에서 나오고 있는 그룹 그룹의 관광객들. 관광지 소음.]

[사람들 속에 묻혀서 사원에서 나오는 중인 강욱….]

[한국 단체 관광 가이드 손님들 모아 놓고 사원寺院에 대한 설명(열심히 적극적으로).]

강욱   (무심하게 그쪽 보면서 움직이다가 문득 걸음 멈춘다)

지현   (그룹 무리들 조금 뒤에 서서 듣고 있는)….

강욱   …..(지현 보는)

지현   (열심히 진지하게 듣고 있는)…..

강욱   …..(보는)

지현   …….(가이드에게 시선 고정하고 있다가 옆얼굴에 느껴지는 시선 때문에 문득 고개 틀어 본다/강욱과 시선 맞춰지고)

강욱   (지현과 눈 맞추고)……

지현   ?….(눈 맞추고)……

강욱   …..(그대로)

지현   ….(그대로)…

강욱   (고개 돌리며 움직이기 시작)…

지현   (잠시 더 강욱 보다가 다시 가이드 설명으로)……

강욱   ……(몇 걸음 움직이다가 돌아본다)….

지현   ……(설명 듣고 있는)…..

강욱   …(보다가 돌아서는데)

지현   (문득 뒤돌아본다)

강욱   (그때는 이미 걸음 옮기고 있다)

지현   (다시 가이드 설명으로)

S# 같은 사원 에메랄드 부처 앞

[관광객들 속에서 구경하고 있는 지현….]

S# 사원 앞 적당한 그늘 같은 곳

강욱   (캔 음료 마시며 혼자 사람들 구경하는 것처럼.)……

S# 수안 파카드 왕궁 앞

지현   (사람들 속에 섞여 왕궁으로 들어가고 있는)……(움직이면서 문득 시선 한 곳에 멈춰진다)….

강욱   (왕궁에서 나오다가 지현 보고 걸음 멈춘다)…

지현   (혼자 조금 애매하게 웃는 듯 하며 강욱 스쳐 움직인다)

강욱   ….(스치는 지현 보며)……(슬그머니 약간의 미소)…

S# 로즈 가든 장소 1

[어슬렁거리고 있는 강욱. 뭔지 모르게 누군가를 찾는 것 같은….]

S# 로즈 가든 장소 2

[아이스크림 먹으며 구경하는 지현. 그러다가 역시 누군가를 찾는 듯 휘이 둘러보는…]

S# 로즈 가든 민속촌

　[민속춤 공연 중. 가능한 템포가 빠른 것으로.]

　[구경꾼들 속에 섞여 있는 지현.]

　[지현의 옆으로 파고드는 강욱.]

지현　(조금 옆으로 물러나주고 쓰고 있던 선글라스 머리 위로 올려놓으며

　무심히 옆으로 고개 돌리면)‥‥?

강욱　(미소 없이 목례를 하는 듯 마는 듯)

지현　(미소 없이 답례를 하는 듯 마는 듯 하고 공연으로 고개 돌린다)‥

강욱　(지현 보는)‥‥‥

지현　‥‥‥

S# 파타야 해변 리조트 호텔 전경(다른 날 새벽)

S# 호텔 삼 층 객실 앞 복도‥

강욱　(가벼운 산책 차림으로 객실에서 나와 출구 쪽으로 움직이는데)

지현　(다른 객실에서 나온다)

강욱　?‥

지현　(무심히 출구 쪽으로 걸어나가는데)

강욱　(따라 걸으면서)전생의 인연이군요.

지현　?(돌아본다)

강욱　(지현 앞으로 다가서서)다시 또 만나면 그렇게 생각하기로 했거

　든요.

지현　‥코스가 뻔하니까요.

강욱　그렇더라도 이렇게까지는 너무 심한 거 아닌가요?

지현　(보는 채)네 좀 그런 감은 있네요.(하고 걷기 시작)

강욱　(따라 걸으며)그룹 여행…이죠?

지현 ?(돌아본다)

강욱 어제/(그룹 속에 있었지 않냐)

지현 (오버랩)아아, 아니에요 그냥 잠깐 훔쳐 들은 거에요.

강욱 ….(잠시 보다가)웃을 줄 몰라요?

지현 ?(잠깐 돌아보았다가)우리 엄마가요 웃다가 정들면 안되니까 함부로 웃지 말랬어요.

강욱 하.(웃음 터뜨리고)

지현 (처음 조금 웃는다)

S# 해변으로 나가는 길‥

강욱 혼잔가요?

지현 ?… (했다가)아 네……

강욱 처음이구요?

지현 (돌아보며)처음처럼…보여요?

강욱 열심히 돌아다니는 걸루 보면 처음 같구 …혼자 여행이라면 처음이 아닌 것 같구요.

지현 댁은요?

강욱 ?…아 (멈춰 마주 보며)이 강욱이라고 해요.

지현 ……(보다가)비극적인 이름이네요.

강욱 ….(보면서)왜 그렇게 생각해요.

지현 사일구 때 이승만 대통령 양자였던 사람 동생이 그 이름이었잖아요. 이 강석 이강욱

강욱 (오버랩의 기분)어떻게 알죠? 태어나지도 않았을 텐데‥

지현 (돌아보며)그럼(당신은) 태어나기 전 일은 아무 것도 모르세요?

강욱 ?(했다가)하하하하‥

지현 ·····(걸으며)부모랑 형 아우, 넷이 같이 죽었다대요. 형이 쏘아서.

강욱 그랬답니다.

지현 비극이잖아요.

강욱 그래두···죽는 것으로 사죄를 빌었던 것/···지금 같은 세상/지금 같은 사람들에 비하면 (좀 갸웃하며)괜찮지 않은가요?

지현 (잠깐 돌아보는)····(그대로 걸으며)

강욱 책임을 느낄 줄 알았고 구차스런 삶보다는 죽음을 선택할 용기가 있었으니까.

지현 (돌아보며)두 아들은 책임질 일 없었잖아요.

강욱 부모 잘못 나누어 짊머진 거죠.

지현 ····(그냥 걷는)

강욱 그것도 아름답지 않아요?

지현 처절한 아름다움이죠.

강욱 ·····(보는)

지현 그 때 신문기사/ 볼 기회가 있었어요···사흘 쯤 잠을 설쳤죠. 둘 다 참 잘 생긴 청년들이었는데·· 권력 중심인 부모 덕에 호강스럽게 살다가 하루아침에 일가족 자살로 끝내야 했을 때/····(멈추고 강욱 마주 보며)부모는 무슨 생각을 하고 아들들은 어떤 생각을 했을까요.

강욱 ·····(보며)

지현 과연 그럴 만큼 자기들이 잘못했다구··· 생각했을까요?

강욱 ·····(보며)

지현 정말 죄 값을 죽음으로 치르자였을까요 아니면 살아야 할 남은 날들이 구차스럽고 치욕스러워서였을까요.

강욱　(시선 맞추고)그건 누구도 모르죠. …어쨌든 나같은 사람은 ……
　　　흉내도 낼 수 없는 용기라고 생각해요.

지현　(오버랩의 기분/걷기 시작하며)억울하다는 생각/ 많이 했을 거
　　　에요. 죽긴 죽지만 억울하다….나두 억울했었거든요. 그 청년들의
　　　젊음….꿈…미래…사랑…삶…(돌아보며)그런 것들이요.

강욱　……(그저 보며 같이 걷는)

S#　새벽의 한적한 바다
　　　[두 사람 물가로 걸어와 바다를 보며 선다.]

지현 강욱　…….

지현　……

강욱　……

지현　(돌아보며)처음이에요?

강욱　(돌아보며)열심히 돌아다니잖아요.

지현　(픽 웃으며 바다로)….

강욱　……(지현 보며)

지현　언제(하며 돌아보다가 시선 부딪치자)……(도로 바다로)

강욱　(바다로)나흘 전에 싱가폴에 와 일 보고 움직인 김에 그저께 방
　　　콕에 왔어요.

지현　(돌아보며)무슨 일 하세요?

강욱　….(보다가)나는 아직 그쪽 이름도 몰라요.

지현　….(보다가웃으며)그쪽이에요. 성은 그/이름은 쪽.(하며 걷기 시작)

강욱　(따라 걸으며)아 어디 그씨죠?

지현　?(돌아보았다가)까르르르르

S#　카페 테라스

[뜨거운 커피 놓고 있는 종업원.]

지현 컵쿤(종업원 보고 웃으며)

강욱 ?

종업원 마이 뺀 라이.

강욱 ?(지현 보며)

종업원 (아웃되고)

강욱 (스푼 들고 있는 지현 보며)?······

지현 ?(문득 보고)까르르르 왜요?

강욱 ······(보는)

지현 (찻잔 집어 올리며 장난스럽게)쿤뺀 콘 까올리 마이?

강욱 ····무슨 말이죠?

지현 한국사람이세요?(하며 마신다)

강욱 ? 태국어 전공이에요?

지현 (찻잔 내리며)깔깔 아니에요.(찻잔 놓으며)비행기에서 외마디 소리 몇 개 외웠어요. 컵쿤 땡큐. 폽깐 마이나/다시 만나요. 쑤워이/아름답다. 티우탓 쑤워이/경치가 아름답다. 커 카오팟 느아 너이 캅/ 소고기 볶음밥 주세요. 커톳 찡찡 베리 쏘리 흐흐흣

강욱 ·····(감탄으로 보는)

지현 커피 식어요.(눈 맞추고)

강욱 아··(커피 첨가물 넣으면서)기억력이 상당히 좋은가봐요.

지현 ?

강욱 (커피 저으며)짧은 시간에 남의 나라 말을 어떻게 그리 잘 외우죠?

지현 짧은 시간 아니었어요. 한 마디 외는데 적어도 서른 번씩은 반복했을 걸요?

강욱 나는 삼백번이래두 자신없는데…전혀 뜬금없는 소리들 아니

에요. 무슨 찡찡? 찡찡은 듣던 소리네요. 애기가 찡찡거린다. 흠흠

내가 좀 바보거든요.(찻잔 들며)

지현 E 폼뺀 바바보보.

강욱 ?(찻잔 들다)

지현 남자가 나는 바보다 그럴 땐?/ 폼뺀 바바보보

강욱 ……(보며)

지현 ? 왜요?

강욱 (좀 쓰게 웃으며 찻잔 집어 든다)바바보보가 바본가부죠?

지현 그런가봐요.

강욱 바보가 곱빼기니까 우리나라 사람 곱빼기 바보가 되겠군요.

지현 풋 그러네요(보는 채)……

강욱 (마시고 찻잔 내리다가 문득 보면 시선이 부딪히고)…

지현 ……?

강욱 ……(보며)

지현 ….(잠시 더 보다가 옆 의자에 놓아두었던 가방에서 손수건 꺼내며)

휴가에요?

강욱 ….(잠깐 생각하는 듯했다가)그렇다구 할 수 있죠.

지현 (손수건으로 손가락 사이 닦으며)애매하네요?

강욱 (조금 편하게 기대면서)싱가폴에서 포럼이 있었어요.

지현 ….?무슨 포럼이요?

강욱 (시선 내리고)성형외과 의사들 모여서 이 소리 저 소리하는

지현 ?(성형외과라는 말에)…

강욱 (보며)뭐 그런 거 있어요.

지현 (찡그리고)성형외과…에요?

강욱 에..(끄덕이며)

지현 (얼른 손수건 탁탁 털어 펼쳐 얼굴 앞에 들어 가린다)

강욱 ?…왜 그래요?

지현 (가린 채)내 얼굴/견적이 얼마나 나오겠어요?

강욱 하/하하하하하하하

지현 (수건 내리면서)솜씨가 좋으신가요?

강욱 ….글쎄요. 중간은 가겠죠.

지현 (코 찡긋하며)지금부터 내 얼굴 쳐다보지 마세요. 쫄리니까.

강욱 흠흠흠흠흠흠.

지현 어디를 젤 잘하세요?

강욱 (보며)그쪽씨는… 휴가에요?

지현 …(잠깐 보다가 한번 끄떡하고 손수건 접어 가방에 넣으며)난 재주
없는 작가에요.

강욱 호오‥

지현 작가나 되나? 암튼 직업란에 방송작가라구 쓰긴 하니까 작가
라구 해 둬요.

강욱 뭐 다큐멘타리 그런 거

지현 (오버랩)죄송합니다아. 심장이 터져 가루가 되게 끔찍끔찍한
연애 얘길 쓰구 싶어하는 드라마 작가에요. 그런데 워낙 재주가 썩
은 메주덩어리라 번번이 감독 심장만 터뜨려 서(한 손바닥 위로 하
고 부는 시늉)후우우우 가루로 날려요.

강욱 하하하하하

지현 (찻잔 잡으며)떠나기 직전에두 심장 하나 터뜨려 놓구 이일 저

일 내 심장두 터지게 생겨서요. (찻잔 들어 올리며 아무렇지도 않게) 어느 날 자고 일어났는데 기분 나쁘면 버적버적 바다로 걸어 들어갈까 생각 중이에요.(하고 마신다)

강욱　(보며)얼마나 됐는데요.

지현　학교 때 학교 방송 좀 했었고 졸업하구 방송 스크립터 하면서 최근까지 어떤 회사 사보일두 했어요. 드라마 작가랍시구 어정거린 건 이제 만 이년 됐구/ 그 동안 겨우 단막극 세 편 썼는데…(쓴웃음)본 사람은 나랑 우리 가족이랑 감독이랑 출연했던 배우들 밖에 없었어요…

강욱　하하하하하

지현　(문득 눈 크게 뜨고/정색하고)질이 아주 나쁘시군요. 남의 불행에 그렇게 웃을 수가 있는 거에요?

강욱　?..아 그랬어요?(긴장해서) 미안합니다. 정말 미안해요. 나는 그런 뜻이 아니라 그게…정말 그런 뜻이 아니라

지현　(웃으며)마이 미 빤하

강욱　?

지현　까르르르르르르르

강욱　……(홀린 듯 보는)

S#　산책로

　　[말없이 걸어오고 있는 두 사람.]

　　[지나치며 아침 인사를 하는 종업원들 간간이. 그때마다 똑같은 폼으로 답례하는 지현.]

강욱　…….

지현　…….

강욱 (문득 하늘 올려다보며)…춥지도 덥지도….참 좋죠.

지현 네…..(같이 올려다보며)

강욱 그쪽씨는….

지현 (돌아보는 위에)

강욱 E 다음 행선지가 어디죠?

지현 (앞 보며)이쪽씨는 이제 들어가 짐 꾸려 방콕으로요. 방콕에서
   오늘 하루 더 빈들거리다 내일 들어갈 거에요.

강욱 꼭…그래야 할 이유가 있나요?

지현 ….? (멈추고 보는)

강욱 (멈추고 보면서)…..

S# 파타야에서 즐길 수 있는 놀이 1

S# 놀이 2

S# 놀이 3

S# 놀이 4

S# 놀이 5

S# 밤바다··

지현 (강욱의 팔을 잡고 반쯤 기대듯 하고 걷는)……(지현은 눈 감고)

강욱 ……(지현이 벗은 샌들 한 손에 늘어뜨리고)…

두 사람 …………

강욱 (문득 걸음 멈추고 선다)

지현 (멈추며 눈 뜨고 본다)……

강욱 ……(보며)

지현 ………(마주 보며 끌려들어갈 것 같은)…

강욱 (순간 지현 안으려는데)

지현 (일부러 부숴뜨리는)호호호호.(하며 걷기 시작하며)어떤 감독님
이 있죠?(하며 돌아본다) 옛날에요,

강욱 (지현 쪽으로 다가간다)

지현 (강욱 팔 다시 끼고 걸으며)같이 일하던 여자 작가하구 술을 좀
마셨는데 집에 바래다 주는 골목길에서 갑자기 /저저저저저기요
이이이이작가…(하며 멈추고 보며)주주중요한 얘기가 있습니다.하
더니요? 시시시시실례지만 내내내내가 포포포옹을 좀 해도 되겠
습니까? 하더래요.

강욱 (정시하며)원래 말더듬인가요?

지현 아뇨오? 멀쩡한사람이래요.(대답하며 강욱 시선에 붙잡혀 보며)‥‥

강욱 ……(보며)그래서‥그 작가가 뭐라구 대답했대요.

지현 (가볍게)대머리 벗어진 남자가 부들부들 떨면서 그러는 게 귀
여워/ 아이구 그래요 까짓 하세요 그랬/…(하다가 자기도 모르게 강
욱의 입으로 달려 붙고)

강욱 (거의 동시에 마주 안으며 얼크러진다)

　　　[입 맞추면서 무릎이 꺾어져 무릎으로 선 형상이 되고………마침내 그
　　　것조차도 무너져 모래밭에 쓰러지면서………]

S# 시간 경과

S# 같은 모래사장(밤)

　　　두 사람 나란히 하늘 보고 누워서‥‥‥

두 사람 …………(상당히 길게)……

S# 해변에서 호텔 건물 쪽으로 오고 있는 두 사람

　　　[둘 다 아무 말이 없다‥‥‥]

　　　[모래밭이 끝나는 경계선에서]

강욱 (걸음 멈추고 지현 앞에 무릎 굽혀 앉는다)

지현 ?....

강욱 (들고 있던 지현의 샌들 바닥에 놓고 지현의 한 다리를 잡는다)

지현 (그제야 무슨 뜻인지 알고 샌들 신으려)

강욱 (조용히)가만 있어요.(하고는 지현 한 다리 들게 해서 손으로 발바
닥의 모래 털어주고 신긴다)…

지현 ….(내려다보며)

강욱 (나머지 다른 발도 신기고 일어나 지현의 손을 잡고 걷기 시작)

지현 (손 잡혀 가면서 강욱 올려다보는)……

S# 호텔 객실 계단 1

  [올라가고 있는 두 사람.(뒷모습이 앞모습보다 나을 듯)]

S# 객실 계단 2

  [꺾어져 오르는 두 사람.]

S# 지현의 객실 쪽으로 오는 두 사람…

지현 (방이 가까워지면서 가방 뒤져 키 찾아낸다)

S# 지현의 객실 앞

지현 (방문 열고 말없이 /뒤도 안 돌아보고 들어가고 방문 닫는다)…

강욱 ……(방문 보며)…

S# 지현의 객실 안

지현 (천천히 들어오고 있는)……(들어오다가 멈추어 서서)….(혼란스러
운)……(한참 동안 그대로 서 있다가 움직여 침대로/ 쓰러지듯 누워 네
활개 펴고 늘어져 천장 보며)….(멍한)……

S# 강욱의 객실

강욱 (바지 주머니에 두 손 찌른 채 우두커니 서 있는)….(혼란스럽기는 마

찬가지다)····

S# 지현의 객실

지현 (침대 위에 옆으로 꼬부리고 누워서 눈 뜬 채)······

S# 강욱의 객실

강욱 (객실 바 앞에서 얼음 띄운 술잔 흔들면서)········

S# 지현의 객실

지현 (침대에 일어나 앉아 양반다리하고 우두커니)······

S# 강욱의 객실 테라스

강욱 ······(어둠 바라보며 술잔 기울이는)······

S# 욕실

지현 (욕조에 들어앉아 있는)······(골똘하게 있다가 스르르 미끄러져 머
리까지 푸욱 잠겼다가 나와서 다시 꼴똘해지는 얼굴)

S# 강욱의 욕실

강욱 (샤워 맞고 있는) ······

S# 객실

지현 (머리와 몸에 타월만 감은 채 글라스에 와인 가득 따르고 있다)

S# 강욱의 객실

강욱 (역시 타월만 두른 채 여행 가방 포켓에서 담배 한 갑 꺼내 뜯어서 피
워 문다)·······(푸우우우 연기 내뿜으며)···

S# 침대. 뒤척이는 지현····

**S# 침대에서 책 가슴에 올려놓은 채 담배 태우는 강욱······(어느 순간 재떨이
에 담배 눌러 끄며 일어나는 데서)**

S# 지현의 객실

지현 (여행 가방 포켓에서 수면 눈가리개 꺼내 침대로 움직이며 귀에 거

는데)

　　　E 전화벨··

지현　?········

　　　E 울리는 전화벨

지현　(받는디/ 귀에 올리는데)

강욱　F 잤어요?

지현　아직요.(웃음기 없이)······

S# 강욱의 방

강욱　혼란스러워요?

지현　F ····어떻게 아세요?(너무 굳을 필요는 없음)

강욱　흠흠···나두···

S# 지현 객실

강욱　F 나 역시 그러니까요···

지현　······피차 직업밖에는 아는 게 없어요.

강욱　F 그쪽은 아직····

S# 강욱 객실

강욱　이름도 그쪽이요. ····잡시다. 자구 일어나 내일 또/ 알아봅시다
　　　········

지현　F 선수에요?

강욱　?선수?

S# 지현 객실

지현　여행 중에···· 여자 낚는 선수요.

강욱　F 와하하하하 하하하하하하

지현　(좀 딱딱하게)웃지 마세요 난 지금 내가 나기는 한 건지가 의심

스러울 정도에요. (하고 탁 끊어버리고 잠시 전화기 보다가 침대로 몸
던지듯 하고 자리 잡으며 눈가리개 쓰는데)

S# 강욱의 객실

강욱 (끊긴 송수화기 내려다보며 좀 복잡한 미소)…

S# 지현의 객실

지현 (스탠드 끄려고 손 뻗는데 다시)

　　E 전화벨

지현 (받는다)네에.

지태 F 너 어떻게 된 거야 임마.

지현 (일어나 앉으며 눈가리개 떼는데)

지태 F (연결)지사 사람들 허탕 치게 만들면서 니 멋대로 움직이고
니 멋대로 안 움직이고 그게 뭐하는 짓야.

지현 애두 아니구 멀쩡한 남자들 쫓아 다니는 거 불편하구 싫다니까?

지태 F (오버랩)이 자식아 신경 써주면 고맙게

지현 (오버랩) 나는 그냥 여행이 하구 싶어. 그냥 자유로운 여행요/.
감시같은 거 받구 싶지 않다구.

지태 F (자르듯 오버랩)방콕으로 언제 나올 꺼야.

지현 몰라요.

지태 F 지현아!

지현 알아서 할 테니까 제발 끼지 좀 말아요. 나 잘래. 피곤해. 끊어
요.(끊는데-"지현아!"하는 지태 목소리 새어 나오고)

　　[화나서 스탠드 끄는 지현.]

　　[완전히 어두운 객실 잠시 두었다가]

S# 방콕 시내 전경

S# 방콕 특급 호텔 앞(다른 날)

[호텔에서 나와 걷기 시작하는 두 사람. 원경遠景으로.. 둘 다 가벼운 마음 유쾌한 대화가 느껴지는 그림.]

S# 달리는 쌩떼우에 타고 있는 두 사람

[그 이상한 탈것에 타고 있는 것만으로도 즐겁다.]

S# 담넌 사두억 수상시장

[시장 구경하고 있는 두 사람..]

S# 시장통 어느 식당

지현 꿔이 띠야우.(주문한다)

강욱 (보고 있다가)꿔이 띠야우.(뭔지도 모르고 흉내내듯 주문)

종업원 (대답하고 아웃되고)

강욱 중국 음식?

지현 (물 잔 집다가)풋/ 뭔지두 모르면서 달랬어요?

강욱 꿔이 띠야우.(중국말 하듯 하고)차이니스 찹찹?

지현 까르르르르르

S# 시장 쇼핑하고 있는 두 사람

S# 뚝뚝을 타고 즐거운 두 사람

S# 호텔 앞에 대어지는 뚝뚝

지현 (쇼핑한 것들 들고 먼저 내리면서)나 화장실 급해요.(하며 뒤고)

강욱 (따라 내리면서)아 먼저 들어가요.(하고 돈 치르는)

S# 호텔 로비

지현 (뛰어 들어와 승강기 쪽으로 급히 가는데)

지사원 (말끔한 청년/적당한 곳에서 기다리고 있다가 지현 발견하고 급하게 다가서며)이제 들어오십니까.

지현   ....(안면은 있다/미안하기는 하지만 반갑지는 않다)네...

지사원   (좀 어색하게 웃으며 뒷머리에 손이 올라가며)모시러 왔더니 벌써 떠나셨드군요. 파타야에 체크인 하신 거 확인해서/보고 드렸었습니다.

지현   혼자서두 충분히 다닐 수 있다구 말씀드렸잖아요.이러시면 여행이 불편하다구요.

지사원   이해는 합니다만 그래두 즈이들은 지시받은대루 움직일 수밖에(하는 데서)

   [강욱 택시값 치르고 들어오다가 보고 서 있는‥‥‥]

   [강욱의 위치에서 두 사람. 거리상 두 사람이 나누는 얘기는 안 들리고 얘기하고 있는 모양만 보인다‥‥]

   [강욱‥‥‥]

   [두 사람.]

지현   (좀 싫어진)언제가 될지 아직 모르겠어요. 결정 안했어요.

지사원   비행기 자리가/예약을 해야

지현   (오버랩의 기분)알아서 할께요. 정말이에요 내가 알아서 할테니까 진짜 더 이상 신경쓰지 마시구 회사 일 보세요 네? 부탁합니다.

지사원   그렇지만

지현   (오버랩)저기요 저 지금 화장실이 급한 참이에요. 미안합니다. 올라갈께요.(하다가 아까보다는 조금 더 다가와 있는 강욱과 잠깐 눈마주치며)미안합니다.안녕히 가세요.

지사원   E (지현 위에)저기 화장실은 저쪽에두

지현   (돌아보며 오버랩)아니에요. 그럼.(목례하고 승강기 쪽으로 뛴다)

   [승강기로 오르고 있는 강욱.]

지현   잠깐/잠깐요.

   [보고 있는 지사원 시각으로 승강기 문이 닫힌다/지현은 타고/]

S# 승강기 안

지현   (숫자판 올려다보며)……

강욱   (숫자판 올려다보며)……(있다가 지현 본다)

지현   오빠 다니는 회사 지사원이에요.

강욱   ……

지현   (숫자판 올려다보는 채)신경쓰지 말구 잊어버리래두 저래요.

강욱   오빠가 아주 높은 사람인가부죠?

지현   그렇지두 않아요……

강욱   (지현 보며)

   [승강기 멎고/]

지현   (서둘러 내리면서)십분요.(벌써 제 방으로 뛰는)

강욱   (내리면서 비식 웃는…자기 방 쪽으로)

S# 강욱의 객실 안

강욱   (들어오며 카드 집어넣어 불 켜고 캐주얼한 상의 벗으며 침대에 걸
   터앉으며 전화기 보면)

   [전화기에서 깜박깜박 점멸하고 있는 메시지 사인.]

강욱   ……(전화기 보며‥옷 계속 벗으며….무시할까 하고 벗은 옷 들고 옷장
   쪽으로 움직이다가 도로 전화로 가서 메시지 확인 버튼 누르고 듣는다)
   ……(듣고 나서 전화 꼭지 손으로 누르고 생각하는)……(생각하다가 그
   냥 수화기 놓아버리고 다시 옷장으로 움직이는)…….

S# 호텔 안 레스토랑…

   [강욱은 정장/지현도 비교적 드레시하게 입고 함께 들어서서 안내 받

아 자리에 앉는다.···]

강욱 (앉으며)어느 집안 따님이 이렇게 예쁘십니까.

지현 (앉다가 풋 조금 웃는다)이쁘다는 말에 약한 거 어떻게 알았어요.

강욱 모든 여자가 다 약하죠. 그러니까 성형외과가 돈벌일 하지.

지현 ·····(좋은 눈으로 보며)

강욱 (보며/착잡한 미소)그런데 그동안 어디서 무슨 볼일 보느라 이 제야 나타났지?

지현 ·····(보다가)별 볼일 없이 딴 동네 헤매구 다녔죠 뭐.(다가서는 웨이터)

강욱 아 (메뉴 받아 와인 리스트 먼저 보면서)와인 합시다.···뭘루 하 까···좋아하는 거 있으면 말해요.

지현 난 맛도 잘 모르고 싸구려만 좋아 한다니까요?

강욱 ·····(조금 더 고르다가/와인 주문하고)식사는 우리 랍스터 먹어보 자구.

지현 좋아요······(하고 식사 주문하는 강욱 지켜보면서)·····(강욱은 정식 으로 식사 주문을 끝내고 웨이터 아웃되고)

강욱 (웨이터 떠나면서 지현 보며 괜히 조금 웃어 보인다)···

지현 웃는 게···왜 그렇게 복잡해요?

강욱 ···(시선 좀 아래로 했다가 보며)내일은 비행기를 타야하는 게··김 빠져서요.····그쪽은 예정이 어떻게 돼요.

지현 ······(그저 보며)

강욱 병원 너무 오래 비워뒀어요···원래는 이박 정도 예정이었거든요.

지현 (끄덕이며)그럼 나두 같이 들어 갈래요.

강욱 ······(보며)

32

지현   더 있어야할 이유 없거든요.(하는데/)

웨이터   (와인 갖고 와 조금 따르고 시음하라고)

강욱   (글라스 드는데)

지현   그렇게 해서 퇴짜 놓는 일 있어요?

강욱   거의 없어요.(맛보고 *끄*덕이며)굳/댓츠 오케이.(웨이터는 따르
는 한편/강욱은 계속)상했나 안 상했나 보는 건데 이런 데서 상한 와
인 내 놓는 일 어디 있나….(글라스 들며)자..

지현   (글라스 들고)….

강욱   ….(보다가)남북통일을 위해

지현   (풋 웃고)

　　　[부딪치는 잔]

　　　[각각 한 모금씩 마시고]

강욱   (글라스 내리면서 안 보는 채)서울 가서…볼 수 있어요?

지현   …

강욱   그쪽 생각을 묻는 거요.

지현   그쪽은 어떤데요.

강욱   …….보고 싶어요.

지현   나두요….물론이에요.

강욱   (보며 글라스 들어 올린다)

지현   …..(정시하며 글라스 들어 올린다)

강욱   (글라스 부딪는다)…..(정시하며)

지현   …..(정시하며)

S# 호텔 강욱의 객실

두 사람   (격정적으로 엉겨붙어서 탐닉하면서 침대 쪽으로 움직여 가는 중

이다)……(누가 더 심하다고 할 수 없는 상태……서로 마구 벗겨내면서/얼

굴은 붙어 있는 채)…(두 사람 다 혼이 빠질 지경인데)

    E 느닷없이 울리는 전화벨‥

두 사람   (함께 흠칫/전화 돌아본다)

지현   (무슨 말인가 하려는데)

강욱   상관마요. (하며 지현 가슴에 얼굴 붙이며 번쩍 들어 올린다)

지현   (머리가 뒤로 젖혀지면서 강욱 머리 붙여 안는)…

    E 울리고 있는 전화벨

S# 지현의 객실

    E 이 방에서도 전화가 울리고 있다. 벨 소리 네다섯 번

S# 방콕 시내를 달리고 있는 리무진 안(밤)

종혁   (전화기 들고 있다)

    E F 전화벨 가는 소리 두세 번.

종혁   (끊는다)

지사장   (괜히 쫄려서)안 받습니까?

종혁   (안 보고 들고 있던 전화기 걸어놓으며)안 받네요.

지사장   두 시간 전에 들어오시는 거 김대리가

종혁   (오버랩)됐습니다. 저녁 관광 나갔거나 호텔 안 어디 있겠죠.

지사장   (나이는 더 먹었지만/송구해서)어떻게나 깔끔한지 도무지 곁

    을 안주구

종혁   (지사장 돌아보며 조금 웃는 듯 오버랩)원래 아주 독립적인 사람

    이에요. 나쁘게 생각하지 마세요.

지사장   아니 그런 뜻이 아니라

종혁   (오버랩)일년 중 지금이 제일 좋은 때라면서요.(창으로 고개 돌

리며)

지사장   예..예 그렇습니다. 우리 가을 날씨니까요..

S# 호텔 앞에 대어지는 리무진

지사장   (먼저 내려 차 문 열려고 돌아가는데)

종혁   (벌써 내린다)..

지사장   (괜히 차 문 잡으며)

종혁   (호텔로).....

지사장   ....(부지런히 따라들어가는)...

S# 강욱의 방

　　[스푼처럼 옆으로 포개져 껴안고 있는......상체 벗고 있는 것으로..아래
　　는 시트가 덮고 있지만....]

두 사람   ....(눈 뜬 채/다소 느른하고 머얼건 상태).......(한 화면에 각각 제
　　생각하면서).......

지현   (가만히)...무슨 생각해요.

강욱   .....나한테 이런 일이 준비돼 있는 줄... 몰랐다는 생각....

지현   .....무슨 생각했는지 물어봐 줘요.

강욱   무슨 생각....

지현   똑같은 생각...

강욱   (쓴웃음 지으며 당겨 안는다/옆으로인 채)

지현   그런데 그게 왜....(눈 감으며)슬픔하구 닮아 있을까요.

강욱   ..글쎄......

지현   (눈 뜨며)이상해요.... 슬픔하구 닮아 있어요.....

S# 객실 복도 승강기 앞 공간

지사장   (승강기를 지키듯 서성거리며 담배 태우고 있다가 뭔가 기척이 느

껴져 움직여 보면)

지현   (강욱의 방 쪽 복도에서 제 방 쪽으로 움직이고 있다.)

지사장   (눈이 커지며 허둥지둥 담배 재떨이에 쑤셔 박고 지현 쪽으로 뛰면서)저기···저기요.

지현   ?···(멈추고 보는)···?

지사장   지사장입니다.(끔벅) 늦으셨습니다.

지현   네··그런데 또(무슨 일)

지사장   (오버랩)한참 됐어요··올라가시죠. 기다리시는지 한참 됐습니다.

지현   ?·····

지사장   회회장님 자제분

지현   (황당한)·····?

지사장   ···(잠깐 보다가)지금 저녁 식사 중입니다.

지현   (정말 황당하고 어이없는)··

S# 지현의 객실

지현   (들어와 키 넣어 불 켜고 침대 쪽으로 들어오면서 황당하기 짝이 없다)····

S# 승강기 앞

지사장   (핸드폰/소리 죽여)어 지금 막 들어왔어. 금방 올라간다구 보고 드려···식사 다 하셨어?···어 그래 알았어.(끊어서 주머니에 넣다가 문득)?····(지현이 나타난 방향이 이상하다)·····(지현이 나타났던 복도를 기웃거리는)····?

S# 종혁의 스위트룸 앞

　　[지현이 만났던 지사원 대기 중으로 서 있고···]

[종혁이 식사 마치고 트레이 밀고 나온다.]

S# 종혁의 객실의 욕실

종혁 (양치질하고 입 헹궈내는 중)·····(수건으로 입 닦고 타월 처치하고 나간다)

S# 객실 거실

종혁 (거실로 나오면서 영자 신문 집어 드는데)

지현 (들어온다)

종혁 ·······(한동안 보다가 신문 적당히 놓으면서 표나게 웃지는 않지만 부드럽게)잘 지냈어? 구경꺼리가 (다가들며) 많은가부지? 재밌었어?

지현 웬일이에요.(반발할 필요는 없음/안 보는 채)

종혁 ·····(보며 웬일인지 알잖아)··말 한마디 없이 토껴서 며칠 만에 얼굴 보는 건데/···첫마디가 너무 그렇다.(그렇다 응?)

지현 (시선 피하며 식탁으로 가 물 따라 벌컥벌컥 마신다)····

종혁 ··조갈 나?

지현 (물컵 내리며 무슨 말인가 하려는데)

종혁 (벌써 문밖에 대고)김 대리!

김 E 예! (하며 재빠르게 들어와)예.

종혁 오렌지쥬스 좀 시켜 줘요. 후레쉬 오렌지. 커다란 병에 가득 만들어 오라 그래요.

김대리 예 알겠습니다.(하고 재빠르게 나가고)

종혁 (지현이 있는 식탁 쪽으로 성큼성큼 다가가며)그래서/마음은 좀 풀렸어?····(의자 빼서 지현 어깨 잡아 눌러 앉힌다)

지현 ·····(앉혀지는 대로 앉고/시선은 내린 채)

종혁 ·······(마주 움직여 앉으며/보며)당신 정말 지나치게 예민해서 탈이야. 그러지 마. 피곤해.

지현 (시선 들어 가만히 본다)…

종혁 일등할 자신 없으면 그만 두라는 게/··이럴 정도루까지 자존심
상하게 했어?

지현 ·····(그저 보며)

종혁 보라구. 한 달 두 달 씩 낑낑거리면서 써갖구 나가 퇴짜나 맞는
일/그걸 뭐하러 하냐 소리 ···당신 위해서야·· 안타까워서.

지현 (시선 내리며)왜 온 거에요.

종혁 할일 없어 심심해서.(약간 비등그러져서/보며)·····(보다가)오게
까지 안 할 수두 있었잖아. 겁두 없이 혼자 어딜 그렇게 마음대루
돌아 다니는 거야. 다 따돌리구 뭐 딴 볼일 볼 거 있는 거야?

지현 ?··(잠깐 보았다가 시선 내리며)지나친 배려 부담스러워요. 그리
구 내가 뭔데 지사 사람들 나와서 내 시중 들구 다녀요.

종혁 ·······(보며)

지현 그런 대접 안 받아봐서 거북해요.

종혁 (오버랩/일어서며)익숙해지도록 해. (바로 가면서)쭈욱 그렇게
살아야 하니까. 당연히 그렇게 보호 받아야 해. 왜냐.(돌아보며)당
신은 내 사람이구/내 사람이면 내 재산이니까.

지현 (종혁 쪽 돌아보면서)·····

종혁 (술 한 잔 만든다)·····

지현 ·······(보며)

종혁 (마신다)

지현 ·····(보며)

종혁 (술잔 들고 지현 쪽으로 오며)다시는/··무슨 일이 있어두 이번처

럼 멋대로 …이런 짓 하지 마.

지현 …..(보며)

종혁 (의자에 앉으며 보며)돌 뻔했어.

지현 …..(보며)

종혁 (술잔 밀어주며)한 모금 해.

지현 (시선 피하며 고개 젓는다)

종혁 …이렇게 보는 것도 나쁘지 않다.

지현 (본다)…

종혁 반가운데 그래?…..(보는 채)화 안 풀 거야?..계속 골나 있을 거야?

지현 다른 볼일은 없어요?

종혁 없어. 내일 첫 비행기 탈 거야.

지현 밤 비행기 밖에 없어요.

종혁 꼭 우리나라 비행기 타라는 법 없잖아. 걱정마. 얼마든지 있어.(보
며 좀 웃으며)

  E 오버랩/노크 소리.

종혁 네에.

김대리 (커다란 유리 포트에 오렌지 주스 가득 담아 들고 들어온다)

종혁 아. 여기 놔요(하며 일어서 바로 가며)그만 가서 쉬구.

김대리 예.

종혁 …..(바에서 유리컵 하나 들고 와 가득 따라 내민다)….

지현 (올려다보며)…..

종혁 받어.

지현 (받아서 몇 모금 마시고 내린다)

종혁 ……(좋은 눈으로 보며)

지현 (주스 잔 테이블에 놓으며 일어선다) 같이 가야 해요? (하며 본다)

종혁 ?....(뭐라구?)

지현 (물으나 마나 했던 말이다/포기하고 의자에서 빠지며) 몇 시에 일어나면 돼요.

종혁 (오버랩) 우리 여기서 첫날 밤 치르자.

지현 ?..(아주 짧게 보고는 말도 안 되는 소리라는 듯 움직이려 하는데)

종혁 (잡아채듯 안고 얼굴 붙이려)

지현 (필사적으로 밀어내며 얼굴 피하는)....

종혁 (노력)...

지현 (반대로 노력)

종혁 가만 있어/가만 좀 있어!.....(노력)

지현 .....(필사적으로 밀어내고 피하다가 빼애액) 싫어어어어어엇!

종혁 ?(그 소리에 멈칫 동작이 멈추면서/빠져나가는 지현 보는)......

지현 (물러나며)....(말도 안 되는 짓을 한 남자를 보는)

종혁 (두 손 들어 보이면서) 너 정말 김새게 한다.....왜 이렇게 까다롭니.....미안/미안하다. 내 실수야/사과해.

지현 ("사과해"가 끝나기도 전에 휙 돌아서 빠르게 나가버린다).....

종혁 .....(지현이 나가버린 문 보면서)

S# 종혁의 객실에서 승강기로 가는 복도

지현 ....(빠르게 승강기 쪽으로 움직이는/보다 먼저 뛰어 승강기로 가고 있는 김대리)

S# 승강기 앞

김대리 (내려가는 승강기 부르는 버튼 누르고 섰다)....

지현 ....(와서 서며 괜히 화내는) 나한테는 안 이래두 된다니까요? 나

40

두 손가락 있어요.

김대리   …예(무안)

[마침 와서 문 열리는 승강기]

지현   (미안해져서)미안합니다.(하며 타고)

S# 승강기 안

지현   (자기 층 버튼 누르고 닫히는 문과 함께 승강기 한구석에 처박히면서 얼굴 천장으로/어째야 할지를 모르겠다)⋯⋯

S# 지현 객실 층

[승강기 문 열리고 내리는 지현/제 객실 복도로]

지현   (제 객실 통로로 접어들다가 문득 멈춰서 강욱 객실 쪽 돌아보며)⋯⋯

S# 지현의 객실

지현   (옷도 그대로인 채 침대에 오도카니 걸터앉아)⋯⋯(골똘히/골똘히 생각하다가 전화기 돌아본다)⋯⋯

[순간 전화기 집어 들고 버튼 찍으려고 손 뻗다가 그만두고]

지현   ⋯⋯(전화해서 뭐라 그래)⋯⋯(전화기 내려놓고)⋯⋯(한참 생각하다가 고대로 침대에 쓰러지듯 꼬부리고 누워)⋯⋯(눈 뜬 채)⋯⋯(그대로 있다가 눈 감으며 천장으로 뒤집는다)⋯⋯

[격정의 순간/일 초씩 네다섯 커트 지나가고]

지현   (벌떡 일어나 서둘러 화장대로 가 앉으며 급한 동작으로 객실에 비치된 편지지 꺼내 쓰기 시작한다)

[쓰여지는 글. 큼직하고 동글동글한 원고지 글씨.]

예상 못했던 사정이 생겨 먼저 들어갑니다.

서울에서 얘기하겠어요.

011 246(까지 쓰고)

지현   (핸드폰 번호 마저 쓰고 이름도 쓰고 반듯하게 접어서 호텔 편지 봉
   투에 넣어 혀끝으로 침 발라 붙여서 들고 내려다보는)……

S# 호텔 전경(새벽)

S# 호텔 근처-어슬렁거리는 기분으로 주변 구경하며 산책하고 있는 강욱

S# 지현의 객실 밖

지현   (나오면서 핸드백에서 지난밤 준비해두었던 봉투 꺼내면서 강욱의
   방 쪽 복도로 움직이는데)

김대리   E 안녕히 (지현/멈추고 보면)

김대리   (승강기로 통하는 코너에 섰다가)주무셨습니까.

지현   ….(표 안 나게 싫증 나며 들고 있던 봉투 백에 도로 넣으며 승강기로)

김대리   (앞서 버튼 누르려 움직이며)부치실 거면 제가 부치겠습니다.

지현   아니에요. 괜찮아요.

김대리   짐은 내려갔습니다.

지현   네에‥(약간 한숨 쉬듯)

S# 호텔 현관 앞‥

강욱   (호텔로 돌아오고 있다)……
   [대어져 있는 리무진 승용차 힐끗 잠깐 보고 현관 쪽으로 움직이는데]
   [현관에서 앞서 나오는 지사장/김대리/그리고 뒷좌석 문 여는 운전
   기사.]

강욱   (뭐 굉장한 사람이 왔나 싶어 다시 한번 돌아보고 현관으로 가는데)
   [현관에서 나오는 지현과 종혁. 종혁은 가볍게 지현 케어하면서‥]

강욱   ?…..(얼어붙는 듯)

지현   ……(시선 내리고 움직이다가 문득 느낌이 들어 시선 들면)…?….

강욱   ?‥

지현 (종혁은 멈추지 않고 움직이고 종혁이 움직이니까 같이 움직여야 하고/그러면서도 아주 잠깐 한 번은 돌아본다)……

강욱 ……(보는)

[지현 먼저 태우고 종혁 따라 탄다.]

[뜨는 리무진….]

지사장 빨리빨리/

[급히 대어지는 다른 국산 승용차에 두 사람 타고 급히 따라가는]

강욱 ……(차 꽁무니 보며 황당한)….

[사라지는 리무진…]

강욱 ……(이럴 때 어떨까요)…(언제까지라도 그대로 서 있을 듯……황당함/배신감/의문)

S# 방콕 시내를 통과 중인 리무진 안(막히면 막히는 대로)

종혁 ……(기대앉은 채 고개 옆으로 돌려 지현 보고 있는)……

지현 (시선 내리고 가만히)….

종혁 (무릎 위에 놓인 지현의 한 손에 손 얹으며)그래두…내가 안 온 거 보다는 온 게 낫지?

지현 (본다)……

종혁 (건드리며)기대 기대. (기대게 하려 하며)편하게 앉아.

지현 (안 보는 채 순하게)나는 이게 편해요.

종혁 전깃줄에 앉은 새 같잖아. 기대면 얼마나 편한데 그래.

지현 ……(그대로)

종혁 주어진 건 놓치지 말고 맘껏 즐기는 거야…놓치는 건 바보야.

지현 (그냥 가방에 손 집어넣어 선글라스 꺼내 쓰는데)

종혁 (선글라스 잡으며)쓰지 마.

지현 (보는)··

종혁 (비죽 웃으며)무지하게 보고 싶었던 얼굴야. 그대로 있어.

지현 (시선 피하는)

종혁 (렌즈 눈에 잠깐 대어 보면서)나는 눈병 났을 때하구 내 생각 들
키면 안될 때 말구는 이거 쓰기 싫더라. 나를 별로 안 좋아한다는
거 말고도 또 뭐 들키면 안되는 거 있어?

지현 (대꾸 없이 종혁에게서 선글라스 빼내어 케이스에 넣어 가방에 치운
다)····

종혁 ·····(보다가)잠 못 잤지. 얼굴이 그래.

지현 잘 만큼 잤어요.(안 보는 채)

종혁 ·····(웃음기가 스러지며 보다가 조용히)안 웃을래?

지현 (본다)···

종혁 그 얼굴 보러 일 다 팽개치구 다섯 시간 반 비행기 탔니?

지현 오라 그러지 않았잖아요.

종혁 ·····(보다가 잠깐 고개 돌리며 픽 웃어버린다)그래 건 당신 말이 맞
다. (도로 보며)그 말이 맞아. 내가 온 거니까 생색낼 건 없어 맞어.

지현 (차창 밖으로 고개 돌리는)·····

종혁 ·····(보며)

S# 호텔 야외 수영장

　　[수영 손님은 아직 없고····]

강욱 (커피 잔 앞에 놓고 앉아서)······(담배 태우면서)·······

S# 리무진 안··

종혁 ······(한동안 지현 보다가)있잖아·····나는 당신 성질 피는 거 별로
싫어하지는 않는데?···성질 피면 귀엽거든····그런데 지나치게 긴 건

44

안 좋아.....왜 그렇잖아. 떼쓰는 어린애도 달래구 달래다 안되면 두
들겨 패더라.

지현 ?(돌아본다)…

종혁 …..(마주 보는)

지현 (시선 피한다)

종혁 (창밖 보며)여기 올 생각은 어떻게 했니……응?(돌아보며)

지현 (안 보는 채)와보구 싶었던 데에요.

종혁 그럼 같이 왔으면 좋았잖아.

지현 ….

종혁 그렇게나 자존심이 상했어?…..(돌아보며) 그 일이 그렇게 하구
싶어?

지현 (안 보는 채)하구 싶어요.

종혁 왜.

지현 돈두 벌구 유명해 지구 싶으니까.

종혁 (웃는다)

지현 비웃지 말아요‥

종혁 비웃는 거 아냐.

지현 솔직하지 않아요.

종혁 비웃는 게 아니라 이해를 못 하겠는 거야. 돈 안 벌어도 돼. 유
명해질 필요 뭐 있어. 그거 하자구 그 고생을 왜 하냐 말야. 빨리 늙
기나 할 걸. 빛두 못 보면서 쓸데없이 늙는 거 아깝잖아. 그래서 그
만두라 그런 거야.

지현 내가 알아서 해요. 내 일에 대해서 아는 척 하지 말아요.

종혁 …..(보다가)그래 좋아 알았어. 접수했다. 알았어. *끄*웃. 더 이상

거론 말자.

지현   .....

종혁   .....(보다가 손 뻗어 지현 코 잡아 흔들며)잘났다 그래 가시나야.

지현   (찡그리고 당하며 손 털어내는)

종혁   (조금 소리 내어 웃는다)...

S# 객실 복도

강욱   ......(천천히 들어와 방으로)

S# 객실

강욱   (들어오면서 곧장 가방 꾸리기로).....(이것저것 차분하게 접어서).....

    E 전화벨

강욱   (돌아보고 잠깐 있다가 움직여 받는다)··네 여보세요.....어 그래....
그렇게 됐어. 들어가 일 시작하기 꾀나서 좀 질척거렸어...... 어떻
게 시간이 잘 안 맞더라··늦게 들어와. 할려구 보면 잘 시간이구....
음 괜찮았어. 볼 것두 많구... 오늘.....밤 열한시 넘어서야...시간이
그렇대...음...짐 싸 지금.....(하며 침대에 걸터앉는데)

S# 공항에 대어지는 리무진··

지사장과 김대리   (이미 대기 중)

    [내리는 종혁과 지현.]

종혁   (잡아주고).....(등 감싸듯 해서 공항 건물로 들어간다)

S# 객실

강욱   (침대에 누워서 천천히 담배 태우고 있다)......

S# 지현의 집 마당-담장 없는 집(오후 4시경)

    [종혁의 승용차 들어와 멎는다...]

지현모   (남편은 무 배추 구덩이에서 배추 꺼내는 중/무 두 덩어리 소쿠리

에 담아놓고 쭈그리고 앉아 보고 있다가 자동차 들어오는 소리에)?....
(그쪽을 보고 일어서면서)애 왔네요 여보.(하며 애들 쪽으로)

지현부 (구덩이에 구부린 채)왔어?(하며 배추 한 덩어리 꺼내 던지고 구덩이 단속하는)

지현모 (지현 가방 들고 꿈벅하며 집 건물로 가는 운전기사에게)네 고마워요.(하고)바쁜 사람이 뭐하러 그래. 놀만큼 놀다 올 때 되면 어련히 올까.

종혁 (단정하게)마침 시간이 나서요.(하고 구덩이에서 일어나고 아버지 쪽으로 성큼성큼)저 왔습니다 아버님.

지현부 (수건으로 무릎이며 털면서)너 팔불출이다. 골 질 하구 나간 여편네는 찾아 나서는 거 아냐.

종혁 하하 네.

지현모 (오버랩)식두 안 올렸는데 아직 여편네는 아니에요.

지현부 하기로 했으면 여편네야. 들어가자.

지현모 (배추와 무 있는 곳으로 재게 움직이며)그래 들어가 들어가.

지현부 놔둬. 내가 하께/무거워.

지현모 (저쪽 구덩이 쪽에서/한 화면에)이 정돈 괜찮수다.

지현부 (아내 대꾸와는 상관없이 딸 보며)그래서 해결은 봤어?

지현 해결은 ‥(해결은 뭐/)가요. 약속 있대요 아버지.

지현부 그래?

종혁 네…죄송합니다.

지현모 (소쿠리 들고 일어서며)그냥 간다구?

종혁 네.

지현부 약속이 있대. 가 그럼 빨리.

종혁   네 그럼 다시 뵙겠습니다. 안녕히 계십쇼 어머니.

지현모   그래 잘 가가.

　　　[그 동안에 벌써 짐가방 들여놓고 나와 대기 중인 기사.]

종혁   (차에 타고)

기사   (문 닫고 운전대로 올라)

　　　[출발하는 종혁의 자동차.]

　　　[종혁의 차 움직이자마자]

지현모   아이구우 춥다.(집으로 빠르게 움직이며)얼른 들어와요 감기
　　　들어.

지현모   (집 쪽으로 돌아서며)따라나오지 말라니까 말 안듣구··

지현   (잠깐 웃는 얼굴로 아버지 보며 팔 낀다) 별일 없었죠?

　　　[걸음이 느려지지 않도록/]

　　　[노인들 같을 필요 없음. 그냥 지금 본인 자신의 템포와 어투면 됩니다.]

지현부   별일이 왜 없어. 치안도 부실한 나라에서 연락 안된다구 니
　　　오래비 부아내구 씩씩거리는데 너는 전화 한통두 없지 그 이상 별
　　　일이 어딨어.

지현   (아버지와 같이 걸으면서)걱정하셨어요?

지현부   사람 사는 나라에 사람 갔는데 팔푼이두 아니구 걱정은 무
　　　슨. 지태만 불그락푸르락 했지…그래··이기구 온 거야?

지현   (아버지 본다)

지현부   몸달아 데리러 간 놈이 진 거지 뭐….대체 무슨 일야.

지현   그냥….화가 나구 답답해서요…

지현부   …왜.

지현   아버지….(안 보는 채)저 사람하구 나 궁합 안 맞아요.

지현부 좋다잖어 늬 엄마가.

지현 ……

지현부 처음부터 다 맞는 사람 어딨어. 살면서 맞춰지는 거구 맞춰
가는 거야….

지현 그렇게 안될 거 같애요.

지현부 아직 다 안 풀렸어?(에서)

S# 주방

지현모 (싱크대/바가지 물에 무 담가 하나 수세미로 닦다가)…(문득 놓고
앞치마에 손 닦으며 나간다)

S# 거실

지현모 (나와서 아들 방 앞으로 잠깐 귀 기울였다가 노크한다)….

　　[대답 없고…]

지현모 한밤중이다 한밤중.(중얼거리고 문 열고 들어간다)

S# 지태 부부 방

지현모 (들어와서 자고 있는 며느리에게 오며)애…애 에미야…에미야!

초희 (눈 감은 채)에..예….

지현모 …(잠시 보다가)이제 그만 주무시구 일어나셔……으.으웅?(어
서) 아버지 들어오셨어.굴 생채 잡숫구 싶대. 저녁준비는 안해?

초희 (마지못해 일어나 앉으면서)아으.으.으.으.으(하품)

지현모 ……(한심해서 보다가 웃어버린다)아이구 참 좌우간 신기한 물
건이다. 어떻게 낮잠을 밤잠 자듯 그러니이? 나는 원 밤잠두 낮잠
만큼이 안되드구먼.

초희 어머닌 늙으셨잖어요오.(느른하게 덮을 것 치우며)금방 나가께
요. 아으.으.으.으.으(하품)

지현모 쯔쯔쯔쯔 그렇게 안 가르쳐줘두 나 늙은 거 알어. 못된 거.

초희 ㅎㅎㅎㅎㅎ

지현모 (문으로)아예 옷까지 벗구 자니 낮잠이 밤잠이 되지 어이그 으으 대간한 물건‥(나가며)

S# 거실

지현모 (나오며)대간한 물건.

지현부 (석유 스토브에 불 당기면서)석유 언제 넣지?

지현모 어제 저녁에요.

지현부 그제께 아니었어?

지현모 어제였어요‥‥‥(하고 들어가려다 돌아보며)그저께였나?

지현부 그저께였던 거 같애.

지현모 가만 있어봐…(마침 나오는 며느리)얘 현식이 외가 간 게 언제였니.

초희 그저께요.

지현모 그럼 그저께 넣어요.

지현부 그렇지 싶더라. 기름 채우구 불 부칠 걸 잘못했다.

지현모 (부엌으로 들어가며)떨어지면 또 넣지 뭐.

지현부 냄새나니까 그렇지.

초희 (엽차 쟁반 들고 나오는 지현 보고)어머나‥언제 왔어요?(역시 느른하게)

지현 지금요.

초희 몰랐네…그래 여행은 즐거웠어요?

지현 네. 좋았어요.

초희 오빠 속 얼마나 탔는지 몰라요. 어떻게 약혼자한테 허락두 안

50

받구 여행을 가요오? 아무리 감정이 상해두우?

지현　(찻잔 들어 아버지 주며)아버지.

지현부　응.(받고)

초희　우리는 또 다같이 얼마나 놀랬는데요…종혁 씨가 모르구 있는 줄 누가 상상이나 했겠어요. 현식 아빠가 얼마나 화냈는지 알어요? 아가씨 정말 큰일 저지르겠어 기막혀라.

지현모　E 얘 어이 들어와 굴부터 씻어.

초희　접때 밤에 오빠 전화는 또 왜 그렇게 끊어요.

지현모　E 얘애!

초희　아우 알었어요 어머니. 해요 해.(일어나며) 정신 좀 차리구요… (주방으로)

지현부　….(차 마시는 딸 보다가)지태는 화는 많이 냈어.

지현　그랬겠죠.(하며 일어선다)엄마 나 잘 거에요. 일어날 때까지 깨우지 마세요..

지현부　저녁은 먹구 자야지.(올려다보며)

지현　잠부터 자구요.피곤해요..

지현모　(나와 보며)서둘면 저녁 금방 돼 얘..

지현　아냐.비행기 안에서 먹었어요.배 안 고파..(하며 제 방 쪽으로)

초희　(내다보며)아가씨 온 거 종혁씨 알어요?(지현/돌아보고)어머나 이이한테 전화해줘야지 참.(나오려 하면서)

지현모　(막으며)뒷북치지 말구 굴이나 씻어. 다 연락 했구 최서방 왔다 갔구 그랬어.

초희　그랬어요?(바보같이 하지는 말 것)

지현　(이미 제 방으로 들어가고)

초희 종혁씨 왔었어요? (주방으로 들어가는 엄마 따르며)

지현모 E 가서 데려 왔더라.

초희 E 어디 가서요?

지현모 E 아이구 이 사람 참. 지현이가 어디 갔었는데.

초희 E 방콕에요?

지현모 그래애애. 내 콧구멍 두 개다.

지현부 (혼자 비죽이 웃으며 일어선다. 찻잔 들고)

S# 지현의 방

지현 (침대에 걸터앉아서)……(입고 왔던 겨울 코트는 마루에서 벗어놨
다가 들고 들어왔고/코트 침대에 놓아두고/…바지에 얇은 스웨터/방콕
호텔에서 출발할 때는 코트 없이 바지 스웨터 차림)……(천천히 일어나서
코트 옷장에 걸고 여행 가방 침대 위에서 여는)……

S# 어두운 거실…(새벽)

[한동안 그대로 두었다가 지현 제 방에서 나와 어둠 속에 움직여 현관
으로…]

S# 마당

지현 (지태의 자동차 대어져 있고/지현의 소형 자동차/제 차로 와서 타고
시동 건다)……

[출발하는 자동차.]

S# 김포공항으로 가는 길을 달리는 지현의 자동차

S# 공항 안 도착 출구…

[사람들 속에서 도착 승객이 나오고 있는 화면 뚫어져라 보고 있는 지
현……]

[화면과 지현/]

[화면과 지현]

[이윽고 화면에 보이는 강욱/]

지현 (눈 커지면서 빠르게 사람들 헤치고 빠져나간다)………(빠져나와서 강욱에게 가고 있는 지현 위에)

민경 E 이강우욱!

지현 ?(놀라서 소리 나는 곳 두리번거리다 보면)

민경 (벌써 강욱에게 가고 있다)

지현 ?..

[지현의 시선에서/반가워하는 민경과 미소로 응대하면서 뭐라고 말하는 강욱….]

[얼어버린 지현]

[나오고 있는 두 사람 지현 옆을 스쳐 지나가면서 지현 얼굴에 들리는 소리]

강욱 E 이 시간에 뭐하러 나오니. 잠이나 자지.

민경 E 잠 자자구 택시 타구 들어오게 해? 야아아아 엄청 보구 싶더라. 보구 싶어 죽을 뻔했다 진짜루.

지현 (자기도 모르게 두 사람 따라가는 것처럼 움직이는)

[지현 시각에서 두 사람 뒷모습.]

[앞에서 한 화면 속의 두 사람과 지현.]

S# 공항 밖

[건물에서 나와 건널목에서 대기 중인 두 사람의 뒷모습.(지현 시각에서)]

민경 (뒷모습인 채…갑자기 강욱 빰에 입맞춤 빠르게)

지현 (입이 벌어지고)…

강욱 그러지 마.길이야.

민경 으ㅎㅎㅎㅎㅎ(마침 건너도 되고)

　　[빠른 걸음으로 건너는 두 사람과]

　　[그 자리에 서서 보고 있는 넋 나간 지현……]

제2회

S# 공항 주차장-가득 찬 차들

S# 지현의 자동차

S# 차 안

지현 (차에 타서 앞 보며/멍하니)………(그대로 있다가 기막혀 눈 잠깐 감
    았다 뜨며 쓰디쓴 웃음)……(이윽고 담담하려고 노력하며 주머니에서
    키 꺼내 시동 거는 데서)

S# 운전하는 민경과 옆자리의 강욱. 공항에서 시내로 들어가는 길

민경 (운전하면서 강욱 잠깐씩 돌아보며)……날씨는 좋았어?

강욱 ..?(딴생각하고 있다가 돌아보고)..아 응…좋았어.

민경 이상한 성격야. /혼자 돌아 다니는 거 진짜 무슨 취민지 모르
    겠어. 재미없잖아. 심심하구.

강욱 (그저 조금 혼자 웃고 만다)…

민경 일주일씩 병원 비우구 / 배짱두 좋다.

강욱 휴가다 그랬잖아. (기대며)

민경 ?(잠깐 돌아보며)음식이 안 맞었어?

강욱 ?(돌아보며)..왜.

민경 얼굴이 꾀죄죄해졌다? 못 먹었어?

강욱 잠을 못 자서 그럴 거야.

민경 왜애?……왜 못 자?

강욱 (약간 퉁명)아 비행기에서 잘 못 자잖아.

민경 ? 웃겨. 왜 퉁명야?… 뭐랬다구?

강욱 (오버랩)졸려 죽겠어. 말 걸지 마. 좀 자야겠어.(아예 좀 잘 폼으로 팔짱 끼며 더 깊게 앉는)…

민경 ….(보며)

강욱 앞에 봐.(눈 감은 채) 사고 치지 말구.

민경 ….(좀 웃으며 고개 앞으로)…

S# **공항 게이트에 돈 내고 빠져나오는 지현**

S# **민경의 차 안**

민경 (앞 보며 운전)….(하다가)너 바람 폈니?

강욱 ?….(눈 감은 채 멈칫했다가 그만두고)….

민경 …..(잠깐 돌아보고)왜 대답 못 해?

강욱 (그대로인 채)귀찮아.

민경 왜 너한테서 바람 냄새가 나지?

강욱 (상대할 필요 없다는 듯)…..

민경 왜 나 안 쳐다 볼려구 하니? 그리구 왜 괜한 퉁명야?

강욱 …..

민경 바람 폈니?

강욱 ….

민경 돈구지 말구 대답해 빨리이.

56

강욱　아 그래 폈다 폈어‥죽여…폈다구‥

민경　(돌아보고 피시시 웃는다)…잘했다 그래. 자알 했어…(운전하다
　　　가 웃으며)그래 어떻대.재밌디?

강욱　……

민경　콘돔은 썼겠지 설마.

강욱　……

민경　재밌대?

강욱　(벌떡 일어나며)안 재울래? 나 졸려. 자구 싶다구.(눈 좀 부릅뜨고)

민경　까르르르르 알었어 그래 자 자. ㅎㅎㅎㅎㅎ

강욱　(도로 눕는다)…

S#　달리는 민경의 자동차

S#　운전하는 지현…………

S#　민경이네 빌라 주차장에 세워지는 자동차

S#　민경의 차 안

민경　(시동 끄며)일어나 다왔어.

강욱　(눈 비어 뜨고 몸 일으킨다)…(잠 덜 깨서)어디야.

민경　우리 집.

강욱　…(밖 보는)

민경　진짜 잤구나. 아침 먹어야지.

강욱　생각없는데‥

민경　인사는 안 드리니?

강욱　…(얼굴 비비며)….

민경　흐흐훗/진상이다.(그냥 좋아서/자동차 문 열며)내려 빨리.

강욱　(무겁게 내리는)…

S# 오피스텔 지하 주차장으로 들어가고 있는 지현의 자동차…

S# 지하 주차장

지현   (주차하고 내리는/지하 승강기 있는 곳으로 따박따박 걸어가는)…

S# 작업실 안

지현   (들어오면서 불 켜고 싱크대로 움직여 냉동실에서 원두커피 봉지 꺼

내 그라인더에 한 잔 분량 넣고 그라인더 작동시켜 원두 가는데)

　　E 전화벨

지현   (전화 돌아본다)

[책상 세 개와 책상 마다에 노트북 한 대씩. 자료 책들 각각 적당히 쌓

여 있고 더블 침대 하나/삼 인용 소파와 일 인용 안락의자 둘/식탁과

차 탁자로 쓰는 원탁/의자 네 개/작은 밥솥과 커피메이커와 온수 포

트/기타 여자 셋이 작업실로 쓰면서 필요한 집기들.]

　　E 전화벨 더 울리고

지현   (전화로/받는다)네에.

지태   F 너 어딨는 거야.

지현   (싫증 나고)오빠 전화 어디루 했는데요.(작업실에서 받았으니 작

업실이잖아)

지태   F 있으면서 왜 안 받아.

지현   지금 막 들어왔어. 왜요오(왜 그러는 건데/약간의 짜증)

S# 지현네 거실

지태   (초희가 입혀주려고 하는 코트 쌀쌀하게 밀어내며)왜 소리 없이

나가 사람 당황하게 해. (왜 당황해요)너 태국에서도 계속 연결 안

됐었잖아. 바쁜 사람 거기까지 뛰어가게 만들구/빨리 전화 해. 집

이래. (엄마는 마루 걸레질하다가 보고 있고)그리구 너/ 핸드폰은 왜

58

안 갖구 나간 거야

S# 작업실

지현   ·····(대답 안 하고 가만있는)

지태   F 전화 빨리 해····안할 거야?

지현   해요. 하께요. 끊어요.(그냥 커피포트 있는 곳으로)

S# 지현네 마루

지태   (전화기 내려다보며)·····(전화기 자리에 놓으며 혼잣소리)이 기집애 정말··(정말 신경이 쓰인다)···

초희   (코트 입히려고)

지태   (코트 채듯이 빼내며)이 기집애 왜 이렇게 힘을 들여요.(엄마에게)

지현모   너는 왜 그렇게 몰아세우니. 좋은 말루 부드럽게는 못해? (마루 닦으며)

지태   부드럽게가/(돼요?) 아니 어머니 약혼자 허락두 안 받구 훌쩍 나가서 연결두 안되게 지멋대루 돌아다니다가 잡혀 오는 게 말이 돼요?

지현모   아 즈들끼리 뭐 그럴 만한 일이 있었겠지.

초희   (오버랩의 기분)그럴만한 일이 있었대두 그건 아가씨가 잘못한 거에요. 이이가 밤잠 못 자구 스트레스 받어요오.

지현모   (걸레 들고 일어서며)글쎄 뭐하러 그렇게까지 신경을 써. 즈들끼리 알어서 하라 그러지. (욕실 쪽으로)

초희   (지태는 그냥 엄마 움직이는 거 보고)아이구 어머닌 그러다 깨지면 어떡해요.

지현모   지나치게 벌벌벌벌····왜 그래. 뭐 반쪽 짜리 시집 보내는 거야?(욕실로 들어가고)

초희　반쪽짜리는 아니지만 솔직히 그런 자리가 어딨어요 어머니.

　옛날루 치면 세자비 간택된거나 마찬가진데에

지태　(힐끗 아내 본다)....(못마땅해서)

초희　아니에요?

지태　(못마땅해하며 현관으로 몸 돌린다)

초희　아버님 진지 드시라구 해요.

S#　목장

　[아버지 사슴 돌보고 있다.]

지현부　두번 째 칸 놈 말야 밥 좀 넉넉히 줘라. 요새 식욕이 존 모양야.

한수　(세수하고 있는 중)좀 더 주고 있는데요 아버님.(진이/옆에 김 나

　는 바께쓰 놓고 바가지 들고 서서)

지현부　그럼 됐다. 날 푹하니까 오늘 철망 수리 하자.

한수　예..(하며 물 버리고)

진이　(따뜻한 물 한 바가지 새로 부어준다)

　[이미 화면 안으로 들어온 지태의 자동차]

S#　종혁의 거실 2

종혁　(켜져 있는 컴퓨터 앞에서)...

S#　종혁네 거실 1-토요일 아침

노여사　안 나가세요? (찻잔 놓으며)

최회장　....왜...(신문 보며)

노여사　느긋해 보여서요.

최회장　나 내보내 놓구 뭐 할려구..

노여사　하기는 무슨 뭘....안 나가세요?

최회장　글쎄 왜.

노여사 아 벌건 대낮에 남자 집에 있는 거 싫어 그러는 거 몰라 물어요?

최회장 ····(그냥 신문 보는)

노여사 어째 사냥두 안 가요.

최회장 ·····

노여사 강회장이랑 유회장/ 사냥 가자구 안해요?

최회장 유회장 아직 병원에 있어.

노여사 아이구 참 그러네.

최회장 ·····(부부 뒤로 종혁 내려오고 있다)··

노여사 ···(상관없이)그래서 오늘 안 나가세요?

최회장 아 왜 못 몰아내 난리야.(좀 화내듯)

노여사 ?····놀래 죽겠네. (투덜거리는)안 나가면 말지 고함은(하는데)

종혁 (다가와서) 다녀오겠습니다.

최회장 E(오버랩 종혁에게/안 보는 채)방콕 왜 갔어··

종혁 ?··어떻게 아셨습니까.

최회장 애비 몰라야 돼?(안 보는 채)

종혁 ····(잠깐 보고) 아닙니다.

최회장 ····(신문 뒤집으며) 왜 갔어···

종혁 ····(거짓말해서는 안 된다/이미 다 알고 묻는 거니까)지현이 보러 갔습니다.

최회장 그 애 이민 갔냐?

종혁 ?

최회장 거까지 쫓아가 만날 일이 뭐야. 그렇게 할 일이 없어?

노여사 한창 나이에 연애하는 애들이

최회장 (오버랩)데리구 들어왔다면서.

종혁　네.

최회장　데리러 오라 그러대?

종혁　아닙니다.

최회장　그럼

노여사　그 나이에 당신두 나 보구 싶어 기차타구 트럭타구 천리 길 정신없이 쫓아다녔어요.

최회장　(이 할망구가/탁 보는)

노여사　그게 다 나중에 추억꺼린데/

최회장　(오버랩)그런 추억꺼리 만들며 살구 싶으면 우리 회사 들어와 평사원 해. 회사 오픈을 눈 앞에 두구 여자 쫓아 다니는 놈 ....어떻게 믿구 투자자들이 너한테 자금을 맡겨.

종혁　명심하겠습니다.

최회장　우기사 골프채 싣던데 어디야.

종혁　?... 한양입니다.

최회장　팀은..

종혁　변호사 친구들입니다.

최회장　(일어선다)

노여사　(따라 일어서며)나가시게요?...(최회장 현관으로) 아니 옷 안 입구

최회장　잠바 들구 나와. 연수원 한 바퀴 돌구 올라와 고문들하구 저녁 먹을 거야..

노여사　예 예 잠깐 계세요.(하며 안방으로 가며)그럼 늦으시겠네요. (최회장은 그냥 현관으로 나가고 종혁이 따르는데)애 애 아버지 잠바/ 잠바 갖다 드려.(부지런히 들어가고)

종혁　예....(멈춰서 기다리고)

노여사　(금방 잠바 들고 나와 아들 준다)

종혁　(잠바 들고 빠르게 나가고)

노여사　(아들이 나가는 현관문이 닫히기도 전에 입고 있던 치마 저고리
홀렁홀렁 벗어 소파에 걸치면서)아이구 답답해.아이구 답답해. 아줌
마아! 나와 나와!(주방 쪽에 대고)나와요 들.(주방 쪽으로/고쟁이 같
은 느낌의 몸빼 차림)회장님 나가셨어/

S# 주방

노여사　모두들 나오라구/(여인들 셋/주방에 붙어 있는 방에서 줄줄이
나오기 시작하고 있다/미스장과 제천댁은 벌써 식탁 준비하고 있는 중
이고)응/나와요 나오세요. 아침 먹자구. 밥 먹어야지 배고파. 아줌
마 찌개 뎁히구 응 엎었네. 미스 장 김치 새걸루 꺼내 와라(김치 꺼
낼 스텐 양푼 주며)무 좀 많이 내와. 무맛이 기가 막히더라. 응?

미스장　네에..

노여사　(한 여인 제천댁이 퍼놓는 밥 옮기고 있다)어 그래 아줌마는 밥
나르구 (다른 여인 국 뜨고 있고)좋아 그래 자네는 국 뜨구 으흐흐흐
흐흐흐(괜히 좋아서)

S# 종혁 집 대문 앞

최회장　(차에 오른다)

종혁　다녀 오십시오.

최회장　....(대꾸 없고)

종혁　(차 문 닫아주고/출발하는 차)......(보며)

S# 작업실

지현　(일 인용 안락의자에 두 다리 올려 모아놓고 싸안고 커피 잔 무릎 위

에 얹어 잡고 멍한)·········

S# 태국 필름 1

S# 태국 필름 2

S# 태국 필름 3

S# 격정의 순간 필름

S# 오피스텔

지현　....(커피 잔 내려다보듯 하다가 좀 후들거리는 기분으로 커피 머그
　　잔 들어 한 모금 마시고 내리면서 의자에서 내려서 커피메이커 있는 곳으
　　로 움직이는)

S# 방콕 호텔에서의 마지막 저녁 식사

강욱　(글라스 내리면서 안 보는 채)서울 가서…볼 수 있어요?

지현　…

강욱　그쪽 생각을 묻는 거요.

지현　그쪽은 어떤데요.

강욱　·······보고 싶어요.

지현　나두요····물론이에요.

강욱　(보며 글라스 들어 올린다)

지현　·····(정시하며 글라스 들어 올린다)

강욱　(글라스 부딪는다)·····(정시하며)

지현　·····(정시하며)

S# 작업실

지현　(원탁의 커피메이커 포트 집어 머그잔에 커피 따르는 중)…

S# 공항 앞 건널목/ 강욱 뺨에 입 맞추는 민경

S# 작업실

지현 (커피포트 제자리에 넣으며).....(멍한 시선이 뜨는데)

S# 민경의 주방

민경 (굴비 헤집으며)이번 굴비 짜.

서여사 짠 게 진짜야.

이모 짜기도 하려니와 짤았어 언니.

민경 그래 별맛이야(하며 굴비 덩어리 강욱의 식접시에)

강욱 아냐 다 먹었어.

민경 벌써?

이모 그새?(민경과 동시에)

강욱 많이 먹었어요.

민경 못 잤대. 식욕 없나봐. 잠부터 재울 걸 그랬나부다.(강욱 보며 찡그리며)

강욱 가서 자면 돼.

서여사 병원 안 나가구?

강욱 아뇨 나가야죠.

민경 병원 가 잔다는 거야.

서여사 환자 안 보구 자?

민경 알아서 틈틈이 잔단 소리야. 왜 꼭 꼬릴 잡아 채우?

서여사 (수저 놓으며)밥 다 먹었으니까 말인데/자네 왜 전화 안하구 민경이 속 썩여?

강욱 싱가폴에서..했는데요.

서여사 싱가폴 뜨구 그 뒤에.

강욱 시간이 잘 안 맞았어요.

서여사 시차 두 시간밖에 안 된다던데 시간 안 맞는다는 게 무슨 소리야?

강욱 네‥저

민경 (오버랩)흐훗/쌤통이다.

서여사 왜 목빠지게 기다리게 해? 전화 거는 게 뭐가 어려워서?

이모 시간이 안 맞었대잖우.

서여사 내 딸 속 끓게 하지 마. 나 못 참아.

민지 못 참으면 어떡할 건데요? (떡볶이 먹는 중이다/떡 찍으며 아무도 안 보는 채) 머리칼이라두 뽑아 놀 건가?

서여사 아침부터 떡볶인 왜 먹어. (새삼스레 팩하고 야단치는)

민경 ?…새삼스레 왜 그루?

서여사 밥 두구 무슨 초친 맛야/ 라면 아니면 떡볶이/그것두 아니면 맛대가리 없는 냉동 만두나 삶아 먹구/내가 아주 저 기집애 저러구 있는 거 보면 머리가 후끈거려 돌겠어.‥

민경 ……(먹으며)

서여사 일부러 더 해 더/어기짱 놓느라구 더 하는 거야 저거.

이모 너 정말 문제 있어. 너 제대루 안 먹는 거 엄마 저렇게 속상해 하는데 나같으면 귀찮아서라두 말 듣겠다.

민지 ……(그냥 먹는/마이동풍)

서여사 ….(노려보다가 숟가락 민지 쪽으로 집어 던진다)

이모 ?‥ 이서방두 있는데 언니이이

서여사 (벌떡 일어나며/오버랩의 기분)내가 이 서방 겁나는 사람이니? 어이구우우우 내 팔짜야…(나가버린다)

민경 ….왜 저렇게 날카로와요? (이모에게)

민지 (민경의 말에 대답처럼 발딱 일어나 나간다)….

민경   ?(민지 나가는 것 보다가 이모에게)나 공항 나갔다 오는 고 잠깐
동안에 뭔 일 있었수?

이모   (소리 좀 죽여/)즈 아버지 가게 내 준다구 오 천만 원 내노란다.

민경   ?

이모   조게 아주 똑똑한 척은 독판 하면서 맹순이야. 오십만원두 안
낼 사람한테 오천이 뭐야 오천이.

민경   (입 벌리고 이모 보다가 문득 강욱 돌아보면)

강욱   ·····(식탁 내려다보며 딴생각하고 있는)

민경   ?···뭐해···

강욱   ····(그대로)

민경   (건드리며)무슨 생각해애.

강욱   ?···아냐···거북해서(조금 웃으며)

S# 작업실

지현   (소파 장의자에 적당한 덮을 것 목까지 덮고 누워 천장 보며 말똥말
똥)······

    E 문에 열쇠 넣고 돌리는 소리···

지현   ?···(몸 조금 일으키는)

유자   (들어오면서)?····어머머 언제 왔니?

지현   (일어나 앉으며)어제.

유자   (가방과 책들 들고 제 작업대로)종혁 씨 하루 몇번 씩 전화하구
난리두 아니었어.어떻게 된 거야 늬들.

지현   연락 안했더니 그런 거야.

유자   ?······싸웠니?

지현   ···그냥 싫증나서.

유자   ....(보다가 옷걸이로 가며) 얘 내 인내심 한계야. 배 곯아 죽기 직

전인 사람 옆에서 상다리 부러지게 진수성찬 차려놓고 하는 투정/

오장육부 뒤틀려 더 이상 안 들어줄 거야.(하며 노트북 전원 켠다)

지현   일 할 거 있니?

유자   (의자 빼며)어..

지현   뭔데?

유자   (안 보는 채/휴지로 책상 위 닦으며/어쩐지 좀 떳떳지 못하다)너 베

스트/ 수정고 안 쓴다 그랬다면서.

지현   ?...(보며)

유자   해달라는대루 해주지 왜 내가 바가지 쓰게 만드니.

지현   .....(보며)

유자   닷새 주구 하나 뽑아내라는데 내가 무슨 천재두 아니구/ 몰라

될대루 돼라야.

지현   너 쓴다 그랬어?

유자   금 어떡하니(돌아보며)펑크 난다구 징징 우는데 ..아예 빵꾸 때

웁니다 간판 내걸구 앉었든지

지현   (좀 김새서)간판 안 걸어두 너 그거 전문이잖아.

유자   ?

지현   (옷걸이 쪽으로)

유자   왜 그래?

지현   (돌아보며)사실은 나 수정고 쓸까 하구 나왔었어. 됐어.(하고 코

트 떼어내는)

유자   안 쓴다 그랬다면서.

지현   물론이야/그랬지만... 나두 없는데/ 나한테 한번 물어두 안 보

구 너 그 일 거리 덥썩 물어야했니?

유자 지현아.

지현 (오버랩)너 왜 펑크전문인데··선배 일거리 후배 일거리 상관
없이 감독이 부탁만 하면/ 내막이 어떤 건지/감독하구 작가하구
어떤 갈등이 있는 건지/작가가 완전히 포기한 건지 아니면 신경전
중인지/ 본인한테 확인두 안하구 그냥 받아 먹잖아.

유자 얘 나는

지현 (오버랩)너 다른 작가들 많이 기막히게 만들어. 그거 별루 안
좋은 거야. 뭣때매 그래?

유자 방송이 펑크가 나잖아.

지현 니가 안 때워주면 진짜 방송 펑크날 일만 했니? 방송 펑크에
왜 니가 그렇게 무한한 책임을 느껴? 그건 감독 사정이구 방송국
사정야.

유자 난 니가

지현 (오버랩)너 능력있어. 남의 일거리 새치기 안해두 아마 곧/ 니
작품으루 빛 볼 거야.

유자 ? 내가 언제 새치기 했니··

지현 너 나한테 안 물어 봤잖아··(보며)우리 친구면 너/ 정감독한테
어떻게 해서든 나랑 잘 마무리하도록/··그래야 하는 거 아니니?

유자 ···(보다가)이런 말까지 해야 하니? 정감독 니 작품 스타일 맘에
안 든대.

지현 ····(보다가)나 역시 그 사람 맘에 안들어. 그 사람 너무 유치하
더라.(하고 코트는 팔에 건 채 가방 챙겨 들고 나간다)··

S# 복도

지현 ‥‥(또박또박 걸어서 승강기 쪽으로)나쁜 기집애(혼잣소리)

　　E (작업실의 전화 아주 가늘게 울리는)‥

지현 (승강기 앞으로/승강기 버튼 누르는데)‥

유자 (문 열고)전화 받어.(부어서)종혁씨야.

지현 (돌아보고)‥‥(어쩨야 하나)

S# 근처 카페

종혁 (코트 벗고 있는 지현 보며)‥‥일찍 나갔더라.

지현 ?‥(잠깐 보고 조금 웃는 듯해 보이며 코트 마저 벗어놓는데)

종혁 일 할 거 있어?

지현 아니‥‥(하다가 끄덕이며)일 할려구 나왔는데/안 해두 되게 생겼
　　어요.(보며 쓴웃음)나 없는 동안에 내 일꺼리 유자한테 넘어갔대요.

종혁 ‥‥(보다가)그게 무슨 소리야.

지현 내가 썼던 거 휴지 만들구 유자가 새루 쓴대요.(하며 물 잔 집어
　　든다/쓴웃음인 채)물 먹었어요.

종혁 (다가온 종업원)커피.

지현 쥬스 주세요. 커피 마셨어요.

종혁 오렌지 쥬스 하나 커피 하나(종업원 아웃되면서/종혁은 연결)친
　　구끼리 그래두 돼?

지현 ‥글쎄요‥

종혁 내버려 뒀어?

지현 싫은 소리 좀 했지만 뭐‥갠 별 상관없는 애에요.

종혁 내가 때려줘?

지현 ?

종혁 내가 패주냐 말야.

지현 (그냥 조금 웃어버린다)

종혁 …자존심 또/ 먹물 뒤집어썼겠다.

지현 요샌 계속 먹물 속에서 헤엄쳐요. 왜 이렇게 한가해요?

종혁 공치러 가는 길야. (시계 보며) 잠깐이래도 보구 싶어서. 십 오 분 여유 있어.

지현 (시선 피해 물 잔 집으며) 먹물 뒤집어써 시커먼 얼굴요?

종혁 작업실 만들어줄 테니까 따로 나와라. (마실 것 와서 놓여지는 데/ 상관없이)

지현 ?..(본다)

종혁 불쾌한 친구하구는 멀리하는 게 좋아.

지현 (보며) 재주 없으면 그만두라면서요.

종혁 본인은 재주가 있다구 생각하는 게 문제잖아.

지현 그런 말 한 적 없어요.(주스 잔 들며) 그리구 재주가 다는 아니에요.

종혁 ……(주스 마시는 지현 보며)

지현 (주스 잔 내리는)……

종혁 조금만 기다려. 당신 꺼만 방송하는 채널 하나 만들어 주께. 소유자 꺼는 방송 안해 준다..

지현 ……(보다가 고개 옆으로 돌리고 픽 웃어버린다)

종혁 농담 같애? 할 수 있어. 해주께.(하며 시계 본다)

지현 (오버랩) 일어나요 시간 없는데 뭐 하러 와요. (코트 집으려 하며)

종혁 (오버랩) 찻잔 비울 시간은 있어.(커피 잔 집어 들며) 성북동에.. (들리라고 말하려다) 들릴 기분은 아니겠다. 그럼 전화나 드려. 온 거 아시는데.(마신다)

지현   ….(보며)

종혁   여행/내가 보냈다구 말씀드려 놨어. 딴 소리 하지 마.

지현   ….(보며)

S# 성형외과 진찰실

강욱   (환자 앉혀놓고 차트 보면서)아는 사람/ 누가 여기서 했죠?

아가씨   (눈이 작은)언니랑 언니 친구요.

강욱   (보며)언제 쯤/ 이름이 뭐죠?

아가씨   조 선애라구 세달 쯤 됐을 거에요.

강욱   아 조선애씨. 그 때 눈하구 코 같이 했구 금방 결혼한다 그랬는데

아가씨   (오버랩)네 했어요.

강욱   (빙긋이)결혼 사진은 잘 나왔나요? 결혼 사진 때문에 수술한다 그러던데요

아가씨   네 너무 이쁘게 나온 거 있죠. 완전히 딴 사람 됐어요.

강욱   쌍꺼풀 하구 싶다구요?

아가씨   네. 언니처럼 해주세요.

강욱   (거울 여자에게 주며)거울 보세요.(은 막대기로 쌍꺼풀 만들어 보이며)자연스럽게 하면 이렇게 돼요.

아가씨   좀 더 크게는 안돼요?

강욱   그럼 겉 쌍거풀이 되는데/(겉 쌍꺼풀 만들어 보이며)아무래두 자연스럽지가 않죠?

아가씨   크면서 자연스럽게는 안되나요? (하는데)

E 전화벨.

강욱   네에.

72

민경 F 오전 중에 환자 안 끝난다면서.

강욱 어 밀린 환자들두 있구

민경 F 안 피곤해?

강욱 수술 스케줄은 없으니까 뭐.

S# 민경의 진찰실

민경 네 시에 연극 보러 갈까하는데 세시쯤이면 끝나겠지?‥‥왜 싫어?‥‥

강욱 F 피곤한데‥

민경 그래 그럼 그냥 곧장 가평으루 날르자.

S# 강욱 진찰실

강욱 가평 가야 해?

민경 F 가기 싫어?

강욱 …

민경 F 가기 싫냐구.

강욱 나 정말 많이 피곤해. 그냥 쉬었으면 좋겠어.

민경 F 쉬러 가자구 그러니까‥‥내일까지 푹 쉬구 모레 아침에 나오면 되잖아.

강욱 귀찮아. 움직이기 싫어.

S# 민경의 진찰실

민경 늙은이처럼 김새게 구네. 맘대루 해 그럼. 내일까지 안 건드릴 테니까 여독이나 푸셔.

강욱 F 먼저 퇴근해‥

S# 강욱 진찰실

강욱 ‥‥그래 모레 봐.(끊고)미안해요(환자에게)

S# 오피스텔 지하 주차장

지현　(자동차에 탄 채)…….(앞 보며 생각하는)…..(골똘하게 있다가 순간 차에서 도로 내려 키 잠그고 빠르게 승강기 쪽으로)

S# 작업실

지현　(들어온다)

유자　(컴퓨터 두드리고 있다가 돌아보고)

현경　(책 보고 있다가)어 지현아.

지현　어 잘 있었어?(하고 가방 적당히 놓고 책꽂이 쪽으로 움직이며)전화 번호부 어딨지?

현경　(고개 빼며)거기 맨 아래 칸 봐.

유자　(오버랩)여깄어.(의자 아래 방석 밑에 깔고 앉았던 두꺼운 전화번호부 꺼낸다)

현경　(지현은 받으러 움직이는데/상관없이)건 왜 깔구 앉었니. 방구 잘 꾸는 애가.

유자　웃기지 마 야.어디 찾는데.

지현　아깐 좀 심했다. 미안해.(책 들고 원탁 의자로 가며)

유자　…그래 나중에 다시 얘기하자구.

지현　그럴 것도 없어.(하며 의자에 앉아 찾기 시작하는)

현경　여행은 좋았니?

지현　(찾으며)응..엄청.

현경　(책장 넘기며)얼마나 엄청?

지현　(손가락 끝으로 훑어 내려가면서)….까무러칠 만큼 엄청.

현경　볼 게 많다면서.

지현　많어….(하다가 손가락이 멈춘다)….(잠시 그대로 있다가 빠르게

일어나 제 작업대로 책 들고 옮겨 메모지에 전화번호와 주소 옮겨 적는
다)….

유자 찾았구나.

지현 응.

유자 뭔데.

지현 성형외과

유자 ?‥왜애?

지현 성형 할려구.

현경 뭐어어?

지현 (전화번호 누른다)

　　　F 신호 가는 소리.

간호사1 F 이강욱 성형외괍니다.

현경 유자 (진짠가 싶어서????)

지현 저기…혹시 선생님 여행에서 오늘 돌아오시지 않았나요?

간호사1 F ‥?‥네 그런데 실례지만 누구세요?

지현 (제대로 찾았구나)…선생님 계신가요?….선생님하구 잠깐 통화
　　좀 하구 싶은데요

간호사1 F 성형상담이라면

지현 (오버랩)성형 상담이 아니라…선생님/ 좀 아는 사람이에요.

간호사1 F 선생님 지금 바쁘신데요

지현 (좀 불쾌해져서)바쁘신 줄 알아요. 박지현이 십초만 통화하구
　　싶다구 전해 주세요.

　　　………(간호사 움직이는 동안/ 뒤돌아보며)미안한데 현경아 나 물
　　한 잔 줄래?

현경 (일어나며)오케이.(움직이고)

지현 ·····(기다리는데)

강욱 F 여보세요.

지현 ···(가슴이 쿠웅 내려앉는/친구들에게 얼굴 안 보이려 돌아서는데)

S# 강욱의 진찰실

강욱 ······이강욱입니다········박지현씨?···

S# 병원 건물에서 빠른 걸음으로 나와 빠르게 걷기 시작하는 강욱········

강욱 ·······(전화가 의외면서)·····

S# 병원 근처 어느 카페

강욱 (들어서서 시선으로 찾아 멈춰 서서 보는)····

 [강욱의 시각으로]

지현 ·····(혼자 앉아서 시선 아래로 하고 미동도 하지 않고)·······

강욱 ······(보며)

 [한동안 보고 있다가 지현 쪽으로 움직이는]

강욱 ······(앞에 가서 서는)··

지현 (올려다보는/침착을 가장하고 있지만 속으로는 후들거리는)····

강욱 ····(앉는)·····

지현 ····(시선/강욱을 따르며)······

강욱 (안 보는 채/겉옷 처리하면서)환자가 많아서···원래 토요일은 오
 전만 보는데 며칠 비웠기때매·····(보며)연락할 줄···몰랐어요.

지현 (시선 피하며)한 번은 ···만나서···정리해야 할 것 같아서요.

강욱 ·····(보며)

지현 (물 잔으로 떨리는 손 가면서)그 사람 얘기···서울 와서/··할려구
 했었는데 그렇게 돼 버렸었어요···(물 잔 들고 내려다보며)얼마나

76

기막혔을까….나를 어떻게 생각할까….미칠 것 같았어요.(하며 마 신다)

강욱 ……(가만히 보며)

지현 (물 잔 내리며 조금 가벼워지려 하면서)한 시라두 빨리 만나 얘기 하려구 새벽에 ….마중 나갔었어요.

강욱 ?

지현 (보며/쓴웃음)그리구…나두 봤어요.

강욱 …..(보며)

지현 (웃는 듯)그래서 비긴 거 알았어요…괜히 나혼자 돌아버릴 것처 럼….그랬다 생각했어요.

강욱 …(보는 채)….

지현 (눈물이 날 듯하면서/그러나 웃으며/안 보며)그런데 웃기죠…굉 장한 배신감…이었어요.

지현 E (시선 들어 보는 강욱 위에)눈 앞이 아뜩했어요.

지현 (웃으며)으흐흣 나 너무 웃기죠.

강욱 (시선 잠깐 내리며)그건 나두 마찬가지요.…(다시 보며)마찬가지 였어요…

지현 …..(보며)그쪽두 웃기네요..

강욱 (보며)

S# 같은 장소/시간 경과

　　[없던 찻잔이 놓여 있고….]

　　[마주 앉아 피차 아무 말도 없는 두 사람…….]

지현 (안 보는 채)….

강욱 (안 보는 채)….

지현　(안 보는 채)… 애기두 있겠네요.

강욱　? (잠깐 보고)아직…. 결혼 전이에요……

지현　……(보고)……(그래도 얼마쯤은 다행인?)

강욱　…(찻잔 집는다)

지현　……(보다가 스푼 집으며 끄덕이는)……그러니까 우리는 둘 다……
약속한 사람이 있으면서….잠깐 바람핀/··그런 사람들이네요.

강욱　(안 보는 채 커피 마시는)……

지현　E 우리 참 나쁘네요….

지현　그렇죠?(커피 잔 들며)

강욱　….(보고 있는)

지현　…(입으로 가져가던 커피 잔/후들거리는 손으로 도로 놓으며/ 눈물
이 크렁크렁해지면서)나는 생전 처음이에요. 여행 중에 누구 만나서
…그 짧은 동안에/…아무두 안 믿어줄 거에요……(무릎 내려다보며)

강욱　….(보다가 얼굴 옆으로 돌리며)나두 선수 아니에요. 마찬가지요.

지현　….(무릎 내려다보는 채로 있다가)……그렇대두 …암튼 이걸루…
여행 가운데 해프닝으루 …그만 끝인 거죠. 끝인 거죠.

강욱　….(보며)

지현　… (보다가 옆의 코트로 손 뻗는 데서)

S# 카페 건물 밖

　　[빠른 걸음으로 나오는 지현과 뒤따라 나오는 강욱.]

지현　…(그냥 제 갈 길로 가는데)

강욱　(멈춰 서며)지현씨….잠깐 서 봐요.

지현　(멈추고 돌아본다)……

S# 교외/대어져 있는 강욱의 자동차-원경遠景

S# 강욱의 자동차-근경近景

S# 차 안··

강욱 (운전대에 앉아서 막연히 앞 보며)····고등학교 때부터 친구였어요·· 의대 같이 다녔구··나는 여기 있구···그 사람은 유학 갔다 작년 봄에 돌아왔는데·····친구루 다시 만나다가 별사람 없는 거 같으니까 그냥 짝이 돼 보자···그런 거에요.

지현 ····(앞 보며)당당하구 자신감 넘쳐 보이대요.

강욱 (앞 보며)괜찮아요···괜찮은 여자죠.

지현 (돌아보는)···

강욱 (돌아보며)아주···굉장한 사람인 거 같은데··

지현 (고개 앞으로/한 번 끄덕이는 듯)·····남들이 그래요.

강욱 뭐하는 사람이요.

지현 증권회사 ····준비하구 있대요.

강욱 ·····(그대로)·····

지현 (앞 보는 채)펀드 매니저 취재할 일이 있었는데··· 같이 일한 감독이 취재 대상으루 소개해줘 만났는데····그 때부터에요····내가 좋다 그러구···객관적인 조건 완벽하구/··부모님이 원하시구 오빠가 밀어부치구/ ····나이는 넘치구 되는 일 아무 것두 없구···그래서요···

강욱 ····(앞 보며)언제 결혼할 예정이이에요···

지현 ·····(앞 보며)약혼··지난 달에 했어요····3월루 잡아 놨어요.

강욱 ·····(앞 보며)

지현 (돌아보며)언제에요?

강욱 (안 보는 채)3월 둘째 토요일···

지현 ·····(보다가 앞으로 고개)그런데 우린 왜 그런 사골 친 거죠?

강욱 ‥‥

지현 내 마음은 내가 아니까 됐는데 그쪽이 궁금해요‥‥(돌아보며)
왜 그런 거에요.

강욱 왜냐구 하면 ‥대답하기 어려워요‥‥왜‥‥(쓴웃음으로 돌아보며)
그저 다른 아무 생각없이 그 여자를‥안고 싶었어요.(고개 앞으로)
미친 놈처럼 그 생각 밖에는‥할 수가 없었구‥‥‥(다시 돌아보며)그
건 지금 이 순간에두 마찬가지요‥‥‥

지현 ‥‥‥(보며)

[누가 먼저라고 할 수 없이 얼크러져버리는 두 사람‥‥‥]

강욱 (어느 순간 얼굴 떼며 두 손으로 지현의 얼굴 싸쥐고 보는)‥‥‥

지현 (눈물 줄줄줄줄 흘리고 있다)‥‥‥

강욱 (보다가 입술로 눈물 닦아주듯 하는)‥‥‥

S# 골프장

[따악 맞고 날아가는 공.]

모두 (날아가는 공 보며)‥‥(있다가)

친구2 오비다.

종혁 이거 오늘 왜 이러지?

친구1 비행기에서 내리면 안맞더라.

친구2 어제 내렸지 오늘 내렸냐?

친구3 너 밤일 한 거 아냐?

종혁 (다시 볼 꽂으며)시끄러 자식들아 부정 타‥‥(다시 따악 날려놓
고)미치겠네 왜 이러는 거야 오늘.

친구2 야 그래두 살긴 살겠다.

S# 자동차 안

[꼬옥 안겨 있는 지현······]

S# 민경의 주방

민경 (이모는 꼬막 모양의 만두 빚고 있고/만두 빚어놓은 것 플라스틱 그릇에 한 켜 깔고 그릇 사이즈로 잘라놓은 호일 한 겹 싸고 만두 다시 한 켜 깔고 하는 중이다/화면 시작과 동시에/이모에게 눈 흘기면서)에이그에이그 참 아무리 못 말리는 이모래두 어이그.

이모 같이 늙어가는 처지에 같은 여자끼리 그말두 못하니? 내숭 떨지 마. 내 코가 사냥개야. 니가 아무리 고고한 얼굴루 들어와두? 척 보면 척 알아. 요게 오늘 나쁜 짓하구 들어오는구나아아/곰팡이는 안 피겠구나아 히히히히히힛.

민경 (흘겨보는)어으어으어으 정말 적나라해.

이모 그것도 한 때야. 실컷 놀아. (하는데)

　　E 딸랑딸랑 종소리

둘 (거실 쪽 보고 이모는 이미 일어서고)

S# 거실

서여사 (방금 흔든 종 내려놓는다/테라스 쪽 창에 놓여 있는 외제 테이블 의자에 앉아서 안경 쓰고 뭔가 기록하면서)

이모 (나와서)왜요.

서여사 서현 임대료 밀린 거 들어왔대? (안 보는 채)

이모 오늘까지랬나?

서여사 (못마땅해서 힐끗)도대체 정신머릴 어떡하구 사는 거야.

이모 (테이블 위 전화기 집으려 하며)지금 하지 뭐.

서여사 정신 어지러. 저리 가서 해.

이모 알았어요.(소파 쪽 전화로 가서 전화 건다)··네에 소장님이세요?

네 안녕하세요? 오층하구 팔층 /네에 들어왔어요?(전화 막고)들 어 왔다는데?

서여사 (아직도 뭔가 적으며)다아?

이모 ...아이 다야 어떻게

서여사 석달이잖아 석달.이달까지 넉달야··

이모 (전화에서 소장이 뭐라 그런다)네?····아 네에···네에 그럼 됐네요 소 장님.(전화 막고)다음주 토요일까지 한달 치 더 낸다 그랬다는데?··

서여사 그래두 두달치야.

이모 그 정돈 봐줘야지 뭐. 오죽 어려우면 밀리겠수··

서여사 ? 넌 뭐하는 애야.

이모 ····

서여사 시장 본 영수증하구 잔돈 왜 안 갖구 와.

이모 알았어요···(주방으로)

S# 주방

이모 (들어오며 입으로 풀풀거리는)

민경 (그러는 이모 보고 만두 담은 통 냉동실에 넣으면서 웃는다)

이모 (아무 데나 놓아두었던 손지갑 들고 나간다)

민경 (부엌 전화 들고 번호 찍는다)

　　E 전화벨 가는 소리···

강욱 (녹음 소리)부재 중입니다. 메시지 남겨 주십시오.

민경 (끊으며 갸웃)·····

S# 교외를 달려 서울로 들어오고 있는 자동차··

　　E 울리는 강욱의 핸드폰 벨 소리.

S# 자동차 안

E 울리는 벨.

지현 (강욱 돌아본다)

강욱 (주머니에서 꺼내 받는다)네에..어…어 아직 못 들어 갔어…..

강욱 E (보는 지현 위에)친구 만나구 있어….넌 모르는 친구야.

S# 주방

민경 피곤하다더니 무슨 친구야. 나하구 있는 건 피곤하구 친구 만
나는 건 안 피곤하니?…차안 인 거 같은데? 얼마나 걸려?…..어딘
데 그렇게 오래 걸리는 거야?

S# 차 안

강욱 좀 바깥이야….시내 밀리면 더 걸릴 거구….음 그래..잘 쉬어…엉..
(끊는다)

지현 …..(가만히 강욱 보며)..

강욱 …..(그냥 운전하면서)……배 안 고파요?

지현 (강욱 보며)..고파요…

S# 어느 룸살롱 방

[골프 동반 변호사 친구 세 사람 각각 아가씨들 데리고 잡담하고 있고/]

종혁 (친구들과 상관없이 마담하고)우선 저녁 먼저 먹여놓구 술 멕여
응? 야 저녁들 뭘루 하까.

친구1 죽두 주구 뭐 주잖니?

종혁 죽 갖구 안돼. 몸 상해. 제대루 밥 먹구 시작하자. 난 밥 줘. 이
집 김치 맛 괜찮은가? 오랜만이라 어떤지 모르겠다. 김치 맛있어?

친구2 (오버랩)야야 김치하구 밥 먹을려면 여기 왜 오니.

마담 글쎄 말예요. 매상 안 오르게 꼭 이러시드라.

종혁 시끄러. 바가지 한번만 더 씌워. 내 너 바가지 씌워 조리 돌릴

거야. 우리 배고프니까 빨리빨리 밥 주구 잠깐 늬들 조용히 좀 해.나 전화해야 해.(전화기 꺼내는데)

S# 종혁이네 주방

[노여사의 진두지휘 속에 김 무럭무럭 나는 약식 양푼 세 개/ 도시락 백 개쯤에 각각 약식 퍼 담는 중이다··노여사까지 여자가 합이 여섯.]

노여사 (약식 조금 뜯어 먹으며)기가 막히게 됐다 기가 막히게 됐어. (전화벨 소리 거실에서 울리고/처녀 가정부 미스장 뛰어나간다) 가득 가득 담아요 가득가득/밤이랑 대추랑 고명 골고루 섞구.

여자들 (적당한 대답)

노여사 대추두 존 거 썼더니 때깔 나구 밤두 좋구 <u>으흐흐흐</u>

붙박이 가정부 참기름을 얼마나 들이 뿄는데요 사모님.

미스장 (수화기 들고 들어온다/오버랩)사장님이세요.

노여사 어 그래.(손에 묻은 것 때문에 귀 들이대고)그래/(왜)…어 안왔는데?…어 못 받았어. 잠깐 (미스장 보고)우리 며늘애 전화 왔었니?

미스장 아니요?

노여사 받은 사람 없다는데?

S# 룸살롱

종혁 ··그래요?…개가 좀 아파요 어머니.몸살인 거 같더라구요.인사 드리러 간다 그러는 거 제가 말렸어요 전화나 드리라구…네…아마 전화드리기 어려워서 그냥 있나보네요.…알았습니다…저 좀 늦겠 어요 어머니.

S# 노여사 주방

노여사 술 먹니?….과음하지 마 몸 애껴….그래··그래 알었어(수화기 에서 떨어지며 미스장에게)보재기 찾어 내. 스무개씩 싸면 돼.

미스장　네에.(하는데)

　　E 인터폰

노여사　바뻐 죽겠는데

미스장　(받는다)네에‥네 아저씨(얼른 끊으며)회장님 들어오세요. 사모님,

노여사　이잉?(여자들 셋도 놀라고)아니 저녁 드시구 들어오신다더니/얼른 들어가요 얼른/뇌두구 얼른 들어가라구/(하며 허둥지둥 거실로 나가고/여자들은 일하던 것 팽개치고 후닥탁 주방 속의 방으로 뛰어 들어가고)

S# 거실

노여사　(급하게 나와서 소파에 걸쳐놓았던 겉옷 허둥지둥 입는다)…

최회장　(들어온다)

노여사　(옷 매무새 만지면서 남편 쪽으로)저녁 잡숫구 들어온다더니요.

최회장　(안방 쪽으로 움직이며)먹었어.

노여사　어느 새요?

최회장　(움직이며)일찍 끝내구 들어왔어‥?무슨 냄새야.

노여사　양로원 보낼려구 약밥 좀 쪘어요.

최회장　(아무 말 없이 방으로)

노여사　나 안들어가요.

최회장　필요 없어.

S# 룸살롱

　　[밥도 들어왔고 술도 들어왔고/친구들은 밥보다는 술이다/]

종혁　(김치 집어넣고 씹으면서)……(안 되겠다 전화 집어 찍는다)….어 현경씨/최종혁입니다…네 안녕하세요. 지현이 아직 거기….알았습

니다. 안녕히 계십쇼.(끊고 다시 버튼 찍는/이번에는 집으로)

S# 강변 레스토랑

　[피차 아무 말 없이 밥만 먹고 있는 두 사람/서로 안 보는 채/ 조용히/
두 사람 다 식욕이 있을 리 없다]…

두 사람　 ……….

강욱　 ……

지현　 …….

강욱　 ……(서로 보지는 않지만 의식은 끊임없이 되는 상태)

지현　 …….

강욱　 (더는 그 상태가 힘들다. 포크 놓고 와인 병 들어 지현 보며 내민다)….

지현　 ….(보며)

강욱　 나는 못 마시지만….마셔요.

지현　 ….(보다가 잔 들고)

강욱　 ……(따라준다)

지현　 (단숨에 비우고 안 보는 채 샐러드 찍어 먹는)…

강욱　 ……(보다가 놓여진 잔 다시 따른다/칠부쯤)

지현　 ?……(따르는 강욱 보는)…

강욱　 (술병 놓으며)데려다 주께요.

지현　 (포크 놓으며 안 보는 채)취하기 싫어요. 구질구질해질 거 같아서..

강욱　 ….(보며)임자 정해진 사람을 탐내는 건….떳떳치 못해요.

지현　 (보며)나는….그런 생각은 안해요. 내가 갖구 싶은 남자가 나만
큼 나를 원할까…만약 원한다면 용기는 있을까……

강욱　 (시선 피하며)얼만큼인지 모르지만…그 이상일 거요…

지현　 …(보며)

강욱 그런데 (보며)‥용기는 자신 없어요…난 원래 용감한 사람은 아니요.

지현 (끄덕이며 시선 피하는)됐어요.

강욱 (시선 내리며 오버랩)어쩔 셈이었는지‥ 정직하게‥셈같은 것도 없이 그냥 ‥정신이 없었어요.(이어 붙이듯)무책임했었어요.

지현 (오버랩/안 보는 채)책임 추궁한 적 없어요. 우리는 둘 다 성인이구/의기투합해서 같이 저지른 일이에요. 그쪽에서 책임 같은 거 질 일은 없어요.

강욱 ‥‥‥(보며)

지현 나는 혼자였구 그쪽만 둘이었던 것도 아니었구/ 그랬더라두 누가 책임 질 일은 아니에요. (보며)이제 그만 일어나구 싶어요.

강욱 ‥(보며)

S# 강욱의 병원 근처 주차장 앞(밤)

　　[강욱의 자동차 와서 멎는다.]

지현 (차에서 내린다)

강욱 (운전석 쪽에서 내려 주차장으로 들어가고 있는 지현 따르는/자동차는 깜박이 켜놓고)

지현 ‥‥(제 자동차 있는 곳으로)

강욱 ‥‥(따르는)

　　[자동차 앞.]

지현 (멈추고 돌아보며)‥갈께요‥

강욱 (손 내밀며)내가 빼줄께요.

지현 아뇨…나두 잘 해요.(조금 웃으며)

강욱 ‥‥‥(보며)

지현   ‥그럼(보며)

강욱   (보며 끄덕이며 조금 웃어 보이는)

지현   (자동차로 오르고 시동 걸고/라이트 켜고)

강욱   ‥‥‥(조금 물러서며 보는)‥‥‥

지현   (그냥 빠지기 시작한다)

강욱   ‥‥(보며)

  [주차장을 나가는 지현의 자동차‥‥]

강욱   ‥‥‥‥(보고 있다가 고개 좀 떨구며 주차장 나선다)‥‥

S# 주차장 밖 대로大路

강욱   (나와서 제 자동차로 오르는)

S# 차 안

강욱   (운전석으로 올라 앞 보면서)‥‥‥

S# 운전하고 있는 지현/

  [아무것도 없는 텅 빈 얼굴‥‥‥]

S# 운전하는 강욱‥‥‥

S# 운전하는 지현

지현   ‥‥‥‥(문득 시디 스위치 넣는다)

  M 바이올린 협주곡

지현   ‥‥‥‥

S# 룸살롱

  [한 아가씨 노래 부르고 있고/]

종혁   (블루스 추고 있는데 자꾸만 달라붙는 아가씨/춤추다 떼어놓으며)

  달라붙지 마 달라 붙지 마 달라붙지 말라니까 아가씨 왜 자꾸 이
  러니.

아가씨   (껴안으며)사장니이이임.

종혁   나 참 (조금 밀어내며)이거 봐 아가씨(하는데)

친구1   (오버랩/춤추며)얌마 까탈 부리지 말구 내뻗져 둬어.

종혁   (오버랩)참견말구 니 볼일이나 봐. 아가씨 첨이라 나 잘 모르는 모양인데/심한 소리 하구 싶지 않아. 젖은 빨래보양 휘감기는 거나 싫어. 그러니까 깨끗하게 추자구 깨끗하게 응? (다시 잡으며)자 인격 침해 안하도록 해 줘요 응?…

아가씨   (다시 달라붙는 듯)

종혁   (멈추고 밀어내면서 나직이)안되겠다. 아가씨 나가….나가 빨리…(아가씨 나가고)

   [마침 춤곡이 끝난다.]

친구2   (자리로 움직이며)애가 눈치가 없구만.

친구3   (자리로 움직이며)반해서 그러는데 뭘 그래. 대충 넘어가주지.

친구1   감기면 좋지 뭘그래감기며언/히히히(여자 안으며)너두 좀 감겨 봐라 엉?

종혁   (대꾸 없이 술 홀쩍 비운다)

S#   오피스텔

강욱   (벗은 겉옷 소파에 던져놓고 냉장고에서 물병 꺼내 선 채 벌컥벌컥 마시고 내리면서)……(시선이 한곳에 고정되어)…(아주 한참 동안 그대로 있다가 문득 정신 차리고 움직여서 샤워 들어가려고 잠옷 챙겨놓고 바지 벗으려 혁대 푸는 데서)

S#   사슴 목장 집 앞

지현   (자동차에서 내려 문 잠그고 집 쪽으로 움직이는)

한수   E 누나 들어와요?

진이 (한수 옆에서 명랑하게)이제 들어오세요?

지현 ? 춘데 왜 나와 있어?

진이 체했나봐요. 머리가 쪼개지게 아파서 찬바람 쐬러요 언니.

지현 머리 아프면 약을 먹지 찬바람 갖구 돼?

진이 약두 먹구 손두 따구 할 거 다 했어요 흐흣/.

지현 머리 아픈 거 날리다가 감기 들겠다.적당히 하구 들어 가.

진이/한수 네에./네 들어갈 거에요.

지현 (웃어 보이고 집 쪽으로 돌아선다)

S# 집 마루/현관/

지현 (들어오며)저 들어 왔습니다아…

지현모 (남편 장갑 수선하다가 돌아보며)어엉.

지현부 (티브이 보며)춥지?

지현 별루 춘 날 아니에요 아버지. 뭐하는 거유?(엄마 옆으로)

지현모 철망 수리한다구 진 종일 나가 계시더니 장갑 해 잡쉈지 뭐.(목장갑)

지현 그렇다구(장갑 빼내려 하며)이깟 거 얼마나 한다구 궁상이유.

지현부 (티브이 보며)원단이 궁상이잖아.

지현모 어이그,(하고 웃는)말을 해두 꼭/

지현부 (딸 돌아보며)저녁은/

지현 먹었죠오.

지현부 뭐 바쁜 볼일 있었어?

지현 아뇨?

지현모 전화는 왜 안 갖구 나가 여러 사람 속 썩여 너.(기우며)

지현 왜. 또 뭐요.

지현모   최서방 찾는데 연락이 안되니까 니 오빠

지태   (이 층에서 신문 들고 내려오며 오버랩/좀 딱딱하게)너 어디 갔다
이제 들어와.

지현   (오빠 돌아보는)

지태   작업실에서는 일찍 나갔다 그러드라는데 집에두 안 들어오구
어딨는지두 모르구

지현   (혼잣소리처럼/오버랩)미치겠어 정말.

지태   ?뭐어?(엄마 아빠도 의외의 반응이라? 해서 지현 보고)

지현   오빠때매 더 미치겠어. 나 그 사람이 찾을 때 마다/ 여깄습니
다 대령해야 해? 찾으믄 없다 아직 안 들어왔다 그러구 말면 되잖
아요.

지현모   얘

지현   왜 꼭 무슨/찾을 때 없어서 큰일 난 거 모양/…왜 그래요 오빠.
뭐때매 그래.

지태   그러게 핸드폰은 왜 안 갖구 나가 신경 쓰이게 만들어.

지현   신경 쓰지 말라구요 글쎄.연결이 되든 안되든 오빠가 왜 그렇
게 곤두세워 그러냐구우.

지현모   (오버랩)신경이 쓰이지 왜 안 쓰여. 어떻게 신경이 안 쓰여.
나두 쓰여 얘.

지현   (엄마 보고/반발하고 싶지만 그만둔다)

지현모   당신두 그렇잖어요.

지현부   오래비한테 왜 괜히 언성은 높여. 뭐 해로운 소리했어?

지현   너무 숨을 못 쉬게 하잖어요.

지현부   (아들에게)너두 좀 지나쳐 왜 애한테 인상은 써. 인상 안쓰군

말 못해?

지태 …(김새서)

지현부 애가 어디 깝깝해서 살 수가 있겠어? 한 발짝 동으루 띠면 동으루 뗬다 두 발짝 서루 띠면 서루 두 발짝 뗬다 /일일이 어떻게 다 감시하는 거 모양

지태 (오버랩)제가 감시했어요 아버지?

지현모 작업실에서는 일찍 나갔다더라. 그런데 집에 안 들어오구 어디 갔었냐/…그럼 감시같어.

지현부 다시는 핸드 폰 놓구 나가지 말어.

지현모 들구 나가두 그럴 때 있든데 뭐.

지태 ….주무세요.(올라가버린다)

지현모 어디 갔었어.

지현 ?(엄마까지야?)

지현모 아이 그래 대답 안해두 돼.

지현 (일어서며)주무세요.(하는데)

지현모 너 픽하구 여행가구/뭐 잘못되는 거 아닌가 해서 더 저래.

지현 (무슨 말인가 하려다가 그만두고 제 방으로)…

S# 지현의 방

지현 (들어오며 머리 아파죽겠다/들어오면서 한 손 이마에 대고/가방 침대에 던지면서 동시에 침대에 엎어지듯)……(눈 감는다)

S# 강욱의 오피스텔··

강욱 (식탁 앞에 선 채 얼음 들어 있는 술잔 비우고/얼음 위에 다시 좀 따라 글라스 흔들며)….

    E 차임벨.

강욱 ?···(문 앞에 가서)누구세요.

민경 E 나아.

강욱 ···(문 열어준다)

민경 (만두 담았던 박스와 다른 반찬 그릇들 싼 것 들고 들어오며)깍꾸 웅/(움직이며)언제 들어왔어? 빈 집에 문 따구 들이오기 싫어서 일 부러 천천히 움직였는데?···(보자기 풀며 기다리다가)응?

강욱 한 30분··(소파 쪽으로 가며)뭐야 또 잔뜩···

민경 만두랑 뭐 그런 거/반찬 바꿀 때 됐잖아. 냉장고 청소 좀 하구··· 너 좀 조물락 거리구··(하면서 혼자 쿡쿡 웃는다/저도 쑥스럽기는 하 다)·····(보자기 것들 냉장고 것과 바꾸면서)우리 이모가 말야···나 여 기서 논 거 다 안단다?··냄새가 난다나? 흐훗 아무리 아닌 척 고고 한 척하구 들어와두 금방 안대·····

강욱 ····(그저 물끄러미 민경 움직이는 것 보며)

민경 E 그게 아마 그럴 거야.

민경 생각해 봤는데 있잖어/그런 날은 나두 그냥 마냥 뻔순이는 못 되니까 부러 더 아닌 척 할 거거든? 우리 이모가 바루 그 아닌 척을 읽는 거 같어······(움직이는)

강욱 (술 한 모금 마신다)

민경 나두 한잔 만들어 주라.

강욱 차 갖구 왔잖어.

민경 금방 갈 거 아닌데?

강욱 ···(마시는)··

민경 금방 가라구?

강욱 (대답처럼 일어서 술 있는 곳으로 가 잔 꺼내고 냉장고에서 얼음 꺼

내는데)

민경 (뒤에서 안아버린다)·····(안고 등에 붙이고)····무지무지 그립더라····

강욱 ····(눈이 뜨이는)

민경 (강욱 앞으로 돌며 목에 두 팔 감고 키스하는)

강욱 ····(반응 없이 그대로)····

민경 ?···(몸 떼고)··왜 그래?

강욱 (돌아서려 하며)술 달라면서/(술 만들려)

민경 술은 술이구 왜 거부해?

강욱 술 만들려구.

민경 (강욱 엉덩이 손바닥으로 탁 갈기면서)깍쟁이. 알구 보면 그렇지
두 않으면서 (하며 눈 흘기고 계속 움직인다)··

강욱 ····(술 만들며)···

민경 (계속 집어넣고 빼면서)연극 낼 보까?

강욱 ··꼭 봐야 해?

민경 문화생활. 볼만한 거 더러 있잖어.

강욱 ····(술잔 내민다)

민경 (받으며 보며)주인공 나오는 애 내 환자야. 스트레스만 받으면
활가닥 뒤집어져서 오는 애 있거든.(한 모금 마시고 내리며)꼭 와주
세요 했는데 환자 관리 차원에서라두 가줘야 할 거 같아서.

강욱 (그저 마시는)

민경 싫어?··싫으세요?

강욱 내일 일어나 봐서.

민경 비싸게 군다. 맘대루 해. 너 안가두 난 갈 거야.

강욱 혼자 가 그럼.

민경 정말 이럴래?

강욱 그냥..자구 싶은 생각 밖에 없어. 지금은…(하며 소파 쪽으로)

민경 ….(보다가)그래 그럼 낼 아침에 결정해….(하고 술잔 놓고 다시 움직이려다가 멈추고)…(있다가)에이 하기 싫다.(술잔 집어 들고 강욱의 옆으로 가서)나 좀 봐.

강욱 ?

민경 (찢어진 롱스커트 쓰윽 올려서 다리 드러내 보이고)…..섹시하지.

강욱 (피식 웃으며)그래. 섹시하다.

민경 (강욱의 무릎에 옆으로 올라앉으며 목 한 팔로 감아 저한테 붙이고 술잔 쭈욱 비워 탁자에 놓고)안아주라.

강욱 …(안아준다)

민경 (안겨 있다가)….? 이게 뭐야?

강욱 …..

민경 엉?..이게 뭐야?

강욱 (갑자기 폭풍처럼 안아 쓰러트린다)

S# 지현의 마당(밤)

종혁 ….(보다가)….할려구 했는데…

지현 (대답 못 하고 고개 조금 돌려 어둠 보는)

종혁 응?

지현 (종혁 보며)추궁하는 것처럼 그러지 말아요…. 내일 찾아 뵐께요. 그럼 되잖아요.

종혁 ….(보다가)우리 어머니 아직두 어렵구 거북해?…응?

지현 (끄덕인다)

종혁 참 한심하다…이렇게 한심하면서 잘난 척은 왜 하니.

지현   ....(가만히 보며)

종혁   몸살났다 그랬어....내일 열시 쯤 와 그럼....음?

지현   (끄덕이며)그러께요.

종혁   (지현 어깨에 한 손 올리는데)

지현   ...?(긴장해서 보는)

종혁   잘 자라....

지현   ....

종혁   당신은...워낙 심하게 못 생겨서 어둔 데서 보는 게 더 나. 알아?

지현   ....(피식 조금 웃는)..

종혁   (어깨 가볍게 두드려 주고 자동차 있는 곳으로)

　　　　[운전기사 차 문 열어주고]

종혁   (타고)

기사   (지현 쪽으로 꿉벅하고)

지현   안녕히 가세요.(기사에게)

　　　　[뜨는 종혁 자동차.....]

지현   (보다가 돌아서서 집으로 걷는)

　　　　[지현 보고 펄쩍펄쩍 뛰어오르는 진돗개...]

지현   응 그래//아는 척 한지 오래 됐지?그래 미안해...(개 끌어안으며
　　　　무릎 꺾어 앉으면서)...(쓰다듬어 주다가)누리야 어떡하니이....누나는
　　　　...엉망이야....엉망이야...엉망이야아(울음 터뜨리며)....

제3회

S# 지현의 집 목장 이른 아침

[한수/집 주변 치우고 있다. 입에서 김 푹푹 내면서]

S# 지현네 마루

지현부 (식닥거리며 마루 걸레질하고 있고)

지현모 (새로 생긴 빨랫감 들고 방에서 나오다)? 뭐 해요?

지현부 …

지현모 놔둬요. 그거 할 사람 당신 밖에 없어요?

지현부 ……(닦으며)

지현모 (걸레 빼앗으려 하며) 별 걸 다 해 별 걸.

지현부 무릎 아프다면서.

지현모 진이두 있구 현식에미두 있어요.

지현부 (소리 죽여) 진이는 처삼촌 벌초구 현식 에민 검둥개 먹 감긴다면서.

지현모 아이구 쩟/들어요. (눈 흘기며 걸레든 채 일어서려는데)

지현부 (걸레 도로 뺏으려 하며) 이리 줘. 해 주께.

지현모   (걸레 안 뺏기며)됐어요.

지현부   (다리 붙잡으며)존 말 할 때 내 놔. (올려다보며/지현모 '?' 하는 새에 걸레 도로 뺏어 닦으며)너무 쓸구 닦어서 그래. 평생 쪼구리구 / 마루짱이 빵꾸가 나게 이 짓을 했으니 무르팍이 온전해? (하며 학교 골마루 청소하듯 궁둥이 치켜들고 쭈우욱 민다)

지현모   (웃음 터지며)아이구 참. 그게 처삼촌 벌초에요 그게.

지현부   대충 하구 살어 대충(하면서 또 쭈우욱 미는데)

진이   (무청 시래기 말린 것 적당한 양 들고 들어오며)아버님어머님(안녕히 주무셨어요 하려다가 쭈우욱 밀고 있는 아버지 보고)까르르르르르르 아버님 뭐하시는 거에요? 깔깔 호호호호.

지현부   (에면히 그만두며)너 걸레질을 이렇게 한다면서. 니 어머니가 너 숭 보더라.

지현모   ? 아이구 사람 잡네. 얘 나 아냐.

진이   깔깔깔깔 저 아니구 올케언니에요 아버님. 오호호호호(부엌으로 들어가며)시래기 삶어요 어머님?

지현모   (남편이 만지던 걸레 집어 들며)그래. 삶어 담궈 놓구 고기 내놨어 무국 끓이자.

진이   E 네에에에

지현모   (남편에게 눈 흘기며 화장실 쪽으로 가는데)

지태   (방에서 나오며)안녕히 주무셨어요.

지현부   (난로 심지 조절하며)잘 잤어?

지태   예..(하며 화장실로)

지현모   (화장실로 가는 아들의 뒤를 보며)아직두 자?

지태   ?(잠깐 돌아보고 화장실 문 열며)일어났어요.

지현모 (난로 쪽으로 움직이며 꾸덜거리는)시집와 이날까지 시에미보다 일찍 나온 꼴을 봤으면 내 성을 꼴 가루 갈겠다.(하며 남편 옆에 쭈그리고 앉는다/걸레는 든 채)

지현부 (좋은 눈으로 아내 돌아보며)천하 다 뒤져두 꼴가는 없겠다 흐흐흐.

지현모 (남편 보고 자기도 우스워서 피식 웃어버린다)

S# 지태의 방

초희 (잠자리에서 일어나 앉아 있는 채 고개 옆으로 기울이고 눈 감고 아직도 취한 잠 속에 들어 있다)···.

S# 지현의 방

지현 (침대 위에 두 다리 모아 껴안고 앉아서)·····(멍하니)

S# 강욱의 오피스텔

강욱 (침대에 누운 채 담배 태우면서)········(한동안 그대로 있다가 불끈 일어나 담배/사이드 테이블 위 재떨이에 눌러 끄고 냉장고로 가서 주스 한 컵 따라 마시면서 침대 쪽으로 움직이다가 문득 보면 의자 아래 바닥에 떨어져 있는 민경의 장갑 한 짝)···.(집어 들고 보며)···

S# 민경의 방

민경 (화면 시작과 동시에 이불 휘이익 젖히며 천장을 향해 돌아누우며) 아우 참 왜 그래요오오.(감은 눈에 찡그린 채)몇시나 됐는데요오오.

이모 일곱시 반.(침대 옆구리에 앉아서)

민경 (도로 옆으로 돌아누우며)잠자는 날이잖어어어어. 왜 깨우는 건데요오오오.

이모 (민경 잡아 젖히면서 오버랩)초상 치르구 싶잖으면 일어나 이것아. 민지 늬 엄마랑 붙었어어.

민경 (눈 뜨고 본다/가끔 있는 일이고 싫어죽겠다)…

이모 얼른 내려가 민지 좀 말려어. 엄마 잘못돼 반신불수 되면 니 차지야.(이불 아예 걷듯이 하며)빨리 일어나 빨리.

민경 (별수 없이 일어나며/빠를 필요는 없음)어우 참. 붙을려면 한 낮에 붙지 시간을 왜 이렇게 잡어. 남 잠두 못자게에.

이모 한다는 소리하구는 어이구우우.

S# 계단과 거실

민경 (로브 입으며 내려오는 위에/이모도 따라 내려오는)

서여사 E 도대체 무슨 권리야/무슨 권리루 이렇게 당당해!

민지 나 엄마가 세상에 내났잖어요.

서여사 그래/안 내났어야 했어/ 천추의 한이야.

이모 (오버랩/무슨 그런 말을)아이구 언니.

민지 (상관없이 엄마 말 받어서)엄마가 저지른 일이니까 난 책임 없어요. 그렇지만 나는 이런 식으로 세상에 나오구 싶지 않었어요.

민경 (오버랩)얘.

민지 (아무 상관없이 연결) 그러니까 엄마는 날 책임져야 해요.

서여사 책임 못 지구 있는 게 뭐야.

민지 …‥(보는)

서여사 책임 못 지는 게 뭐야.

민지 오 천만 원 내요.

서여사 못 내. 낼 이유가 없어.

민지 나한테 물어 보지두 않구 엄마가 날 낳았는데/ 엄마는 부자구 아버지는 거지에요.

서여사 (오버랩/버럭)남남 된 지 이십 년야!

이모   (오버랩)언니 흥분하지 마요 흥분하지 말구

서여사   (상관없이 연결)도대체 그 인간하구 내가 무슨 상관야!

민지   엄만 상관없지만 난 내 아버지에요!

서여사   그럼 니가 줘! 니가 주면 될 거 아냐!

민지   글쎄 내가 준다구요! 엄마한테 뺏어서 내가 준다구!

민경   민지야!(야단치는)

민지   (상관없이 연결하며 벌떡 일어나는)나 엄마 성 붙이구 사는 웃기
는 애라구!

민경   (민지 끌어내며)그만 해 그만 해!

민지   그걸루 나한테 오억/오십억두 내야 한다구!(엄마 이미 뒷목 싸
쥐고 뒤로 넘어갈 듯)

이모   얘가 정말(퍽)/그만해/그만 못해?(퍽/등짝 갈기며)

민경   (거칠게 민지 떠밀어 이 층으로 밀어 올리며)올라가올라가. 나하
구 얘기 해 올라 가 빨리!

이모   (한편 언니에게 들러붙으며)진정해요 진정해 언니. 심호흡 응?
심호흡/후우우우우/심호흡 심호흡/후우우우우/후우우우우우/
(거의 언니 얼굴에 대고)

서여사   (신경질적으로 얼굴 밀어내며)웬 썩는 내야. 이 안 닦았어?!

이모   치과 갈 돈이 있어야지. 충치가 세 개나 되는데‥

민경   (그 동안 병원에서 쓰는 혈압계 찾아 들고 와서 오버랩의 기분)올리
지 말아요. 올리지 말구 …혈압 잽시다.(하는데)

서여사   (오버랩/갑자기 헛구역질하는)왝 /왜애액/(하며 화장실로)

이모   (뒤쫓으며)아이구 봐 너./저러다 꽈당하면 늬들 운 좋으면 고
아되는 거구 아니면 반신불수야아아아‥(화장실로 들어가며)언니

괜찮수? 괜찮아요?

민경 ······(화장실 쪽 보며/종종 있는 일이다/다분히 싫증 나고)

민경 (획 돌아보는)

S# 지현의 방

지현 (테이블 의자 조금 돌려놓고 앉아 머그잔의 커피 들고 저만큼 방바
닥 쪽 보면서)····

S# 헬스클럽에서 운동하고 있는 종혁······

S# 지현네 마루

[아침 먹고 있는 가족들/큰 상에 모두 다 함께./]

지현부 (먹으며)현식이 언제 오는 거야.

지현모 어느 새 보구 싶어요?

지현부 심심해.

초희 아으 저는 개 없으면 편하구 좋아요. 옷이나 후질러 놓구 귀찮
은데··

지현모 새끼가 귀찮으면 어떡해.

초희 솔직히 저는 귀찮아요. (하다가 돌아보는 남편과 눈 마주치고)?··
아 솔직히 귀찮을 때 많아요 머. 당신은 애 보는 시간이 얼마나 돼
요. 일주일 보는 시간 다 합쳐두 나 하루 보는 턱두 안되니까 몰라
서 그렇지

지태 (오버랩)됐어.(쌀쌀하게)

지현모 하나 갖구 귀찮다면 어떡해.

초희 옛날 여자들은 정말 어떻게 살았는지 몰라.

지현모 귀찮아서.

초희 예 보통 다서여섯 씩 낳았잖아요.

102

진이   능력만 있으면 많으면 많을수록 좋을 거 같은데‥

한수   어디 끼어 들어.(끼어들지 마)

진이   (혀 잠깐 쏙 내밀고)

초희   아가씨 방송 언제 나와요?

지현   ?

초희   저번에 탈고한 작품요. 가슴 아픈 연애 얘기라면서요?

진이   정말 기대돼요 언니. 누가 해요? 난 김희선이 젤 예쁜데.

지현   (웃으며)그런 애들 절대 안 해. 얼마나 대단하구 얼마나 바쁜 앤
         데.(아무 일 없었던 듯)

초희   그럼 누가 해요?

진이   난 걔는 안했으면 좋겠드라.누구냐 걔. 아우 주눈 거 없이 미운
         애 있는데 한수 씨 걔 누구지 걔?

한수   ‥‥(못 들은 척)

진이   아 걔만 나오면 한수 씨 침흘리는 애 있잖아요오.

한수   어이 저/내가 언제/(민망해서)

초희   어머머 누구우우?

지현부 (오버랩)그게 누구냐.

지현모 (남편과 동시에)누구야?

초희   아이 왜 생각이 안나지이이?

한수   수다떨지 말구 밥이나 먹어. 쓸데없는 소리는 좌우간

지태   너는 오늘 뭐하니.

지현   ?‥(잠깐 오빠 보고 먹으며)아침 먹구 나가요.

지태   또 어디 가는데.

지현   ?‥(잠깐 보다가 조금 웃으며)오빠 정말 왜 그루.

지태   어디 가 또.

지현   인사드리러 성북동 가요. 됐수?

지태   …(그냥 먹는다)

지현   ….왜 가만 있어요?

초희   거기 간다는데 뭐라 그래요. 아가씨가 분수두 모르구 자꾸

지현부   (오버랩)숭늉 줘. 숭늉 안 줘?

진이   (괜히)호호호호 깜박했네.(발딱 일어나 주방으로)

초희   분수두 모르구 자꾸

지현모   (오버랩)에미야.

초희   네

지현모   시래기 깔구 저녁에는 자반 고등어 좀 조려 먹자.

지현부   어어 거 좋지. 거 좋다.(지현에게) 너두 그거 잘 먹지‥

지현   (아버지 보며 웃으며)네.

초희   (찡그리며 혼잣소리)어으 그 비린 거….

지태   (못마땅해서 아내 돌아보는)

S# 성북동 길을 들어오고 있는 지현의 자동차

S# 차 안

   [운전하는 지현.]

   E 핸드폰 울리는 소리.

지현   (운전하면서 받는다)‥네에.

정감독   F 나 정감독인데 지현씨 언제 왔어요.

지현   그저께요‥근데 무슨 일이세요?

정감독   F 먼저 그 원고 말요 손봐서 만듭시다

지현   ….소유자가 쓰구 있잖아요.

정감독 F 소유자껀 소유자 꺼구 쪼끔만 손질하면 되는데 아깝잖어?

지현 내 스타일….감독님하구 잘 안 맞지 않아요?(하면서 어느 틈에 종혁의 집 앞에 멈추는)

정감독 F 아니 뭐 내가 유치해서 싫다 그랬다는데 (지현?)좋아좋아요. 나는 박지현씨가 좋다구.그러니까 /아니 좀 만나지. 다른 의논두 좀 할 게 있구 언제 한 시간 뒤에 만날까요?(하는데)

　　　[그 동안 종혁의 자동차 지현 차 뒤에 멎었고/차에서 내린]

종혁 (운전석 쪽 유리 두드린다)

지현 ?‥(보고 조금 웃어 보이며 유리 내리며)그렇게는 안 되겠어요.

정감독 F 그럼 두 시간 뒤?

지현 (가방 챙기면서)제가 전화드릴께요.(종혁/지현 내리게 문 열어주고)어디루 연락하면 되죠?(내린다)

정감독 F 어 나 방송국이에요. 자리에 없으면 핸드폰 하면 되구.

지현 알았어요. 연락 드릴께요.

정감독 F 그럼 기다립니다.

지현 네에.(끊고)어떻게‥(하며 뒤의 자동차 돌아본다)

운전기사 (꿈벅)

지현 안녕하세요(하고 종혁 보는데)

종혁 (지현의 팔꿈치 가볍게 잡고 집으로)운동하구 오는 거야.(대문은 벌써 정원사가 열어놓고)누구야.

지현 (같이 움직이며)내 원고 뻰찌 논 감독요.

종혁 왜. 미안하다구?

지현 조금 손 봐서 방송 하재요.

종혁 (대문으로)그래서 그럴 거야?

S# 대문 안

지현 (들어오며 인사하는 정원사에게)안녕하세요. 만나 보구요…뭐
  다른 얘기두 있다니까

종혁 다른 얘기는 또 뭐야.

지현 모르죠 뭐. 만나봐야 알죠.

종혁 그래서/‥ 기분이 나아진 거야?

지현 ?

종혁 아는 척두 하구 웃기두 하구 말야.

지현 그거 때문 아니에요.(쓴웃음)

종혁 그래? 그럼 뭐야.

지현 반성해서요.(바닥 보며 걸으며)

종혁 하하하 그래?

지현 (돌아본다)

종혁 아아 기분 좋다. 반성했다니까 기분 엄청 좋은데 그래? 그러니
  까 반성두 할 줄 아는 사람이구나. 난 반성하기 되게 싫은데/(지현
  보며)

지현 (안 보며)나두 싫어요.

종혁 고마워. 싫은 거 해줘서 대단히 고마워.

S# 거실

종혁 (앞서 들어오며)어머니. 지현이 왔어요.

노여사 (티브이 보고 있다가 돌아보며)데리러 갔었어?

종혁 아니에요. 대문 앞에서 만났어요.

지현 (오버랩의 기분으로/허리 굽혀)안녕하셨어요 어머님.

노여사 (치맛말기가 불편해서 건드리면서)그래 잘 있었다. 어서 오너

106

라. 아이구 답답해 아이구 답답해(혼자 쭝얼거리는)일요일 없는 나라 어디 없나.(하며 서재 쪽으로)아버님 뵈야지.

지현 네에(따르며)

노여사 (지현 돌아보며)일요일은 생/지옥살이다.

지현 …(배시시 웃고)

노여사 (노크하고)……(잠깐 기다렸다가 문 열고 들여다보며)지현이 왔어요…나오셔서 같이 찰 드시겠어요 어쩌시겠어요.

최회장 E 들여보내.

노여사 (문에서 떨어지며)들어가 뵈어라.(문을 닫을 필요 없음)

지현 네.

S# 최회장의 서재

지현 (들어와서 보면)….

최회장 (테이블 의자에 기대앉아서 책 보고 있다)….

지현 …(보다가 공손하게 허리 굽히며)저 왔습니다 아버님.

최회장 ……

지현 ……(보며)

최회장 ……(그대로)

지현 …..(보며 다소 당혹감)

S# 거실

노여사 (소파에 앉으며)너 아버지 모시구 어디 나갈 데 없어?(대체로 수근거리는 톤)

종혁 (앉으며 그냥 웃는)저 약속있어요.

노여사 (서재 돌아보며)전에는 종종 선산에두 가시더니 요즘엔 왜 저러시는지 모르겠다. 다리 힘이 빠졌는지이이..(치맛말기께 잡고

흔들면서)유 회장 입원하신 바람에 금년 겨울엔 사냥두 땡이야. 일
요일에만 출근하는 회살 하나 따루 차리셨으면 좋겠어.

종혁　(소리 내어 웃는다)

노여사　늬 아버지 때매 갇혀서 꼼짝 못하는 여인네들이 셋이다 셋.

종혁　? 언제 또 그렇게 늘었어요.

노여사　접때 둘 더 들어 왔어. 하나는 무슨 패물이 없어졌다구 떨려
나구 하나는 쥔집 딸년이 너머 못되게 굴어서 나왔다더라.

종혁　다 제천 아줌마 친구분들이세요?

노여사　하나는 고향 사람이구 하나는 고향 사람 육촌이래.

종혁　....(엄마 보는 위에)

노여사　E 일하는 거 봐서/또 여기 저기 집어 너 줘야지 뭐.

종혁　소개료 받구 하세요.

노여사　뭐?

종혁　아 직업 소개소 하시는 거잖아요 어머니.

노여사　(서재 돌아보며)무슨 말씀이 이리 기셔어?

S#　서재

지현　.....(보며)

최회장　....(책 보며)...

지현　.....(조금 더 기다리다가)안녕하셨습니까 아버님.

최회장　(마치 다시 인사하기 기다렸던 것처럼)할 일 많은 녀석이야.(안
보는 채)

지현　....(보며)

최회장　다른 젊은애들 연애하는 거 모양 할 짓 다 하면서 희희낙락 가
거니 오거니 할 새가 어딨어. (책 접어놓으며 안 보는 채)

지현　….(시선 내리고)

최회장　(보며)뭣 때문에 연락 안하구 애가 거기까지 쫓아가게 만들어. 할 일없이 손가락이나 세면서 놀구 있는 애두 아닌데…

지현　?….

최회장　무슨 일인지는 안 묻겠다만 다른 여자들 편안하고 평범한 결혼 생활로는 생각하지 마라. 너는….얻는 것 보다두 훨씬 많은 걸 포기하구 살아야 해..

지현　….

최회장　까탈 부려 애 피곤하게 만들지 마라.

지현　명심하겠습니다.

최회장　나가 봐라.

지현　…(목례하고 몸 펴면서 최회장 보는)…..

S# 종혁네 주방

　　[조용히 아주 조용히 점심 먹고 있는 최회장/노여사/종혁/지현/미스 장 조금 떨어진 위치에 단정하게 대기 중…]

종혁 부모　……

종혁　……

지현　…..(자기 집 밥상 분위기와는 전혀 다른 것이/처음은 아니지만 역시 거북하다)….

S# 종혁의 거실

지현　(차 탁자에 찻잔 놓고 있는데)

종혁　E (전화하는 소리)야 휙스된지가 언젠데 이제와 끼어든다는 거야….어 끝났어.

종혁　(전화하면서 소파로 움직이며)…(듣다가)지금 니꺼두 뺏을 참야.

쓸데없는 소리 하지말구 전화 끊어 나 바빠……그래 소용없어 끝났다구 해. 먹으랄 때 먹지 왜 (앉으며/찻잔 들며)상 다 치웠는데 밥 달래…그래 언제 술이나 한잔 하자…음 그래.(끊고 한 번 마시고 내리며 보는)친구. 갸웃등거렸던 사람 이제야 주주루 들어오겠단대 다 끝났는데.

지현   (찻잔 잡으며 그저 잠깐 보는/마신다)

종혁   ….(보다가 웃으며)소화제 주까?

지현   ?(본다)

종혁   괜찮겠어?

지현   (찻잔 무릎으로 내리며)제사 지냈다 치죠 뭐.

종혁   (픽 웃고)아버지 앞에 편한 사람 어머니 뿐야..우리 사촌들두 아버지하구 같이 밥 먹으면 꼭 소화제 찾아…..(보다가)괜찮아 결혼하면 나중에 미스 장이랑 아주머니하구 같이 따루 먹으면 돼.

지현   ….(보는)…

종혁   (불끈 일어나며)나갑시다. 이십 분 밖에 안 남았어. (침실로 가며)사무실 인테리어 맡긴 사람 나오라 그랬어.(침실 앞에서 돌아보며)영 아니야. 다 뒤집게 생겼어.(하고 침실로 사라지는)

지현   ….. (그쪽 보며 있다가 코트 집어 드는데)

종혁   E 어디루 가지?

지현   작업실요.

종혁   (목은 펜 스웨터 끌어 내리며 침실 문 가로지르면서)감독 만나나?

지현   그래얄 거에요.

종혁   (자켓 들고 나오면서)인테리어 뒤집구 세시 네시 반 여섯시 계속 약속야. 전화하게.

지현   (끄덕이며 코트 입으려 펴는데)

종혁   (코트 잡으며 뒤로 돌아가 입혀주고/뒤에서 싸안고 얼굴 머리에 붙인다)

지현   .....

종혁   (탁 떼면서 가볍게)나가자.

S# 성북동 길을 나가고 있는 두 대의 차

  [지현의 차 앞세우고 종혁의 차 바로 뒤에/......]

S# 지현의 차 안. 다른 모퉁이

지현   ....(모퉁이 돌려고 속도 늦추는데)

  E 빵빵

지현   (돌아보면)

S# 지현의 시각에서 먼저 스쳐 나가는 종혁의 자동차

지현   .....

S# 지현의 시각에서/모퉁이를 돌아 사라지는 종혁의 자동차

S# 지현의 차 안

지현   ...(씨디 넣는다)

  M

S# 대로大路 신호등에 걸려 있는 지현의 자동차

S# 차 안의 지현......

S# 오피스텔 주차장

강욱   (주차하고 초밥 도시락 세 개 넣은 봉투 들고 움직인다)

S# 오피스텔 복도

강욱   (와서 자기 방문 앞에서 열쇠 꺼내는데)

민경   E 너 오 천 만원이 누구네 똥개 이름이니?

강욱 ? (똥개 소리에 잠깐 싫증 나고 문 열고 들어간다)

S# 오피스텔 안

강욱 (들어오는데)

민경 (민지 앉혀놓고 열 받고 있다)돌겠어 진짜. 눈 하나 깜짝 안하구 오 천 만원 얘가 진짜(남아 있는데)

강욱 (오버랩/도시락 식탁에 놓고 물컵 챙기며)밥 먹자. 밥 먹구 계속해. 배고파. 먹는 거부터 하자구.

민경 (오버랩)민지야.. 이렇게 결론내구 끝내자 우리. 늬 아버지 생활비루 내가 월 백씩 내께. 혼자서 충분하지 않니?

민지 왜 언니까지 울 아버지 거지 만들어?

민경 ?

강욱 (움직이다 돌아보는)

민지 언니야 말루 무슨 상관있는데?

민경 너 늬아버지 그렇게 속상하다면서어! 그거 해결하자구 오천 만원이 필요하다면서어어

민지 오천 만원 필요하댔지 내가 언제 언니한테 생활비 내랬어? 내 아버지 생활비를 왜 언니한테 타.(흥분하지 말고)

민경 ....(말 막혀 보다가)너 엄마가 그 돈 줄 거 같아?

민지 .....

민경 ....(보다가 일어나 강욱 움직이는 식탁 쪽으로 가며)너 진짜....솔직하게 아주 솔직하게/엄마한테서/받아낼 자신 있어?

민지 .....

민경 (돌아보며)자신 있냐구.

민지 내놀 때까지 할 거야.

112

민경 (돌아선다)……(빽액)엄마 죽일래?!

민지 그렇게 쉽게 안 죽어. 엄살이 반이야.

민경 ……(맥 빠져 보다가 강욱과 같이 움직이며)너 엄마 그렇게 미워해 봤자 득될 거 없어 이 멍충아아……오 백만 원 같으면 내가 주겠다. 천 만원이래두 내가 줘.

민지 (울음 터뜨릴 듯 하며)글쎄 언니가 왜 줘 언니가아아…

민경 ……(돌아보다가 무슨 말인가 하려는데)

강욱 (민경 막듯이 하고 민지에게 가서 마주 앉는다)……(보다가)……민지 야….니 맘…알아. 이뻐……그런데…될 성싶은 일에 떼를 써야지 임마. 어림없는 소리잖아.

민지 (눈물 닦아내고 있다가 오버랩의 기분으로 가방 냐꿔 들고 일어선다)형부까지 끼어들 거 없어요.

강욱 (오버랩/같이 일어서며)우리 서둘지 말구 같이 의논하자. 어떻게 하는 게 제일 좋은 방법인지 우리 같이

민지 (오버랩)그만해요. 더 얘기하구 싶지 않아요.(하며 나가려)

강욱 (잡으며)점심 먹구 가.

민지 (빼며)혼자 해결하께요.(문으로)

강욱 민지야(따르려 하며)

민경 (식탁 의자에 앉으며)놔둬.(오버랩)놔두구 와.밥 먹자. 배고파 헛거 보여.

강욱 …(민경 보며)

민경 …(소독저 떼다가 문득 돌아보며)왜애.

강욱 아 밥 먹여야지이.

민경 놔둬. 지 배 고프지 내 배 고파?

강욱   ‥‥(보며)

민경   (먹으며)왜 저러구 사는지 모르겠어 정말. ‥무슨 벼슬 달었니?

강욱   (식탁으로 움직이며)민지 돼 봤어?

민경   (잠깐 보고 강욱 도시락 연다)

강욱   상처 아프다구 비명 지르는 거야. (의자 빼고 앉으며 안 보는 채)
          니가 만들어 줘…

민경   (도시락 강욱 앞으로 밀다가)? 뭐라 그러는 거야?

강욱   그 정돈 해 줄 수 있잖아.(소독저 집으며)

민경   내가 무슨 돈이 있어. 개업하면서 엄마한테 빚진 거 이제 겨우
          갚았는데에.

강욱   ‥‥(먹으며)

민경   그리구 있으면/있으면 그걸 왜 줘야 하는 거니. 오백이 아니라
          오천야. 착각하구 있는 거 아냐?

강욱   (먹으며)내가 반 보태 주께.

민경   ?‥‥왜…뭣때매.

강욱   니동생이니까‥

민경   ‥‥‥(보며)

강욱   그 정도는 있지?(하며 본다)

민경   싫어 못해.

강욱   ‥‥‥(보다가 먹으며)왜 못해.

민경   그렇게 아무 데나 헤퍼서 어따 쓸 거야. 정말 걱정야.

강욱   (먹으며)‥‥하나 딴딴하니 됐잖아.

민경   ‥‥(보며)

강욱   ‥‥‥밥이나 먹구 나가지……

114

S# 지현 작업실

　[키 여는 소리에 돌아보는 현경과 유자.]

지현　(열쇠로 열고 들어오다 보고)어…안녕.

유자　안녕.(하던 작업 계속)

현경　(책 보던 중이다. 책 놓고 일어나서 커피포트 쪽으로 움직이며)집에
　선 일찍 나갔다 그러드라.

지현　(코트 벗으며)전화했었어?

현경　핸드폰 녹음체크두 안하구?

지현　어 잊어버렸어. 왜애?(코트 걸러 움직이며 돌아보며)

현경　별일 없으면 나와서 수다 떨자구.(여기까지는 소리 내어 하고 그
　다음은 제스처만으로 유자 손가락으로 가리키고 씹는 시늉/쟤나 씹자구)

지현　(웃어버리고 커피 있는 곳으로 움직이며)성북동 갔었어. 전화 죽
　여 놨다가 살리는 거 잊어먹었지 뭐.

현경　(컵 꺼내면서)유자야 커피 마실래?

유자　…?어 그래. 아으으으으으으(두 팔 올려 기지개 켜는/일이 잘되고
　있다)좀 쉬자.(의자에서 일어서며)난 아무래두 천잰 거 같어. 왜 이
　렇게 잘 써지까?(식탁으로)

현경　(미워하며)터진 콩자루에서 콩 새듯 줄줄줄줄 막 나오니?(커피
　따르며)

유자　흐훗/(맨 처음 따라놓은 커피 잔 집어 올리며)엉. 막 나와.

지현　(설탕 그릇 싱크대에서 원탁으로 옮기며)그러니까 펑크 때우는
　선수지.(유자 앉으려다 멈추고 보는) 현경이랑 난 하구 싶어두 못하
　잖어. 변비 환자들이니까.

유자　(앉으며)어쩨 까시가 느껴진다?

지현   (앉으며 보며)느껴질 정도 밖에 안돼? 칵 찔른 건데.

유자   내 피부가 악어 피부거든.

현경   (싱크대에서 건빵 봉지 들고 와 좀 쏟으며 오버랩)건빵 먹을 사람.

지현   언제 끝나니?(유자에게)

유자   (시계 보며)두 시간?

현경   대애단하다.(건빵 먹으며)

유자   넘기구 목욕탕 가 때나 밀구 들어가야겠다. 때밀러 갈 사람.

현경   너 혼자 가.(커피 잔 들고 일어서며)난 목욕탕가 때미는 건 환갑
이나 지나면 할 거야.

유자   얘 자료 오래 들척이는 작가치구 본문 잘 쓰는 사람 못 봤다.

현경   (돌아보며)난 재주 없어서 자료 안 보구는 못써. 너나 잘하셔.

유자   난 잘하구 계셔요(하며 일어서는데)

지현   너 정 감독한테 내가 유치하다 그랬단 소리 왜 했니.

현경   ?(무슨 소린지 모르고)

유자   ? 그거 어떻게 알어?

지현   정감독 그러드라. 니가 한 소리잖어.

유자   할래서 한 게 아니라 야/ 어제 밤에 집으루 전화해서 아이디어
랍시구 감놔라 대추놔라 (노트북 앞에 앉으며)자꾸 유치한 소릴 늘
어놓잖아. 그래서 참다 못해 박지현이 정감독 유치하다 그런 게 무
슨 뜻인지 알겠다 그랬어.

현경   야아아아 친구 팔구 고자질하구 이중으루 비겁했다 너어?

유자   괜찮아 정감독 막힌 사람 아냐. 낄낄거리던데 뭐.(하고는 상관
없이 이어서 두드리기 시작한다)

지현   ....(그냥 유자 좀 보다가 일어서다 문득 돌아보면)

116

현경 (입 모양과 제스처로/저거 저거 우리 한강 모래밭으로 끌고 나가 머리 꺼들고 신나게 두들겨 패줄까)

지현 (픽 웃으며 노트북 앞으로 가 전원 켜고 앉는다)

유자 뭐 할려구?

지현 응(아무렇지도 않게/약간은 약 올리는 기분)정감독 연락 왔어. 쪼끔 손 봐 방송하자구.

유자 ?…그럼 내껀.

지현 니껀 니꺼라 그러든데?‥걱정 마. 난 그런 짓은 안해.

유자 으응‥(하고 컴퓨터 작업으로 들어가려다가)?‥그런 짓이라니?

지현 ?…니꺼 까구 내꺼 들어가는 짓은 안한다구.

유자 나는 했니 그런 짓?

지현 ?

유자 너 말하는 뉴앙스가 그렇잖아. 걱정 마는 뭐구 그런 짓은 뭐야 너.

현경 (오버랩)야 천재가 뭐 그렇게 예민하게 구니.

유자 넌 빠져.

지현 (오버랩)그렇게 들렸다면 미안해. 둔재 콤플렉스야.(보며)

유자 ……(보며/분하고 슬프다)

지현 미안해…(하고 컴퓨터에서 작업해둔 대본 불러내는)‥‥

유자 (작업 중단 컴퓨터 저장/끝/작업 종료하며)늬들 뭣때매 그러는지 알아. 그렇지만 나 일곱식구 책임진 소녀 가장이야.(일어나 겉옷 쪽) 나는 무조건 벌어야 해. 이것저것 폼 잡구 따지구 사양할 여유 없어.(하고는 나가버린다)…

현경 (입 뿌우우 내밀고)……

지현　……(시선 내리고)……

현경　…(지현 본다)….

지현　자꾸… 잊어버려.

현경　너무 까불구 잘난 척 하니까아…

지현　…나 쟤 시기하나봐.

현경　나두 그래……근데 /더 약오르는 얘기 해줘?

지현　(돌아보는데)

현경　곧 일일극 들어가는 거 같더라.

지현　?……(김새서)어이 시이..

현경　씹으까? 지금부터 우리 쟤 막 씹으까?(하는데)

　　E 전화벨

지현　네에..

정감독　F 전화하기루 해 놓구 왜 전화가 없어요.

지현　아 네..(에서)

S# **연극이 상연되고 있는 극장 근처 카페**

정감독　하 참.. 내 말이 맞다니까 글쎄에.

지현　납득이 안 되는데 어떻게 고쳐요. 아무 설명두 개연성두 없이 거기서 느닷없이 어떻게 과거루 튀냐구요.

정감독　시청자들 설명같은 거 따분해 한다니까 박지현씨. 시청자가 보구 싶어하는 게 뭐냐

지현　(오버랩)시청자가 보구 싶어하는 게 뭐냐 보다는 내가 하구 싶어하는 얘기가 뭐냐

정감독　(오버랩)제발 그 문학소녀 좀 졸업하라구.. 박지현씨 혼자 보는 작품 만들어요?

지현 (고집스럽게)적어도 우리 식구는 다 봐요.

정감독 ....(멀거니 보다가)좋아좋아. 생각해 봅시다. 생각을 좀 해 보자구. 저엉 수긍을 못하겠거든 그 장면은 그럼 박작가 맘대루 해봐요. 수정고 보구 다시 얘기하구 나머지 수정은 동의하는 거죠‥

지현 (끄덕이며)해 보께요.

정감독 (목 빼서 저만큼에서 책 보고 있는 현경 한 번 돌아보고) 소유자 씨 일일극 들어가는 거 알아요?

지현 (끄덕이며)들었어요.

정감독 (고개 틀어서)나 현경씨 이리 좀 오세요.

현경 (저쪽에서)‥저요?

정감독 네 오세요.(해놓고)나현경씨 하구 둘이서 미니 씨리즈 공동 작업 한 번 안 해 볼래요?

지현 ?‥(너무 놀라서)

정감독 뭐 얘기 갖구 있는 거 없어요?(현경은 내용 모르는 채 왔다) 앉어요 앉어.

S# 극장 입구

현경 (티켓 내며 앞서 들어오며)뭘 하지? 너 할 거 있어?

지현 어 있어.

현경 뭔데…

지현 있어(움직이며)

현경 뭔데뭔데.(따르듯 하며)

지현 정리해서 얘기하자. 흥분 가라앉히고 그냥 연극이나 보자구. (시계 보며)화장실 볼일 보구 들어가자.

현경 어 좋아좋아.(하고 움직이려다)너 먼저 가. 나 껌 사 갖구 가께.

지현　어 그래.

　　[화장실 복도로 가는 지현··]

지현　(걸어오다가 문득 걸음이 멈춰진다)··?·····

강욱　(시사 주간지 같은 것 보고 있다)······

지현　····(선 채 보며)

강욱　····(그대로)····

지현　·····(강욱의 앞으로/지나가려고)

강욱　·····(책장 넘기면서 무심히 고개 들었다가 지현 발견하고)····

지현　(강욱이 자기를 발견한 것 의식하고 옆 지나치는)

강욱　····(시선과 몸이 지현 쪽으로)······

　　[강욱의 시각에서]

지현　(화장실로 걸어가면서 뒤돌아보는)····

강욱　·····(보는)

지현　(돌아서 화장실로)

강욱　·······(보고 있는)

S# **극장 화장실**

지현　(문 밀고 들어오면서 보면)

민경　(거울 앞에서 손 씻고 있다)·····

지현　·····(보며)

　　[다른 여자들 두셋]

민경　(손수건으로 손에 물기 닦으며 얼굴 보고/ 손끝으로 눈 아래 좀 건드
리다 보면)

　　[거울 속에서 자기를 보고 있는 지현.]

민경　(잠깐 돌아보고 조금 웃는 듯해 보이며)비었을 걸요?

지현   아…네‥(변기 있는 칸으로)

민경   (콤팩트 꺼내 얼굴 좀 보고 콤팩트 집어넣고 핸드백 들고 나간다.)

S# 칸막이 안

지현   ‥‥(건드려진 마음/뛰는 가슴/희망 없음)…(변기 뚜껑 닫고 푹 주저
      앉듯 앉아서)‥‥

      E 들어오는 소리 나면서

현경   E 안에 들어 있니?

지현   ‥‥

현경   E 지현아.

지현   ?‥어 여깄어…

      E 칸막이 안으로 들어오는 소리 나면서

현경   E 동생 친구 만났어/

지현   어엉

현경   E (옷 건드리는 소리와 함께)팔자 끝내주게 존 애야. 신랑이랑
      왔더라.

지현   ‥‥(쓰라려지는 가슴)

현경   E (소변 소리와 함께)두 째가 사 개월 째래. 그런 거 보면 우리
      엄마 말처럼 나는 뭐하구 자빠졌는 건지 몰라‥

지현   ‥‥‥‥

S# 공연 중인 연극

      [강욱 커플이 앞줄…]

      [뒷줄 조금 옆이 지현과 현경…]

지현   …(무대 보다 강욱 커플 쪽에 시선이 가 있는)

      [지현 시각으로/강욱의 귀에 뭔가 소근거리는 민경‥]

지현　.....

　　　[강욱 커플.]

민경　(다시 뭔가 소근거리려고 하는데)

강욱　(조금 피하듯 하며 나직이)산만하게 왜 이래.

민경　?

강욱　무대 봐..열심히들 하잖아.

민경　(비쭉하고 앞 보는)

　　　[지현 현경.]

현경　(소리 안 나게 조심조심 껌 하나 까서 지현 주려고 보다가)...?(쿡 지르고 돌아보는 지현에게/입 모양만으로)무슨 생각해?(소근거리는)

지현　?...아냐.(입 모양만으로/껌 받아 입에 넣는다)

S#　무대

S#　강욱과 민경

S#　지현과 현경...

S#　강욱과 민경....

민경　.....(무대에 시선 주고 있다가 소근거리는)나 좀 잠깐 나갔다 올게.

강욱　?

민경　계속 전화가 와. 무슨 일인지 알아 봐야겠어.(완전히 소근거리는)죄송합니다...죄송합니다...

강욱　(따라 일어서는)

민경　(소근거리는)나오지 마.나올 거 없어..

　　　[그냥 나가는 두 사람.]

지현　.....

S#　극장 로비

[나오면서 핸드폰 메시지 체크하는 민경과 따라 나오는 강욱..]

민경 (듣다가 핸드폰 팍 접으며)이 기집애 진짜/(벌써 출구로 움직이며)엄마 응급실루 실려갔대. 또 한 판 했나봐. 올거 없어. 나혼자 가께.

강욱 (그냥 따르는)

민경 (멈추고)우리 엄마 이상스럽게 구는 거 보여주기 싫어. 오지 마. 나 혼자 갈 거야. 마저 보구 가.

강욱 (앞서며)나가. 주차장까지 한 참이야. 데려다 주께.

S# 극장 앞

민경 (나오며)그럼 연극은 탕치잖아.

강욱 어차피 뭐 그래…서둘러.

민경 괜찮아. 한 두 번야 뭐?

S# 무대…

[진행되고 있는 연극.]

S# 객석

지현 ……(연극은 진행되고 있는데)

S# 근처 주차장

민경 (자동차 운전/빠지면서)택시 타게 해서 미안해……전화하께.

강욱 (손 들어 보이고)

[빠지는 자동차.]

강욱 ……(보고 있다가 주차장 출구로 나서다가 문득 돌아보면 지현의 자동차)……

강욱 ….(자동차 보면서)

S# 객석의 지현……

S# 극장 입구를 보며 우두커니 서 있는 강욱…

S# 연극이 파하고 나오는 관객들/

지현   (그 속에 묻혀 나온다/현경은 누구를 또 만났는지 뒤처지고)…(뒤
    돌아보며)…

강욱   ….(지현 쪽으로 나서는데)

현경   E 지현아아!

강욱   (멈추고)

    [강욱의 시각으로]

현경   (극장에서 나온 상태/지현 붙잡고 무슨 얘긴가 하고 있다)

강욱   ….(보는)

    [지현과 현경]

지현   (애기 끝이다)어 괜찮아. 신경 쓰지 마.

현경   너 술 자리 싫어하잖어.(찡그리고 미안해서)

지현   그래애 난 싫어. 괜찮아 들어가 빨리.

현경   그럼 낼 봐 응?(찡그리고)

지현   어 간다.(걷기 시작하는)

현경   …미안해애.

지현   천만에에.(잠깐 돌아보며)과음하지 마.

현경   어 고마워.

지현   ……..(보통 속도로 땅 보며 걷는)….

강욱   E 지현씨.

지현   …(우뚝 멈춘다)……(잠시 그대로 있다가 고개 들어 보면)

강욱   ….(다가오고 있다)

지현   ?……(보며/기다리고 있었던 것은 전혀 의외다)

124

강욱   .....(보며)

지현   .....(보는)

S# 근처 어느 장소

강욱   .....(안 보는 채)...(이러고 있는 자신이 난감하고 황당한).........(그러나 탁자쯤 내려다보며 움직임 없이 가만있는)........

지현   ....(지켜보다가/풀듯이 가볍게)그분은요.

강욱   ....

지현   같이 온 그(하는데)

강욱   (안 보는 채)집에 무슨 일 있어서 먼저 갔어요......

지현   .....(보다가)내 친구는 (머플러 풀면서) 술친구랑 술 마시러 갔어요.

강욱   .....(시선 들어 보는)....

지현   (머플러 옆자리에 챙겨놓고 무심히 강욱 보면/마주치는 시선)...

강욱   .....(보다가 피하며)아까....봤을 때....빚진 사람 만난 거 같았어요.

지현   ....(보다가 시선 내리며 조금 웃는 듯)빚 준 거 없는데요.

강욱   (오버랩의 기분)이렇게 금방 또 우연히 부딪힌 거/..(쓴웃음)역시 전생의 인연인가....(싶은 생각이 들었고)...오늘 놓치면 다시는 또 우연히는....만나질 일/ 없을 거 같아서....아니 이건 다 쓸데없는 소리고...그냥 집으로 가지지를/않았어요.(하며 보는)....

지현   ...(보는)

강욱   내가 비겁해서....손해봤다..당했다는 생각 들 수 있는데

지현   (오버랩)이런 저런 생각/..안 할려구 해요. 그냥..머리 털 나구 처음/ 가슴이 뛰는 사람 만났는데...같이 있구 싶구/얘기 많이 하구 싶구/그 사람에 대한 모든 거 알구 싶구/나에 대해서두 다 알게 해주구/..그러구 싶은 사람 처음 만났는데....만나는 게 너무 늦었

구나‥(시선 내리며 끄덕이며)그렇게 정리했어요.

강욱 ‥‥(보는)

[와서 놓여지는 찻잔.]

지현 (스푼 들며/가볍게)연극/ 많이 보러 다니세요?

강욱 (끄덕끄덕)그 사람이 좋아해요.

지현 그럼…(첨가물 넣으며)앞으루두 어쩌다/ 오늘처럼 부딪힐 수
두 있겠네요‥‥

강욱 ‥‥(보는)‥‥

지현 E 별 볼일 없이 시간 많아서 / 영화 연극만 보러 다니거든요.

강욱 (오버랩)그쪽은 정리했다는데 나는/…

지현 (스푼 놓다가 보는)

강욱 줄곧 ‥생각해요.

지현 ‥‥‥(보며)

강욱 (시선 내리며)먼 발치에서 스쳐 지나가는 거라두 한 번 …보구
싶구…웃음소리 한번 더 듣구 싶구…‥샴푸 냄새‥‥그리워요.(자신도
쓰게 웃으며)

지현 ‥‥(보며)

강욱 ‥‥(가만있다가 바꿔서 스푼 집으며)그러니까…이상한 놈 만나서
손해 봤다는 생각/당했다는 생각 안해두 돼요‥‥(하고 첨가물 넣는)

지현 ‥‥‥(보며)

강욱 (문득 고개 들어 본다)‥‥

지현 (보며)고맙습니다. 엄청난 위로가 되네요…그런데 그게 각자
우리 두 사람 인생에 무슨 도움이 되죠? 나는 약혼/깰려구 했었어
요 공항에서 그 여자 보기 전까지 쭈욱. 그 여자 보구

지현   E (보는 강욱 위에)이건 뭐냐 했죠. 얘기했죠 웃기는 소리지만 엄청난 배신감이었다구.

지현   그대루 그만두나 그래두 한번은 만나야하나/… 머리에서 불이 나는 거 같았어요…결국 만났는데…(안 보는 채)남자는 괴로운 척 하면서 남의 여잘 탐내는 건 옳지 못하다는 말루 남의 남자 탐내는 나를 무참하게 했어요…그렇게 당했어요.

강욱   ……(보며)

지현   (보며 쓰게 웃는)이렇게 생각하기루 했어요. 안 그럼 정리가 안 되구 그럼 구질구질 엉망진창이 되니까.

강욱   (보며)……

지현   (찻잔 들면서)그러구 나니까…약혼자한테 미안한 생각두 들구요.(하고 마시는데)

       E 지현의 핸드폰 울리는

지현   (가방에서 꺼내 받는다)··네에··

종혁   F 아직 밖에 있어?

지현   밖이에요.

종혁   F 어딘데?

지현   E (보는 강욱 위에)현경이랑 연극보구…차 마시구 있어요.

S# 시내/움직이고 있는 차 안(어둠)

종혁   감독인가 뭔가는 만났어?(만났어요)뭐래.(수정고 쓰기루 했구요/미니 시리즈 준비하라구요)미니 시리즈가 뭐야. 여기두 그런 거 있나? 몇 개 쓰는 거야. 시리즈라면서.(16부에요)그럼 그거 얼마동안 나가야는 거야. (두달요) 두 달? 우리 결혼은 어떡하구··

S# 카페

지현   ....

종혁   F 결혼 안 해? 언제 쓰구 언제 결혼할 거야.

지현   쓰는 건..결혼하구 해두 돼요. 10월 방송이에요.

S# 종혁의 차 안

지현   F 7월까지 탈고하면 되거든요.

종혁   무슨 소리 하구 있는 거야 당신. 그 일거리 싸들구 시집 오겠다
는 거야?.....한다 그랬단 말야?.....왜 아무 말 없어...왜 아무 말이
없어 한다 그랬어?

S# 카페

지현   지금 혼자 있는 거 아니에요.

종혁   F …

지현   혼자 있는 거 아니에요.

종혁   F 어디야.

지현   동숭동이요.

종혁   F 언제 들어갈 거야.

지현   (싫다)모르겠어요.

S# 종혁의 차 안

종혁   빨리 끝내구 집에 들어 가. 그 일은 못하는 거야 알았지?…(대
답 없다)나 지금 중요한 일 보러 움직이는 중야. 신경 쓰이게 만들
지 말구 대답해.

S# 카페

지현   알았어요 나중에 얘기해요.

종혁   F 빨리 들어 가. 끊어.

　　[전화 끊기는]

지현 (전화 접는데)

강욱 큰 일거리 맡았나 보군요.

지현 아직 확실한 거 아니에요. 이러다 까일 수두 얼마든지 있거든
요.(전화 집어넣는데)

   E 강욱의 핸드폰 울린다

강욱 (받는)네에.

민경 F 어디야?

강욱 어머니 어떠시니.

S# 종합병원 응급실 밖

민경 입원실 없어서 아직 응급실야.(상태는) 좀 오르긴 했는데 뭐 그
렇게 걱정할 정도는 아냐. 이삼일 안정하면 돼.(병원에서 자?)아냐
난 들어갈 거야. 이모 계신데 뭐‥오피스텔 가 자까?

S# 카페

강욱 쓸데없는 소리 말구 집에 들어가. 민지는 어딨는 거야.(집에)
민지하구 얘기 좀 해.윽박지르지 말구 애를 이해하면서 접근하라
구‥‥그래‥‥

강욱 E (보고 있는 지현 위에)지금 들어가는 길야… 그래.

강욱 (끊는다)‥‥

지현 ‥‥‥(가만히 보며)

강욱 저쪽 어머님이…혈압이 있어요.(안 보는 채/핸드폰 주머니에 넣
으며)가끔 응급실엘 실려 가시죠.

지현 그런데 이러구 있어두 돼요?

강욱 (보며 좀 웃으며)나를 별루 안 좋아하세요. 나 보면 혈압 더 오
를까봐…아니 그게 아니라‥‥성격이 좀 유별나셔서‥‥응급실에 있

는 거 나한테 보이기 싫어 하세요.

지현 왜 별루 안 좋아하세요?

강욱 ?..아…사윗감으루 시시하다 뭐 그런 거겠죠.

지현 ……(보다가)나두/ 별루 좋아 안하세요. 아버님 쪽에서요…이유
는 아마 같을 거구요.

강욱 흠흠흠…닮은 처지군요.…

지현 ……(그대로 있다가 보며)들어가는 길이라구 했으니까 들어가
셔야죠.

강욱 ……(보며)

S# 동숭동 길/주차장으로 가는 길··

　　[인파 속에서 말없이 그저 걷고 있는 두 사람………]

　　[중학생 정도의 사내아이들 쫓고 쫓기는/냅다 지현을 치고 뛰어간다.]

지현 (호되게 부딪쳐 거의 땅바닥을 한 손으로 짚을 정도)

강욱 (재빠르게 잡아 일으키고)괜찮아요? 안 다쳤어요?

지현 (외면하며 고개 흔드는데 뚜르르르 구르는 눈물)

강욱 ?……

지현 (강욱의 손에서 빠르게 벗어나면서 빠른 걸음으로 걷기 시작)

강욱 …(잠깐 보다가 빠르게 따라간다)

S# 주차장 입구와 주차장

강욱 (들어서면서 한발 앞선 지현 팔 잡는다)

지현 (빠지려)

강욱 (당겨 마주 보게 하면서)……(보는)

지현 ……(눈물 질질 흘리는 채 보는)

강욱 (당겨 품어 안는다)

지현   ……(안긴 채 그대로)….

S# 강욱의 오피스텔 현관으로 들어와 멎는 지현의 자동차

S# 차 안

강욱   ….(운전대에서)…..

지현   (운전대 옆에서)…..

강욱   (앞 보며)..팔층에 있어요….

지현   (그대로)………

강욱   (돌아보는)…..

지현   ……(그대로)

강욱   (앞으로 고개 돌리며)데려다 줘서 고맙소….

지현   ……(그대로)

강욱   …..(잠시 더 그대로 있다가)잘가요.(하고 내린다)

지현   ……(그대로)

S# 자동차 밖

강욱   (자동차 앞 돌아서 지현 쪽 문 열어주고)

지현   (내려서 운전대 쪽으로 도는/문 열려 있는 운전대로 타는)

강욱   조심해요.

지현   ….(좌석 조정하고/운전대 잡고 앞 보며)….

강욱   (몸 굽혀 들여다보며)잘 가요.

지현   (돌아보는)…(가까운 두 얼굴)

강욱   …..(보다가 자르듯 일어나며 문 닫아준다)

지현   ……

강욱   …..(오피스텔 현관으로 빠르게 걸어가는)

지현   ……(고개 틀어 보다가 출발)…

S# 오피스텔 광장을 빠져나가는 지현의 자동차…

S# 돌아서서 차를 보는 강욱….

S# 오피스텔

강욱 ….(옷도 안 벗은 채 우두커니 앉아 있는)….

S# 사슴 목장으로 들어오고 있는 지현의 자동차

S# 오피스텔

강욱 (끓는 물에 라면 집어넣고 있는)….

S# 지현네 마루

지현 (혼자 밥 먹고 있는)…

지현부 (슬그머니 안방에서 나오며)이 시간까지 밥 안 먹구 뭐했어. 배 안 고파?

지현 (올려다보며)밥 먹을 틈이 없었어요.

지현부 (앉으며)아무리 바뻐두 밥은 먹어야지. 때 안 맞추구 들쭉날쭉하면 위장 탈 나 못써야. 그렇잖어두 글인지 뭔지 쓴다구 스트레스 잔뜩 받는 애가.

지현 교도관 아직 안 들어왔어요? 왜 안 내다봐?

지현부 쯧/ 신경쓰여 그러는 거지 교도관은.

지현 꼭 탈옥할까봐 감시하는 교도관 같어요.

지현부 그러니까 탈옥할 거 같은 불안을 왜 줘. 모든 게 다 내 탓이야 내 탓.

지현 올케 언니는요?

지현부 같이 상갓집 갔어. 분당 사는 처 작은 아버지 작고하셨다더라.

지현모 (부엌에서 나오며)국 먹어 애. 국 데웠어.

지현 곰국 싫다니까아아.

132

지현모 (국그릇 놓아주면서)뜨끈하게 먹어 둬. 국 잘 먹어야 남편 덕 있다는데 왜 국을 싫어하는지 몰라.

지현부 당신이 두 그릇 세 그릇 먹으니 모자라 안 먹지.

지현 엄마 두 배 세배 남편 덕 있으라구.

지현모 얘 안 반가워. 진이랑 한다니까 기어이 가로 맡구 나서더니 내 머리 좀 봐 너. 까맣다 못해 아주 파란 머릴 만들어 놨어 얘.

지현 아버지가 했어요?

지현모 손이 느리니까 칠하는데 열나절 보름아냐. 먼저 칠한 건 벌써 샛까만데 나중 칠한 거 들 때까지 또 기다려야지 그러다 보니까 새파래졌지 뭐.(흘기며)할일 없으면 낮잠이나 자라니까 부득부득 대들어서 기어이 사고 쳐.

지현부 이십년은 젊어보이구 좋다니까 왜 그래.

지현모 더구나 요새 까만 머리 유행두 아니라구요.

지현부 유행이 무슨 상관야 나만 이쁘면 되는 거지. 이뻐이뻐. 양귀비가 아이고 죄송합니다 그러구 내빼게 이뻐. 걱정 마.

지현모 (흘기는)

지현부 그럼 더 이뻐. 흘기지 마.

지현모 어으어으(웃어버리고)

지현 어으 느끼해.

지현모 어느새 식었어?(국그릇 만져보며)데워주래?

지현 국 아니구 아버지.

지현모 느끼하대요.

지현부 기름 다 걷었을텐데 왜.(하며 일어선다)

지현모 딴청은…

지현부 (안방으로 들어가고)

지현 (아버지 들어가는 것 보고 다시 먹으며)들어가요. 내 치울게.

지현모 어이 먹어.

지현 아버지 심심해. 들어가요.

지현모 애냐?

지현 머리 괜찮은데 뭐.

지현모 정말야?

지현 응 괜찮아.(하는데)

　　　E 현관 벨.

지현모 얘들이 가다 말구 오나 (일어서 현관으로)애비니?

종혁 E 저 종혁입니다.

지현모 ?(딸 잠깐 돌아보고)어 그래. 나가네.

지현 ....(수저 놓으며)

지현모 E (문 열며)어서 와.

종혁 E 이 사람 들어 왔죠?

지현 (밥상 들고 일어나 주방으로 가는데)

지현모 이제 막 들어와

지현모 (딸 돌아보며)저녁 먹는 중야.

종혁 (과일 바구니 현관께 놓으며)과히 늦은 시간은 아니라서요.

지현모 그러엄 올라 와. 올라 와.

종혁 (올라서는데)

지현부 (안방문 열고)왔어?

종혁 네.아직 안 주무셨죠?

지현부 잘 시간 아직 아냐.

S# 강욱의 오피스텔

강욱 (빈 라면 그릇 앞에 놓고 담배 태우면서)……

S# 지현의 방

종혁 (지현의 책상 의자에 앉아 있고)

지현 (책상에 찻잔 내놓는다)….

종혁 (놓이는 찻잔 보면서) 왜 왔는지 알지.

지현 알아요.

종혁 (티백 담갔다 뺐다 하며) 맡지 마. 무리야.

지현 ….(쟁반 들고 선 채 안 보면서)

종혁 낼 연락해서 못 한다 그래…

지현 (화장대 쪽으로 가며) 안 그러구 싶어요.

종혁 …(본다)

지현 (쟁반 화장대에 놓으며) 좀 무리기는 하지만 처음 온 기횐데 (돌아보며) 포기하구 싶지 않아요.

종혁 (티백 놓으며) 좀 무리가 아니라 대단히 무리야. 대단히 무리가 아니라 해선 안되는 일야.

지현 (무슨 말인가 하려는데)

종혁 내 얘기 먼저 들어. 내 얘기 끝나면 해.

지현 …..(보는)

종혁 결혼 불과 얼마 남았는데 그걸 맡겠다는 거야. 당신 결혼 준비는 안해? 결혼 안 할 거야? 그리구/결혼해서는 그 일을 어떻게 하겠다는 거야. 집에서 할거야 작업실에서 할 거야.

지현 ….(보며)

종혁 집에서 하든 작업실 나가 하든 우리 집에 그거 환영할 사람 없

어. 당분간은 일가친척들 모임두 많을 거구/어머니/ 당신 가르치
실 일두 많을 거야…일/어떻게/언제 할거야.

지현   ….(보며)

종혁   대답해.

지현   내가 일 있는 사람인 건 다 아시잖아요.

종혁   결혼하면 그만 두는 걸루 생각해서.

지현   ?…그만둬요?

종혁   그만두면 좋겠지만 하겠다는 거니까 난 말릴 생각은 없어. 그
       렇지만 이번 일은 안돼. 나중에 천천히 해. 천천히 해두 되잖아.

지현   결혼/ 연기하면 어때요.

종혁   ?..

지현   쉽게 오는 기회 아니에요… 무슨 생각으루 그러는지 모르지만
       정식으루 청탁 받았어요.죽을 힘 다해서 한 번/해 보구 싶어요. 한 달
       쯤 얘기 만들구 플롯 짜구/예정대루/.. 결혼하면서는 사실 나두 벅
       차요.

종혁   …..(김새서 가만히 보는)

지현   나 할 거에요. 하구 싶어요….

종혁   …..(그저 보는)

지현   문제가 된다면….연기해요.

종혁   (일어나며)당신 집에서 화 내구 싶지 않아.

지현   …..

종혁   지금 그걸 말이라구 하는 거야?

지현   ….

종혁   우리 부모님 일하는 여자 달가워 안 하셔. 우리 집안이 그래. 내

136

가 카버하구 있어. 당신한테 그 일이 그렇게 하구 싶은 일이라면 하라구. 스스로 포기하기 전까지 아무 말 안할 거야. 그런데 당신/ ....결혼을 연기해 가면서 까지 꼭 해야겠어?

지현 (보며)하구 싶어요.

종혁 .....(보다가)그 자식 어떤 놈야. 결혼 코 앞에 둔 사람한테 그따 위 일거리 맡기는 놈.

지현 (시선 피하는데)

종혁 E (연결)단막극두 제대루 못써서 까였다면서

지현 (탁 돌아보는)

종혁 E 두달 짜리를 어떻게 써낸다는 거야. 그건 안 까일 자신 있어?

지현 그건 해봐야 알아요. 까일 수두 있구 살아남을 수두 있어요.

종혁 (오버랩)이거 봐.

지현 히트 작두 없구 천재두 아니라 아직 건 몰라요.

종혁 그렇게 빌빌거리면서 그 일을 왜 하는 거야.

지현 빌빌거리다 끝나기 싫어서요.

종혁 애태까지 빌빌거리구 있으면 재능이 없는 거야/

지현 ?(탁 보는)

종혁 E 재능없이 질기기만 해서 되는 일일 거 같아?

지현 ....(보는)

종혁 ....(보다가)미안해. 취소하께.

지현 ...(보는)

종혁 취소는 하는데 내 말이 맞아. 영리한 여자가 그걸 왜 몰라.

지현 (고개 딴 쪽으로 돌리며)

종혁 ....연기해?....그거때문에?......말 안되는 거 알지?.....가께...(하고

나간다)

지현 ·····(가만히)

종혁 E 저 가겠습니다 아버님 어머님.

지현 (얼굴이 고약해지는)

　　E 아버지 엄마 나오면서 응대하는 소리.

지현 (스웨터 같은 것 찾아낸다)

S# 집 밖

종혁 (계단 내려오고 있다)····(땅으로 내려서 자동차 쪽으로 가는데)

지현 (집에서 나와 계단 내려오면서)잠깐요.

종혁 (돌아본다)

지현 ·····(와서 종혁 지나 걸으며)오세요. 할 얘기가 있어요.

S# 자동차를 훨씬 뒤에 둔 목장 길

　　[걸어오고 있는 두 사람.]

지현 (어느 지점에서 멈추고 돌아보면서)우리/····결혼 그만 둬요.

종혁 ·····(그냥 보는)

제4회

S# 목장 길

종혁 ……(보며)

지현 ……(보며)

종혁 …………(보다가 고개 옆으로 틀며 화를 참는)…(표정의 변화가 있을
필요는 없음)

지현 …(시선 내리는)…

종혁 (옆으로 돌렸던 고개 앞으로 틀며 시선은 땅으로)….

지현 (그대로)….

종혁 (시선만 들어서 지현 본다)….(보면서 조금씩 얼굴이 부드러워지는)
일 얘기만 나오면 고약해지는군. 도대체 그게 뭔데 그렇게까지 하
구 싶어.

지현 (고개 옆으로 틀며/시선은 저만큼 아래인 채)

종혁 자존심은 말야…자존심이라는 건 그런 게 아냐. 자신의 능력 제
대루 알고/ 깨끗이 승복하는 게 오히려 자존심이지/조금만 건드
려지면 이렇게 발끈발끈….이건 자존심 아냐..

지현 내 능력/누가/종혁씨가 검증하는 거에요?(보며)

종혁 지난 번 당신 꺼/ 방송 봤잖아‥‥그래 갖구 되겠어?

지현 평은 좋았어요.

종혁 듣기 유쾌하진 않겠지만 내가 볼 땐 발효 다 안된 술이었어.

지현 ‥‥(보며)

종혁 인정할 건 인정 해.

지현 좋아요. 그럴지두 몰라요. 그만두는 게 훨씬 잘 생각하는 걸지
두 몰라요. 그런데 /그렇더라두 난 그 일이 꼭 하구 싶어요. 기어이
해내구 싶어요./

종혁 ‥‥‥(보며)

지현 (외면하며)결혼할 사람이면 세상에서 제일 가까운 관계 될 사
람이에요. 그런 사람이 내 일을 우습게 알구‥‥ 격려는 못해줄 망정
기나 팍팍 죽이는 거‥(보며)참을 수 없구/여러가지 다른 면으루
두 우리는 결혼할만한 사람들이 아니에요.

종혁 ‥‥여러가지 뭐.

지현 ‥‥‥

종혁 여러가지 뭐.

지현 (보며)내 몸에 안 맞는 옷 같아요. 너무 크기두 하구 너무 꽉 끼
기두 해요.

종혁 구체적으루.

지현 (시선 피하며)너무 많아서 일일이 다 말 못해요.

종혁 ‥‥‥(보며)

지현 종혁씨네 집안에 나 안 맞아요. 아버님두 나 안 좋아하시구 나
두/ 그렇게 대단한 집안에 들어가 사는 거 자신두 없을 뿐더러/‥

버거워서 싫어요.

종혁 ....(보며)

지현 난 지나치게 평범하구 종혁씨는 지나치게 특별해요.

종혁 .....(보며)

지현 (안 보며)결혼 그만둬요.

종혁 그 일은 그만 둬.(오버랩의 기분/쓸데없는 소리 다 그만두고) 할
수 없어.

지현 한다 그랬어요.

종혁 (오버랩)어떻게 나한테 한 마디 의논두 없이 당신 멋대루 한다
그래!(드디어 터진다)우리 결혼은 어떡할 셈으루!

지현 솔직하게/너무 흥분해서 그랬는지 내가 곧 결혼해야 한다는
사실 자체를 잊어 먹었었어요.

종혁 .....(결정타)

지현 (너무 심했다/외면하며)이런 사람 데려가서 뭐할 거에요...결혼
하지 말아요.

종혁 ......(보다가 자동차 있는 쪽으로 탁 돌아서며 손 들어 보인다)

　　[이내 알아채고 이쪽으로 움직여 오는 자동차.]

종혁 (차는 움직여 오고 있는데 지현 돌아보며)......

지현 ....(보며)

　　[와서 멎는 자동차/운전기사 내리는데]

종혁 (벌써 차 문 열고 안 돌아보는 채)감기 들어 /빨리 들어 가.(타고)

　　[뜨는 자동차.]

지현 .....(보며)

　　[자동차 꽁무니.]

S# 자동차 안

종혁   (고개 틀어 어둠 속 보며 지그시……끓어오르는 화)……

S# 목장 길

지현   …(땅 보며 걷다가…답답해서 고개 들어 위 어둠 보며)………(좀 걷다
보면)

지현부   (저만큼 나와 서 있다)…

지현   (걸음 서두르며)왜 나와 계세요.

지현부   ….

지현   (다가와 서서)네?

지현부   아랫도리두 부실하게 입은 채 나가서 안 들어 온다구 늬 엄마
가 나가 보래.

지현   (조금 웃으며 걷기 시작하며)어련히 들어갈까요.

지현부   (같이 걸으며)할 얘기 있으면 집에서 하지…나와서 할 얘기가
뭐야.

지현   (그냥 잠깐 돌아보고 웃는 듯)…

지현부   뭐야……

지현   뭐가요.

지현부   최서방 나가는 기색이 불편하더라는데?

지현   ……

지현부   너 쫓아 나가는 폼새두 예사롭지는 않구..

지현   아이구 참 엄마 아부지 못 말려.

지현부   ….뭐 서루 뜻 안 맞는 거 있어?

지현   뜻은요 아부지. 첨부터 하나두 안 맞어요.

지현부   ….(딸 보며 걷는)

142

지현 (웃음기 없이/아버지 안 보면서)어떡하다 결혼할 생각을 했는지 몰라....돌았었나봐..

지현부 등줄기 서늘하게 그게 무슨 소리야.

지현 .....

지현부 너무 고약하게 속 썩이지 마...

지현 ....(그냥 걷는)

지현부 ....(보다가)엉?

지현부 나 좋다는 사람한테 불친절한 거....나쁜 사람야.

지현 (좀 원망을 담아 돌아본다)....

지현부 선 잠 깬 어린애모양 찌부드드....왜 그래.

지현 아부지 전....그 사람이 마음으루 그렇게 좋지가 않아요.

지현부 ....(돌아보는)그런데 왜 한다 그랬어.....엉?

지현 (멈추고)하라 그랬잖아요. 아부지 엄마 오빠 언니/모두 다 하라하라 그랬잖어.

지현부 ....(보는)

지현 그래놓구 이제 와서 그런 말하면 어떡해..(원망/어리광이 좀 섞인)

지현부 그렇지만 결국은 니가 결심한 거구 결정한 거 아냐?

지현 ....(할 말이 없다/걷기 시작하면서)너무 끈질기구...되는 일두 없구..시들어는 가구/아이구 모르겠다 그랬지 뭐.

지현부 ......(걸으며 보는)

지현 ...(그냥 걷는데)

지현모 E 아 춰 죽겠는데

지현모 (계단 위에 나와 서서)서두르지 늘쩡늘쩡/뭐 야밤에 꽃놀이해요? 애 감기 든다니까.

지현부 춘데 당신은 왜 나와 섰어/

S# 마루

지현 (앞서 들어오고)

지현모 (따라 들어오면서)으으으으으으으 춰. 아이구 춰 죽겠네.(영감
도 들어오고)저저 바지두 아니구 치마입구 나가서는 얼른 우리 방
에 들어가 요밑에 파묻어.

지현 괜찮아요.그럴 정도 아니야.(하며 제 방으로)

지현모 ……(딸 들어가는 것 보다가 영감 돌아보는)…?(무슨 일이예요)

지현부 별일 아냐. 그냥…배웅해줬대.

지현모 ……(석연찮아서 남편 보는)

지현부 (안방으로 가며)뭐 대추차라두 한 잔 멕여. 나두 주구··

지현모 안 그래두 올려 놨네요.(하며 부엌으로)

S# 지현의 방

지현 (침대에 걸터앉아서 자신이 한심해서/고개 조금 숙이고)……

S# 움직이고 있는 자동차 안

종혁 (시선 등받이 판 중간쯤에 던져놓고 생각에 빠진)………

기사 ….(뭔가 얘기를 해야겠는데 분위기가 무서워서 입이 안 떨어지는)

종혁 ………

기사 ….(간신히)대··댁으루 모십니까?(하는데 소리가 제대로 안 나올
정도)

종혁 ?….뭐라구?

기사 댁으루 모십니까?(역시 자신 없이)

종혁 우물거리지 말구 들리게 해. 다시 해 봐.

기사 댁으루 모십니까?

종혁　·······

기사　·····

종혁　그래 집으루 가자··(해놓고 기대며 눈 감는)······

S#　**지현의 방**

지현　(컴퓨터에 디스켓 넣고 문서 불러내는)·····

　　　　[화면에 뜨는 대본 마지막 페이지.]

　　　　[컨트롤 페이지 업 키 조작으로 문서 맨 위로 올라가는 대본/]

　　　　[큰 글자 제목/ 마지막 수요일.]

지현　······(화면 보면서 처음부터 검토하기 시작하는)··

지현모　(대추차 쟁반/들어오다 보고) 뭐해.

지현　(잠깐 돌아보고 도로 화면으로)대본 봐요.

지현모　몸이나 녹거든 해라.

지현　바뻐요. 그럴 새 없어···(몇 자 수정해 넣으면서)

지현모　(찻잔 테이블에 놓으면서)늬들 뭐 또 틀렸지.

지현　아냐.

지현모　귀신 눈 가려놓구 야옹 해.

지현　·····

지현모　또 뭐야.

지현　아니라니까아?

지현모　아니라 그러지 말구 말하기 싫으면 싫다 그래. 아닌 게 아닌
　　　데 왜 아니래.

지현　아냐····(몇 자 또 고치고 돌아보며)아니에요.

지현모　안이면 뒤집어라.(흘기며)

지현　·····(작업으로)

지현모 (느닷없이 쭈그리고 앉으며 지현 다리 만져본다)

지현 엄마 뭐해애?

지현모 꽝꽝 얼어서 다리가 아이스케키잖아. 우리 방 요밑에 넣어 좀 녹이구 하면 어디가 덧나?

지현 아이구 참 됐다니까아?

지현모 (흘기며 쭈그리고 앉은 채 올려다보는)…

지현 바빠 엄마 나 밤 새야해. 바쁘다구요.

지현모 (일어나며 오버랩)알았어 그래. 나가나가.(나가면서)징그럽 게 말두 안 들으니까 암튼.

지현 (엄마 나가는 것 보다가 컴퓨터로/…(화면 보고 있다가 대추차 집어 들어 마시다 뜨거워서 질겁하고/조금은 흘리고/휴지 뽑아 닦는다)

S# 강욱의 오피스텔

강욱 (파자마 차림으로 문께 서서/소파로 가고 있는 민경 보고 있다)

민경 (코트 벗다가 돌아보며)자구 있을 줄 알았는데 아직 안 자구 뭐 했어?

강욱 그냥…(침대에는 보던 책)

민경 (옷 벗으며 침대 쪽 보며)무슨 책야?

강욱 별 거 아냐…(하며 침대 쪽으로)곧장 들어가지 뭐하러 와.

민경 노인네 괴팍 떠는 거 몇 시간 봤더니 스트레스 쌓여 돌겠드라. 풀 데가 없잖아.

강욱 상태는.(안 보는 채 담뱃갑 집으며)

민경 안정 됐어.(하면서 스타킹 벗기 시작)……

강욱 ……(담배 꺼내려다 보는)……

민경 (벗어내며)어유 답답해. 써포트가 너무 강력한 가봐. 벗구 싶어

죽을 뻔 했어.

강욱　(담배 피워 문다)…

민경　(벗은 스타킹 코트 위에 걸치면서)알아보니까 특실은 빈 게 있다
그러드라구.그래 특실루 들어가겠더니 글쎄(강욱 앞으로 가며)온
응급실에 떠나가게 난릴 치잖아. 돈 무서운 줄 모르구 까불다가 나
중에 돈 십 원때매 울 거라나 뭐라나. 악담두 아니구 정말 챙피해
죽는 줄 알었어.(하며 강욱 무릎에 옆으로 올라앉아 목 껴안고 여기저
기 입 맞추면서)울 엄마 미치겠어 진짜.(금방 들큰해지면서)약두 없
는 병인데 어떡하니. 죽어야 고칠 거야 그치?(강욱 입으로)

강욱　(얼굴 피하면서 허리 잡아 일으키려 하면서)이러지 마.

민경　?(멈추고)…

강욱　일어나…무겁다.(조금 웃으며)

민경　왜 그래?

강욱　많이 피곤해….좀 쉬게 해주라…

민경　….(보며)

강욱　응?

민경　..의욕 없니?

강욱　없어….일어나 무겁다니까?(웃기는 하지만/일어내키며 자신도
일어나면서 담배 끄고)뭐 시원한 거 한잔 마실래? (싱크대로 움직이
며) 잠 안 오는 건 곤란하구.

민경　시원한 거래야 너 콜란 안 마시구 오렌지 쥬스 밖에 없을 거
아냐.

강욱　콜라는 없어.

민경　냉수 줘 그럼.

강욱 ……(냉수 주려고 움직이는데)

민경 흐훗/ 이건 완전히 냉수 먹구 속차리네.

강욱 (잠깐 돌아보고 냉수 준비)

민경 (소파로 가며)너한테 와서 머리 껍질 좀 말랑말랑하게 만들어 갈 생각이었는데…(소파에 앉으며 제 머리 양 손가락 세워 쿡쿡 누르며)스트레스 받으면 머리 껍질 딱딱해지잖어…

강욱 (냉수 갖다 내민다)…

민경 (받으며 옆자리 두드리는)앉어.

강욱 저기 앉으께.(맞은편 의자에)

민경 ?……왜 그러니 김 새게.

강욱 거기 앉으면 너/ 나‥만질 거 아냐…

민경 ‥‥싫어?

강욱 …성가스러울 거 같어.

민경 갑자기 왜 그러는 거야?

강욱 갑자기 아니구…그럴 때 더러 있었어.

민경 ……(보는)

강욱 니가 …너무 만지는 경향이 있거든…

민경 …왜 지금까진 암말 안했어?

강욱 ‥‥무안할까봐…

민경 ‥‥(보다가 기막혀서 하/하는 기분)하/…그럼 봐줬다는 거야?

강욱 봐 줬다기보다……거절 당하는 기분 주구 싶지 않어서……

민경 어떨 때 그런데?

강욱 ?

민경 어떨 때 내가 성가스러우냐구.

148

강욱 ....

민경 ....응? 알아야 눈치없이 안 굴 거 아냐.

강욱 좀 ··그럴 때가 있어····피곤할 때두 그렇구···신경 써야 하는. 수
술 앞두구두 그렇구···

민경 ·····(보며)그 동안 많이 괴로웠겠구나.

강욱 ······(잠깐 보고 픽 웃으며)···(시선 피한다)

민경 ? 너두 좋아하지 않았니?··난 너두 좋아하는 걸루 알았는데/
좋아한 척 했던 거니?

강욱 아니 꼭 ··그런 식으루 얘기하면 곤란하구 ··그냥 ···성가스러울
때가 있구나 그렇게 이해하면 돼···

민경 ·····(보다가)알았어·········디게 챙피하다····(안 보며)

강욱 ······(보는)

민경 (여전히 딴 데 보면서)무슨 색녀/색광 같잖아 내가.

강욱 ······(웃음기 없이 보는)

민경 (돌아보며)금 앞으루는/오늘 기분이 어떠십니까 물어 봐야 하
는 거니?

강욱 집에 안 가?

민경 집에 안갈려구 왔다 그럼 징그럽겠지?

강욱 (시선 피하며 그저 조금 웃는 듯)

민경 ·····(보며)

강욱 (안 보는 채)··늦었어·····민지 혼자 있을 거 아냐.

민경 (발딱 일어나며)집이 떠나가라 테크노 춤 추구 있더라 아까 전
화했더니.

강욱 ····(일어나 움직이는)

민경 그 기집애때매 빌라에서두 내 쫓기겠어.(스타킹 집어 코트 주머니에 넣는)

강욱 안 신어?

민경 부끄러워서 일초라두 빨리 벗어나야겠어. 양말 신을 새 없어.

강욱 괜찮아 신어. 추운데.

민경 차 타는데 뭐.(하며 코트 집는다) 안 춰.

강욱 (코트 입혀 주고)……

민경 (순하게 입고)……(모직 스카프 집어 들고 강욱으로 돌아서며 내민다)‥

강욱 (부드러운 손길로 스카프 매어주고 돌아서는)

민경 강욱아.

강욱 ?‥(돌아본다)

민경 챙피는 내가 당했는데 부끄럼은 왜 니가 타니?

강욱 내가?

민경 (가방 집어 들고 강욱 앞으로)나랑 눈을 안 맞추잖어.

강욱 ‥‥

민경 우스워 죽겠네. 괜찮아 부끄러워 하지 마.(하고 느닷없이 강욱 볼 잡아 늘이며) 이래서 널 좋아해. 귀여워.

강욱 (얼굴 피하며)어서 가.

민경 ? 배웅 안해 주니?

강욱 …(보다가)그럼 좀 기다려. 옷 바꿔 입구

민경 (오버랩)됐어 그냥 있어.(벌써 문으로)가께‥잘 자…(나간다)

강욱 ……(잠시 있다가 출입문 열고)

S# 복도

강욱 (나오면서)조심해. 수상한 놈 얼찐거리면 도로 엘리베이터 타

구 올라와.

민경 알았어…(하고 승강기 쪽으로/복도에서 안 보이는)

강욱 ⋯⋯⋯⋯⋯(그대로 승강기가 있는 쪽 보며 서 있는데)

　　E 승강기 도착음과 문 열리는 소리.

민경 E 간다아/ 굿나잇…

강욱 굿나잇.(하고 돌아서는)

S# 승강기 안

민경 (숫자판 올려다보며)⋯⋯(있다가 시선 내리며 약간/걸린다)⋯⋯

S# 강욱의 오피스텔

강욱 (침대에 걸터앉아 담배 꺼내면서)

S# 3회에서

지현 (오버랩)이런 저런 생각/··안 할려구 해요. 그냥··머리 털 나구 처음/ 가슴이 뛰는 사람 만났는데···같이 있구 싶구/얘기 많이 하구 싶구/그 사람에 대한 모든 거 알구 싶구/나에 대해서두 다 알게 해주구/··그러구 싶은 사람 처음 만났는데····만나는 게 너무 늦었구나··(시선 내리며 끄덕이며)그렇게 정리했어요.

S# 오피스텔

강욱 (담배 빨아들이는)

S# 3회에서

지현 그대루 그만두나 그래두 한번은 만나야하나/··· 머리에서 불이 나는 거 같았어요···결국 만났는데···(안 보는 채)남자는 괴로운 척 하면서 남의 여잘 탐내는 건 옳지 못하다는 말루 남의 남자 탐내는 나를 무참하게 했어요···그렇게 당했어요.

S# 오피스텔

강욱　(타는 담배 들고 멍하니)‥‥‥

S# 종혁의 거실

종혁　(빠르게 들어오면서 겉옷부터 하나하나 벗어 소파에 바닥에 아무렇게나 던지고 떨구면서 침실로 가는데)

미스장　E　(문밖에서)뭐 시키실 일 없으세요?

종혁　(돌아도 안 보며 그대로 침실로)없어.

S# 침실

종혁　(와이셔츠도 벗고 바지도 벗고 러닝셔츠까지 훌렁 벗는 데서)

S# 욕실

종혁　샤워 맞고 서 있다/

　　　[아주아주 수압이 강한 샤워.]

종혁　…(양 허리 두 손으로 짚고 서서 꿈쩍도 않고 그냥 맞는)‥‥‥

S# 강욱의 오피스텔

강욱　‥‥‥

S# 3회에서

　　　[중학생 정도의 사내아이들 쫓고 쫓기는/냅다 지현을 치고 뛰어간다.]

지현　(호되게 부딪쳐 거의 땅바닥을 한 손으로 짚을 정도)

강욱　(재빠르게 잡아 일으키고)괜찮아요? 안 다쳤어요?

지현　(외면하며 고개 흔드는데 뚜르르르 구르는 눈물)‥‥

S# 오피스텔

강욱　(그대로)‥‥‥

S# 지현의 방

지현　(정신없이 컴퓨터 두드리고 있는)‥‥‥

F.O

S# 지현 작업실 지하 주차장

　　[지현의 차 주차 중/]

지현　(내리면서 하품 터진다)‥‥(자동차 문 닫고 승강기 쪽으로 걷는데 밤 샘 피로)

S# 작업실 밖

지현　(와서 열쇠로 열고 들어간다)

S# 작업실 안

지현　(들어오다 보고)안녕‥일찍 나왔니? 이게 무슨 냄새야.

유자　(전자레인지에서 데운 햇반 꺼내면서)집에 안 갔어.(식탁에 간단한 밑반찬)

지현　일 많이 했어?(움직이며)

유자　저 기집애 술주정 받느라구 일은커녕 잠두 못잤다.

지현　?(침대 쪽 보며)쟤 여기서 잤니?(침대에서 자고 있는 현경)

유자　(식탁 의자에 앉으며)여기서 잔 게 아니라 여기서 술주정 했어. 새벽 네 시에 떨어지더라. 지긋지긋한 거.

지현　(창으로 가며)문 좀 열어 놓지이. 썩는다 썩어.

유자　독감 죽인대잖어.

지현　(돌아보며)열지 마?

유자　(햇반 뜯으며)조금만 열어 놔.

지현　(창문 조금 열어놓고 움직이면서/옷을 벗는다든지)주정의 테마가 뭐였는데?

유자　(밥 먹기 시작하며)늬들 뭐 미니시리즈 한다면서. 그거 멋지게 써서 나한테 복수한다였어.

지현　(돌아보며 조금 웃는다)

유자　누가 복수할 상대면 괜찮은 거 아니니? (돌아보며)

지현　괜찮지이이.

유자　뭐 할 건데? (먹으며)

지현　이제 만들어야지 뭐. 국두 없이 빽빽하겠다. (커피메이커로 가며)

유자　근데 너 결혼하면서 그거 할 수 있겠니?

지현　(잠깐 돌아보며 계속 움직이며) 그래서 고민이야.

유자　그 사람 뭐라 안 그래?

지현　(원두 그라인더에 넣으며) 뭐라 그러지이.

유자　그런데두 할 거야?

지현　넌 일일 들어간다면서.

유자　..엉.

지현　결정 된 거야?

유자　캐스팅 들어갈 거야.

지현　뭐 비밀루 해야할 이유 있었어?

유자　돼야 되는 거잖아. 시납 내놓구 까인 게 한두 번인가 어디. 결
　　　정되면 얘기할려구··

지현　시납시스 쓰는 거두 몰랐는데 황당하더라.

유자　작년에 준 시납이야.

지현　어어/(하고 커피 갈고 나서 필터에 쏟으면서) 뭔데?

유자　일일극 뺀하지 뭐. 홈 드라마·····잘 될지 모르겠어. 본격적인 시
　　　험무댄데 꽥하구 엎어지는 거 아닌지 몰라.

지현　(필터 앉히고 생수 메이커에 부으며) 너 잘할 거야.

유자　?····정말 그렇게 생각하니?

지현　잘 할 거야. 너 가족 얘기 리얼하게 잘 쓰잖아. 구수하구 맛있구.

유자　흐흐흐 굉장히 고맙다. 계속 팍팍 밀어 주라. (하는데)

　　E　차임벨.

유자　누구야?

지현　(문으로 가며)누구세요?

기사　E　네 접니다.

지현　?….(네 접니다가 누구야.)무슨 일루 오셨어요?

기사　E　사장님 심부름 왔습니다.

지현　?..(했다가 알겠다/문 연다)

기사　(꿉벅/ 커다란 바구니 두 개)전해 드리라구…

유자　(벌써 일어나 오며)뭔데요?

기사　뭐 과일이랑 그런 거..

유자　(지현 보며)..빨리 받지 뭐해 너.

지현　주세요.

기사　아닙니다.무겁습니다.(하고 성큼성큼 들어와 놓고)그럼/(꿉벅)

지현　네 안녕히 가세요.(기사 나가고 돌아서는데)

유자　(벌써 보자기 풀고 있다. 바나나 송이와 멜론/오렌지/그레이프/사
　　과가 아주 가득)먹구 미니 시리즈 잘 쓰라는 뜻인가부다. (다른 보자
　　기 풀면서)이건 뭐냐.(풀면/작은 칵테일 깡통들/주스 깡통/캔디 깡통/
　　초콜렛/검정 올리브 깡통/비스킷 종류/등등)이 남자 재밌다. 이걸 누
　　구 시켜서 샀을까. 자기가 직접 사지는 않았을 거구 말야.

지현　(대꾸 없이 찻잔 꺼내는데)

유자　넌 이걸 보구두 아무 감동이 없니?

지현　뭐 어쩌다 한 번 씩 하는 일이잖아.

유자　거만할 거 쥐뿔두 없는 애가 거만떠는 거 보면 오장이 뒤집어

지드라.(밥 먹던 자리로 앉으며)원님 덕에 나팔이나 부는 우리 꼴 보기 싫어 그러니?

지현 (픽 웃으며)기집애.(하고 신문 집으러 가는데)

E 다시 차임벨.

지현 ?..누구세요.

배달 E 배달 왔는데요.

지현 (문으로 움직이며)배달시킨 거 있어?

유자 아아니?

지현 (문 열면)

20대 배달 (길다란 직사각형 상자 들고)박지현 씨 계신가요?

지현 난데요.

배달 (내밀면서)싸인해 주세요.

지현 (받아서 싸인하고/상자 받아 들고)

배달 안녕히 계십쇼.

지현 안녕히 가세요.(문 닫고 원탁으로 가 상자 열고 꽃 꺼내는데/)

유자 ….(보고)미치겠네.

지현 (냄새 맡으며 눈이 옆으로)

S# 종혁 회사 복도

S# 종혁의 임시 사무실(회의 중)

종혁 그건 자금 팀이 분리 안 되더라두 할 수 있어.

강 그런데 두 개가 믹스돼 있을 때하구 별도일 때하구는 좀 다르죠.

종혁 어차피 자금 팀은 따로 놀잖아. 그런데 같이 있으면 더 자기 일 같이 할 거야.어렌지 잘 할 수 있는 사람 있으면 같이 있는 게 나아. 그러니까 이렇게 하자구. 서로 크로스 체킹이야. 영업지원팀에서

는 영업쪽 사고에 대해서 체크하고/영업 쪽에서는 바로 알수가 있
잖아.그러니까 크로스체킹하자구.다음/채권 리서치 자료 얘긴데

이사　예.

종혁　채권 쪽도 분석하는 게 굉장히 복잡한 게 많잖아. 일드커버 계
산해 놓구 일수 계산해 인츄락트레이션인가? 심부장. 그렇게 하
는 거지.

심　그렇죠.

종혁　그런 거 할 때 심부장 도움 많이 요청해얄 거야. 심부장이 우리
회사 브레인이야.

강　심부장님이 이쪽 일 하는 거 맞죠?

모두　(적당히 웃고)

종혁　심부장 일은 아니야. 그냥 도와달라 그거야. 심부장이 안해줘
두 할 말은 없어.그러니까 무슨 방법을 써서라두 심부장 잘 꼬셔서
해보라구. 접대비 처리는 해줄테니까 응?심부장이 굉장히 많이
알아.그런데 웬만해선 잘 안 움직이거든?

모두　(적당한 웃음)

종혁　오케이.그리고 저 데이터 베이스 쪽으로는 문부장이 많이 하
고 있어.딜러 쪽하고 전환사채 쪽하고.하고 있지?

문　예 참가하고 있습니다.

종혁　그건 어떻게 생각해.달러 에프알엔 데이터 베이스도 같이 갖
고 있는 거 말야.해야 되는 거 아냐?

문　그렇죠.

종혁　그렇지? 그것도 하자 힘들지만.

문　그럴려면 템포랄리로 여직원도 하나 필요한데요.

종혁 어 그래 뽑자.(에서)

S# 피부과 진찰실

민경 김 진철 씨 왜요?(차트 보면서)

청년 (앞에 앉아서)발에 무좀 같은 게 있어서요.

민경 그래요? (일어나며)그럼 무좀 같은 건지 무좀인지 좀 볼까
요?(환자 앞으로 가서)양말 벗어 보세요.

청년 (양말 벗는다)

민경 …(발 살피고)무좀 같은 게 아니라 무좀이네요. 신으세요.

청년 무좀두 붓구 아픈가요?

민경 붓죠. 무좀 때문에 붓는 게 아니라 무좀으루 살갗이 벗겨진 곳
에 세균 감염이 돼서 붓고 아픈 거에요.

청년 부은지는 얼마 안되는데‥

민경 (오버랩)부은지 얼마 안돼두 무좀 걸린지는 꽤 됐어요‥(보며)
대 안 놓치구 잘 오셨어요.그냥 놔두면 걷지두 못하게 돼요.약 드
릴테니까 열심히 먹구 바르구 하시구요/모레 다시 오세요.술 드시
면 안 되구요.나가서 기다렸다가 약 타갖구 가세요.

청년 (인사하고 나가고)

민경 (차트에 적어 차트 따로 놓고 부저 누른다)……

  [20대 아가씨 들어오며]

아가씨 안녕하셨어요 선생님.

민경 너무 일찍 왔네에에?

아가씨 그동안 좀 바빴어요.

민경 아무리 바빠두 그렇지 이제 오면 어떡해요.(소독솜 들고 환자
앞으로) 모자 벗어요…(모자 벗겨 놓고 눈 아래 세밀히 보고)약 열심히

158

안 발랐구나…열심히 발라야지 왜 게름펴요? (에서)

S# 강욱의 진찰실

강욱 (책 보고 앉아 있다)……

　　E 노크

강욱 네에

간호사1 신혜주 씨 오늘 좀 복잡하다구 내일 오면 안되겠냐구요.

강욱 (보며)그래. 그러라구 해요. 아직 밥 먹을 때 안됐어요?

간호사1 배고프세요? 아직 십분 전이에요.

강욱 ……

간호사1 (나가고)

강욱 (책장 넘기는)

S# 작업실

현경 (욕실에서 수건으로 얼굴 닦으며 나오는)아구구구 죽겠다. 나는 왜 이러니 진짜아.

지현 (프린터 앞에서 대본 인쇄돼 나오는 것 지켜보다 돌아보며)머리 안 아파?

현경 왜 안 아프겠어요 아줌마. 맥주루 시작해서 소주루 갔다가 정종으루 마무리했는데··나는 왜 술만 보면 사족을 못쓸까.

유자 (컴퓨터 앞에서 오버랩의 기분)작작 좀 푸구 다녀. 약값 대줄 서방두 없는데 몸 다치면 어떡할려구 그래.

현경 약값대줄 서방은 없지만 그래두 아버지진 있잖어. 서른이 넘어 아부지 끌어대는 게 뻔뻔스럽지만·· 아구구구구 죽겠다. 뭐 해장국 같은 거 없니? 대구탕 집 가자. 몇시나 된 거야 밥 안 먹어?

지현 (프린트된 것 다섯 장 챙겨 들면서)일 맡어 놓구 그럼 어떡해.

현경   일 맡은 게 황홀해서 펐다. 잔소리 그만해.

유자   제대루 맡은 거나 되는 건지 아닌지두 확실찮은데 술 먼저 푸니?

현경   초치지 마 응? 넌 니일이나 잘해 초치지 말구.

유자   시납시스나 통과되면 마시란 말야 내 말은.

현경   어 너 뭐 쓸 거 있다 그랬지. 뭐냐 얘기 좀 하자.

지현   (다섯 장짜리 프린트물 들고 외투 있는 곳으로)잠하구 술 깨거든. 너 아직 잠두 술두 안 깼어.

현경   이럴 때 머리 더 잘 돌아가는 거 모르지. 세상에 수많은 기발한 아이디어가 비몽사몽중에 튀어 나왔다는 거 아냐. (물 가지러 가다가 문득 돌아보며/응접 소파 테이블의 꽃) 웬‥값나가는 꽃?

지현   (프린트물은 큰 가방에 이미 넣고 스카프와 외투 걸치며)‥

현경   나 술 잘먹어 훌륭하다구 누가 보냈디?

유자   좀 조용하자. 집중이 안되잖아.

현경   (미워서 돌아보고 불룩불룩)

지현   나가자. 넌 안 먹지?

유자   엉 갔다와.

현경   (지현이 집어 드는 외투 빼내며)왜 안 먹어? 정신 맑어 잘 쓸려구 단식하니?

지현   먹은지 얼마 안돼. 가자‥(문으로 움직이며)

S# 복도

   [작업실에서 나와 걸으며]

지현   주정했다며.

현경   주정이 아니라 술낌에 뼈있는 소리 좀 했지. 주정으루 몰디?

지현   완전히 간 거는 아니구나.

현경 가기는야 간척 한 거지.

지현 (웃는다)

S# 대구탕집

[주문은 해놓고]

현경 (아까 프린트해놓았던 것 읽고 있다)······

지현 ·····(읽는 현경 보며)···

현경 (지현 보며)괜찮다.

지현 인사치레 필요없어.냉정하게 말해.

현경 인사치레 능하면 요모양 요꼴이 아닐세. 너 이거 어제 하루에 만든 거야?

지현 아냐 어젠 밤 꼴랑 새워 수정고 만들구 /이건(손에서 빼내며)그냥 하나 만들어 놨던 거야.

현경 (깍두기 집어 들며)오늘을 대비해서?

지현 언젠가를 대비해서,

현경 난 왜 너같은 준비성이 없을까.

지현 싱거운 소리 그만두구 어때. 진짜 괜찮은 거야?

현경 난 괜찮은데 감독이 어떻게 생각하는지가 문제지 야······(하고 심각하게 생각하는 척)

지현 ····(보며)

현경 암튼 대구탕 먹구 정신 먼저 차리자. 어으으으 머리 덜그럭거려.

지현 (시놉시스 가방에 넣으며)너/뭐 갖구 있는 얘기 있으면 내놔 봐.

현경 난 안돼. 내가 쓰구 싶은 거 야 미니시리즈 아냐. 고약 덩어리 할아버지가 갑자기 마나님 죽구 나서 /마나님 없이 자기가 얼마나 허당이었는가 깨달아가는 과정/이런게 미니시리즈 되니?

지현　(웃으며)건 안되겠다.(대구탕 와서 놓인다)

현경　(상관없이)근데 너 결혼하면서 일 할 수 있겠니?

지현　…(안 보는 채)

현경　술먹다가 문득 그렇더라구. 너 그거 되겠어?

지현　(수저 껍질 까면서)결혼을 못하는 한이 있어두 할 거야.

현경　…(보며)

지현　(숟가락 현경 탕 속에 넣어주며)먹어.(제 숟가락)

현경　야 결혼하구 바꿀 일은 아니다아?

지현　……

S#　종혁 사무실

종혁　(통화 중)일을 하다 보니까 욕심이 자꾸 생겨서 말야. 채권하구 수익증권/,뮤추얼 펀드를 인터넷 통해서 개인한테 파는 작업두 하는데 말야/..그래/근데 그 작업두 장난이 아니다..응..장난 아냐…그러니까 채권 쪽 리서치하면서 수익증권하구 뮤츄얼펀드 리서치두 제대루 해야겠어서 그쪽 일 할 사람두 찾구 있는 중야…응…응..그러니까 너 빨리 와야 돼. 너 어떡할 거야 임마……그러니까 요는 인가 떨어져야 움직이신다 그거지. 알았다 자식/인간 떨어지게 돼 있어 임마. 끊어 나 나가야 해….오케이(끊고 일어서는 데서)

S#　병원 식당(피부과와 성형외과 가족들이 함께 먹는)

　　[간호사 셋/상 차리느라 각자 움직이고 있다.]

민경　(반찬 배열 건드리며)맞춰 볼게….알찌개다.

간호사1　어머 어떻게 아셨어요?

　　[간호사1,2는 성형외과/간호사3,4는 피부과.]

간호사3　(찌개 냄비 들고 오며)선생님이 알찌개 주문하셨거든.

162

간호사1　에에이.(적당히 같이 웃는데)

간호사2　(들어오면서)

강욱　(들어온다)

　　[이 동안 밥 나무 밥통에 옮겨 퍼 식탁으로 올리고 식접시도 놓여지고/
　　알찌개 냄비는 두 몫으로/강욱, 민경 것과 간호사들 것/ 분주하게.]

민경　(들어오는 강욱 보고)어서 와.

강욱　....(의자로)

민경　오전은 놀구 오후만 환자 보는 누구 부러워 죽겠어.손 씻었어?

강욱　씻었어.(앉으며)앉지. 앉아요 들.

민경　(앉으며)알찌개 주문했어.

강욱　음..

민경　내일은 뭐할 거야?

간호사3　(간호사들 적당히 자리 잡으면서)아직 결정 못했는데요.

간호사4　김치찌개 먹은 지 좀 됐는데…

간호사2　냄새 너무 심해서 김치찌갠 좀 그래.

민경　뺀다구 빼두 응?

간호사2　네.

강욱　(수저 들며)자 기도할 사람 기도 하세요.

간호사 둘　(간단한 기도)

강욱　(기다려줬다가 수저 들며)오늘두 이렇게 맛있는 점심을 먹게 해
　　주셔 감사합니다.

간호사들　감사합니다.

민경　(먹으면서)정말 보기 싫은 환자 이선생은 어떡해?

강욱　...(그냥 먹으며)

민경   ?…응?

강욱   ?…나?

민경   못들었어?

강욱   뭐랬는데.

민경   뭐야아. 무슨 딴 생각 하구 있는 거야.

강욱   뭐랬는데.

간호사3   정말 보기 싫은 환자 선생님은 어떡하시냐구요.

강욱   (아무도 안 보는 채)글쎄…그런 환자 있나?

민경   있잖어 왜. 괜히 삐덩거리구 틱틱거리는 환자.

강욱   …(좀 마지못해)우리 병원엔 그런 환자 없는데…없죠? (자기 간 호사들에게)

간호사1   (웃으며)선생님은 상관 안하시니까요.

민경   일껀 치료하구 처방하는데 듣는 둥 마는둥 하면서/병원에 돈 숱해 갖다 바쳤어요/이거 다 소용없는 짓입니다‥ 이러는 환자 어 떻게 생각해?

강욱   …

민경   불쾌해 죽을 뻔 했어.

강욱   ‥‥(안 보는 채 먹으며)

민경   왜 나한테 그래? 내가 안 낫게 한 거 아닌데?

강욱   ‥‥‥

민경   ?‥‥‥뭐 기분 나쁜 일 있어?

강욱   ?‥‥왜‥(보며)

민경   왜 남의 말 그냥 먹어 버려?

강욱   잘 안나서 화난 환자겠지…(먹으며)

164

민경 ·····(보다가 강욱 간호사들에게)뭐 고소한다는 수술 환자 있었어?

간호사1, 2 아아뇨?

민경 ?···근데 왜 평소 이선생이 아니야?

간호사1 오늘 좀 그러세요.

간호사2 (동시에)오늘 그러세요.

민경 ·····(보는)

강욱 ·····(그대로)

민경 치질 빠졌어?

강욱 ?····(멈추고 보고/이런)

간호사들 (푹/풋/웃고)

민경 이상하잖어.

강욱 아 컨디션이 좀 그래. 신경쓸 거 없어.

민경 감기 오는 거 아냐?

강욱 아냐···

민경 열 있어?

강욱 밥 좀 먹읍시다···밥하구 찌개 식어요.

민경 ?·····(보는데)

　　E 전화벨/식당.

간호사4 (얼른 일어나 받는다)네 피부팝니다.····네 잠깐요.(와서) 이모
　　님이시래요.

민경 (일어나 전화로)병실 났어요?

S# 움직이는 자동차

이모 (뒷좌석에 엄마와)병실은 났는데 우리는 집으루 가는 중이다··
　　···엄마두 집에 간다 그러구 의사두 집에 가 안정해두 된다는데 굳

이 늬 엄마 살 부들부들 떨며 돈 쓰구 병원 있을 거 뭐야.(하며 언니 보면)

서여사 (눈 째지게 흘기고 있다)

이모 (얼른 수습하는)집에 가두 괜찮대…괜찮다니까 나왔지. 응…(눈치 보며)기분두 괜찮구.

서여사 괜찮다구 누가 그래.

이모 안 괜찮단다….엉…본인께서..(하고는 전화 주며)바꾸래요.

서여사 귀찮게 뭘 바꿔.(이모 전화 귀에 대준다)..왜.

S# 식당

민경 민지 건드려 또 열 받지 말구 그냥 모르는 척 해버려요…아 똥이 무서워 피해?

강욱 (돌아보는)

민경 E 더러워 피하지.(너 데리구 얘기 좀 해봤어?)

민경 걔가 엄마 쓰러트리는 앤데 내 얘기가 먹혀요?그러니까 글쎄 모르는 척 하구/집에 민지가 없다 생각하구 상댈 하지 마. 걔 문젠 이따 퇴근하구 하자구요….방문 딱 닫구 누워 계세요…그래요 그럼.(끊고 도로 의자로 와 앉으며)목소리 들으니까 괜찮어.(강욱 보며)

강욱 (그냥 먹는)….

민경 어 미치겠다. 무슨 생각을 그렇게 하세요 선생님.

강욱 …..(보는)

민경 …..(화나서 보는)

강욱 다섯시부터 아홉 시간 수술해야 해… 나 좀 내버려 둬.

민경 수술 첨 하니?

강욱 (시선 피하며 좀 싫증난다)

166

민경   어머? 짜증나세요?

강욱   (오버랩/수저 놓으며)그래 싫증나. 말 시키지 말구 가만 좀 있어

요. 어떻게 조용히 가만 있을 줄을 몰라.(하고 나간다)

[썰렁.]

민경   ?….(아연)…

간호사1   진짜 컨디션이 나쁘신가봐요‥

간호사2   E (아연한 민경 위에)수술 어떻게 하시지?

민경   ……?

S# 강욱의 진찰실

강욱   (담배 피워 물고 /서성거리면서)……

민경   (들어온다)

강욱   (잠깐 보고 담배 태우며)…

민경   (화가 난 건 아니고)애들 있는데 심했던 거 아냐?

강욱   ….미안해….잘못했어…

민경   컨디션 그러면 수술 연기해.

강욱   ……

민경   그러는 게 좋을 거 같다…응?

강욱   안돼‥오래 기다린 환자야…

민경   제대루 안되면 어떡해‥

강욱   빈 스케줄두 쉽게 없어….

민경   ……(보며) 안 쉬운 환자야?

강욱   …까다로와.

민경   ….(보다가)그래서 날카롭구나.

강욱   …(끄덕이는/애매하게)

민경 컨디션 나쁜데 걱정이다·····환자 많이 보지 말구 쉬지.

강욱 많이 안 봐···

민경 ·····(돌아서 문으로)

강욱 민경아.

민경 (돌아본다)

강욱 미안해···괜한 신경질 폈어···

민경 ···(눈알 굴리며 잠깐 생각하다가)괜찮아(가볍게) 좀 놀라긴 했지
만 너두 신경질 필 수있다는 거 안 게 소득이야·····신선하셨어.

강욱 ? 뭐?

민경 (웃어 보이고 나간다)

강욱 ······(민경 나간 문 보며)

S# 강욱 진찰실 밖 계단

민경 ·····(계단 오르면서)····(뿌우우우)

S# 움직이는 자동차 안

종혁 ······(혼자 생각에)···

S# 최회장 회사 앞으로 들어가는 종혁의 자동차

　　　[자동차 멎고 종혁 내려서 현관으로]

S# 현관 안 로비··

종혁 (들어와 승강기 쪽으로/경비원들 달려와 인사하는)네 안녕하십니
까··안녕하세요···(답례하면서)

경비원 (승강기로 뛰고)

종혁 두십시오 괜찮습니다.

종혁 (승강기로)

S# 회장실

최회장 (퍼팅 연습하고 있는).....

남비서 (들어와 문간에서)회장님.

최회장 ?...(돌아보면)

종혁 (들어오며)저 왔습니다.

최회장 ...그래.....(퍼터 치우면서)퍼팅이 엉망야....(소파로 움직이며) 저번에 진주 가서 망신 톡톡히 당하구 왔어....

종혁 ...원래 이랬다저랬다 하잖습니까.

최회장 (앉으며)이랬다저랬다두 분수가 있어야지. 와.

종혁 예..(소파로 가 앉는다)

최회장 점심은 먹었냐?

종혁 예.

최회장 인적 구성은 다 된 거야 어쩐 거야.

종혁 지금 면접 중입니다.

최회장 그래서...용건은..

종혁 결혼을 좀 연기했으면 해서요 아버님.

최회장 ....(보다가)왜.

종혁 회사 만들어 문 열면서 결혼까지 하기는 아무래두 좀 벅찬 느 낌이 들어서요.

최회장 .....(그저 보는)

종혁 오픈 가까워 오면서 점점 정신적으루 여유가 없어지는 것 같기 두 하구 그래서요.

최회장 내 처음부터 뭐라구 했어. 약혼하구 금방 결혼하구 너무 서 둔다구 했지.

종혁 ....

최회장 그저 월급쟁이두 아니구/ 회사 만들어 문 연다는 녀석이 무슨 정신있어 결혼까지 할 거냐구 안했어?

종혁 죄송합니다.

최회장 남의 집 딸 데려다 놓구 애는 새 환경에 익숙하기두 전에 너는 얼굴보기두 힘들게 뛰어다녀야 할 거구/너는 너대루 쓰느니 안 쓰느니 하면서두 집에 애한테 신경 쓰일 거구/큰 일 앞에두구 그렇게 신경 분산시키는 일 따위 하는 게 아니랬지.

종혁 생각이 모자랐습니다.

최회장 큰 일 못할 놈이다 했더니 잘 생각했다. 연기해. 그런데··그 애는 뭐래. 그 애두 동의하든?

종혁 아직··얘기 전입니다.

최회장 알아듣게 잘하구···그애 부모님께두 예의갖춰 정중하게 말씀드려 양해 얻어.

종혁 그렇게 하겠습니다.

최회장 늬 어머니가 실망하겠다. 며느리 들여 재미있을 궁리만 하는 사람인데···

종혁 ···(조금 웃는 듯)

최회장 (일어나며)청주 한번 가자.

종혁 (같이 일어서며)네··

최회장 가 일 봐.

종혁 (목례)

S# 최회장 회사 앞

종혁 (빠른 걸음으로 걸어 나오면서 좀 굳은 얼굴)····

[자동차 대어지고]

170

종혁　(오르고)

　　[출발하는 차.]

S#　차 안

종혁　(어금니 지그시 물고)……

　　E 전화벨 카폰/핸드폰과 별도

종혁　….

　　E 전화벨 계속

기사　(왜 안 받나 조심스럽게 돌아보는)

종혁　(받는다)네‥

S#　최회장 주방 식탁

노여사　(고쟁이/여인1 마늘 까고 여인2 시금치 다듬고 여인3 북어 찢고 있고/노여사는 선 채로 무선전화)얘 늬 아부지 말씀이 뭐야.(거실로 나가며)연기한다구 했다면서?(네 그렇게 하기루 했습니다)날 잡아 놨으면 치러야지 연길 왜해 연길….(듣다가)얘 잠깐만(하고 청소기 밀고 있는 제천댁에게)제천댁/

제천댁　예 사모님.

노여사　전화하잖어.

제천댁　예 예에.(청소기 끄고 한옆에 두었던 마른걸레 집어 들고 움직이는)

노여사　그래 얘기해………(한참 듣다가)그거야 처음부터 아버지두 말씀하셨던 거 아냐. 아버지 언짢게 하면서 기어이 하겠다구 한 물건너야….애초에 아버지 말씀 들었으면 좋았지. 이게 뭐야 이게…..아 날짜 잡아놨다 뒤루 민다 그럼 속 모르구 저 집에 무슨 문제 있다구들 할 거구 지현네서두 그거 찜찜한 일야. 혼사 미루는 게 별루 개운한 일이 아니란 말야 너.

S# 자동차 안

종혁 제가 알어서 해요 어머니....뭐 가을쯤 되지 않겠어요?...... 아니에요 그런 거 없어요. 회사 일 안되는 거 없어요 다 잘되구 있어요 그냥 너무 바빠 정신이 없어서 시간 좀 벌자 뿐이니까 걱정 마시구 저한테 맡기세요....네...네..네 알았어요...네 그럼 들어가세요.(전화 끊는다)··

S# 작업실

[유자는 없고/소파에서]

현경 (바나나 껍질 까면서)주인공 오빠를 이런 캐릭터루 하면 어떨까. 하루 지인종일 세 마디두 안하는 남자. 도무지가 말을 안하는 남자. 집에 불이나 나야 간신히 불났다 한 마디 할 남자.

지현 (잠 못 잔 피로로 의자에 반은 누운 상태)왜 그래야 하는데.

현경 내 친구 형부가 그렇대. 얼마나 심하게 말이 없는지 결혼해서 7년 동안 들어본 말이 딱 다섯 마디라 그런댄다.

지현 설마아.

현경 물론 과장이지이. 그렇지만 그럴 정도면 어떤지 알쪼잖아.

지현 답답해서 살기 어렵겠다.

현경 그걸 재미있게 풀어보는 거야. 그런 남편에 한 수 더 떠 아버지를 꼭 닮은 아들 녀석들 둘. 여자 환장하지 않겠니? 그런데 그 환장하는 여자를 아주 재미있게 코믹하게 푸는 거야.

지현 그쪽은 그럼 니가 써.

현경 엉 내가 쓸려구 그러는 거야.보니까 내가 쓸 부분이 없더라구.

지현 (웃고)

현경 그리구 그냥 무겁기만 하거나 그냥 뽀얗게 아스무레에에하기만 하거나 /드라마가 한 톤 이기만 하면 안되드라. 웃기는 대목두 있구 뾰오얀 대목두 있구 우탕탕 붙기두 하구 그러다 또 푸근하기두 하구 드라마두 퓨전 시댄 거 같지 않니?

지현　난 퓨전 싫어.(몸 일으키며)정말 보기 힘든 건 재미 있을려구 온갖 거 다 끌어모아 잡탕으루 너무 애쓴 드라마야. 재미는 없어두 성실하구 진지하게

현경　(오버랩)야 까여까여 성실과 진지는 까여. 시청률 잊어버리지 마 시청률 시청률.

지현　현경아.

현경　응?

지현　(일어나며)내일 하자. 너무 고단해. 머엉해‥나 수정고 한번 더 훑어 볼 테니까 너 우리 얘기한 거 갖구 시납시스 좀 정리해 봐.

현경　그래 그러자.(바나나 껍질 챙기면서 일어서고)

지현　(켜져 있다가 긴 시간 경과로 검어져 있는 화면 도로 나오게 하고 화면 들여다보면서)……(그대로 있다가 일어나 세면실로 들어간다)

S#　세면실

지현　(들어와 물 틀어 손 적시고 물 잠그고 손에 비누질하면서 문득 거울을 보는)…

S#　3회에서

강욱　(시선 내리며)먼 발치에서 스쳐 지나가는 거라두 한 번 …보구 싶구…웃음소리 한번 더 듣구 싶구….샴푸 냄새….그리워요.(자신도 쓰게 웃으며)

S#　욕실

지현　….(물 틀어 손 씻으며)

S# 3회에서

강욱 ....(가만있다가 바꿔서 스푼 집으며)그러니까...이상한 놈 만나서 손해 봤다는 생각/당했다는 생각 안해두 돼요....(하고 첨가물 넣는)

S# 욕실

지현 (타월에 손 닦으며)

S# 강욱의 수술실

강욱 (환자는 누워 있고/수술 직전의 상황)....

S# 민경의 진찰실

민경 (얼굴이 엉망인 환자 확대경으로 들여다보고 있는)...

S# 작업실

지현 (컴퓨터 화면 바라보며)......(있다가 컴퓨터 저장하면서)안되겠다. 그냥 멍하기만 해. 일단 좀 자야겠어.

현경 그래 그럼 그래.우리같은 사람은 금강산도 식후경이 아니라 금강산도 숙면경이야.

지현 (컴퓨터 끄고 일어나 겉옷 있는 곳으로 가는데)

유자 (있는 대로 화가 나 들어오면서)바보 천치(둘 다 돌아보고)무식하기 짝이 없으면서 그지같이 아는 척은(들고 나갔던 프린트 종이 베스트 분량 묶음 책상에 거칠게 놓고) 어이구 참 졸도하겠다 졸도하겠어 (옷 벗으며 옷걸이로)

현경 왜애?

유자 정감독 그 자식/안 들으니까 그 자식으루 가자. 도대체가 문화라는 게 없드구나 응?

현경 없는 게 아니라 틀린 거지이.(오버랩의 기분)

유자 무슨 그런 구닥다리가 있니. 나 기막혀 죽는 줄 알았네.

174

지현 유치하다 그랬잖어.

유자 아니(허리에 두 손 대며)수정하라 소리 안하구 그냥 통과시키면 감독 권위가 떨어지는 거니 뭐니. 요새 감독들은 왜 그렇게 수정을 좋아하니. 수정이 통과의례야 통과의례.

현경 야 그렇다구 니 원고가 완벽할 수는 없잖아.

유자 감독은 완벽하니?

지현 수정 많이 해야 돼?

유자 (좀 늦춰지며) 네 씬.

지현 그럼 많은 거 아닌데 뭘 그래.

유자 말짱한 씬을 잡으라 그러니까 돌지이.

현경 아아아(오버랩)이름없는 작가의 설움이여…근데 우리는 이 빌어먹을 일을 왜 할려구 아드득 거리는 걸까‥

지현 그래서 싸웠어?

유자 싸워? 내가 너니? 나 소녀 가장야.(하고 컴퓨터 의자에 앉는/컴퓨터 켜고 작업 준비로)

지현 (현경 돌아보고)

현경 (지현 보고 혀 낼름/유자의 실패가 고소하다)쥬스 한잔 주까?

유자 고마워.(현경 우스운 몸짓으로 냉장고로 가는데)

　　　E 전화벨

지현 (전화 받는다)네에.

S# 작업실이 있는 빌딩 현관 로비 승강기 앞

　　　[승강기 문이 열리고 지현 내린다.]

지현 ?

종혁 (승강기 앞에 지키고 서 있다가 보고 현관으로 돌며)시간없어. 나

가면서 얘기 해.

지현 …(보다가 따르는)

[현관문을 향해 움직이면서]

종혁 못한다구 했어?

지현 안 했어요.

종혁 할 거야?

지현 한다 그랬잖어요.

종혁 확고하지?

지현 확고해요.

종혁 (멈추고 보며)….

지현 (잠깐 보고 시선 피하는)…

종혁 …그거 내가…얼마든지 못하게 할 수 있어.

지현 ….(보는)

종혁 ….얼마나 연기해 주면 돼.

지현 ?…(의외다)

종혁 말해. 언제까지 여유주면 돼.

지현 ….(시선 내리고)

종혁 ….시간 없다니까…빨리 대답 해.

지현 ….(그대로)

종혁 파혼이 아니라서 실망했어?….내 사전에 파혼 같은 건 없어. 앞으로 다시는 경솔한 말 하지 마. 유쾌하지 않아. 언제까지 주까.

지현 (시선 들며/얼마쯤 포기하는)십일월이면 될 거에요.

종혁 구월.(오버랩)구월까지 다 끝내.

지현 ….(보며)

종혁 내 일이 너무 바빠 연기하는 거야. 당신이 연기시키는 게 아니라 내가 연기하는 게 당신 편할 거야.

지현 (시선 내리며)

종혁 당신 얼굴이 왜 그래. 잠 못 잤어?

지현 미안해요….(시선 내리며)

종혁 …..(보며)

지현 (시선 들며)미안해요. 그리구…고마워요.

종혁 (싱긋)한결 낫군.(한 손으로 지현 어깨 가볍게 잡았다 놓으며)간다.(하고 현관으로 빠르게 나간다)

지현 …..(보고 있는)

S# 현관 유리 통해서 차에 타고 뜨는 차

S# 현관 안

지현 …..

S# 수술 중인 강욱….

S# 민경의 진찰실

민경 (책 보고 앉아 있다)

간호사3 (기웃이 들여다보며)….퇴근 안하세요?

민경 ?…어..해야지…정리하구 퇴근들 해.

간호사3 네에.(문 닫으려는데)

민경 (책 보다가)….(덮는다)

S# 수술실

강욱 ….(수술 중)…

[마취 의사 옆에 있고/]

강욱 혈압.

간호사1 백 삼십에 구십입니다.

강욱 ….

S# 민경의 거실

민경 (들어오며)다녀왔습니다아‥

이모 (서여사 죽 먹는 옆에 앉아서)어서 와라.

민경 좀 어떠세요? 혈압 재 볼까?(소파 쪽으로 움직이며)

이모 그래 한 번 재 봐…괜찮지 싶은데…

민경 (가방 소파에 놓으며)민지는.

이모 엄마 들어오는 거 보구 곧장 올라가 죽은 듯 조용해. 저두 한 짓이 있으니까. 반성하겠지.

서여사 반성 잘두 하겠다. 처음 한 짓야?

이모 그러니까 까짓 줘버리구 혈압 보전이나 하라니까아?

서여사 (오버랩)까짓이라니 오천만원이 까짓야?

민경 (벌써 혈압계 들고 오면서)이 서방은 엄마 저랑 나랑 반반 씩 내 서 해 주재.

서여사 ?(보고)

이모 어머머어 그래애?

서여사 건방진 녀석.

민경 (혈압계 꺼내다가)?

이모 ?

서여사 그래서 지 장모 수전노 만들재?

민경 그게 아니라 엄마아

서여사 (죽 그릇 놓으며 오버랩)내가 못 준다는데 나 무시하구 지가 나서는 게 수전노 만드는 거 아니구 뭐야.

178

민경 없었던 얘기루 하구 맙시다. 강욱이는 민지가 자꾸 엄마 건드 리니까 우리끼리라두 해결하자구 그냥 단순하게 엄마랑 민지 위 해 얘기한 건데/엄마 입장에선 또 그럴 수 있겠네. 혈압 재야 하니 까 내려요. 푸욱 내리구 편안하게 기대세요.

서여사 (못마땅하지만 그래도 조금은 위안/기대면서)나설 데 안 나설 데두 모르는 푼수통.

이모 (죽 그릇 거두면서)저녁 먹어야지.

민경 네…

이모 (주방으로 움직이며 중얼중얼)태생이 수전노면서 뭘.

서여사 너 뭐라는 거야.

이모 이 서방이 주책 없다구우.

민지 (이 층에서 내려와 이모와 거의 동시에 주방으로)….

S# 주방

이모 내려온 김에 밥 먹어. 곰방 차려주께.

민지 (라면 봉지 꺼낸다)

이모 또 라면 먹어?

민지 (대꾸 없이 냄비에 물병 물 쏟는다)

이모 늬 엄마두 대단하지만 참 너두 대단하다.

민지 (냄비 올리고 불 켠다)

이모 아 밥 먹어어어.

민지 (냉장고에서 콜라 꺼내 병째 마신다)

이모 ….(보다가)너 그러다 서른두 못 돼 죽을 거야. 콜라에 라면에 떡뽁이만 먹다 영양실조루 죽을 거야.

민지 서른까지 살면 장수하는 거유. 하루에두 열두 번 씩 그만 살구 죽어버리까 생각하니까.

이모 (입 벌리고 보며)…

S# 최회장 거실

최회장 (들어온다)……

　　　E 여인네들 웃음소리 왁자지껄…

최회장 ?

S# 주방 1

　　[여인들 푸짐하게 놓고 저녁 먹는 중이다.]

노여사 (갈비찜 그릇 식탁으로 옮기면서)어쨌거나 뭐니뭐니해두 남편
　　밥 먹구 사는 게 최고야.

미스장 아유 사모니임.(제가 할 텐데요)

노여사 비켜비켜.뜨겁다(놓는다)

제천댁 아유 많이 먹었는데요 사모님.

노여사 실컨들 먹어 실컨. 본 김에 싫컨들 먹으라구. 일년치 다 먹어
　　둬. 아직 많어. 미스 장 여기(빈접시 집어 주며)나물 더 내라.

미스장 네에.

여자1 (오버랩)인심 좋으시다는 소문 듣긴 들었지만 정말(하는데)

미스장 (접시 들고 움직이다가 기웃이 들여다보는 최회장 먼저 보고)어
　　마야아!

노여사 ?(영감 보고 기겁해서 뛰어나가고)

여인들 (역시 기겁해서 후닥탁 튀고 숨고)

S# 거실

노여사 (옷 입느라고 정신 없으면서)아니 어떻게 들어온단 소리두 없
　　이/최기사 얘는 뭐하는 애구 김씨는 뭐하는 사람야 도대체가.

180

최회장　당신은 뭐하는 사람야!!(버럭)

노여사　(두 손으로 귀 막으며)아구구구/(그 서슬에 미처 못 입었던 치마가 스르르 내려 떨어지고)

종혁　(들어오다 보고)?

노여사　(허둥지둥 치마 끌어 올리면서)아이구 애.늬 아버지 고함 때문에 나 못살겠다 나 못살어어어.

최회장　꼴 하구는/ㅊㅊㅊㅊㅊㅊㅊㅊ

종혁　(피시시 웃는)

최회장　왜 이렇게 일러.

종혁　네 일찍 들어왔습니다.

최회장　들어와…

노여사　죽었다.

최회장　(서재로 가다가)빨리 안 들어와?!

노여사　(서재로 따르며)들어가요 들어 가…아 귀 안 먹었어요.(남편 따라 서재로)

종혁　……(부모 보다가 시선 바닥으로 떨구고 잠시….우울한/…몸 돌려 천천히 계단으로 올라가는 데서)……

제5회

S# 종혁의 거실

종혁   (상의는 벗어두고 와이셔츠 차림/테이블 의자/옆으로 약간 돌려놓
        고 조금 길게 앉아 한 지점 응시하면서).......(미동도 않는 채).....

지현   E 안녕하세요.

S# 종혁의 사무실

종혁   (테이블 위 치우면서 보지도 않으면서).....

지현   ......(보며)

종혁   (여전히 서랍에 서류들 치우고 어쩌고/벗어놓았던 여름 상의 떼는데)

지현   ...(보다가)안상수 감독 전화 받으셨나요?

종혁   ?(상의 떼어 입으며)받았습니다........

지현   (조금 기다리다가)박지현입니다.

종혁   (슬리퍼를 구두로 바꿔 신으며)한 시간이면 되겠죠.(구두 주걱으
        로) 한시간 이상은 곤란합니다.

지현   굉장히 오만하시군요.

종혁   ?...(비로소 본다/보고 조금 놀라는)...

지현 귀찮을 수 있다는 거 충분히 이해해요. 죄송합니다. 폐 안 끼치고 다른 취재원 찾아보겠어요. 실례했습니다.(가볍게 목례하고 돌아서는데)

종혁 박지현씨(오버랩)

지현 (돌아본다)

종혁 (빙그시 웃으며)나 이상 좋은 취재원은 없을 텐데요.

지현 그럴까요? 상당히 비협조적일 거 같은 느낌인데요?

종혁 (좀 웃으며)선배 부탁이긴 하지만 솔직히 좀 귀찮았어요. 사과하죠. 미안해요.(지현 쪽으로 움직이며)적극적으루 협조하죠. 나갑시다.

지현 움직이기 싫은데요. 여기서는 안되나요?

종혁 여기는 좀 딱딱하지 않겠어요?

지현 어차피 부드러울 순 없겠는데요. 나는 지금 최종혁 씨가 불쾌하거든요.

종혁 ……(보며)

S# 근처 카페

종혁 군 복무 마치고 나가 엠비에이 하고 들어와 국내 증권회사에 2년 근무하다 영국 지점에 가 2년 일하고 들어온 게 이제 한달 됐어요. 지금 투자 증권회사 설립을 목표로 작업하고 있죠.

지현 세상이 다 아는 가업이 있는데

종혁 (오버랩)아버지가 오너인 것만으로 쉽게 가업 승계자 된 얼간이로 보여지는 게/··나는 싫어요. 아버님과 관계없이 나대로 소기의 성과 올리고 인정받고/ 그런 뒤에 가업에 뛰어들어도 상관없잖아요? 아버님 아직/얼마든지 일선에서 뛰실 연세시구 건강하시구요.

지현 아버님께서는 섭섭해하시지 않나요?

종혁 …(잠깐 생각하다가)그러신 것 같지는 않아요. 오히려 대견하다
생각하시는 거 아닌지 몰라요.

지현 성공할 자신 있나요?

종혁 자신없는 일은 안합니다.

지현 실패가 두려운 적 없으세요?

종혁 실패 같은 건 애초에 염두에 없으니까 두려움도 모르죠.

지현 그 자신만만함과 사람한테 함부로 구는 오만함이 상관있나요?

종혁 ….(보며)

지현 자신만만과 오만에 집안 배경은 상관이 있을까요 없을까요.

종혁 (웃어버리면서 고개 잠깐 옆으로 했다가 보며)화가 단단히 낫군
요. 이제 그만 해요. 사과했잖소.

지현 잘난 사람은 부러운데 잘난 척하는 사람은 못 참아요.

종혁 당신두 꽤 척하는데 뭘 그래요.

지현 ?…

종혁 취재하러 온 사람이 /말하자면 아쉬워서 온 사람이 그렇게 발
끈할 수 있는 거요?

지현 단어 골라쓰는 게 거칠군요.

종혁 나요?..아 당신..그건 영어의 유라는 뜻이니까 그저 그렇게 듣
구 개의치 말아요. 너라는 것보다는 듣기에 낫지 않소?

지현 …(보다가)아무튼 당신은/..밥맛이네요.

종혁 (조금 소리 내어 웃는다)

S# 종혁의 거실

종혁　(담배 입에 물면서)···.

지현　F 어머 최종혁 씨.

S# 종혁의 사무실

종혁　(전화 걸고 있는)어떻게 단번에 알죠?

지현　F 사람마다 한 가지 재주는 있거든요. 웬일이세요?

종혁　데이트 합시다. 점심 먹어요.

지현　F 지금 막 같이 먹기루 한 친구들이 다섯이나 돼요. 안되겠는
　　데요?

종혁　그 친구들 데리구 나와요 그럼.

지현　F 그래요? 그럼 바가지 좀 씌워 볼까요?

S# 종혁의 거실

종혁　(담배 내뿜는)······(사이 두었다가)

지현　E 나를 왜 좋아해요?

S# 어느 레스토랑/식사 중

종혁　·····나를 안 좋아해서.

지현　이상한 취미네.(썰면서)·····혹시 그거 아니에요? 니가 감히 나를
　　안 좋아해? 요것봐라.요거 재미있는데?

종혁　(와인 잔 들며)다 정확한 건 아닌데 그것도/ 당신이라는 사람에
　　대해서 흥미를 느끼는 이유 중에 하난 건 분명해요.(마신다)

지현　(나이프 포크 놓고 와인 잔 들며)흥미를 느끼는 것하구 좋아한다
　　는 건 달라요. 혼돈하지 마세요.

종혁　그 분별 쯤은 나도 할 수 있는 사람이요. ···(보며)

지현　····(말끄러미 보며)

종혁　흥미를 느끼는 것으로 시작해서/ 좋아졌어요. 얘기되죠?

지현 (까딱하는 기분/한 모금 마시고 내리며)글쎄요.

종혁 애매한 대답으로 피하지 말아요.(좀 바꿔서)나는 당신한테 여러 번 놀랐어요.

지현 ?

종혁 얼굴이 예뻐서 놀랐다는 얘기는 기대하지 말아요. 당신보다 이쁜 여자는 하늘에 별만큼 많으니까.

지현 ....(보다가 고개 조금 돌리며 풋 하고 웃는 기분)

종혁 당돌한데 놀랐소.

지현 ?..당돌이라구요? 종혁씨 상감마마에요?.....(보다가) 확실히 단어 선택에 문제가 있네요 네? 국어 공부 잘 못했죠 그죠.

종혁 별로 잘 나가지도 못하는 작가가 취재한다고 와서는/취재원한테 대짜고짜 상당히 오만하군요 해 부치고 돌아서는데.....한마디로/··무덥게 찌는 여름날/한 줄기 서늘한 바람 같은 느낌이었소.

지현 .....(보며)

종혁 그 다음에는/··만나자고 전화했을 때 별 트집없이 선선하게 친구들 데리고 나온대서 ···놀라고 좀 실망스러웠어요.

지현 ?

종혁 E 그날 기세로 봐서 거절할 게 틀림없다고 생각했었는데 간단하게 오케이하니까 갑자기 당신이 평범해지는 게 싫은 기분이 들드군요.

지현 무슨 의미에요?

종혁 (오버랩의 기분)그런데 또 놀랐던 건 나를/ 친구들 비싼 점심 먹여주는 봉 이상도 이하도 아니게 대했던 거요. 아주 웃기는 친구로 무시하드군. 나 바보 아니요.

지현   .....(보며)

종혁   당신이 나한테 관심이 있든 없든 나는...당신한테 특별한 관심
        이 있다는 얘길 해두겠소. 당신은 나와 결혼하게 될 거요.

지현   .....(아연해서 천천히 입이 벌어지는)

종혁   (비죽이 웃으면서)그러고 있으니까 백치같군.

지현   나...종혁씨 사냥감인가요? 왜 그런 느낌이 들죠?

종혁   건 좀 지나친데요.

지현   난 내가 사냥을 하면 했지 누구 사냥감은 안돼요. 보기 보다 뼈
        도 억세구 질겨서 별 맛 없을 거에요. 미리 정보를 주면요.

종혁   (조금 소리 내어 웃는다)

S# 종혁의 거실

종혁   ....(다 탄 담배 들고/연기만)......

        E 노크

종혁   (문으로 고개 돌아가고)

미스장   E 사장님 저녁 드세요.

종혁   (담배 끄며)그래 알았어.

S# 아래층 거실

종혁   (내려오는데)

최회장   E (서재에서 버럭 고함치는)다시는 안 그런단 소리 한 두 번
        이야!?

종혁   (잠깐 멈췄다가 계속 내려오고)

최회장   E 쓸데없는 오지랖

S# 서재

최회장   펄럭거려서 고작 듣는 소리가 뭐야. 남의 집 가정부 빼돌려

치기 한다는 소리나 들었지 이로운 소리 들은 거 뭐 있어! 할 일 없으면 낮잠이나 자! 시부정찮게 그따위 객적은 짓으루 망신스럽게 이 소리 저 소리 왜 들어 이 할망구야!

노여사　....(할 말은 많지만)알었어요.

최회장　쥐뿔을 알어?! 언젠 몰랐다 그러구 또하구 또하구 그러는 거야?!

노여사　이번에는 정말 알었어요.

최회장　이번에는 정말 알었다 소리두 처음이 아냐!

노여사　그러니 어떡해요. 이왕지사 또 저질른 일인데

최회장　(오버랩)또 저질르구 또 저질르구 또 저질를 거야냐 당신! 죽어두 못 고칠 병이잖아 그거!

노여사　죽어두 못 고칠 병인 거 아시면 이제 그만 어지간히 해 둬요. 나는 죽어도 못고칠 병이고 그렇다고 당신이 나를 죽여서 고칠 수도 없는 노릇이고 어쩌겠어요. 방법이 없는데.

최회장　이 사람이/어디서 반항해!

노여사　...(보다가)알구 보면 다 딱한 사람들(하는데)

　　E 노크

최회장　누구야.

종혁　E 진지 드시라는데요 아버님.

노여사　(냉큼)아버님 지금 흥분하셔서 진지 못 잡순다. 좀 기다려.

최회장　(아내 돌아보는)

노여사　화 풀구 나가요. 내가 잘못 했어요.

최회장　(좀 눙쳐서)딱한 사람 사정 당신이 다 해결 못해. 딱한 사람 천지에 널렸어.

노여사　(일어나며 꿍얼거리는)그럼요 내가 어떻게 다 해결해요.

최회장   낯모르는 여자들 집에 득시글거리는 거 머리 시끄러워. 그 입들이 나가서 무슨 말을 어떻게 지껄일지 알아.

노여사   그거야 뭐 숨겨놓구 키우는 자식이 있는 것도 아니구 (꿍얼 꿍얼)

최회장   …(마땅찮아서 흘낏 보는)

노여사   천천히 나오세요.

최회장   (여전히 못마땅해서 보는/포기/어쩔 수 없는 마누라)

노여사   (문으로 가며)갈비찜 했어요.

최회장   여자들 멕이구 남은 찌꺼기야? 내 차례 돌아올 거 있어?

노여사   말을 해두 꼭/(좀 흘기듯 하고 문 여는데)

최회장   (갑자기 버럭)치마 입어 치마 때매 죽은 귀신에 붙들렸어?! (노여사 질겁해서 후닥탁 나가고)평생 고쟁이야 평생! 굿 해? 굿하래?!

S# 거실

노여사   알았어요. 내가 박수 무당으루 한번 알아보께요

최회장   E 뭣이 어쩌구 어째?!

노여사   밥 먹자 배 고프지? (주방 쪽으로)

종혁   (따르면서)아까부터 여태 걱정하시는 거에요?

노여사   아냐아냐. 출장 중인 사장들 전화보고 받으시느라 시작이 늦었어..(움직이며 말하다가 문득 돌아보며)지현이는 뭐래 연기하자니까.

종혁   별 말 없어요.

노여사   속은 안 그럴 거야. 여자 맘 다 똑같지 뭐. 한 오분 있다가 아버지 나오시라구 해. (주방으로 아웃되며)

종혁   네…..(하고 소파 탁자에 있는 신문 집어 든다)

S# 주방

노여사   (차려지고 있는 식탁 건드리며)누구 제천댁이 머리 썼어 종혁
이 내려오라구?

제천댁   영 안 나오셔서요.(미스장하고 상 차리면서)

노여사   잘했어 잘했어.(상 차린 거 건드리면서)그런데 밥 먹다 기함한
사람들 마저 먹게 해야지. 어떡했어 응?

제천댁   회장님 드시구 들어가신 뒤에 해두 돼요 사모님.

노여사   그래 그래야지 별 수 없네.

미스장   사장님 결혼식 정말 연기한대요 사모님?

노여사   연기한다면 정말 연기지 거짓말 연기 있냐?

S# 지현의 작업실

[지현 침대에 /유자/컴퓨터/현경 오이 씹어 먹으면서 지현의 시놉시
스 뒤적거리고 있고/]

현경   으적으적으적

유자   (오이 씹는 소리가 신경에)야 너 그 소리 좀 안 낼수 없니?(팩 돌
아보며)

현경   ?(했다가)너 소리 안내구 오이 먹을 재주 있니?

유자   뭘 그렇게 끊임없이 먹어어어 쥐새끼처러어엄.

현경   내가 쥐띠거든

유자   어으 /어으어으어으/(포기하고 컴퓨터로)

현경   (먹던 오이 반 토막 들고 일어나며)미안해. 그만 먹으께.(싱크대
로 가 랩으로 잘라 먹던 오이 싸면서)저녁 밥 안 먹니?

유자   (두드리며)피자나 한판 시켜. 돈은 지현이더러 내라 그러구.

현경   자는 애 깨워 돈 내라 그래?(하는데)

지현   (벌떡 일어나며)시켜. 내가 내께.

현경   (유자도 돌아보고)자다 깬 거니 안 잔 거니.

지현   (냉장고로 가며)잠이 안와.

유자   잘 수나 있니? 쥐새끼 한 마리 계에속 아작아작 빠시락빠시락 우적우적 난린데.

현경   (피자집 전화번호 찾으면서 오버랩의 기분)라지야 미디움이야 결정해.

유자   나현경이 있는데 미디움으루 뭐/우린 부스러기나 먹으라구?

현경   (전화기 들며)안 풀리면 잠시 쉬어 가. 괜스리 틱틱거리지 말고.(전화로 피자집에 피자 주문/콤비네이션 라지 사이즈/콜라/주문하는 것 진행되는 것과 관계없이)

유자   (의자에서 일어나 소파로)수정하기 싫은 거 수정 할래니까 미치겠다 진짜. 네번 다섯 번 수정고 쓰는 애들 정신병원 안 가구 어떻게 버티는지 몰라.

지현   (그 동안 물 따라 마신 컵 닦으면서 그저 잠깐 돌아보고 만다)…

유자   (소파에 앉으며 두 다리 쭈욱 뻗어 늘쿠며)으으으으으으으…언제나 수정고 쓰라 소리 안듣구 먹구 살 수 있을까.

현경   백발백중 시청률 일등 연짱으루 세 번만 하면.(싸두었던 오이 집어 풀면서)너는 뭐 졸려서 사고치겠다구 도루 들어와선 왜 못자구 그래?

지현   (마른행주에 손 닦으며)글쎄 말야 /몸은 시첸데 머리는 와글와글/ 돌겠다.

유자   미니 시리즈 때매?

지현   (소파로 가며)…엉.

현경 (우작우작 먹으며)피자 오거든 먹구 일단 자. 수면제루 맥주 두 깡만 벌컥벌컥 마시면 떨어질 거야.

지현 (긴 소파에 쓰러지듯 누우며)아으 잠 좀 잤으면 좋겠다아.(하는데)

　E　전화벨

현경 (받는다)네에…아네 안녕하세요 오빠. 저 현경이에요…아뇨 지금 깨 있어요. 잠깐만요. 지현아.(에서)

S# 작업실 지하 주차장

[지현 집에 들어갈 차림으로 좀 느른하게 나오고 있다.]

[기다리고 있던 지태의 자동차 지현 앞으로 와서 멎는다.]

지현 ….(그저 보는)

지태 (운전석 옆자리 문 열고)‥타‥

지현 따라 가께요.

지태 졸려서 운전 못하겠다구 했다면서.

지현 지금 괜찮아(하며 돌아서려)

지태 타… 할 말 있어…가면서 얘기하자…

지현 ….(보며)

지태 타 빨리.

지현 (별수 없이 옆에 오른다)

S# 자동차 안

지태 (타는 지현 보다가)벨트 매.

지현 …(시키는 대로)

지태 (출발한다)

S# 지하에서 벗어나는 지태의 자동차

S# 자동차 안

지태   ‥‥(굳은 얼굴로 있다가/딱딱하지만 흥분은 하지 말고)퇴근 직전 최서방 전화 받았어.‥‥무슨 소리야.

지현   ‥‥(짐작한 터다)

지태   (잠깐 돌아보며)응?

지현   그 사람이 얘기했을 거 아니에요.

지태   연기하는 이유가 뭐야.

지현   ‥‥

지태   뭐냐구.

지현   (돌아보며)이유는 말 안해요?

지태   (좀 올라서)다른 이유 있잖아.

지현   ‥(고개 앞으로)

지태   회사 오픈 앞두고 너무 바쁘다는 거/이유 안돼. 식장에 나와 식 올리구 여행 삼사일 다녀오면 되는데 /지금껏 가만 있다가 갑자기 회사 핑계루 연기 한다는 거 납득 안돼.

지현   ‥‥

지태   너 사과 안했어?

지현   (돌아본다)‥‥

지태   니 멋대루 방콕으루 튀어나가 멋대루 굴었던 거에 대해서 말야.‥‥사과 안했어?

지현   안 했어요.

지태   ‥‥(보다가 갑자기 길가에 자동차 거칠게 세운다)

지현   ? (돌아보고)‥

지태   (깜박이 넣고 돌아보며)잘못을 했으면 사괄해얄 거 아냐!

지현   오빠.

지태 (상관없이)최서방 밸 없어? 왜 사과 안해! 그러니까 연기지!

지현 그거 아냐.

지태 그럼 뭐야.

지현 (안 보면서)미니 시리즈 청탁 받았어요.(지태-?)가을에 방송하는 건데… 포기하래서 그럼 결혼을 그만두자구 했어요.

지태 ……(기가 차서 쏘아보다가)너 정신있는 애야 없는 애야. 그까짓게 뭐 대단한 일이라구 그따위 건방을 떨어.

지현 (돌아본다)

지태 그 소리 할 정도로 그렇게 대단한 일야?! 그게 결혼보다 더 중요해?

지현 (좀 반발)나한테는 그래. 작가 이름 올려놓구 한 번두 신통하게 못써냈어. 처음 온 기회야. 결혼때매 놓치구 싶지 않아.

지태 그래서 시시껍적한 연속극이나 쓰자구 까불다 결혼 놓치면 어떡할 건데.

지현 (좀 올라서 보며/오버랩)놓쳐두 아쉬울 거 없어.오빠가 하구 싶은 결혼이지 내가 하구 싶은 거 아니잖아.

지태 (더 올라서)언제까지 시건방 떨 거야! 상대 봐 가면서 까불어. 니 주제에 무릎 꿇구 받들어 모셔두 황송한 상대야!

지현 싫증나게 그러지 마요. 뭣때매 받들어 모셔. 결혼이 무슨 노예살이야?

지태 ……(불끈 치오르지만 참아 넘기고 고개 잠깐 앞으로 돌렸다가 다시 보며)너 그래서 얻는 게 뭐야‥

지현 (안 보는 채)미니 시리즈 쓸 수 있잖아.

지태 (획 돌아보는/미워서)……(보다가 자동차 홧김에 급하게 출발시킨다)

지현 (몸이 출렁하며 오빠 돌아보는)?…

S# 집으로 가는 길을 굉장한 속도로 달리는 지태의 자동차

S# 차 안

지태 (운전하는/부글부글 끓는 속)

지현 (긴장해 있다가 터진다)무서워 죽겠어 좀 천천히 가요!

지태 (잠깐 돌아보고)

지현 (원망스레 오빠 보며)….

S# 목장으로 들어와 거칠게 대어지는 자동차

지태 (내리고)…

지현 ….(그냥 앉아 있다)

지태 안 내려?

지현 …(천천히 내린다)

　　　[지태 앞서고 지현 뒤에/지태 걸음은 빠르고 지현은 느리다.]

　　　[계단으로 오르기 시작하는데]

　　　[한수 부부 나오다 보고]

한수 형님 들어오세요?

진이 어머 언니두 같이 들어오시네?

지태 (대꾸 없이 스치고)

한수 부부 ?

진이 (지현에게)왜 화 나셨어요?

지현 가 쉬어.(하고 지나는)

진이 ?(남편 돌아본다)

S# 지현네 마루

　　　[이미 심상찮은 지태의 기색에]

지현부 ?…왜 그래..왜 기색이 그래….지현이 안 데리구 들어왔어?

지태 ….(마루 내려다보며 서 있다가 대꾸처럼 상의와 코트 한꺼번에 벗는다)

지현모 (받으려고 다가들며)애비 들어왔는데 안 나와보니?(아들 방으로 향해)

지태 (벗은 옷 손 내미는 엄마 묵살하고 아무렇게나 던지듯 하는)

지현모 ?…(하며 집어 들며 팬히)어느 새 또 자니?!

초희 E 나가요 어머니.

지현부 (오버랩의 기분)아 말을 해.무슨 일야.(하는데)

지현 (들어온다)

부모 (들어오는 딸 돌아보고)

지현모 니 오빠 왜 이래.

지현 …(올라선다)..

지태 (오버랩의 기분/앉으며)앉으세요. 너 이리와 앉어..

모두 ..(적당히 앉는다. 지현이만 빼고 부모는 적당한 불안과 의아/앉는데)

초희 (소리 내어 하품 막으며 나온다)

지현모 (한심해서 돌아보고/다른 사람은 그대로)…

초희 (그제야 분위기가 좀 이상하다)가족 회의……에요?

지현모 (조용히)와 앉어. 우리두 영문 몰라.

초희 (끼어 앉으며)아우..속이 영 거북하네..체했나아..

지태 (오버랩의 기분)이 기집애/..결혼 연기 당했어요 아버지.

부모 ?

초희 ?

지현모 …왜애.

196

초희 아유 아가씨 내가 이럴 줄 알았어. 잘난 척하다 혼날 줄 알았다구요.

지태 당신 가만 있어.

초희 내가 당신한테두 그랬잖어. 아가씨 분수 모르구 난 척하다가 까딱하면 파혼당한다구우. 또 뭐 난 척했수 아가씨.

지태 (오버랩)입 다물구 가만 있어 글쎄.

지현부 (오버랩)왜 연기 당해. 이유가 뭐야.

지태 (오버랩의 기분)정신 나간 기집애에요. 연속극 쓴다구 파혼하자 그랬대요.

부모 ?

초희 연속극 써요?

지현부 너 그랬어?

지현 아버지

지현부 (오버랩)파혼하자 그랬어?

지현 ..네.

지현부 ....(엄마도 초희도 놀라고)사람이 어떻게 그래....어떻게 그런 경솔한 소릴 해.

지현 결혼하구는 못하니까 일을 그만 두래요.

지태 당연하지.

지현부 그렇다구 파혼 소릴 했단 거야?

지현 연기를 하든지 연기가 안되면 그만두자구요.

지현부 너 약혼두 엄연한 약속이야. 상대편에 결정적인 하자가 없는 이상 꼭 지켜야 하는약속이야. 양가 부모/일가 친척 한 자리에 모아 공개적으루 한 약속을 너 일하겠다구 없던 걸루 하자는 게 말이 돼? 더구나 평범한 사람두 아냐. 늬들 약혼 신문에두 났잖어. 왜 그래 사람이.

지현　.....

지현부　사람이 아무리 사소한 약속두 한번 약속을 했으면 목이 빠져두 지켜야지, 너 새 일거리 생겼다구 /그거 때매 약속 헌신짝 만들 작정이었어?　무슨 가당찮은 짓야. 이렇게 실망시킬 수 있어?.....왜 이렇게 부끄럽게 만들어.

지현　.....(눈물 후두두둑 떨어진다)

지현부　얼마나 기가 찼을 거야....기막혔을 거 아냐..

초희　(쭝얼쭝얼)아예 파혼 안당한 게 천만다행이네 뭐.

지현모　아이구 너는 좀 가만 있어.(나무라는)

지현부　정말 놀랐어....우리가 너 잘못 키웠어?

지현　...(그저 울기만)

지현모　그러니까...너 일하라구 연기해 준다..그런 거야?

지현부　너때매 연기한다 그럼 니 시가에서는 뭐라 그러실 거 같어. 될 법이나 한 소리야?

지태　(오버랩의 기분)어른들께는 최서방 일이 바빠서 연기하는 걸루 말씀드린답니다.

부모　(아들 보는)

초희　(입 벌리고 남편 보는)

지태　그래두 말이 안돼요. 너 일 그만두구 예정대루 결혼한다구 전화해 지금.

지현　?(오빠 보는)

지태　전화 갖다 줘.

초희 (움직이는데)

지현 (상관없이 오빠와 연결)그럴 거 없어요.

지태 해.

지현 이미 정리된 일야. 납득해 줬구 9월까지 연기해 준댔어요.

지태 납득해서 연기해 준 게 아냐. 나두 남자야. 그 기분이 지금 어떨 거 같어 너.

지현 미안하게 생각하구 있어. 미안하다구 했구 고맙다구두 했단 말야.

지태 (수화기 집어 주며)전화 해 빨리.

지현 오빠.

지태 여러 말 필요 없어. 해 빨리.

지현 (터진다)제발 끼어들지 좀 말아요. 내가 알어서 할께에.

지태 알어서 해 이 모양 만들어?

지현 모양이 뭐 어떤데! 왜 이렇게 난리야‥ 오너 아들 비위 건드려 오빠 출세길 막힐까봐 그래요?

지태 (수화기 치켜들며)이 기집애가?

지현모 (놀라서)얘애!(하며 전화 뺏으며)어디서 이래 얘들이. 왜들 이래 똑같이.

지현 (오버랩) 결혼 안할까봐? 결혼해. 할 거라구.그만 좀 들볶아. (울음 터뜨리며) 나두 힘든단 말야.(하며 불끈 일어나 제 방으로)

초희/엄마 (지현 쪽 보고/아버지는 마루만)

지태 (지현 보며/지현에 연결)어디 들어가!

지현모 아이구 애 조용해. 조용하자…머리 흔들려 고함 지르지 마.

지태 저 기집애를 그냥.

지현부   기집애기집애 하지마. 다섯 살 짜리 아냐.(아들 보며)

지태   아버지 어머니가 너무 느슨하게 키우셔서 저래요 쟤가.

지현모   아이구 얘 그만 둬. 느슨하게 키웠다면 너두 마찬가지야. 한 두살 먹은 애두 아니구 나라 팔어 먹구 들어온 애 잡듯 왜 그래. 그렇잖어두 너때매 숨통 막혀하는 앨

지태   (오버랩)아니 어머니 이게 말이 돼요? 연속극 나부랭이 쓰자구

지현부   (오버랩)나부랭이 나부랭이 하지 말어. 아 저 좋아 기 쓰구 매 달려 있는 일을 왜 걸핏하면 나부랭이나부랭이 애 역심나게 만들어. 너 하는 일 나부랭이라면 너는 좋아?

지현모   그러게 말예요. 같은 말이래두 아 다르구 어 다른데

초희   (오버랩)이이는 연속극 안보잖어요.

지현모   보든 안보든 글쎄.

지태   어어이/(하고 일어나 제 방으로)

초희   ....(들어가는 남편 보고/시부모 보고 하다가)....그런데 이번 일은 아가씨가 잘못 한 거 같으네요 어머니. 연속극 그거 써봤자 몇푼 번다구 그거때매 결혼을 안해요?

지현모   얘(한심해서)쟤가 돈 벌자구 그거 한다니?

초희   명예루 쳐두 마찬가지죠 머 어머니. 연속극 하나 쓴다구 누가 그렇게 크게 알어 주기나 해요? 하루에두 수없이 틀어대는 연속극/명엘 것도 그렇게 없단 말예요.

지현부   (오버랩의 기분으로 일어난다)

초희   (시모와 함께 올려다보며)아버님께서 좀 제대루 꾸지람을 하세요. 아버님은 아가씨한테만 너무 후하세요. 그러니까 현식애비가 더 속이 상하지요.

지현부 (일어나 아무도 안 보는 채 있다가 며느리 말 끝나면서 안방으로)

초희 (일어서며)주무시게요?

지현부 (안방으로 들어가고)

지현모 (일어나 안방으로)

초희 안녕히 주무세요.

지현모 안녕히 주무시게 생기질 않았다.(들어간다)

초희 (중얼중얼)파혼당했으면 어떡할 뻔했어.(하며 제 방으로 돌아
　　　서는)

S# 지현의 방

지현 (들어온 그대로 침대에 옆으로 걸터앉아 손끝으로 눈물 닦아내면
　　　서).........

S# 안방

지현부 .....(우두커니 앉아서)

지현모 (옆에 앉아서)......

지현부 .....

지현모 연기하면....언제까지야.....(혼잣말처럼)

지현부 .....

지현모 최서방 집안에 미안한 일이네요.

지현부 지태 녀석 서두는데 편들어 주는 거… 아니었던 거 같어.

지현모 (보며).....

지현부 쟤가 저게…지 마음이 혹해서 하는 결혼이 아니라 등 떠밀려
　　　하는 꼴이라 저래.

지현모 등 떠밀잖음 그만한 상대가 어딨어요… 나이는 적우?

지현부 ….(안 보는 채)

지현모   아 그리구 저 좋다구 그렇게 정성을 다하는데…여자는요 지가 좋아 그저어 해바치구 살어야하는 사람보다 저 좋다구 목매는 사람하구 사는 게 훨씬 나아요. 현식 에미 봐요. 지가 더 좋아 죽자사자 쫓아디니다 결혼해서 뭐 좋은 거 있어요. 야단을 좀 칠래두 지 남편 데문데문 구는 거 미안하구 안쓰러워 그냥 봐주며 사는구먼.

지현부   …..

지현모   너무 속 끓이지 말어요…즈이 둘이 타합 봤다는데 뭐…

지현부   타합을 글쎄 파혼 소리까지는 안 나오구 봤어야지. 지태 말마따나 파혼 소리 듣구 연기해준 최서방 속이 어떻겠어. 얼마나 우습게 보면 파혼하자 그러나 속 안 뒤집어지겠어?

지현모   ….

지현부   결혼하구 쟤 얼마나 당할려구 저래. 오기 없는 사내가 어딨어.

지현모   결혼해 저 하구 살 나름이지 뭐. 그래두 최서방이 나기는 난 인물이에요… 지탓으루 딱 끌어안구 연기하자 그런 거 보면.

지현부   쯔쯔 이래서 머리 통이 적어. 안 그러면 사내 자식이/ 여자 때문에 장가 드는 거 연기됐다 그래?

지현모   ….(그저 뿌우 보며/딴은 그렇다)

지현부   애들 저녁 안 먹여?

지현모   며느리는 됐다 국 끓여 먹어요?(하면서도 끄응 일어나 나간다)…

S# 마루

지현모   (나와서)얘애 애비 밥 안 먹여?

초희   E   생각없다네요오.

지현모   먹었다는 거야 안 먹는다는 거야. 생각없다면 그냥 굶겨 재우

202

는 거야?

초희   E 지금 기분에 밥이 어디루 들어가겠어요. 내버려 두세요. 배
고프면 달라겠죠.

지현모   (그냥 지현 방 쪽으로 움직이려다가)시에미 밖에서 뭐라면 일
단 문부터 열구 응대하는 거야. 백날 가르쳐두 몰라 어쩨.

초희   (그제야 방문 열며)뭐요 어머니.

지현모   …아니다 문 닫어.(지현 방 문 두드리려고 손 올리는데)

지현   (문 열고)나 먹었어요 엄마. 안 먹어두 돼…(보며)

지현모   ….(보며)

지현   (시선 내리며)나 잘 거야…(문 닫는다)

지현모   ….(문짝 보며 잠시 있다 주방으로)

초희   (기웃이 내다보며)뭐 하시게요.

지현모   됐다 신경 끄구 어이 주무셔.

초희   (나와서 주방으로)

S#   주방

초희   (들어온다)

지현모   (소주병 꺼내고)

초희   약주 하신대요?

지현모   ….(잔 챙기고 안주 챙기는)

초희   속상하셔서 큰일났네에에‥

지현모   (쟁반 들고 나간다)

S#   마루

지현모   (나와서 움직이며 지현 방 보며 안방으로)

S#   안방

지현모　(들어온다)

지현부　(우두커니 앉아 방바닥 보며)….

지현모　(옆에 내려놓고 앉아 술병 따서 따라 자기가 먼저 한 잔 마시고)카
　　　　아아아.

지현부　….(그대로)

지현모　(따라서 내민다)….

지현부　….(술잔 보며)

지현모　받어요.

지현부　(묵묵히 받아서 훌쩍 넘기고)

지현모　(안주 집어 대기하다가 입에)

지현부　(받아먹는)…..(씹다가)지현이 오라 그래. 와서 한잔 하자 그래.

지현모　잔댔어요… 그쯤 해둬요…내버려 둡시다.

지현부　(씹으며)…

지현모　(다시 따르며)꼽박 한잠 안자구 나갔었어요.(하며 훌쩍 마신다)..

지현부　? 왜 그래.

지현모　먹구 잘려구요. (하며 다시 따라 내민다)··자요.(들어요)

지현부　(받으며)당신은 그만 해….(훌쩍 마신다)

S#　지현의 방

지현　(침대에 잠옷/옆으로 누워 멍하니)……..(한동안 그대로 있다가 스
　　　　탠드 끄고 천장 보며 눈 감는다)…

S#　강욱의 수술실

　　　[수술 중인 강욱]

　　　E 밖에서 들리는 전화벨 소리.

S#　민경의 욕실

민경　(거품 욕조에 들어앉아서 전화 들고)…어 난데 별일 없어?‥순조
　　　롭구?…뭐 까다로운 건 없구? 선생님 기분은‥‥몇시 쯤 끝날 거 같
　　　아? ‥그래 알았어.(끊고 전화기 놓는데)

이모　E 얘애.

민경　?‥네에 왜요.

이모　(욕실 문 열고)노인네 혈압 오르는 거 같댄다. 얼른 내려와 재 봐.

민경　엄마 뭐하는데요.

이모　티비 봐. (타월 가운 집어 들며)

민경　티비 보는데 혈압이 괜히 왜 올라.

이모　(가운 펴 들고)증권이 박살 나구 있잖어. 며칠새 수억 터졌나봐.
　　　마감뉴스 보면서 눈이 점점점 세모꼴이 되드니 증권회사 한 부장
　　　욕 디리 하다가 옆으루 누웠어.

민경　(욕조에서 벌컥 일어서며/벗은 몸은 이모와 가운이 가리도록)그눔
　　　으 껀 왜 하면서 신세 들볶는지 몰라.

이모　(가운 입는 것 거들어주면서)평생 해온 중독잔데 누가 말려‥‥너
　　　는 왜 야밤에 목욕은 해애? 간단하게 샤워만하구 말지 밤중에 목
　　　욕하면 애 혈액순환이 활발해져서 잠이 오히려 활닥 깬다더라.

민경　잠잘려구 한 거 아니에요.

이모　잠잘 시간에 잠 깨서 뭐할려구.

민경　(가운 여미며)민지는

이모　자나 봐‥조용하다.

S# 민경의 거실

민경　(이모에 앞서 가운 차림으로 내려오면서)괜히 기분이 그런 거에
　　　요 아니면 진짜 오르는 거유.

서여사 (긴 소파에 누워서 눈 딱 감고)….

이모 티비구 뭐구 보지 말구 그냥 들어가 쉬라는데두 말 안듣구 저런다.

민경 (혈압계 챙겨 엄마 쪽으로 오면서)아무 것도 안하구 그냥 쉬기두 힘들어요. 어디 봅시다……(체크하고)….아주 좋은데 왜 그래.

이모 좋아?

민경 지극히 정상이에요. (혈압계 거두며) 아무 걱정 말구 푹 주무세요.걱정할 일 없어.

이모 괜히 사람 놀래키구 그래 왜 언닌.

서여사 (일어나 앉으며)이서방인지 저서방인지는 병원에두 안 들여다보구 퇴원 인사두 안 오구 뭐하는 물건야.(아무도 안 보고 물 잔 집으며)

민경 병원 오래 비워놔 바쁘잖아. 그리구 병원 가는 건 엄마 인상쓰는 거 보여주기 싫어 내가 말렸어.

서여사 ?(딸 보는)

민경 그리구 오후 다섯 시부터 지금까지 수술 중야. 수술하는 사람 올 수 없잖아.

서여사 그래서/ 들어와 살겠대?

민경 …(보는)

서여사 싫대?

민경 아직 말 안했어.

서여사 왜.

민경 싫다 그럴 거 같아서요.

서여사 왜.

이모 당연히 싫다 그러지 왜냘 거 뭐 있어.

서여사 뭐가 당연한데.

이모 저 능력있는데 왜 처가살이 해요. 더구나 뭐 언니가 그리 고와
하지두 않는데.

서여사 기껏 서른 평짜리 전세살이 밖에 못시키는 게 무슨 얼어죽을
능력야.

이모 그만하면 됐지 둘이 사는데 그 이상이 무슨 필요있어요. 둘이
같이 출근하면서 청소는 보통 일인가? 딱 알멎어 얘.

서여사 딸 결혼해 어디 사냐 그럼 서른평짜리 전세산다 그래?

이모 아 이서방은 그럼 누구한테 처가살이 한다 그러긴 좋우? 평수
에 전세 소리할 건 뭐유 그냥 어디어디 아파트 산다 그럼 되지.

서여사 (동생 쏘아보는)

이모 (하다 보니까 좀 쩔려서)그런 거 다 이해하구두 남을 사람이 괜
히…늬엄마 컨디션 나쁘니까 괜히 그러는 거야 얘(얼렁뚱땅 넘어
가려)

서여사 (오버랩)너 나가면 나는 어떡하래.

민경 ? 뭐어…

서여사 너 내 병 가볍게 보지 마. 나 언제 어떻게 될지 모르는 사람야.

이모 아이구 언니

서여사 딸이 의사구 사위가 의산데 이 넓은 집에 혼자 있다 쓰러져
손두 못 써보구 그냥 죽어 가래?

이모 아으아으

서여사 나 아직 유산 분배두 안 해 놨어. 이대루 나 죽으면 너 느이
외삼촌들 무섭게 덤벼들 거야.

민경 걱정 말어요 그렇게 쉽게 안 죽어..

서여사 (딸한테서 시선 비켜 일어서면서)출퇴근하면서 밥은 어떻게 해 먹일 거구 어떡할 거야. 라면두 제대루 못 끓이는 게. 들어와 살어.

이모 민경 (일어난다)...

서여사 (의자 빠져나가며)민지 넌 하구 나만 남겨두구 나갈 거면..석 달 안에 내 초상 치를 각오하구..(침실로 들어간다)

이모 어이구우 말두 참 표독하게두 해... 쯔쯔쯔쯔...

민경 (푸욱 앉으며)어떡하지이?..이서방 들어오라 소리 하기 싫은데에에...(이모 올려다보는)

이모 ?..(펄썩 앉으며)들어오긴 어딜 들어 와 애가. 너 꿈두 꾸지 마. 착한 이 서방 골탕 먹일 일 있니? 하지 마 애. 응?

    E 딸랑딸랑

이모 (침실 쪽 돌아보며)이모 두부 사러 간다. 어이구 징그러..(부지런 히 침실로)

민경 ....(뿌우우)....(앉아 있는데)

민지 (터벅터벅 일부러 내는 발소리처럼 내려오는)

민경 (돌아보며)안 잤니?

민지 씨이이! 정말 이럴 거야?! 우리 아버지 한테 정말 이럴 거야?!아 아앙앙앙앙앙

민경 ?(급히 일어나 민지에게)얘.

민지 (상관없이)앙앙앙앙앙/ 앙앙앙앙(하며 보조 의자 번쩍 집어 든다)

민경 민지야.

민지 (그때는 이미 냅다 집어 던지고)앙앙앙앙앙

이모 (놀라서 침실에서 뛰어나오고)

208

민경　(대성통곡을 하는 민지 안으려 하며)올라가 올라가서 나하구 얘
　　기해.

민지　(벌컥 밀치며)야 필요없어 다 필요없어 앙앙앙앙앙

이모　너 술 먹었구나. 애 술먹었다 민경아.

S# 엄마의 거실

서여사　(화장대 앞에서 화장 지우다가‥가슴에 손 얹고/이 딸이 겁이 나
　　가슴이 떨린다)

민지　E 앙앙앙앙 앙앙앙앙앙

S# 계단

민경　끌어올려 이모.끌어 올리지구요.(이모와 같이 버둥거리는 민지
　　끌어올리는데)

민지　(더 크게)앙앙앙앙

민경　(더 못 참고 주먹으로 민지 머리 갈겨버린다)

민지　왜 때려/니가 뭔데 때려 왜 때려 왜 때려!

이모　(펑 갈기며)얘가/ 간이 배밖에 나왔어 정말 /올라가 올라 가 올
　　라 가!

S# 지현의 방

지현　(어둠 속에서 눈 뜨고 있다)‥‥‥‥(그대로 있다가 일어나 앉아서)
　　‥‥‥(한동안 그대로 있다가 스탠드 불 켜고 전화번호 찍는다)‥‥‥
　　　E 신호 가는(한 번)

S# 종혁의 거실

　　　E 전화벨 연결

종혁　(전화 돌아보고 있다/)
　　[컴퓨터 켜져 있고]

E 전화벨

종혁 (받는다)네에..

지현 F 잤어요?

종혁 ?..(의외다) 웬일야 무슨 일야.

지현 F 이 시간에 안 잔다 그래서요.

종혁 그래 안 자구 있어. 그런데 무슨 일야.

지현 F 내가 너무…경우없이 군 거 알어요.

종혁 ……

지현 F 참기 어려운 거…이 악물구 참아주구 있다는 거 알아요.

종혁 (혼자 쓴웃음)이 악물지 않았어.

지현 F 거짓말 말아요…다 보여요…

종혁 그래?..당신 천리안이군.

S# 지현의 방

지현 (침대에 옆으로 걸터앉아서/조금 웅크린 느낌)오빠가 난리쳐
서….사실대루 얘기했어요…아버지한테 많이 혼났어요.

종혁 F 뭐하러 얘기해. …나한테 떠밀구 말지.

지현 미안해요….정말

S# 종혁의 방

지현 F 미안하게 생각해요.

종혁 미안한 만큼 일이나 잘 해내. …열심히/최선을 다 해 좋은 성과
올려서..결혼 연기/값어치 있게 만들어…..음?

지현 F 노력할께요.

종혁 …..당신하구 얘기를 좀 하구 싶었어….집으루 갈까 했다가 아
까 피곤해 보이길래 그만 뒀어….듣구 있어?

210

지현 F ··들어요.

종혁 당신이 나한테 어떤 존재인지 당신은 짐작도 할 수 없을 거야. ···나한테 당신은·····그만둡시다. 당신이 지적한 것처럼 나는 국어 공부 못했던 놈야. 말 할 줄 몰라····이 전화가 ··나를 굉장히 편안하게 만들어줬다는 것만 얘기하께·····전화해줘서 기뻐····고맙구··

S# 지현의 방

종혁 F 장마가 걷힌 거 같아/ 알아?

지현 지금까지 안 자면 언제 자요?

종혁 F 조금 더 하면 돼.

지현 잠이 부족한 사람으루는 안 보여요.

종혁 F 잠 별로 없어.

지현 나는···자야해요···어제 밤 샜거든요.

종혁 F 아··그래서 지쳐 보였구나. 그럼 그만 끊고 어서 자·····어서 자라구 응?

지현 (끄덕이며)그러께요···끊어요.

종혁 F 끊어.

지현 (수화기 내린다)

S# 종혁의 방

　　 E (종혁이 들고 있는 수화기에서 전화 끊기는 소리··)

종혁 (수화기 내려놓으며 탁상시계 본다)

　　 [시계/1시 40분.]

종혁 (기대앉으며 담뱃갑에 손 뻗는다)···(천천히 담배 태워 물고 내뿜으며)

S# 강욱의 병원

강욱 (수술실에서 나오는데)

간호사1 (조금 따라 나오듯)수고하셨습니다 선생님,

강욱 아 미안. 수고했어요.…환자 입원실루 모시구 곧장 자요. 애썼어요.

간호사1 선생님두 얼른 들어가셔 쉬세요.

강욱 어 그러엄.

간호사2 (대기 중이다가 일어선 채)뜨거운 차 한잔 드릴까요?

강욱 아니 찬물이 좋겠는데요? 얼음 좀 넣어서요.

간호사2 네 선생님.

S# 진찰실

강욱 (들어온다)

민경 (강욱 의자에 앉아 있다 일어서며)안녕?

강욱 ?..안 나와두 돼. 뭐하러 나와 잠이나 자지.

민경 하던 일 안하면 찝찝해서 세수 안한 거 같잖어…잘 됐어?

강욱 뭐 비슷하게.…환자가 만족해야 잘 된 거지 뭐 언제나.(책상 위 정리하면서)만족해할 거 같지 않은데··

민경 왜애?

강욱 욕심이 많아.욕심 많으면 말두 많거든. 작년 봄에 수술하구 일 년내내 괴롭히며 쫓아다닌 환자 기억하지?

민경 엉 김창숙이 만들어 달랬던 아줌마.

강욱 흠흠··

민경 그럴 거 같어?(상의 떼며)

강욱 두구 보자구.…(상의에 팔 꿰면서)참 팔짜다…잠자지 뭐하러 이래. 택시 타구 들어가면 되는 걸.

민경 (등 털어주며)하구 싶어 하는 일야. 우리 영감 컨디션두 별루라

그랬는데 수술 끝내구 택시타게 할 수 있어? 모셔다 드려야지.

강욱 (잠깐 돌아보며 그냥 좀 웃는 듯/문 열고)나가.

S# 대기실

[나오는 두 사람]

[얼굴 온통 감은 환자 부축해서 간호사들 수술실에서 나오는 중이다]

강욱 깨끗하게 됐으니까 아무 걱정 마시구 푸욱 주무세요.

환자 (뭐라고 하는데 그냥 우우우우우우로 들리는)

[환자 움직이는 것 보다가 움직이는 두 사람.]

S# 승강기와 계단 있는 곳

강욱 (계단으로 움직이며)걸어내려 가자.

민경 엉.

강욱 다린지 장작개빈지 모르겠어.

민경 (힐끗 보며)딱해 죽겠어.

S# 계단

강욱 (민경은 팔 끼고 붙어 내려오고)어머니는

민경 뭐 괜찮아. 민지가 꼴통이지.

강욱 (돌아본다)

민경 와인 한병 다 비우구 대성통곡하면서 난리쳐서 두둘겨 패줬어.

강욱 ?…

민경 남자애 아니기 진짜 다행야. 남자애였으면 살림 다 뚜드려 부시구 난리두 아니었을 거야. 아예 막나가기루 작심했나봐. 의자 집어 내던지구 발길질 하구 악쓰구 가관이었어.

강욱 (멈춰 서서)데리구 얘길 좀 해.아무두 제대루 상대를 안해주니까 그러잖아.

민경 (멈춰서)너 봤잖아 개하구 얘기가 되디?

강욱 얘기가 안된다구 생각하구 있는 자체가 문제야. 얘기 안되는 애라는 전제하에 얘길하니 그 얘기가 먹혀? 자꾸 퉁그러지게나 만들지.

민경 (반발)그럼 니가 데리구 얘기해 봐. 신경질 나 죽겠는데 진짜… (하며 움직인다)

강욱 ……(보다가 옆으로 움직여)가엾잖아.

민경 가여워두 지 팔짜야. 지 팔짜 푸닥거리/해두 너무 하잖니?

강욱 너무 해도 참구 받아 줘.

민경 끝이 없단 말야.

강욱 …(잠깐 보고 그만둔다)

S# 오피스텔 현관 앞

[와서 멎는 민경의 자동차.]

강욱 (운전대 옆에서 내린다/열린 차 문에 들여다보며)조심해 가.

민경 꽉 자. 할 얘기 있는데 낼 하자.

강욱 가.(하고 몸 일으키는데)

민경 뭐냐구 물어보지두 않니?

강욱 (다시 들여다보며)낼 얘기한다면서.

민경 관심없다 그거지.

강욱 야 피곤해. 말 시키지 말구 빨리 떠 줘.

민경 (흘기며)문 닫아.

강욱 (문 닫아주고)

[부웅 뜨는 차.]

강욱 (잠깐 보다가 돌아선다)

S# 오피스텔 안

강욱 (열쇠 열고 들어오는/들어오며 불 켠다)…(열쇠 놓는 자리에 놓고 벗어 들고 들어온 상의 아무렇게나 처리하고 싱크대로 가서 양주 병 꺼내 반컵 이상 따르고 냉장고에서 얼음 꺼내 수돗물에 통과시켜 비틀어 얼음 조각 몇 개 집어넣어 흔들어 마시면서 방 전체 등 끄고 한 손으로 양말 먼저 벗어 던지고 혁대 풀면서 그대로 침대로 기어오르며 한 모금 또 마시고 글라스 사이드 테이블에 놓고 바지 아무렇게나 벗어 떨어뜨리면서 술 또 마시면서 시트 속으로 다리 밀어 넣으며 한 팔 머리 뒤로 넣으며 기대 눕는다)…. (망연히)

S# 수다 떠는 지현/짧게

S# 오피스텔

강욱 ….(멍하니)

S# 호텔방에서의 격렬한 키스/길지 않게

S# 오피스텔

강욱 (훌쩍 술잔 비우고 글라스 놓고 엎드리며 눈 감는다)……(그대로 있다가)

F.O

S# 지현의 집 전경(아침)

S# 지현네 마루

지현모 (진이와 함께 아침상 차리고 있다/두 젊은 여자 밥 쟁반 국 쟁반 따로 들고 와 놓고 어쩌고 하면서)애 회사 안나간다니?

초희 오늘 월차래요. (밥그릇 놓으며)밤새도록 잠 못 자더라구요.

지현모 떨어지면 송장인 애가 그건 어떻게 알어.(안 보는 채 중얼거리듯)

초희 소변 보느라구 한 번 씩은 깨잖아요 어머니.

지현모 안 싸구 깨는 게 다행이지.

진이 호호홋

초희 아유 어머닌.

지현부 (들어오고/뒤따라 한수 들어온다)

지현모 날씨가 어때요.

지현부 (밥상으로 오며)나졌어.

지현모 너 왜 그렇게 옷이 부실해. 안 춰?

한수 괜찮아요. 푹해요. (상으로 오며)

지현부 애비는(앉으며)

지현모 월차래요. 앉어.앉어라 들.

모두 (적당히 앉는데)

지현 (욕실에서 나온다)

모두 (돌아보고)

지현 (밥상 제 자리에 앉는)

지현부 (수저 들며)먹자.

모두 (적당히 수저 드는데)

초희 오빠는 한숨두 못자구 밤새 고민했어요. 사고를 쳐두 어떻게 그런 대형사골 쳐요오?

지현 밥 먹읍시다‥

한수 ?(해서 본다/진이는 이미 초희에게 들어 알고 있기 때문에 남편 쿡 찌르는)?(잠깐 아내 돌아보고)무슨/무슨 일인데?

진이 (암말 말고 밥이나 먹으라는 시늉…나중에 얘기해 줄게‥)

한수 (어정쩡한 채 궁금하면서 먹는)

[잠시 침묵.]

지현 (먹으며 아무렇지도 않게/안 보면서)한수 너 저번에 내가 사준 스웨터 맘에 안드니?

한수 ?아뇨 맘에 들어요 왜요.

지현 입은 거 한 번두 못 봐서.(한수 보며)

진이 (낼름)시내 나갈 때 입는다구 애껴뒀죠오.

지현 애낄 만큼 좋은 것도 아닌데 뭘. 그러다 겨울 다 간다.

초희 (오버랩)오빠 말 대루 오늘 종혁씨 만나서 취소해요 아가씨.

지현 너 그렇게 입구 안 취?

한수 안취요.

초희 광화문 네거리 막아놓고 물어봐요 아가씨 정상 아니에요.

지현 (오버랩)그만해요··

초희 그러다 아가씨 싫증낼 수두 있어요오.

지현 (오버랩)언니가 걱정할 일 아니에요. 내가 알아서 해요.

초희 알아서 해서

지현모 (오버랩)애 밥먹는 애 건드리지 말구 그냥 둬. 놔 둬.

초희 냉정하게 판단해 볼때요 어머니

지현모 (오버랩)냉정이구 뭐구 글쎄 밥이나 먹게 아뭇 소리 말라니까. 숟가락 놓구 들어가게 하구 싶어?

초희 ··나중에 얘기해요 그럼.

지현 (오버랩)아버지.(안 보는 채)

지현부 ···(안 보는 채)

지현 (보며)그렇게 쳐다두 안 보구····그러실 거에요?

지현부 ····(그냥 먹는)

지현　아버지 그러시면 나 작업실에서 안 들어 올래요.

지현부　?(보며)어디 처녀가 외박을 해. 그걸 그냥 놔둬?

지현　그럼 눈치주지 마세요.

지현모　눈치 받을 일 만들지를 말지.(안 보는 채)

지현　어제 밤에 전화해서 다시또 미안하다구 했어요. 그 사람두 기분 좋아하구 아무 문제 없이 끝났으니까 걱정 안하셔두 돼요.

초희　문제는요 아가씨

지현모　(오버랩)아 넌 좀 빠져라. 옆에서 대포가 터져두 늘정거릴 애가 말참견에는 왜 그리 재.

지현부　기분 괜찮아?(딸 보며)

지현　(끄덕이며)네.(하는데)

지태　(침실에서 파자마 바람으로 나온다)

모두　(돌아보며)

한수　어 형님 식사하세요(모두 돌아보는 것과 함께)

초희　이두 안 닦구 밥을 어떻게 먹어. 세수 먼저 해요.

지태　(오버랩)너 취소해. 일 엎는다 그러구

지태　E (지현 위에)예정대루 하자 그래.

지현　....

지태　밤새도록 생각해두 말이 안되는 짓야. 알았어?

지현　(수저 놓으며)취소 안 해요.

지태　해.

지현　그럴 필요 없다니까아?(돌아보며 일어난다)정말 부탁인데 나/ 오빠 맘대루 하려 들지 좀 말어요. 너무 짜증나요 왜 그래 진짜.(하고는 제 방으로 휙)

218

지태 ....(잠시 그쪽 보고 있다가 그방으로 휙 움직이는)

지현부 지태야.(좀 강하게)

지태 (돌아본다)

지현부 속 썩이지 말구 씻구 나와 아침이나 먹어. 둘이 다 잘 해결 봤 대 맡겨 둬.

지태 약혼했으면 날 잡은대로 식 올려야해요 아버지. 미뤄서 김 빠 지구 뭐 빠지구 좋을 일 없어요.

지현부 아침이나 먹어.

지태 (오버랩/답답하다)저거 무슨 꿍꿍인지두 모르구 또 최서방 언 제까지 저 못된 거 참아줄지두 알수 없는 일이구요.

지현부 말 안 들을래?

지태 .....(보는)

지현모 말 들어 얼른.(아무도 안 보는 채)

지태 .....(있다가 획 하니 욕실로)

S# 목장 근처 길

[한수 자전거에 옆으로 실린 지현]

한수 (부지런히 바퀴 굴리다가).....별루 안 춥죠?

지현 어 그래두 춥다 애.

한수 형님하구 같이 들어와서 교통사고 치구 차/ 맡긴 줄 알았어요.

지현 나 볶아 먹을려구 기어이 자기 차 타라잖아.

한수 다 누나 위해서죠 뭐.

지현 그렇다구 해 둬.....니넨 아직 애기 소식 없니?

한수 진이가 애긴데...아직 더 있다 날 거에요.

지현 피임하는 거야?

한수　(쑥스러워 하며)‥네‥

지현　그렇구나아…

S#　작업실

지현　(들어온다)‥?너 안 들어갔어?

유자　(커피 마시다 돌아보는)엉‥너 차 안 갖구 갔다더라?

지현　(소지품 놓으며/옷 벗으며)오빠 차 타구 들어갔었어. 덕분에 자
　　전거 타구 큰길까지 나오면서 동태 됐어.

유자　(다른 잔에 커피 따르면서)부러워 죽겠다. 나는 일하다 쓰러져
　　두 병원 데려갈 사람 하나두 없는데 피곤해서 운전 못하겠다면 오
　　빠가 총알같이 쫓아와 실어나르구.

지현　(유자가 따라놓은 커피 잔 집으며)식구들 다 뭐에 쓰구 병원 데려
　　갈 사람이 없어?

유자　자가용이 없잖아. 아픈 몸 꺼안구 지하철이나 버스 타야 하니
　　비극적인 신세 아냐.

지현　택신 어떡하구 지하철 버스 타?

유자　돈 아까우니까 그렇지이.

지현　(웃어버리고)수정고 끝냈어?

유자　어 일단 끝은 냈어 또 뭐라 그러진 모르(하는데)

　　　E 출입문 벨

유자　정감독 왔다.(문으로 가며) 자기가 온대드라? 네에에.(문 열면)

정감독　굿모닝.

유자　난 안 굿모닝이에요. 들어오세요.

정감독　(들어오며)어 박지현씨 일찍 나왔네요. 잘 돼가요? 베스트는
　　내일이구 미니 시납은 다음주 수요일/ 기억하구 있죠?

유자　(제 원고 챙기면서)베스트는 끝냈구 미니 시납두 다 된 거 같은
　　　데요?

정감독　아 그래요?

지현　(오버랩)아니 아니에요. 베스트는 내일 넘길 수 있는데(커피 주
　　　려고 움직이며) 미니 시납시스는 아직이에요.

정감독　(소파로 가면서)여자들 작업실이라 깔끔하군. 남자들은 엉망
　　　인데 깨끗해서 좋다.

유자　(원고 건네주면서)여기서 읽으시겠어요?

정감독　그러면 안되나요? 오늘 완전히 끝내구 싶은데.

유자　그러세요 그럼.(지현이 갖고 온 머그잔 빼내 놓아주면서)커피 주
　　　세요.

정감독　(벌써 원고 보며)댕큐댕큐.

　　　E　전화벨

유자　니가 받어.

지현　엉.(전화로)네에…

종혁　F 충분히 잘 자구 나온 거야? 생각보다 일찍 나갔든데?

지현　모두 가자미 눈으루 흘겨 봐서요.

종혁　F (소리 내어 웃는다)

지현　할일두 많구요.

유자　얘 우리 점심 사줄 수 있나 물어봐.

지현　유자가 우리 밥 사줄 수 있나 물어보라는데요?

S#　종혁의 사무실

종혁　유감이지만 오늘은 안되겠는데…시간 빼 본다 그래……

지현　F 빠른 시일 안에 부탁한대요.

종혁 그래. 기억할게. 나 면접 시작하기 직전야. (시계 보며) 중간에 잠깐 비는 시간 있으면 보러 갈게. 일 많이 해.

지현 F 그러께요. 끊어요 그럼.

종혁 목소리 밝아 기분 좋아. 안녕.(끊고 빠르게 일어나 나간다)

S# 다른 방/면접실

종혁 (들어온다/직원과 함께)

   [면접 보러 온 세 사람 일어나고/]

종혁 안녕하십니까. 최종혁입니다.

   (남자 셋/차례로 명함 내밀고 종혁 받으면서 악수 나누고)

종혁 앉으시죠.앉읍시다.(앉으며)

직원 (이력서 내놓으며)이력섭니다.

종혁 ....그럼 이쪽..어떤 쪽이죠 수도결제 쪽인가요?

직원 수도 결제 쪽은 이쪽이고 저 쪽은 증권 관리 쪽입니다.

종혁 아 알았어요.(남자들 보며)그런데..미안하지만 제가 다른 분 한 분 더 조인하라구 해도 괜찮겠죠.우리 채권 팀장인데 저보다는 그 쪽에 대해 더 잘 아니까…(전화 들어 구내번호)아 지금 그쪽 일할 분 왔는데 강부장도 참석하지. 빨리 와요(끊고)와주셔서 감사합니다.(이력서 보며)이용식씨는 기본적으로 채권 쪽/박대영 씨는 증권관리 쪽이시고..스카웃돼 가셨던 쪽에서 잘 안돼서 우리 회사루 오시겠다는 거죠? 우리 회사에 대해서는 얘기 들으셨나요?

이용식 네 이사님께서 말씀하셔서..

종혁 아..그럼 회사 소개는 생략하죠 중복할 필요 없으니까.

강부장 (들어온다)

   [세 사람 일어서고/명함 주고받으며 인사하는 동안]

종혁　(이력서 챙겨 보는)…

S#　**강욱의 오피스텔**

　　[열쇠 돌아가고 민경 들어온다.]

민경　(들어오며 보면)

강욱　(엎드려 자고 있다)

민경　(핸드백 놓고 침대 옆으로 와서 사이드 테이블의 전화 들어 귀에 대
　　봤다가 체크)

　　[뽑혀져 있는 전화 코드.]

민경　(코드 꽂아놓고 빈 술잔 집어 들어 싱크대에 갖다놓고 다시 강욱 침
　　대로/침대 옆에 걸터앉아 강욱 보다가)……(천천히 손 뻗어 머리 만지기
　　시작)……

강욱　……(그대로)

민경　……(보다가 엎드린 몸 뒤집으려)

강욱　……(뒤집혀지고도 자는)

민경　…(보다가 입술 붙이고 빨아들인다)

강욱　……(잠시 그대로 있다가 잠 속에서 반응하면서 껴안아 붙이며 민경
　　을 옆으로 쓰러뜨리는)

민경　(마주 반응)

강욱　(그러다가 문득 잠이 깨 눈 뜨는)?…(몸 일으키며 민경 보는)…

민경　……(보는)

강욱　(조금 비키듯 상체 일으키면서)언제 왔니.

민경　방금. 전환 왜 뽑아 놔 뛰어오게 만드니.

강욱　…(얼굴 문지르면서)몇시야.

민경　열두 시 넘었어. 두 시부터 환자 본다 그랬다면서. 나두 비워놓

구 나왔어.

강욱 ....(잠에서 아직 좀 덜 깨서 멍한)

민경 시켜 먹을까 나가서 먹을까.

강욱 (침대에서 내려서며)잠부터 깨구.

민경 (침대 내려서는 강욱 허리 껴안아 얼굴 붙이며)술 많이 마셨니?

강욱 (빠져나가려 하며)아냐.

민경 (올려다보며)근데 왜 이렇게 세상 모르구 길게 자?

강욱 (민경 팔 떼어놓고 움직이며)고단했겠지..(하며 욕실 쪽으로)

민경 .....

강욱 (욕실로 들어간다)

　　　E 물소리

민경 (일어나 욕실 앞으로 가 문 연다)

강욱 (칫솔 들고 있다가)왜 열어.

민경 너 혹시 딴 여자 생겼니?

강욱 ?......뭐?

민경 내 느낌이 왜 이렇지?

강욱 쓸데없는 소리.(이 닦기 시작한다)

민경 ....(보다가)태국갔다 와서 너...뭔지 모르게 좀 달라졌어.....왜
　　그러는 거야?

강욱 생사람 잡지 말구 침대 정리나 해.

민경 .....(보며)

강욱 문 닫아. 씻을 거야.

민경 이것두 달라진 거야. 너 씻는 거 나 한 두번 본 거 아냐.

강욱 (돌아본다)

224

민경 나 왜 밀어내기 시작해?‥‥왜 그러는 거니.

강욱 문 닫아.(민경 조금 밀어내듯 하고 문 닫으며)소변두 봐야 한단 말

야‥‥‥‥(문 닫아놓고 거울 속의 제 얼굴 보며)‥‥‥‥‥

제6회

S# 어느 호텔 앞

지현모 (두루마기에 얌전한 한복 차림으로 현관 앞에 서서 주차장 쪽으로
기웃거리는)…(그러다가 얼굴이 펴진다)

S# 지현모의 시각으로

지현 (주차장 쪽에서 부지런히 반은 뛰듯이 오고 있다)……(와서)엄마
왜 안들어가구 있어요.(엄마 팔 끼고 움직이며)춘데 들어가 있으라
니까.

지현모 자리가 없어?

지현 맨 구석지 밖에 없어.(들어가는 모녀)

S# 로비

지현모 (들어와 승강기 쪽으로 움직이면서)굳이 안 이래두 된다니까
성가스럽게 사람 나오라 들어가라 그래 왜.

지현 뭐어 바람두 쐬구 맛있는 거 먹구 좋지.

지현모 집에서 먹는 밥 보다 맛있는 게 어딨어.

지현 괜히 주눅들어 그러지 마요.

226

지현모　주눅이 왜 들어. 호텔 구경 생전 못했어? 호텔 음식 못 먹어

　　봐서?

지현　(웃으며)이런데만 오면 투덜거리잖어.

지현모　내용 제대루 모르는 양반 인사를 어떻게 받어야 할지 신경쓰

　　여서 그래. 전화받는데두 땀 뺐구먼. 나는 거짓말은 못하는 사람야.

지현　그냥 네에네에만 하면 돼요.(대기 중인 승강기로 엄마 태우고 오른다)

S# 승강기 안

지현모　(타면서)등신모양 네네만 어떻게 하구 있어.

지현　(웃으며 층수 말하고)

S# 레스토랑 층 승강기 앞

　　[승강기에서 내리는 모녀. 역시 엄마 먼저 내리게 하고]

지현모　(내리며 투덜거리는)나는 이거두 질색이야. 꽝하구 떨어지면

　　어쩔 거야.

지현　아이구 참 엄마두.

지현모　영화에서 봤어. 줄 끊어지니까 꽝 떨어져 사람이 박살이 나더라.

지현　(움직이며 그냥 웃어버리고)‥

S# 중국 레스토랑 안

　　[들어서는 모녀.]

종업원　어서 오십시오. 예약

지현　(오버랩)네 최종혁 씨 이름으로

종업원　(오버랩)아 네. 이리 오십시오(앞서며) 기다리고 계십니다.

지현모　(딸에게 잡힌 채 움직이며)얘 우리 늦었니?

지현　아냐 엄마. 안 늦었어요.

종업원　(방 하나 노크하고 종혁의 대답/문 열고)손님 오셨습니다.

S# 룸

종혁   (일어서며)아 네. 모셔요.(하며 의자 빠져나가는)

종업원   들어오십시오.(노여사 일어서 옷매무새 만지고)

　　[들어오는 모녀.]

종혁   안녕하십니까.

지현모   어.

노여사   (오버랩)어서 오세요 사부인.(가벼운 목례)

지현모   (그저 목례/옆에서 지현도 목례)

노여사   그래. (해놓고) 이렇게 번거롭게 해드려 죄송합니다.

지현모   무슨 말씀을..덕분에 오랜만에 바람두 쐬구 좋은데요.

노여사   앉게 해드려.

종혁   네.(벌써 의자 빼고 서서)앉으세요…

지현모   어 응…(하며 앉고)

노여사   (앉으며)앉아라.

지현   네.(앉고 종혁도 함께 앉는다)

노여사   여쭤 보지두 않구 중국음식으루 했어요. 중국음식이 무난할
　　거 같아서요.

지현모   예에.

노여사   주문두 애가 알아서 해 두었습니다. 아마 괜찮을 거에요.

지현모   예에.

노여사   전화루두 말씀드렸지만 일이 이렇게 돼서 정말 민망합니다.

지현모   아이구 그거야 뭐 형형편이 그러신 걸/..즈 즈이는 괜찮습니
　　다.(여전히 못 보는 채)

노여사   E (시선 내리고 있는 지현과 지현 보고 있는 종혁 위에)그저 준

비하시기에 좀 촉박한 감이 있었는데 시간 벌어서 다행이다 생각하세요.

지현모　E 예에. 즈이두··그렇게 생각하구 있어요.

노여사　(지현에게) 일이 그렇다는 걸 어떡하니. 어지간해서는 (아들 돌아보며) 연기니 뭐니 그런 거 안할 인물인데 섭섭해두 니가 이해해 줘.

지현　(목례처럼 다소곳이)

종혁　(웃으며)다 이해했다니까요 어머니. 저기·· 아버님두 같이 모시려구 했는데요

노여사　(오버랩의 기분)어 참··우리 회장님이 오늘 피치못할 약속이 있어서요.

지현모　(오버랩)아이구 그럼요 워낙 바쁘신 분인데···

노여사　회장님 몫까지 예의 갖춰··· 잘 하라구 하드군요.

지현모　예에···애 아버지한테 그렇게 전하지요.(하는데)

　　　　[들어오기 시작하는 요리··]

S#　강욱의 진찰실

민경　(강욱 의자에 앉아 신문 보고 있는데)

　　　　E 밖에서 출근하면서 받는 인사 소리 들리고

민경　(고개 든다)

S#　진찰실 밖 대기실

강욱　(진찰실 문 잡으며)점심 준비 다 됐어요?

간호사2　선생님 오늘 여기서 안 드신다는데요?

강욱　?···그래요?

간호사2　네.

강욱 (들어간다)

S# 진찰실

강욱 (들어오다 보고)나가기 싫은데······(들고 들어온 신문 놓고 코트 벗
으며)

민경 (의자에서 일어서며)·······엄마가 오래.

강욱 ?···왜···(돌아보며)

민경 그보다두 너·····(강욱 앞으로) 왜 출근 시간이 들쑥날쑥하는 거니.

강욱 (코트 마저 벗으며)나오기 싫은 날···너두 있잖어.

민경 나오기 싫은 날 있는 거 새삼스러울 거 없잖어. 그래두 쭉 늦어
두 열시까지는 나왔었잖어.

강욱 (쓰게 웃으며)늙나부지.

민경 (오버랩)강욱아.

강욱 (코트 처리하러 움직이며)····

민경 애.

강욱 얘기 해.

민경 나 봐.

강욱 ·····

민경 응?

강욱 (돌아보며)또 왜애.

민경 너 뭐 고민있니?

강욱 (시선 피하며 테이블로)고민은 무슨

민경 ·····또 피한다.

강욱 말 해 할말이 뭐야.

민경 왜 이런 기분일까···니가 자꾸 날 피하는 느낌이 왜 들지?

강욱　출근하자 바가지니? (민경이 어질러놓은 테이블 치우며) 내가 널 왜 피해. 그런 게 어딨어.

민경　출근이 자꾸 늦어지는 건 왜 그래.

강욱　아 좀 게름 피구 싶다 그랬잖아. 날마다 아홉시 십분 전 출근 열두시 점심 한시부터 줄줄이 환사 상대 일주일에 사흘은 수술/다람쥐 쳇바퀴 돌기 지겨워져서 출근이라두 좀 기분내키는대루 해보는 거야. 이해 안돼?

민경　내가 기다리잖아.

강욱　기다리지 마. 어디 안가. 나올 때 되면 어련히 나올라구 뭣때매 기다려.

민경　너....굉장히 김 샌다...

강욱　....(보다가)그냥 좀 우울증같은 거라구 해석함 안 되니?

민경　왜 우울증인데.

강욱　그저 그래....너는 그럴 때 없어?

민경　....(보다가)처음 보는 거라 당황스러워.

강욱　(커피포트 있는 곳으로)어쩌다 가끔 그래...커피 마실래?

민경　아니.....그래서 나 귀찮아?

강욱　(커피 따르며)가까운 사람한테 제일...그러잖아...투정 부린다 생각해.

민경　.....(보며)

강욱　(마시는)....

민경　투정받는 게 아니라 학대받는 느낌이라 그래.

강욱　?.....(본다)

민경　E 뭔지 손에 확실히 잡히지는 않는데...니가 변해가구 있는 거 같은 느낌‥니 온도가 미지근해지는 거 같은 느낌.

민경 원래두 뜨겁지는 않았지만 따뜻하기는 했거든.

강욱 (커피 잔 놓고 민경에게 다가와)‥‥(보며)

민경 (보며)‥‥

강욱 (안아준다/따뜻하게)‥‥

민경 ‥‥(있다가 마주 안으며)우울증 언제 끝나는데…

강욱 ‥‥(눈이 헤매는)

민경 응?

강욱 곧‥‥곧 끝날 거야…

민경 (몸 떼며) 좀 당겨주라. 너 그러니까 심난스러… 자꾸 딴 생각이
들어.

강욱 ‥어머니 왜.

민경 어 (강욱 손 잡아 소파로 움직이며)너 하두 썰렁하게 굴어서 얘기
못했어. 앉아봐 니 생각 어떤지 알아야 해. 앉어(먼저 앉으며)

강욱 (앉으며)뭔데…

민경 선입견은 갖지 마. 선택은 니 자유구 부담두 갖지 마. 나는 무
조건 니 선택에 따라.

강욱 그래 뭐야.

민경 엄마가 우리 /집에 들어와 살기 원해.

민경 E (보는 강욱 위에)전면에 내 세우는 구실은 전세살이 시키기
싫다 나두 출퇴근하는데 살림을 어떻게 할 거냔데‥‥진짜 이유는
민지구/혈압이야.

민경 내가 집에 없게 된다는 게 공포스러운가봐.

강욱 ‥‥(보며)

민경 이모/ 민지 막아줄 담장으루는 약하거든. 그 얘기 할려구 부르는 거야.

강욱 ‥‥ (보며)

민경 우리 엄마/ 한 집에 살기 그다지 편안한 사람 아닌 거 알아. 니가 힘들어하게 되면 나까지 재미없는 일이니까 나두 내키지는 않아.

강욱 그래두 너는 엄마잖아.

민경 그럼에두 나는 니 선택 따를 거야. 절대 강요 아냐. 너 하구 싶은대루 해.

강욱 ‥‥(보며)

민경 예스든 노든 암튼 오늘 대답은 줘야 해.

강욱 ‥‥(시선 피하며)

민경 응?

강욱 알었어. 가면서 생각하자.(일어나며) 일어나 (문으로 가며)어려운 숙제다.

민경 (일어나며)너하구 나한테 최선이라구 생각되는 쪽으루 해.

강욱 (문손잡이 잡고)니 생각은 어떤데.

민경 (강욱 쪽으로 가며)니 생각이 내 생각야. 나는 뇌가 없어.(하며 강욱의 팔 낀다)코트 안 입어?

강욱 (문 열며)안 춰.

S# 빌라 주차장

　[주차되고 있는 강욱의 자동차.]

S# 차 안

민경 (안전벨트 빼면서)결정하셨나이까?

강욱 침 뱉어서 (손뼉 딱 치며)이거 해얄 거 같다.

민경 동전 주래?

강욱 들어와 산다면 우리 집에서 노발대발하실 거구 안들어 오겠
다 그럼 안그래도 별로인 니네 어머니 한테 구제불능으로 찍힐 거
고····니가 원하는 게 뭔데.(돌아보며)

민경 (보며)너····내가 원하는 건 너밖에 없어.

강욱 (고개 앞으로 돌리며)······

S# **민경의 현관 /거실**

　　[들어오는 민경 강욱.]

서여사 (현관께서)어서 오게···(좀 부드러운 어조)

강욱 (목례하며)안녕하세요. 컨디션은 좀 어떠세요.

서여사 어 뭐 그럭저럭···늦었다?

민경 (핸드백 소파에 놓으려 움직이며)좀 막혔어. 얘 형부 왔는데 인사
안해?

민지 (패션 잡지 뒤적이다 일어나며)오셨어요.(하고 부엌으로)이모 내
떡볶이 아직 안 됐어요?

이모 E 지금 해. 너 좀 들어와 볶아 이것아 바빠 죽겠다.

서여사 (작은딸은 아예 없는 애 취급하며/주방으로)들어오게.

강욱 네.(하는데)

　　E 전화벨

서여사 (들어가다 돌아보며)내 전활 거야.(전화로 움직이며)들어가

강욱 네.

민경 (주방 쪽으로 움직이다 받는다)네에 방배동입니다.····네 잠깐 계
세요. 바꿔드릴께요.(엄마에게 전화 주고 주방으로)

서여사 네에···어 나에요 배차장.····어떻게 다 털었어요?···잘 했어요

····더 올라두 먹을만큼 먹었으니까 아까울 거 없어요 다른 사람 먹을 것도 남겨줘야지····아니에요 내 감으루는 다 올랐어요 이제부터 빠지기 시작할테니까 두구 봅시다 어디·····아니에요 좀 지켜봅시다. 지금 사고 싶은 거 없어요····그럼 수고하세요.(전화 끊는)

S# 주방

민지   (나무젓가락으로 떡볶이 뒤적이고 있고)

민경   (정신없이 바쁜 이모 도와 상 차리고 있다)

강욱   ···(어정쩡 서 있고)

이모   (매운탕 냄비 옮기며)앉어 이 서방. 왜 그러구 섰으라니까.

강욱   아 네··조심하세요.

이모   어제 얘길하든지 느닷없이 시장 보구 다듬구 지지구 볶구 정신없어 죽겠네.

서여사   (들어오며)풍은 암튼/ 뭐하는 게 있다구 정신 없어.

이모   상을 보세요 상을···정신있게 생겼나.

서여사   (앉으면서)밑반찬이 반인데 뭘 그래. 앉어.

강욱   네···(앉고)

민경   (밥그릇 놓으며)이렇게 먹을 게 많은데 너는 또 떡볶이야?

민지   많이들 드셔.

이모   (국그릇 들고 오며)어려서부터 떡볶이만 먹어서 가래떡 모양 늘씬하잖아.

서여사   말이 좋아 늘씬이다.(중얼거리듯)킷빼기만 커서 뭐 할 거야.

민지   (캔콜라 꺼내고 냉장고 문 닫으며)우리 아버지 키커서 좋다 그랬다면서어.

서여사   ?(돌아보고)

이모   (질색)애!

민지   (콜라와 떡볶이 프라이팬 번쩍 들고 나가며)맛있게 드세요…

이모   (괜히 헤식게 웃으며)아이구 저저 망난이 으흐흐흐

서여사   뭐가 우스운 거야 너는.

이모   (얼른 그만둔다)

S# 호텔 현관 앞

  [나오고 있는 네 사람.]

  [주차원 호각 불어 한옆에 대어진 노여사 자동차 부르고]

  [벌써 현관으로 오고 있는 자동차. 바로 뒤에 종혁의 자동차.]

노여사   아이구 저런 먼저 보내드리구 가야하는 건데

지현모   아유 아니에요.

노여사   (오버랩의 기분)차 편은 있으시죠?

지현모   네 염려 마세요.

종혁   제 차 타구 가시면 돼요 어머니.

노여사   어 그래 그렇게 해. 그럼 제가 먼저

지현모   네 안녕히 가세요.점심 잘 먹었어요.

노여사   괜히 번거롭게만 해드린 거 아닌지 모르겠네요.

지현모   별말씀을 잘 먹었습니다.

노여사   그럼

지현모   네에.

기사   사모님 이거(봉투)

노여사   (자기 자동차로 가다가)아이구 내 정신‥정신이 이렇다니까.(봉투 받아서 지현에게)니 목도리 하나 샀다. 교환권 있으니까 마음에 안들면 바꿔 쓰구…원 잊어버릴 뻔 했네.

지현   (받으며)감사합니다.

노여사   그럼.

지현모   네에..

노여사   (노여사 자동차 뜨고)

모두   (배웅하고)

종혁   (엄마 자동차 뜨자)타세요.(자기 차로 타라는)

지현모   아니 나는 그냥 애 차 타구 가다가

종혁   (오버랩)타세요. 제가 지현이 차 타구 가다 내리면 돼요.

지현모   (딸 본다)

지현   (조금 밀듯 하며)타구 가세요.

지현모   (에면히 움직여지며)나는 괜찮다니까아.(타고)

종혁   (옷자락 넣어주고)그럼 들어가세요.

지현모   어 그래.

지현   (문 닫아주고 기사에게)잘 모셔.

기사   네 사장님.(하고 운전대로)

종혁   (뜨는 자동차에 인사하고)

지현모   (창밖 보면서 어설프게 손 흔들어 보이는)

종혁   차 부르지(돌아보며)

지현   (움직이며)그냥 가서 타요.

종혁   그럴래?

S# **주차장**

　　[걸어오면서]

종혁   찍기 시작했어?

지현   ?..아직 배우 잡는 중이에요. 단막극 잘 안할려구들 들거든요.

종혁   미니 시리즌가 뭔가는 아직 소식없구?

지현   어제 갖구 갔는데요 머. 트집 잡을 거 열심히 뒤적이구 있겠죠.

종혁   피곤하잖아 그거?

지현   일이 그런데 어떡해요.

종혁   정말 방송국 하나 차리구 말겠다.

지현   (잠깐 보고 웃고)

종혁   (지현 어깨에 가볍게 안으며)하구 싶은 일이라니까 묵인하는데
　　　　나는 당신이 일거리 기다리느라 목 빼구/일해 놓고 시험치구 합격
　　　　불합격 기다리는 애 모양 그러구/‥그러는 거 못마땅해 죽겠어.

지현   몇몇 작가 빼구는 다 그래요.

종혁   그 엄청난 자존심이 어떻게 그 수모는 견뎌내는지 몰라.(보며)

지현   비굴한 생각들 때 많아요.

종혁   나한테는 한치 한푼두 안 밀릴려구 들면서.(보며)

지현   (잠깐 보면서)약만 안 올리면 안 그래요.

종혁   흠흠 내가 약 올리나?

지현   보통 넘어요.

종혁   (웃으며)조심하께.

지현   (조금 웃어 보이고)

S# 지현의 차 앞

종혁   (키로 차 문 열면서)타 내가 운전하께

지현   (돌아가고)

종혁   (탄다)

S# 차 안

종혁   (타고 시동)

지현   (탄다)

종혁   (벨트 빼며)벨트 매고

지현   (벨트 맨다)

종혁   어 참 그거 안 풀어 봐?

지현   (봉투)? 풀어 봐요?

종혁   어떤 걸 사셨는지 궁금해서 그래.

지현   (봉투에서 상자 꺼내 포장 풀어낸다)..

　　　[상자에 곱게 개켜져 있는 고급 캐시미어 스카프와 흰 봉투.]

지현   (봉투 집으며 종혁 본다)?

종혁   뭐지?(알면서)

지현   (봉투 아구리 열어보고 종혁 본다)

종혁   당신 오늘 돈 생기는 날인가부다.(안 포켓에서 봉투 꺼내 상자 위
　　에 놓으며)용돈 써.

지현   (본다)

종혁   돈 따루 챙기구 상자 닫아.출발한다..(출발)

S# 움직이는 자동차 안

지현   ….(내려다보며)

종혁   왜 그래.

지현   이상해요…아버지두 엄마두..오빠두 아닌 사람한테서 용돈 받
　　는 거…

종혁   바보같은 소리 마. 우리 아버지 엄마 오빠 보다 더 가까운 사이
　　야…..빨리 치워.

지현   고마워요…잘 쓰께요.

종혁   그럼 그렇게 나와야지.

지현 (상자 닫아서 큰 봉투에 넣는)

종혁 따로 안 챙겨?

지현 나중에 하면 돼요.

S# 민경의 거실

강욱 (시선 내린 채)··그건···저 혼자 결정할 수 있는 문제가 아니에요··

서여사 자네가 결정하면 되는 거지 무슨 뜻이야.

강욱 (보며)즈이 부모님께서·····부모님께 말씀드려 보겠습니다.

서여사 이 서방 장남 아니잖아.

강욱 예 그렇지만 충청도에서는 ··그 중에서두 즈이 아버님은 완고하신 편이라

서여사 (오버랩)이거 봐 이서방. 시대가 달라···남자 없는 집에 아들/ 자진해서 데릴 사위루 주는 부모두 있어.

민경 아이 엄마. 데릴사위 하라는 얘긴 아니잖아.

서여사 글쎄 데릴 사위두 주는데 처가 들어와 살라는 게 무슨 문제냐 말야

민경 처가살이 어른들 생각에 싫을 수 있지 뭐어. 엄마 입장에서만 별일 아니다 그러지 말구 여쭤 보겠다니까 그렇게 해.

서여사 나이가 몇 살인데 일일이 부모님 허락 받아야 해. 여쭤본다는 건 안된다는 뜻 아냐.

이모 (오버랩의 기분)나이가 몇살이든.(녹차 보충하면서) 부모님께 말씀 안 드려요 그럼? 중요한 문제지이.

서여사 너 낄 자리 아니야.

민경 (오버랩)됐어 엄마. 우리 그냥 따루 살게. 별루 멀지두 않구 십 분이면 충분히 올수 있는 거린데 뭐어. 너 가만 있어. (엄마에게)괜

히 말 꺼냈다가 본전두 못 건지구 혼만 나지 말구

강욱 (오버랩)말씀드려 볼께요. 이해해 주실 수두 있지 싶은데‥모르겠네요…건강이 나쁘시다구 말씀드리면

서여사 (오버랩/좀 부드러워지며)내 건강은 둘째 문제야. 나때매가 아냐. 따루 살면 자네 밥두 제대루 못얻어 먹어어. 재 할 줄 아는 거 아무 것도 없어어.

이모 아 그게 걱정이면 언니가 사람하나 붙여주면 되겠네요.

서여사 나간다면서 왜 안나가구 붙어 앉어 말끝마다 참견야.

이모 나가요‥

민경 어디 가우?

이모 (좀 처량맞게)때 밀러 갈래는데 목욕값이 있어야지.

서여사 돈 주는 거 다 어떡하구 밤낮 돈타령야.

이모 적금 붓구 남은 오만원 저번애 애들 만나 밥 사 주구 땡전 한푼 없어요.

서여사 시장 보면서 삥땅한 건 다 어쩌구.

이모 아구구구구 십원 짜리 동전까지 챙기면서…어으어으

민경 (그 동안 백에서 십만 원쯤 꺼내 주면서)목욕가세요.

이모 어으으으으으으

서여사 웬걸 그렇게 많이 줘.

이모 (채뜨리듯 빼가면서)내가 참 질기구 독하다아.(일어나며)이러구두 여태 안 돌구 버티는 거 보면 (내놓았던 겉옷과 손지갑 집으며) 나두 징그럽게 독하구 질긴 여편네니까 암튼. 갔다 와요(현관으로)

서여사 일찍 들어와./

이모 (나가며)못 들었어요‥

서여사 쯔쯔쯔쯔쯔....쯔쯔쯔(하고 애들에게 고개 돌리면서 차 주전자
드는)차 더 들게.

민경 (오버랩)우리 나가야 하는데 엄마.(시계 보며)환자들 기다려.
일어나.

강욱 잠깐··(찻잔 들어 내밀며)한 잔만 더 주세요.

서여사 그래··(따르는데)

S# 빌라 앞

[건물에서 나오며]

민경 딱 잘라 얘기하지 왜 여지를 줘. 자기 생각밖에 할줄 모르기때
매 우리 엄마/이제 들어오는 걸루 생각한다?

강욱 (내키지는 않지만)어떻게든 들어오는 쪽으루 만들어 봐야지.

민경 ?·····(멈추며 ? 했다가 따라붙어 마주 서며)들어올려구?

강욱 (돌아보며 쓴웃음)니네 엄마한테 찍히는 거 보다는 내 부모한
테 찍히는 게 훨씬 낫잖아. 미워두 고와두 자식인데 어떡하시겠어.
내 부모가 만만하지.

민경 (말 끝나기도 전에 왈칵 껴안으며 붙는다)

강욱 ····왜 이래.

민경 ·····(몸 떼면서 보다가 몸 돌리고)열어.

강욱 (자동으로 키 열고)

민경 (먼저 탄다)

S# 차 안

강욱 (타서 키 꽂는데)

민경 밤이었으면 좋겠다 키쓰하게.(앞 보며)

강욱 ?(잠깐 보고 피시시 /시동 건다)

242

민경 낮이라구 안될 거 있니?(돌아보며)

강욱 까불지 마.(출발하며)우울증이라 아무 의욕없어.(움직이는 자동차)

민경 (재빠르게 강욱 뺨에 입 찍는다)‥

강욱 (피하면서 당하고 운전하며)‥‥‥

민경 ‥‥‥(등 붙이고 천장 보며)어떻게 여자들이 너같이 이쁜 애를 여태까지 그냥 놔뒀을까.

강욱 ‥‥‥(딴생각)

민경 (돌아보며)응?

강욱 ‥‥뭐랬는데‥

민경 너 왜 그래 진짜아…

강욱 뭐랬는데.

민경 야 싫어. 한번하기두 쑥같은 말을 어떻게 또 하니이.

S# 작업실 빌딩 지하 주차장에 주차하고 있는 지현⋯

S# 차 안

지현 (주차 끝내고 시동 끄고 시트에 기대 조금 천장을 보듯 하면서)‥‥‥

　　(착잡한)

S# 작업실 복도

　　[승강기에서 내려 생각에 빠져 작업실로]

S# 작업실

　　[들어오는 지현.]

현경 어 오니?(테이블에 다리 올려놓고 손거울 들고 코 아래 털 뽑다가)

지현 정감독 연락 없어?

현경 없네요.

지현 (봉투 한쪽에)유자는

현경 방송국‥‥일일이 위태로운가봐.

지현 ?‥왜애?‥배역하는 중이랬잖어.

현경 국장이 딴 작가를 민대나 어쩐다나. 그 딴 작가가 저 일일 들어간다구 떠들구 다니더라는 소릴 들었대. 뇌래져서는 피디한테 전화했는데‥‥듣기에 심상찮더라. 노랗던 얼굴이 시퍼러둥둥해서 나갔어.

지현 누군데‥

현경 김 정희

지현 ?‥‥‥뭐어?(너무 말 안 되는 애다)

현경 싸가지 없지만 유자가 백배 낫지이이.

지현 천배는 나. (겉옷 벗으며)미치겠다 방송이 어떻게 될려구 이러니 진짜.

현경 나는 분개할 기력두 없다. 앗 따거. 흐으으으으(문지르며)

지현 재미없어.(옷 걸며)

현경 밥은 뭐 먹었니.

지현 중국 음식.(물 있는 곳으로 가며)

현경 쇼핑했어?

지현 (물 따르며)아냐‥‥종혁씨 어머님이‥‥

현경 선물?

지현 응‥‥

현경 드럽게 복두 많다. 그래서 완전범죄루 마무리 됐니?

지현 (물 마시고)엉‥‥

현경 너 내 비위 긁지 마‥‥나두 성질나면 드러워. 니가 꼬장부려 미

뤄진 결혼이라구 니 시집에 확 불어 버릴수 있어어? 아 따거따
거..(코 아래 두드리며) 그만 해야겠다.얼얼하네.

지현 (더 마신 물컵 싱크대에 넣으며)현경아.

현경 (코 아래 들여다보느라).....

지현 나..... 너한테 말 안한 거 있어.

현경 ?...무덤까지 갖구 가야 하는 거니?

지현 응.

현경 어 싫어 나 안 들어.(일어나 싱크대로 가며) 짐스러 안 들을래.

S# 카페

지현 .....(차 천천히 마시는)

현경 (가만히 보는)....

지현 ......

현경 ....(황당해서)너 뭐 약 했었니?

지현 .....

현경 우리 엄마 말이 똑똑한 척 하는 게 허방 짚는다더니....약두 안
하구 어떻게 그렇게 돼애?

지현 (찻잔 내려놓으며)모르겠어...내가 난기는 한건지 ....어처구니
가 없게..그렇게..그렇더라...

현경 ....잘 생겼니?

지현 아니..

현경 섹시해?

지현 (보는)...

현경 성적으루 잡아당기더냐구.

지현 (보며)모르겠어. ..그게 뭘까...(시선 내리며) 그냥...막 만지구 싶

구…만져지구 싶더라.

현경 전기 먹었다. 몇 살이니.

지현 몰라…서른 다섯? 여서 일곱?

현경 (찡그리며)아저씨 잖아.

지현 아저씨 아냐.(보며)

현경 그래서 계획적으루 종혁 씨 밀쳐 둔 거야? …그 사람하구. 결혼할 거야?

지현 아냐 그 사람두 여자 있어..

현경 ……뭐어?…..(보며)

지현 (보며)머리루는 정리했어 현경아. 누구도 모르는 역적질같은 거/시치미 떼고…깜쪽하게 그냥 살아갈 수 밖에 없어. 꿈이었다. 꿈이었는 데 뭐 그러구…그렇지?(고개 내리며)

현경 … 종혁씨…(뿌우하고 있다가)디게 안됐다.

지현 (끄덕이며)그래서 나 요새 그 사람한테 많이 웃어. 털어놔 버리구 다 그만두면 산뜻하겠는데

현경 (오버랩)미쳤니? 그건 하는 거 아냐.. 종혁씨가 너 얼마나 좋아하는데 그런 치명적인 짓은 꿈두 꾸지 마. 너 건..살인이야. 미쳤니? 니가 죽더라두 그 사람은 죽이지 마. 너 그럴 권리 없어. 너 매쳤어.

지현 미쳤지.

현경 미쳤지 야.

지현 푸우우우 속이 좀 뚫는 거 같다. 일한다구 껍적거리면서

현경 (오버랩)속이 속이 아니구 머리가 머리가 아니셨겠군요 아주머니.

지현   (끄덕이며)용을 써두.(하는데)

   E 지현 전화벨

지현   (받는다)네에.

종혁   F 작업실 비었네.

지현   현경이랑 까페 내려와 있어요.

S# 종혁 사무실

종혁   (테이블 정리하며)저녁에 시간들 어때. 나/약속 캔슬 돼 비는데.

S# 카페

지현   어 그래요?··현경이는 별일없을 거구/너 별일없지.

현경   (두 손 들어 보인다)

지현   유자는 지금 없어서 모르겠는데

종혁   F (오버랩)유자 씨 안되면 둘이 나와. 예약 시켜 놓구 연락하게
   끊어··

지현   끊어요.(전화기 접으며)흘러가는 것처럼 나 잘하지. 나 왕사깃군
   광대야.

현경   노력은 아름다운 거야. 열심히 노력해. 괜찮아.

지현   (마침 지나가는 종업원에게)저기 여보세요 리필 좀 해 주세요.

종업원   네.(커피 더 따라주고 현경에게도 따르려)

현경   어 난 됐어요.

지현   (찻잔 들며/보며)고마워요.

S# 작업실 복도

   [승강기 쪽에서 같이 걸어오며]

현경   ···뭐하는 사람이니.

지현   이제 그만하자.(보며/오버랩의 기분)일이나 열심히 하자 응?

현경 …그래 알었어….(하고 걷다가 문득 멈추고 지현 세우고 가볍게 쥐어박으며)그지같은 기집애. 복두 많다.

지현 아파. 아파서 죽겠어. 천만에 복 많은 거 아냐.

현경 어디가 여기가 아파?(가슴 복판 만지며)

지현 (비명 올리며 때리며 피해서 문손잡이 돌리는데)

　　[안에서 문 열며]

유자 뭐가 그렇게 재밌니?

S# 작업실

유자 (문에서 돌아서며)같이 좀 재미있자.

현경 (들어오며)어떻게 됐어. 궁금해 죽겠다 어떻게 돼 가는 통속이대.

유자 (소파로 가며)미끄러지는 거 아닌가 싶어. 유감독이 끝까지 싸워보겠다 그러는데 국장 상대루 싸워서 이기겠니?(풀썩 앉으며)

현경 (소파로)도대체 국장이 너 까는 이유가 뭐라디.

유자 실적이 없다지 뭐. 단막극이나 쓰던 애한테 일일 맡겨 망할 수 있냐. 김정희는 실적이 있는 애구.

현경 야 그렇게 욕을 터지게 얻어먹었는데

유자 (오버랩)욕하면서두 들 봐줬잖어. 방송국에서 언제 욕같은 거 /상관하디?

현경 ….(보며 할 말이 없다)

지현 …(유자 보며 할 말 없는)

유자 (불끈 일어나며)나 먼저 들어가께. 며칠 못나올지두 몰라.

현경 애 왜애.

유자 (소지품 챙기러 움직이며)울아버지 또 119에 실려 병원 들어갔어. 이번에는 내가 내 몸을 팔어서라두 수술시켜 드릴 거야. 나 살

248

사람없는지 늬들두 한번 알어 봐.

현경   얘 오늘 저녁에

지현   (현경 잡아 말리는)

유자   오늘 저녁에 뭐

현경   아냐.

유자   오늘 저녁에 나 팔어줄 데 있다구?

현경   종혁 씨가 저녁 사준다는데 너 못가지?

유자   먹은 걸루 친다구 전해. 간다··(나가다)

지현   얘 너무 속상해 하지 마·····

현경   전화 해 엉?·······(있다가 지현 돌아보며)수술비가 천만원 가까이 든다는데 쟤 어떡하지? 우리 모금 운동 해야하는 거 아니니?

지현   호응할 사람이 몇이나 되겠어.

현경   유자 안 가면 나두 관둔다.

지현   왜애.

현경   쌀밥에 보리알 처럼 껴서 뭐하니. 싫어.(긴 소파에 벌렁 눕는데)

　　　E 전화벨

지현   (전화로)···네에. 응 엄마 잘 들어갔수?

S# 지현네 마루

지현모   (버선발 남편한테 맡기고)그래 지금 막 들어왔어. 안 맥혔어 잘 왔어····이것아 너 밉살스러 죽을 뻔 했어·····왜는 왠지 몰라 물어 망할 것··왼 집안 식구 다 거짓말쟁이 만들어놓구 왜냐니 뻔뻔하게 ····그래. 미워죽겠어 쯧···· 그래···그래 끊어.(끊는데)

　　　E 전화벨

지현모   아유 깜작야. 당신 받어요. 나 옷 갈어입어요.(일어나며)

지현부   네 여보세요....어 왜....방금 들어왔어.

S# 지태 사무실

지태   어떻게 잘 하구 들어오셨대요?......뭐라 그러시더래요··

S# 마루

지현부   거기까지는 아직 못 들었어.지금 막 들어와 옷 갈아입는 중이거든.

지현모   E (안방문은 열려 있는 채/옷 갈아입으며 소리만)그저 미안해 죽겠다는 말을 열번두 더 합디다. 그때마다 내가 죽겠더라구요.

지현부   미안해 죽겠다는 말을 열번두 더하더래. 그때마다 늬 엄마가 죽을 지경이더래.

S# 사무실

지태   암튼 잘하구 들어오신 거죠?··실수 안하신 거죠?

S# 마루

지현부   그래 잘 하구 들어왔어? 실수 안했어?

지현모   E 저이는 누구를 등신 축구루 아나. 진땀은 흘렸어두 실수는 안 했어요.

지현부   진땀은 흘렸어두 실수는 안했단다. 늬 엄마 그래두 고등학교는 나온 사람야. 별걱정을 다 해 얘가.

지현모   (옷 갈아입다 내다보며)뭐라는 거에요.

지현부   실수했을까봐/

지현모   내가 지 댁인줄 아나아.(도로 아웃)

지현부   어 그래 신경쓰지 말구 일 해....그래··(끊는데)

현식   (튀어 들어온다)할아버지.(초희 뒤따라 들어오고)

지현부   어어 왔니?

현식 (할아버지에게 넙죽/고꾸라질 듯 큰절하고)

지현부 ㅎㅎㅎㅎ 며칠에 무슨 큰절씩이나 하구 녀석 ㅎㅎㅎㅎ(하며 나오고 있는 아내 돌아본다)

지현모 (오버랩)큰절해야지 그럼. 먼길 갔다 왔는데.

현식 (오버랩)할머니 절 받으세요.(절하려)

지현모 (손자 끌어안으며)아냐아냐 나한테는 안해두 돼. 으으으으으 (비비면서)보구 싶어 죽을 뻔했다. 할머니 안보구 싶든?

현식 할머니 보다 누리가 더 보구 싶었어요.

지현모 에이 이 녀석/(엉덩이 때리며)

현식 하하하하(뛰어나가며)누리야/누리야아아아

지현모 편안하시구?

초희 네. 근데 어머니 나가신 일은 어떻게 되셨어요?

지현모 뭐 어떻게 돼. 맛있는 중국요리만 먹구 들어왔지.

초희 전혀 눈치 못채시게/ 잘 하셨어요?

지현모 아 내가 바보냐?

초희 으ㅎㅎㅎㅎ(괜히 웃으며 제 방으로)

지현부 ….(며느리 들어가는 것 보고 아내 돌아보며)고생했어.

지현모 (남편 보며)회장님이 나올려고 했는데 바빠서 못 나오고 그래서 당신 집에 있게 했다구 미안하다구 전하래요.

지현부 오히려 고마워한다 그러지 왜. 애들 말루 쪽 팔려서 싫다구.

지현모 …(보다가)별 소리 다하네. 쪽 팔릴 게 뭐 있어.

지현부 손가락 꼽히는 기업가 앞에 사슴 스무나무 마리 키우는

지현모 (오버랩)별 시원찮은 소리 다 듣겠네. 그렇다구 그 양반들 여섯끼 먹는데 세끼 먹어요? 남 먹는만큼 먹구 살구 애들 공부 다 잘

시켰어요. 왜요. 기죽을 게 뭐 있어 기죽을게.

지현부   …(뻐끔히 아내 보는)

지현모   (혼잣소리처럼)손가락 꼽히면 뭐해. 아들이 우리 딸 한테 꼼짝 못하는데.

지현부   피시시.(일어나며)한숨 자…고단 할 거야…(문 쪽으로)

지현모   …(움직이는 남편 보며)

S# 작업실

지현   (책 보고 있고)…..

현경   (비스킷 먹으면서 책 보고 있고/아주 편안한 자세)…..

지현   (문득 책 놓고 창 쪽으로 가 선다…창 아래 내려다보면서)

S# 작업실에서 내려다보이는 거리

S# 작업실

지현   ……

S# 강욱 진찰실

  [팔뚝에 지방 제거 수술한 환자/]

강욱   (팔뚝에 감겨진 엘라스틱 반창고를 갈아주는 중..압박)…손 이제 많이 안 붓죠.

환자   네..그날은 많이 붰었는데 덜해요.

강욱   ……(마지막 처리하고 환자 보며)이제 목요일에 오세요.

환자   네.감사합니다 선생님.

강욱   안녕히 가세요.(환자 나가고/좀 침울해지면서 담배 물고 인터폰)..나 십분 쉬자 그랬어요.(얘기했어요)..(인터폰 끊고 불붙여 물고 일어나 담배 태우면서 창문 열어놓고 그 앞에서 깊게 피우는)………

  E 가벼운 노크

강욱　(돌아보는)

민경　(파이 접시 들고 들어와 문 닫으며)환자 줄줄이 앉혀놓구 뭐하는

　　　거야?

강욱　….보다시피.(담배 들어 보이며)

민경　(접시 놓아주며)파이 먹어. 출출하지.(커피 따르려)

강욱　거긴 환자 없어?

민경　잠깐 뜸해.(따르며)다리 운동두 할겸….(커피 들고 오면서)담배

　　　가는 거 같더라?

강욱　(쓰게 웃으며)우울증이니까.(하며 입에 물려는데)

민경　(담배 뺏으면서)이러다 줄담배 된다. 받어.

강욱　(커피 잔 받고)

민경　(담배 끄며)의사가 담배 피는 거 우습잖니?

강욱　(커피 마시면서)….

민경　(돌아보며)청주 한 번 다녀 와야잖어.

강욱　…(보고) 그래야지.

민경　언제 갈래…같이 가?

강욱　혼자가 나.

민경　(끄덕이며)그럴 거야. 아들 뺏으려는 도둑으루 보이겠지?

강욱　(테이블로 들어가며)환자 봐야 해.

민경　나두 마찬가지네요…(하고 문으로)

강욱　아 나 다섯 시에 끝내구 볼일 있어.

민경　?..무슨 볼일?(돌아보며)

강욱　누구 좀 만나야 해.

민경　…이상한 버릇야. 무슨 볼일이냐 그럼 누구누구 만난다 그럼

될 걸 왜 꼭 토막을 치니? 그러구는 나 말많은 여자 만들더라. 누구 만나는데?

강욱   얘기해두 몰라.

민경   …누군데에.

강욱   고등학교 친구.

민경   고등학교 친구 내가 모르는 사람이 어딨어.

강욱   이러니까 말 많다 그러지. 꼭 다 알아야 하는 거 아니잖아.

민경   …자꾸 그래라아? 삐진다아?

강욱   (픽 웃으며)삐지구 싶음 삐져.

민경   오래 걸려?

강욱   별루 그렇진 않을 거야.

민경   들어올 거야?

강욱   엉.

민경   알았어.(나가는데)

강욱   환자 들여보내라 그래.

민경   어엉.(문 닫기고 이내)

환자   (들어온다)

강욱   이리 앉으세요. 무슨 일루 오셨지요?

S# 근처 카페…

강욱   …(담배 태우며 기다리고 있다)……(그러다가 시계 보는)…(이 녀석/싫은 얼굴)…(차 마시는)……

[들어오는 민지/]

민지   (눈으로 찾고 강욱 앞으로)

강욱   (찻잔 내려놓다가 보는)삼십 분 씩 늦게 나타나는 놈이 어딨어.

민지 (펄썩 앉으며)나오기 싫은거 어거지루 나오다가 사고쳤죠 뭐.

강욱 ? 무슨 무슨 사고.

민지 꽉막혀서 옴짝달싹두 할 수 없는데 옆에 있던 자식이 문열구 침 칵 뱉더니 기집애가 어쩌구 욕하잖아요. 성질나서 여기(한쪽 머리 옆 탁 치면서)콱 박아 버렸어요.

강욱 ‥‥(아연해서)‥‥‥그러구 다니다 매맞어. 왜 그래.

민지 (씩 웃으며)형부 나 유도한 거 몰라요? 안 그래두 칠려구 까불대요? 팔 한번 비틀어줬더니 팍 죽대요. 보험처리하구 끝냈어요. 보험료 엄마가 내니까 고소하구요 킥킥

강욱 (한심하지만)다친덴 없어?

민지 아뇨. (옆에 온 종업원) 키위 쥬스 주세요.

종업원 네에.(아웃)

민지 왜요.(보며)

강욱 ‥‥(보며)

민지 형부가 나하구 무슨 볼일이에요?

강욱 아버지 형편이 어떠신가 알구 싶어서.

민지 ‥‥‥(웃음기 없이 보며)

강욱 ‥‥‥(보며)

민지 형부가 알어서 뭐해요.

강욱 ‥‥(보며)

민지 임대 아파트에서 …한달에 삼십만원씩‥내가 주는 걸루 살어요.

강욱 ‥‥‥(보며)

민지 용돈 오십만원 타는데 아무리 안쓴다구 해두 이십만원은 들어요.

강욱 ....

민지 어쩌다 언니가 용돈 주는 거…드리면 그건 따루 병원비루 쓰시구요.

강욱 편찮으셔?

민지 당뇨가 심하대요. 얼마 못 사실 거에요.

강욱 ….가게 하시구 싶다 그러셔?

민지 그거요 형부 그냥 내가 꾸며낸 소리에요. 몸두 그렇구 경험 두 없구/가게 못해요. 그냥 오천만원 내라 그거에요. 오천만원 쯤 쥐구 있음 아버지 쪼끔은 느긋하게 살 수 있잖어요. 먹구 싶은 거 먹구 약두 편하게 쓰구요. (울먹해지면서)내가 드리는 삼십만원 에 목줄 매달구….만날 때마다 미안하다 그러는 아버지/….미치겠 어요…

강욱 ……

민지 우리 아버지 망쳐논 거 엄마에요. 멀쩡한 사람 가정 깨부시구 꼬여내 부동산에 채권에 종처럼 부려 먹다가 하루 아침에

강욱 (오버랩)그런 얘기는 할거 없구/그런 얘긴 할 거 없어…..(보며)

민지 (나직이)거기서 태어난 게 나에요….재수없어 정말.

강욱 그 돈 엄마한테서 안 나와.

민지 안 나올 거 알아요.

강욱 알면서 왜 그래.

민지 고통이라두 받으라구요. 혼자만 다 좋으라는 법 없어요. 사람 그렇게 비참하게 만들어 놓구 혼자만 아무 고통없이 삘랄라거리 면서 사는 건 너무 불공평해요.

강욱 그러다 어머니 진짜 쓰러지시면 어떡할래.

민지　자기가 뿌린 씨죠.

강욱　·····(보다가)그러지 마. 나는 민지 아버지 안타까와 하는 마음 참 이쁘게 생각하는 사람야. 참 이쁜 아가씨야. ···엄마한테 화 내지 마. 엄마는 엄마 나름대루 힘들게 사셨을 거구 이유가 있었을 거야.

민지　·····

강욱　(주머니에 손 넣으며)내가 용돈 좀 주께.(봉투 꺼내며) 이년 치 한 꺼번에 주는 거기 때문에 좀 많다 싶을 거야.(탁자에 밀어 주며)민지 하구 나 두 사람만의 (조금 웃으며)엄숙한 비밀야.

민지　·····(보며)

강욱　엄마 그만 다치게 해.····남을 다치게 하는 건 자신두 다쳐야 하는 일야. 본인두 그러면서 괴롭잖아.

민지　형부가 뭣때매요.····언니두 모른 척 하는데···

강욱　내가 잘 벌거든····

민지　·····

강욱　민지가 아까워.····혼자 외롭구 힘들어하다 터지면 엄마 깨물어 놓구 언니 깨물구 그러면서 (웃으며)난동피지 말구 ···응?

민지　·····나는 지금 돈이 너무나 필요하기 때매 ····(봉투 채트리듯 집어 들며)이거 받아요 형부.

강욱　(웃으며 끄덕인다)고마워.

민지　····(핸드백에 챙기는)

강욱　····(보는)

S# 카페에서 병원으로 들어가는 큰길을 땅 보면서 걷고 있는 강욱······

강욱　(문득 걸음 멈추고 돌아본다)

[뒷모습이/머리와 체격/지현과 아주 흡사한 여자가 스쳐 지나가고]

강욱 ……(보다가 다시 걷기 시작)

S# 여행 필름…

S# 여행 필름

S# 병원 계단을 오르는 강욱

S# 여행 필름

S# 작업실

정감독 (소파에서)이거…이거 갖구 될까?…(보며)

지현 ……(차분히 정감독 보며)

현경 (눈 내리깔고 얼굴 쭝긋)……(그러다 고개 픽 틀어 지현 보며)뭐가 불만인데요?

정감독 ……뭐가 불만이냐아……어쩌면 먹힐 거 같기두 하구 어쩌면 영 황일거두 같구…판단이 냉큼 안 선단 말야아…나 시납 받어 놓구 이렇게 결정이 안나기는 또 첨이네…(지현 보며)박지현 씨 이거 되겠어요?

지현 될지 안될지는 저는 몰라요. 그냥 한번 써보구 싶은 얘기 정리한 거지 이게 될까 안 될까는‥글쎄요 (현경 돌아보며)니 생각은 어때?

현경 될지 안될지는 뚜껑 열어 봐야 아는 거지 뭐.

정감독 아니 감이라는 게 있거든요? 턱 받아 봤을 때 이건 된다 안 된다 단번에 오는 감이 있는데…솔직히 말하면 이거 맨 처음 봤을 때 감 왔어요. 이건 뜬다 된다 그랬는데 이게 요상하게 하루 밤 자구 나니까 별 거 아닌 거 같단 말야아아‥다른 거 뭐 없어요?

지현 없는데요.

정감독 ……될까요?

지현 글쎄 그건 모른다니까요.

정감독 어쩌면 될 거 같기두 한데에… 캐릭터 손질을 좀 하면 어떨까요. 이걸 보면 나오는 인물들이 모두 다 지나치게 뭐라구 할까 반듯하다구 할까‥뭔가 드라마는 확실한 갈등구조가 있어야 하는데 다 반듯해 다. 다 이성적이구 양심적이구 쉽게 얘기하면 (안 끝났다)

현경 (오버랩)팥쥐나 장쇠나 뺑덕어멈같은 인물이 없다구요.

정감독 아 왜 얘길 꼭 그렇게 하나아.

현경 요새 소위 뜬다는 드라마 다 콩쥐팥쥐 아녜요. 미혼 콩쥐팥쥐 중년 콩쥐팥쥐 늙은 콩쥐팥쥐.(벅벅거리는)왜 그렇게 단세포 팥쥐들이 많이 나오는 거야 도대체. 덮어놓구 팥쥐야. 태생이 팥쥐야. 도대체가 대관절/도당체/드라마에서 그런 빌어먹을 인물들 자꾸 내놔서 우리한테/ 이 사회에 무슨 보탬이 되자는 거야.

지현 현경아.(흥분하지 마)

현경 잔머리 눈 돌아가게 굴리구 인간으로는 할 수 없는 비열한 짓 눈하나 깜짝 안하구 해 치우구 그런 인물들이 너무 화면에서 판을 치니까 이제 아예 그게 그냥 보편적인 인간의 모습처럼 됐다구.

지현 얘애

현경 (상관없다)안 그러구 못 그러면 등신이야. 어디까지 떨어질 거야 도대체가.

지현 그만 해.

정감독 보는데 어떡해요.

지현 보는데 어떡해.(물론 비웃는 거다)

현경 텔레비전을 뿌셔야지 뭐.

지현 (픽 웃고)

정감독   나현경씨 흥분하니까 겁나네요오?

S# 지하 주차장

[현경과 같이 나오면서/선물받은 쇼핑백/]

지현   그냥 황인 거 같다 어째.

현경   야 걱정할 거 없어. 내가 들구 돌아다니면서 팔께.

지현   ?어디다?

현경   한 사람 있어. 현상에 대해서 나보다 더 펄펄 뛰는 사람. 그러면서 시청률은 바닥을 긁지만

지현   아무 것도 아닌 거 되면 (멈추고 보며)나 종혁씨한테 꼴 우스워져. 말 아냐 진짜. 어떻게 꼬시든 뭐라구 사기를 치든 우리 그거 꼭 해야 해 현경아.

현경   감독이 맘에 안들어 우리가 깠다 그러지 뭐.

지현   너는 약을 팔어두 모자란데 그으렇게 흥분해서 악을 악을 쓰면 어떡하니.

현경   아이고 안되면 고스란히 뒤집어 쓰네 또. 하늘에 맡겨 엉?하늘/하늘에 맡기자구.(제 차 있는 곳으로 가며)야 막혀. 서두르자구…

지현   ….(걱정스럽다)

S# 주차장 빠져나오는 두 대의 자동차

[큰길로 나가기 전 /지나가는 차들 대문에 기다리면서/]

[뒤에서 현경의 차 빵빵 빵빵]

S# 지현의 차 안

지현   (돌아보면)

현경   (제 차에서 앞 유리 열고 고개 빼고 내다보라는)

지현   (유리 열고 내다보는)왜애!

현경　정감독 그거 포기하면 바보야! 지 손해지 뭐!

지현　암만 그래두 위로 안돼야!(하고 길로 빠져나가는)

S#　움직이는 두 대의 자동차(저녁 여섯 시경)

S#　강욱의 병원 수술실(수술을 하는 건 아닙니다)

강욱　(들어오며)다시 쟀는데두 그래요?

간호사1　네…

강욱　(혈압 재러 움직이며)얼마나 되는데

간호사1　이백에 백 사십이에요.

강욱　아이구 높으네에. (누워 있는 환자에게 혈압 재려고)다시 한번 재 보죠…긴장 풀구 편안히요……(혈압 체크하고 나서)…혈압 높은지 알구 계셨어요?(중년 여자)

여자　…(일어나며)아니 몰랐어요.

강욱　아니 이렇게 높은데… 일상생활에 지장 없으셨나요?

여자　글쎄요오…머리는 늘 아픈 거구

강욱　……(보며)

여자　혈압이 그러면 수술 못하나요?

강욱　아니 못하는 건 아닌데 …우선 병원 가서서 혈압 먼저 다스리 세요. 수술은 다음에 하셔두 되니까요…아주머님 혈압‥가볍게 생 각하시면 안되겠는데요? 많이 높으신 거에요. 혈압 치료부터 하 세요.

여자　심난스럽게 왜 혈압이 높아아아.

강욱　(웃어 보이고 간호사에게)이분 수술 스케줄 취소해요.(하며 나 간다)

간호사1　(따라 나가며)그럼 선생님(하고)내려오세요.(환자에게 말하

고 나가는)

S# 대기실

간호사1 다음주 수요일루 잡혀있는 환자 당길 수 있는지 알어 볼까요?

강욱 (불려져서 기다리고 있다가)그냥 내버려 두세요.저두 좀 쉬면서
합시다.(농담처럼)

간호사1 (웃으며)네 선생님.

강욱 부려먹지 못해 안달이야. 무서워 죽겠어 모두.(자기 방으로 움
직이며)

간호사1, 2 (조금 소리 내어 웃는다)

S# 강욱의 진찰실

강욱 (들어와 책상 정리하는데)

　　E 전화벨 밖에서

　　[잠시 후]

간호사2 (문 열고) 전화 받으세요. 청주 어머님이세요.

강욱 어 고마워요.(전화 든다) 저에요.

강욱모 F 얘 아버지 들어오셨다··잠깐 있어라.

강욱 네……

강욱모 F (수화기 떼어 들고 하는 소리)아 빨랑 받어유.

강욱부 F 아 기다리랴 숨넘어가는 사람 있어?

강욱 (비죽이 웃고)

강욱모 F (달래듯)웃은 낭중에 벗어두 되잖어유

강욱부 F 그 노친네 시끄럽게 구네·····(하고는 전화 받은)니 코빼기가
으떻게 생긴겨···왜 그랴.나 왜 찾었어.

강욱 (웃으며)안녕하셨어요?

S# 본가 안방

강욱부 안녕하다 그래 으쩔래.(택시 사업)

강욱모 어이구 좌우간 뻗때하구는 담쌌다니까.

강욱부 손가락은 뒀다 뭐에/여자덜 눈 찢는데만 쓰냐? 귀하신 손가
락 전화 걸기 아까우면 거기 간호사들한테 찍어달라면 될 거 아녀.
왜 즌화두 못햐 이 눔아. ....야 이 자식아 니눔 전화 지다리다 오기
나서 늬 어머니두 못하게 하구 나두 안했다 그래 어쩔래.

S# 강욱의 진찰실

강욱 (웃으며)여행가기 전에 전화드렸잖아요.....돌아와서는 좀 바빴
어요 아버지. 건강하시죠?...(듣다가 조금 소리 내어 웃고)일간 틈내
서 한번 내려 갈께요...필요없다 그러셔두 가요 흐흐....저기요 아버
지 그 할머니 순댓집 아직 하죠?...

S# 본가 안방

강욱부 그 할머니야 백살은 산다.그거 생각나냐?....떠나기 전에 전
화햐. 시간 맞춰 사다 놀테니까....야야 니형 얘긴 꺼내지두 마. ..케
이블테레빈지 뭔지 그 빌어먹을 거/아주 내가 속썩어 죽었어. 팔
래니 팔리기를 하나아 어떤 밸 빠진 놈이 그걸 사. 노바닥 적잔 걸..
그려...그려 아주 원수덩어리야.

S# 강욱의 진찰실

강욱 형한테 너무 뭐라 그러지 마세요 아버지. 하다보면 깨어날 거
에요..

민경 (들어오며 본다)

강욱 ..네...네 네..아버지.(끊는다)

민경 전화루 말씀드렸어?

강욱 아냐…생각해 보니까 전화 드린지가 좀 돼서 (상의 떼며)괘씸해하구 계실 거 같아서..아까 했는데 연결이 안됐었어.(입으며)괘씸해하구 계시는데 불쑥 가서 말씀드리면 될일두 안될 거 같아서..

민경 이강욱두 머리 쓸 줄 안다 응?

강욱 머리는 쓰라구 달구 있는 거거든…나가자.…

민경 뭐 먹구 싶니.(움직이며)

강욱 순대 먹을 데 없나?

민경 (팔 끼며)순대? 순대가 어딨지?

S# 어느 레스토랑

지현 …..(혼자 차분하게 앉아 생각에 빠져 있는/일이 어떻게 될지 걱정이다)…(조금 멀게)

지현 …..(조금 자세 바꾸며 물컵 집어 마시는)…

현경 (부지런히 들어와서)야.

지현 (보며)어. 오다 보니까 너 안 따라 오더라. 어떻게 된 거야.

현경 나두 몰라 열심히 따라가다 보니까 너는 없구 내 앞은 밀리기 시작하구 그렇더라.

지현 그랬어?

현경 (시계 보며)니 그 사람은

지현 어 조금 늦는대…와인 마시구 있으래.

현경 빈속에 와인부터 흘려 너면 내 위장이 와아아아아아 술술술술 술줘 줘줘줘줘 그래서 안돼. 오늘은 우아하게 식사하시고? 우아하게 걸어나가야지. 니 그 사람 좀 어렵더라 난. 쉬워야 취해서 업혀나가기두 하지 원/ 에려버요오오오

지현 기집애(픽 웃으며 고개 틀다가)온다.

현경   (돌아보고)

종혁   (지현네 시각에서/안내 받아 오며)좋은 자리 줬죠?

지배인   예 그러믄요.

종혁   여전히 번창하시구요.

지배인   덕분에 여전합니다. 그런데 왜 뜸하셨어요.

종혁   손님 너무 받으니까 번잡스러워 오기 싫더라구요.

지배인   아이구 죄송합니다.

종혁   나현경 씨/(일어난 현경에게 손 내미는)

현경   안녕하세요.(손 잡으며)

종혁   본지 꽤 됐죠? 앉으세요.

현경   (앉으며)눈코가 있는지 없는지도 모르게 바쁘시다면서요.

종혁   하하 눈코 확인은 하루에두 몇번씩 하니까 있는 거 알아요.
   하하

현경   준비는 잘 돼 가시구요?

종혁   그럼요/아 그리구 저기 나유자씨 아버님 심장이라구 했지.

지현   (끄덕이며)부정맥이요.

종혁   심장 권위자 내가 연결 시킬 수 있는데‥

지현   말해 보께요.

종혁   왜 기운이 없어 보여?

현경   (냉큼)약간의 몸살기가 있대요. 별 거 아니에요.

지현   ?(해서 지현 보는데)

종혁   E 그래?‥아퍼?

지현   ?아니 아니에요.

종혁   그럼 약 먹어야지. 약 사오라 그러께 어디가 어떻게 아픈지 말 해.

지현   그저 좀 피곤할 뿐이지 아픈 거 아니에요. 너는 왜 괜히 헛소
리 해.

현경   니가 아프다 그럼 종혁 씨 어떻게 나오나 볼려구 그랬다. 얘 안
아퍼요.

종혁   (웃으면서)그럼 됐어. 많이 먹어. 당신은 먹는 게 너무 부실해.
(하면서 다가온 웨이터에게)와인 먼저 주구··식사는 (메뉴판 받아 펴
며)내가 고를께·····(두 여자 메뉴 받으려다 그만두고)···양고기 한 번
먹어 볼까요?(웨이터에게)

지현   나 양고기 싫어요.

종혁   ?··괜찮아 이 집 잘해. 한번 먹어 봐.

지현   (무슨 말인가 하려는데)

종혁   (벌써 주문하고 있다/알아서 하세요)···(양고기를 메인으로 한 /풀
코스 주문 끝나고 웨이터 아웃되면서)둘이 같이 한다는 일··아직 연락
없어?

지현   (뭐라고 대답하려는데)

현경   (오버랩의 기분으로)시납시스가 너무 좋아서 기절했나?(지현
에게)왜 연락이 없지?(하는데)

    E 지현의 전화벨

지현   (전화 꺼내는데)

종혁   그것만 받구 꺼.

지현   (잠깐 종혁 보고 받는다)네에··네 저에요·····정말요?어머 정말요?

종혁   ?(지현 옆자리)

지현   E (의아한 현경 위에)정말 진짜요?

지현   네..네 알았어요...네 현경이 지금 같이 있어요...네 알겠습니다
          감사합니다 감독님.(전화 끊으며)현경아(하는데)

현경   통과니?

지현   (크게 끄덕이며)팀장 오케이 났대애!

현경   아아아아아악(두 손바닥 치켜들며)

지현   아아아아(마주 두 손 바닥 치켜들어 딱딱 부대며)

두 여자   (동시에)화이팅!

종혁   (아연하고)

지현   (급히 일어나며)현경아 잠깐/종혁 씨 잠깐 만요.

두 여자   (급히 뛰어나가는 것처럼 나간다)

종혁   ...(아연한 채)

S# 레스토랑 화장실

   [손 잡고 급히 들어온 두 여자. 누가 먼저라고 할 것 없이 마주 껴안고
   환호하며 펄쩍펄쩍 뛴다.]

현경   (고개 옆으로 빼고/지현 껴안은 채)엄마아 나 지현이한테 업혀서
          미니시리즈 먹었어어어어.

지현   (깔깔 웃으며 현경 때리며 떨어지고 손 닦는 휴지 뽑아 눈가 훔치는)

현경   뭐야 너 우니?

지현   몰라. 웃음 나면서 눈물두 같이 나는 이거 뭐니.

현경   고장/..눈물이 왜 나아?

지현   (눈물 찍어내며 푹 웃는)

S# 레스토랑 안

   [들어오는 두 여자...부러 더 교양 있는 척....]

현경   (앞서 있다가 한곳 보며 멈추고)야야 저기 여성지에 나오는 여자

있다.(소리 죽여)

지현   ?누구?(하고 현경 고개 따라 가다가).....(얼어버린다)

　　[지현의 시각으로 종혁의 테이블과 대각선 테이블에 막 앉고 있는 민
　　경과 강욱…]

현경   너 몰라?

지현   몰라.(하며 움직이는)

현경   (같이 움직이며)한창 유명해질라고 하는 참인 피부과 의사야.
피부 상담으루 잡지에 꽤 나오잖아….어 너 잘 모르겠다. 실례했어
요 종혁씨.(앉으며)너 잡지 도통 안 들척이니까.(지현 그냥 앉고) 잘
본대…죽어두 안 낫던 내 친구 동생 여드름 육개월에 달걀 껍질 만
들어 놨대

종혁   (와인 병 들며)누가요.

현경   (글라스 들며)조오기 저 여자요.피부과 의산데요(안 끝났다)

지현   (오버랩)우리랑 상관없는 사람 얘기 할 거 없어.

현경   (와인 받으며)어 그래 한 마디만 하구 끝내께. 의사치군 개성있
게 이쁘지 않니?

지현   (대꾸 없이 와인 받는다)

종혁   (따르고 병 떼면서)축하해··

지현   (웃어 보이고)이리 줘요.내가 해주께요.

종혁   (병 건네며)웬일야. 할 줄 알았었어?

지현   할 줄 몰라서 안하는 줄 알았어요?

S# 강욱의 자리

강욱   (메뉴판 웨이터 주면서)나는 골랐는데…좀 기다리셔야겠는데
요.워낙 오래 골라요.(하다가 굳는다)

[강욱의 시선으로/종혁 글라스에 와인 따르고 있는 지현…]

웨이터　E　(지현 화면에)네 천천히 고르세요‥

강욱　……(지현 쪽 보다가 시선 피해서 민경 보는)…

민경　(아주 골똘하게 고르고 있는)……

강욱　(고개 옆으로 돌리고)……

민경　…뭐 먹지?‥먹구 싶은 게 하나두 없네‥…(강욱 보고)뭐 봐?

강욱　(민경 보며)아냐…화끈한 여자가 음식 고를 때 보면 지루하게 굴더라.

민경　(다시 메뉴 보면서)돈을 내가 내기루 해서 이런가?

강욱　(물 잔 집으며)내가 낼 때두 그러잖아.

민경　이런 데 와서 파스타 먹는 건 너무 억울하구….

S# 종혁의 자리

종혁　난 잘 모르겠는데 그게 그렇게 펄펄 뒤게 좋은 일이에요?

현경　서울대학 들어가기 보다 더 힘드니까요.

종혁　둘이 나가서 뭐했어. 뭐하러 나간 거야.

지현　(웃어 보이며)껴안구 좋아했어요.

종혁　껴안구?…여자끼리?

현경　어 레즈비언 아니니까 걱정 마세요. 쟤 남자 무지 밝히는 애에요.

지현　현경아.

현경　실례.

종혁　현경씨 말이 좀 거칠어요.

현경　주의하겠습니다. 미안해.

지현　(흘기고)…

S# 시간 경과

[식사 중인 두 팀 한 화면에‥]

[지현 시각에서 보이는 강욱 테이블]

강욱 ‥‥‥(먹는)

민경 (찍어서 주며)맛있어.(대사는 제대로 안들려야 함)

강욱 뭐어.

민경 먹어어. 맛있다니까?

강욱 (지현이 의식되면서 받아먹는)

[지현의 테이블]

지현 (물 마시다 보는)‥‥‥(물 잔 놓고)나 와인 좀 더 할래요.(글라스 들어 종혁에게 내밀며)

종혁 좋아. (병 들고)

[강욱의 시각에서 /활짝 웃으면서 와인 받고 있는 조금은 교태스러운 지현의 모습]

강욱 ‥(보던 시선 비키며 와인 잔 들어 마시는)‥‥

민경 (찍어 내밀며)한번만 더 먹어.

강욱 (싫어서)내꺼 있잖아‥그냥 각자 먹어.

민경 ?

강욱 다른 사람 눈 있어‥‥웃긴다 그래. 애들두 아니구‥

민경 (제 입으로 넣으며)째프리지 마. 알았어.

[종혁 테이블/]

종혁 자본금 400억 밖에 안돼요.

현경 사백억이 밖에다 지현아.

종혁 지금 우리나라 현존하는 증권회사하구는 좀 다른 시스템으루 운영할 거예요. 우선 주주중에 40 퍼센트가 회사 임직원으로 일하

270

게 돼 있구요 일반 벤처기업들 처럼 스톡옵션 제도로 철저하게 성
과급제루 할 거에요.

지현　(오버랩의 기분)잠깐요…(일어난다)

종혁　왜 속이 안 좋아?

지현　아니 손 씻으러요.(하고 나간다)

　　　[강욱의 시각에서 나가는 지현]

강욱　……(보며)

S# 화장실

지현　……(거울 속의 제 얼굴 보며)…….(하염없이 보며)…..

S# 화장실 앞

지현　(나와서 레스토랑 쪽으로 움직이다 멈춘다)

강욱　…..(기다리고 서 있다)…..

지현　……(보며)

강욱　…..(보며)……

　　　[마주 선 두 사람……]

제7회

S# 레스토랑 밖(6회 연결)

　　[마주 보고 있는 두 사람.]

강욱　….(보며)

지현　………(보다가 시선 피하며 움직여 강욱 옆 스치는데)

강욱　(바닥 보면서 스치는 지현 팔목께 팔 잡는다)

지현　…? (잡히고 보는)

강욱　….(바닥 보던 시선 들어 저 앞 보며)….교태가 장난 아니드군.

지현　…..(강욱 보며)그쪽은요.

강욱　(고개 틀어 보며)나는 교태는 안 부렸어요.

지현　…(보며)마찬가지에요.

S# 레스토랑 안

　　[종혁과 현경은 뭔가 얘기하고 있고]

　　[식사 마친 민경.(핸드백 당겨 콤팩트와 손수건 꺼내 들며 궁둥이 든다)]

S# 레스토랑 밖

강욱　…(보다가 시선 피하며)….우리가 지금 뭐하구 있는 거요.

272

지현   (고개 돌리며 마찬가지 심정이다)웃기구 있는 거죠.

　　[서로 다른 방향으로 서 있는 자세면서]

강욱   이러면서…이런 채로 각각…가야 하나?

지현   ….

강욱   응?(보며)

지현   (보며)…..

강욱   잠깐 얘기 좀 합시다.

지현   무슨 얘기요.(보며)

강욱   얼마나 많이 생각하는지/얼마나 그리운지 말하구 싶어요.

지현   (보며)그래서 어떡하라구요…(눈물이 날 듯 하다)어떡하자구요.
　　(외면하며)답은 벌써 나와 있잖아요, 답 다 내 놓구 쓸데없이 시험
　　지 뭐하러 들척거려요.

강욱   ….(보며)

지현   (안 보는 채 움직이려 하며)들어가 봐야 해요.

강욱   (잡으며)…(입 꾹 다물고 안 보는 채)

지현   (잡힌 손 빼내려 하며)

강욱   (안 놓치면서)잠깐만 이대로 있어요.

지현   들어갈래요.(빼려 하며)

강욱   이분만/일분만.(하다가 굳어버린다)

지현   (강욱 시선 따라 보고 굳는다)….

민경   (저만큼 서서 보고 있다)…..

강욱   (잡은 것 놓고 조용히)들어가요.

지현   …..(레스토랑 쪽으로 움직이는)

민경   (조용히 지현 보며)….

지현   (그냥 시선 내리며 지나가 레스토랑으로)....

민경   .....(강욱에게 고개)

강욱   ....(바닥 보며)....

민경   (천천히 강욱의 앞으로 가 선다)....(보며)너 들어가 쟤 데리구 나와.(조용히)

강욱   (본다)..

민경   니 얘기만 듣는 걸로 넘어가기에는 느낌이 너무 안좋아. 가서 데리구 나와.

강욱   민경아.

민경   (오버랩의 기분)데리구 나오면서 내 옷이랑 핸드백두 갖구 나와. 부탁해.

강욱   ....(보며)

민경   뭐 해. 내가 데리구 나오래?..그럴까?(하며 돌아서는)

강욱   (잡으며)이러지 마. 내가 말 해 주께.

민경   니 말만 갖구는 못 넘어가겠다니까?

강욱   일행이 있어. 어떻게 데리구 나오란 거야.

민경   알 게 뭐야. 그런 거 상관 안 해.

강욱   (오버랩)약혼자야. 이러지 마.

민경   ?...약혼자 있는 기집애가 왜 남의 남자랑 눈 맞추구 있어(조금 오르며/안으로 들어가려 하며)

강욱   (좀 거칠게 잡아 젖히며)너 정말 이럴 거야?(잡은 채)

민경   (팔 털어내려 하며)그래. 이럴 거야. 이대로는 못 넘어가. 넘어갈 수 없어!

강욱   (오버랩 잡아 흔들며)아무 일 아냐 흥분하지 마!

민경　저 기집애 데리구 나오란 말야 그러니까!

강욱　내가 얘기 해. 내가 얘기한다구.(손목 움켜쥐고 출구 쪽으로 끌면서)

민경　이거 놔. 노라구우!

강욱　(팔목 당겨 붙이며)나 다시 안 볼래?

민경　?……뭐?

강욱　다시 안 볼 생각이면 마음대로 해……(손목 놓으면서) 마음대로 해.

민경　……(보며)

강욱　……(민경 보던 시선 다른 쪽으로 돌리면서)……

S#　레스토랑 안

　　[종혁의 자리]

종혁　(디저트 시키고 있다)나는 커피만 주면 되고/현경 씨 뭐 할래요.

현경　아이스크림주세요.

종혁　아이스크림/당신은.

지현　나두 커피면 돼요.

웨이터　알겠습니다

종혁　케익 한 쪽 먹지 그래.(돌아서던 웨이터 되돌아서고)

지현　아니 생각없어요. 너 먹을래?

현경　찌워서 잡아 먹을 일 있니? 노땡큐.

종혁　됐습니다.(하고 두 여자로)그럼 이제부터 곧장 쓰기로 들어가
　　나?(하며 지현에게)

지현　그렇게 금방은 안될 거에요. 그래두 정감독 잔소리 또 하겠지.

현경　감놔라 대추놔라 하겠지.

종혁　(오버랩의 기분)16부 쓰는데 얼마나 /그거 한 한달이면 안 끝나?

현경　한달에요? 베껴두 그렇게 못 해요.

종혁 혼자 아니구 둘이 하는데두 그래요?

   [들어오는 강욱....제 자리로 가서 민경의 옷과 핸드백 챙겨 들고 나가는]

   [강욱의 움직임과 상관없이 진행되는 대화.]

   [강욱의 움직임에 신경 쓰는 지현.]

현경 둘이 해두 지현이 혼자하는 거나 마찬가질 거에요. 나는 그저
   아이디어나 하나 씩 던져주구 쓰는 건 쟤가 다 쓸 거에요.

종혁 아니 왜요.

현경 쟤가 훨씬 낫거든요. 지현이 잘 써요.

종혁 (지현 보며) 당신 잘 써?

지현 잘 쓰면 왜 이러구 있겠어요.

현경 야 너 잘 써. 얘 작품은요 종혁 씨. 라벤더 향기가 나요.

종혁 흠흠 그래요?

지현 ....(고개가 강욱 쪽으로 돌아가는).. (강욱 카운터에 계산)

종혁 당신이 그래?...음?

지현 ?...너 뭐랬는데.

종혁 당신 작품에서는 라벤더 향기가 난다는데?

지현 풍치지 마 너. 그런 소리하는 사람 너밖에 없어.

현경 (오버랩)지현이 일하라구 결혼 연기해줬다면서요. 덕분에 나까
   지 살판나게 돼 고맙습니다.

종혁 흠흠 울며 겨자먹기죠.(지현 보며)

현경 (오버랩의 기분)좋아하는 여자 위해 울며 겨자 먹어주는 남자/얼
   마나 감동스러운데요.

   [디저트 와 놓이면서]

종혁 이 사람은 별로 감동두 안해주던데요?

276

현경 너는 암튼 그게 탈이야.나한테는 눈물까지 글썽거리면서 감동
     했다더니 본인한텐 뭐 별루/그랬니?

지현 고맙다구 했어.

현경 야 고맙다는 거랑 감동 먹었다는 거하구는 차원이 다르다. 얘
     나보구는 감동했다 그랬어요

종혁 (지현 보며)정말야?

지현 거짓말이에요.

종혁 (찻잔 들며)정말루 믿을 거야. 커피 마셔.

S# 레스토랑 주차장

강욱 (민경의 소지품 들고 들어와서 민경의 차 옆으로)…(운전대 옆에 가
     멈춰 서서 보며)

민경 ……(운전대에 앉아서 앞 보며)……

강욱 ….(조금 더 보다가 운전대 쪽으로 돌아가 문 열고 소지품 넣어주고
     문 닫고 바로 옆 제 자동차로)

민경 ……(그대로)

강욱 (제 차에 오른다)…..

S# 강욱 차 안

강욱 ……..(앞 보며)

S# 민경의 차 안

민경 ……(앞 보며…있다가 시동 건다)

S# 강욱의 차 안

강욱 …(민경이 시동 걸자 잠깐 돌아보고 시동 건다)
     [먼저 움직여 나가는 민경의 자동차.]

S# 강욱의 차 안

강욱   ….(잠시 있다가 움직여 나간다)….

S# 운전하는 민경(무표정)

S# 운전하는 강욱(곤혹스러운)

S# 레스토랑

S# 레스토랑 주차장

종혁 (현경의 자동차 문 열어놓고 현경에게 자동차 키 주면서)타세요.

현경 (키 받으며)저녁 잘 먹었습니다. 고맙습니다(초등학생 절하듯)
   종종 부탁합니다.

종혁 (소리 내어 웃으며)하하 시간나는대로 종종 만나죠. 타세요.

현경 (자동차에 타면서)몇시에 나올래. 스을슬 워밍압 해야지/.

지현 아홉시.

현경 그래 알았어. 안녕.

지현 안녕.

현경 (시동 걸고)반가왔습니다 안녕히 가세요.

종혁 안녕히 가세요.(하고 문 닫아준다)

   [현경 지현에게 손 들어 보이고 뜨고]

지현 (손 들어주고)

종혁 데려다 주구 싶은데.

지현 내 차는 어떡하구요. 피곤한데 그냥 들어가요.

종혁 (대답처럼)우기사!(종혁 자동차 시동 걸어놓고 앞에 대기 중인 기사)

우기사 네.(이쪽으로 와 선다)

종혁 키 내.

지현 ?

종혁 키 내라구.

지현   (손에 들고 있던 키 준다)

종혁   (우기사 키 주며)따라 와.

우기사   네.

지현   (무슨 말인가 하려는데)

종혁   (지현 팔 잡아 자기 차 쪽으로/운전대 옆으로 가 문 열어주고)타.

지현   ….(별수 없이 타고)

종혁   (문 닫고 운전대로 돌아가 오른다)

S# 차 안

종혁   (문 닫으며)안전벨트(하고 보면)

지현   (벌써 뽑고 있다)

종혁   (웃으며 자기 벨트 뽑으며)자동차 타면 일단 안전 벨트부터 매.
꼭 매구 다녀. 시내에서두 마찬가지야. 알지?(하며 본다)

지현   알아요.

종혁   (출발 준비하며)운전대 잡는 거 오랜만이다.

지현   혼자가두 되는데…

종혁   (출발하며)머리 속에 온통 일 생각밖에 없는 거 같이 보이는데
차 갖구 다니는 거 걱정 된다.…기사 하나 붙여주까?

지현   ?..(보는)

종혁   화장실 갔다 오면서부터 줄곧 일 생각하구 있었잖아.

지현   (앞 보며)운전하면서는 딴 생각 안해요.

종혁   딴 생각한다 그러구 딴 생각하나 어디…자기두 모르게 그러다
가들 사고치는 거지.

지현   걱정 말아요. 조심하께요.

종혁   얌전한 녀석 하나 알어보자.

지현 (돌아보며)괜찮아요. 필요없다니까요.

종혁 ……(못 들은 척 운전하는)

지현 정말 괜찮아요. 괜한 짓 하지 말아요. 성북동에 민망해요. 그리구 내 차에 기사/웃겨요.

종혁 차야 바꾸면 되잖아.

지현 ? (보는)

종혁 성북동은……신경 쓰이겠다…(운전하며)

지현 말두 안돼요.

종혁 그래 생각 좀 해 보자……

지현 …(다행이다)…

종혁 졸리면 기대서 자구 생각할 거 있으면 눈 감구 생각해….내 운전 솜씨 알지?

지현 알아요….

종혁 (돌아보며 싱긋 웃는다)

S# 오피스텔 주차장

　　[들어와 주차하는 민경의 자동차.]

　　[들어와 저쪽에 주차하는 강욱.]

S# 민경의 차 안

민경 ….(앞 보며)……

S# 강욱의 차 안

강욱 ……(보닛 끝쯤에 시선 던지고)

S# 민경의 차 안

민경 (뒤로 머리 기대며 눈 감는다)…….

　　[강욱의 자동차]

강욱　(라이트 끄고 시동 끄고 차에서 내려 잠그고 민경의 자동차 쪽 보는)
　　　……(민경의 차는 라이트 켜놓은 채)……(민경의 차 쪽으로 천천히 걸어가
　　　는)……(민경의 차 옆에 서서 ……잠시 있다가 유리문 두드린다)…

S#　차 안
민경　(문 두드리는 소리에 눈 뜨는)……(고개 들어 얼굴 돌려 옆 유리로
　　　보면)

　　　[옆으로 서 있는 강욱의 중간 부분.]

민경　(침착하게 가라앉아서 라이트 끄고 시동 끄고 키 뽑아낸다)

S#　자동차 밖/주차장
민경　(차에서 내려 리모컨으로 잠그고 강욱은 보지도 않고 지하층 승강기
　　　쪽으로 천천히 걸어간다)

강욱　………(보며 있다가 걸어가기 시작)

S#　지하 승강기 앞
민경　(들어와 버튼 누르는)………

강욱　(들어와 선다)……

민경　……

강욱　……

　　　[승강기 와서 문 열리고]

민경　(승강기로)

강욱　…(승강기로)

S#　승강기 안
민경　(강욱이 타자 버튼 누르고)…(올라가는 승강기)

민경　……

강욱　….민경아.

민경 (오버랩의 기분)가만있어‥(조용히)

강욱 ‥‥(보는)

민경 (금방이라도 떨어질 듯 고여 있는 눈물)‥‥

강욱 ‥‥(보며)

민경 올라가서 ‥제대로 자리잡고 앉아 시작하자‥‥‥

강욱 ‥‥(보며)

민경 서둘지 말자구‥‥‥(결국은 뚜르르르 눈물)

강욱 ‥‥‥(보며)

S# 지현네로 가는 길을 달리는 종혁의 차와 뒤따르는 지현의 차

S# 차 안

지현 ‥‥‥(앞 보면서 조용히 앉아 있는)

종혁 (잠깐 보고)‥뭐 작품 구상 중이야?

지현 (잠깐 보며)그냥 아무 생각없이 있어요.

종혁 정말‥당신 작품에서 라벤더 향기가 나?

지현 서양 여자 유령한테서 잘 나는 게 라벤더 냄새에요. 하필이면 왜 라벤더야 기집애.

종혁 흠흠 그래?

지현 애가 싱거워요.

종혁 아냐. 기분 좋은 사람이야. 현경씨는 당신 팬이구 나는 현경씨 팬이야‥그런데 그 성격에 왜 결혼 못하구 그러구 있지?

지현 (말하기 싫지만)결혼할려구 했던 사람이 다른 여자한테 날아갔어요.

종혁 (잠깐 돌아보며)그래?

지현 벌써 삼년‥아니 사년 전 일인가부다‥‥그 뒤루는 잘 안되네요‥‥

종혁 못 잊어서?

지현 그런 거 같지는 않구…흥미가 없나봐요.

종혁 ….칠월까지 탈고한다 그랬지.

지현 (돌아보며)…왜요

종혁 수정하는 시간까지 줘서 9월이라구 했는데…가능하면 수정
안해두 되게 써봐. 당길 수있으면 좋겠어.

지현 …..

종혁 부탁해.

지현 (쓴웃음/끄덕이며)노력해 보께요.

종혁 (돌아보며 웃는)

S# 강욱 오피스텔 안

강욱 (커피 빠지는 거 보며)……

민경 (소파에 앉아서)…..(탁자 보며)

강욱 …..(커피포트 빼서 두 개의 머그잔에 따라 두 손에 나누어 들고 소파
로)….(움직여 서서 잠시 보다가 머그잔 놓으며 앉는다)….

민경 ….(그대로)

강욱 (머그잔 들며)마셔.

민경 시작해 봐.

강욱 ….(잠깐 보고 한 모금 마신다)….(마시고 컵 내리는데)

민경 어서.

강욱 ……(컵 내려다보며)

민경 머리 굴리지 말구 솔직하게 다 얘기해. 있는 그대로.

강욱 다?

민경 ··다.

강욱 …(마신다)

민경 다.

강욱 때로는…다 모르는 게 좋을 수도 있어.

민경 바보 만들 생각하지 마.

강욱 ……(보며)

민경 언제부터니.

강욱 ……(보며)

민경 (보며)힘들이지 말자. 대충 얼버무리기에는 너무 결정적이었
고…얼버무리는 재주도 너 없어.

강욱 (시선 피해 마시고 컵 놓으며)그냥…넘어가 줄 수 없을까.

민경 ……(보며)

강욱 아무 것도 못 본 걸로 하고 넘어가 주면 좋겠다.

민경 무리한 얘긴 거 알지….아무리 내가…너한테 미친 상태래도 그
건 무리야. (보며)…얘기하자. ….언제부터니.

강욱 (피하며)여행에서 만났어.

민경 지난 여행 말이니 아니면 그전 언제 여행 말이니.

강욱 지난 번…

민경 ….(보며)만나서 그래…..계속해.

강욱 ……(안 보는 채)

민경 만났는데 뭐야…같이 놀았다구?

강욱 ….

민경 뭐하구 놀았니…어디까지 놀았어.(보며)

강욱 논 거 …아니야.

민경 ……(속이 떨리는)

강욱   솔직하기 원하지….논 거 아니야.

민경   (고개 돌리며)‥그렇겠지 너 그냥 놀 주제 못 되는 거 알아.

강욱   ……

민경   그럼 …쉬운 말로… 사랑에 빠진 거겠구나.

강욱   ……

민경   그러니?(보며)

강욱   (좀 기대는 듯/고개 옆으로 틀며)이 나이 되도록 처음이야….어떻게 할 수가‥없었어.

민경   ……(보다가)어떻게 할 수가…없었다구?(떨리는 마음)…그래서 늬들…잤니?

강욱   ….(고개 숙여지는)…

민경   ….그랬구나.

강욱   …

민경   너는 내가 있구 그 여자는 약혼자가 있는데…그랬단 말이지.

강욱   피차 상대편 상황 모르는 채 였어.

민경   ……(보며)

강욱   둘 다/‥나중에 알았어.

민경   ……(보며)

강욱   이런저런 생각할 겨를없이 저질러졌어. 다른 건 아무 것도 생각할 수 없었어. 생각나지도 않았고 생각하고 싶지도 않았어.

민경   ……(보며)…

강욱   (안 보는)….

민경   (보며)그래서 어떻게 하기로 했니

강욱   어떻게‥어떻게 할 거 없어. 그 여자 삼월에 결혼 해.

민경 …너는.

강욱 …..니가 ..넘어가 주면 나두 하구.

민경 …..(보며)

강욱 (안 보는 채 오버랩)미안하다…… 잊어버려 줘.

민경 그 여자가 결혼하기 때문에 너도 하는 거니?

강욱 그거 아냐. 약속 된 상대가 있는 사람…탐내지 않기로 한 거야..

민경 …….(보다가)내가 그만두자 그럼 너/

강욱 (본다)…..

민경 반갑니?

강욱 (보며/달래듯)너 모르는 채 지나가기 바랬어.

민경 나 모르는 채 계속 만나면서?

강욱 아냐. 안 만나…안 만났어.

민경 우연이라구.

강욱 우연야.

민경 그럼 아까 따라 나가 붙잡고 ..무슨 얘기하던 중이었니.

강욱 이제 그만 하자.(일어나 냉장고 쪽으로 가 생수병 꺼낸다)

민경 (강욱 쪽 보며)그만해?

강욱 (컵에 물 따르면서)미안해. 말할 수 없이 미안하게 생각해. 듣기
       역겹겠지만 불가항력이었어. (몇 모금 마시고 내리며)미친 놈 같아
       졌었고/..아직도 미친증 다 안 가셨구나 그렇게 생각해 줘.

민경 …..(보며)

강욱 미친 놈 아니니? 너 앉혀놓고 쫓아나가 뭘 어떡하자고….아무
       생각도 안나…잠깐 또…돌았었던 거 같애.

민경 …..(보며)그 상태로 결혼은 한다구.

강욱   …(컵 싱크대에 놓는)

민경   (일어나며 소지품 챙기며)더 있다가는 널 죽일 거 같다. …

강욱   ….(보는)

민경   (소지품 챙겨 들고 빠르게 나간다)…

S# 오피스텔 복도

민경   (입 꽉 다물고 아주 빠르게 그러나 또각또각/뛰지는 말고/승강기로)

S# 승강기 앞

민경   (버튼 눌러놓고 숫자판 올려다보는 눈에서 넘쳐나는 눈물)

강욱   (빠르게 와서 옆에 선다)

　　[승강기 문 열리고]

민경   (타면서 따라 타는 강욱 거칠게 밀어낸다)

강욱   (밀어내는 민경의 손 잡으며)데려다 줄게.

민경   (더 거칠게 밀어내면서)필요없어 필요없어..

강욱   (억지로 타면서)사고 쳐. 데려다 줄게.

민경   (입 꽉 다물고 밀어내려 필사적)

　　[그러나 힘으로 당할 수 없다. 승강기 문 닫히고]

강욱   (민경 안고 보며)….

민경   (저항은 멈추고 입 꽉 다물고 고개 틀고)…..

강욱   (안으려 하며)민경아.

민경   (벌컥 떼밀며)놔. 저만큼 떨어져 있어. 너하구 닿구 싶지 않아!

강욱   ….(보며)

민경   너하구 눈두 맞추구 싶지 않아. 니 냄새두 맡기 싫어. 니 숨 소
　　리두 듣기 싫어. 건드리지 마. 아는 척 하지 마.

강욱   …..(보는)

S# 지하 승강기

　　[승강기 문 열리자]

강욱　(내리려 하는데)

민경　(그대로 선 채 벌써) 흉한 꼴 안 당 할려면 나 건드리지 말구 그대
　　루 올라가.

강욱　….(민경 보는)

민경　(내리고)…..(또각또각 나가는데)

　　[승강기 문 닫힌다]

S# 승강기 안

강욱　….(바지 주머니에 손 넣으며)….

S# 지하 주차장

민경　(제 자동차를 향해서 또각또각)………

　　[소지품 운전석 옆자리에 던져 넣고 운전대로/자동차에 오르는 민경]

S# 차 안

민경　(올라타면서 시동 걸어놓고 라이트 켜고 운전대 움켜잡고 전면 노
　　려보듯 하면서)………(사정없이 떨려오는)….

S# 주차장/승강기에서 나오는 입구

강욱　(나오는데)

　　[거칠게 움직여 나가는 민경의 자동차…]

강욱　…..(불안…)

S# 오피스텔 안

강욱　(급히 들어와 전화 찍는다)

S# 거리를 달리는 민경의 자동차 안

　　E　울리는 전화벨

민경   (이 악물고 운전하면서 전화와 아무 상관없는)‥‥

S# 오피스텔 안

강욱   ‥‥(전화 들고 있는)

   E 벨 가는 소리 하염없이 계속되는‥‥

강욱   (일단 끊었다가 다시 건다)‥‥

   E 벨 가는 소리‥‥여전히 받지 않는‥‥

강욱   ‥‥‥

S# 사슴 목장

   [유기사는 유기사대로 지현의 자동차 주차하고 있고]

   [종혁의 자동차는 따로 출발을 위해 머리가 돌려지고 있다/ 머리 다 돌려놓고]

S# 종혁의 차 안

종혁   (내리려고 핸드백 어깨에 메는 지현 돌아보며)귀찮게 안 해드릴려구 그냥 갔다구 말씀드려.

지현   그러께요.(끄덕이며)

종혁   굿나잇 키스 하자.

지현   유기사 봐요.(몸 돌리며)

종혁   (잡으며)상관없어.

지현   ‥‥(돌아보는)

종혁   (부드럽게 깨끗한 키스)

지현   ‥(눈 뜬 채)

종혁   (얼굴 떼고 보며)창피하게 말똥말똥/눈 안 감아? (다시 얼굴 가까이 가는데)

지현   (조금 밀어내며)내리께요.(내린다)

종혁   (픽 웃으며 내린다)

S# 자동차 밖

종혁   (운전대에서 앞쪽 돌아 지현의 앞으로)들어가.

지현   가요.

유기사   (운전석에 타고)

종혁   (차 문 열며)잘자.

지현   ....

종혁   (타고 손 들어 보이며 출발)

지현   .....(보며)

　　　[가는 자동차.]

지현   (돌아서 집으로 걷는)........

지태   (계단 위에 서서)같이 있었어?

지현   ?(올려다본다)

지태   잠깐 들어오라 그러지 왜 그냥 보내.

지현   (계단 오르며)자기가 가는 거에요.

지태   들어오라 소리 안하니까 그렇지. 암튼...

지현   ....(그냥 오빠 스친다)

S# 거실

지현   (들어오며)다녀왔습니다....(오르는)

지현모   ?...(마루 어질러진 것 치우다가)최서방은.

지현   갔어요.(지태 들어오고)

지현부   현식에미 찻물 올려 놓는댔는데 갔어?

지태   들어오라 소리두 안했대요.

지현   엄마 아부지 귀찮게 안해드린다구 그냥 간댔어.

290

지현모 (밀어놓았던 귤 쟁반 당기면서)저녁 먹는다더니 최서방하구 먹었어?

지현 (제 방으로 가며)네.

지현모 이거 먹구 들어 가. 진이네 집에서 부쳐왔는데 아주 싱싱해.

지현 생각없어요.(제 방으로)

지태 (앉으며)차 필요없어!(주방에 대고)

초희 E 필요없어요?

지태 필요없어.

초희 (내다보며)왜요.

지현모 최서방 그냥 갔댄다 어이 나와 귤이나 먹어.

초희 (나오며)맛이 괜찮아요 어머니?

지현부 싱싱하다. 달구 싱싱해.

초희 아가씨는요.

지현모 생각없다구 들어갔어.

초희 (앉으며/귤에 손 뻗으며)진이 덕에 한 차례씩 귤은 맛있는 거 먹어요 그쵸 어머니?

지현부 진이 덕에 귤만 먹어? 당근두 오구 유채나물두 오잖어.

지현모 그러게요. 무공해 달걀두 얻어먹구요.

초희 으ㅎㅎㅎ 그러구 보니까 그러네‥

S# 지현의 방

지현 (들어온 그대로 침대에 옆으로 걸터앉아서)……

S# 레스토랑

강욱 (바닥 보면서 스치는 지현 팔목께 팔 잡는다)

지현 …? (잡히고 보는)

강욱 ‥‥(바닥 보던 시선 들어 저 앞 보며)‥‥교태가 장난 아니드군.

지현 ‥‥‥(강욱 보며)그쪽은요.

강욱 (고개 틀어 보며)나는 교태는 안 부렸어요.

지현 ‥(보며)마찬가지에요.

S# 지현의 방

지현 ‥‥‥

S# 레스토랑 밖

강욱 ‥(보다가 시선 피하며)‥‥우리가 지금 뭐하구 있는 거요.

지현 (고개 돌리며 마찬가지 심정이다)웃기구 있는 거죠.

  [서로 다른 방향으로 서 있는 자세면서]

강욱 이러면서…이런 채로 각각…가야 하나?

지현 ‥‥

강욱 응?(보며)

지현 (보며)‥‥‥

S# 지현의 방

지현 ‥‥‥‥

강욱 E 잠깐 얘기 좀 합시다.

지현 E 무슨 얘기요.(보며)

강욱 E 얼마나 많이 생각하는지/얼마나 그리운지 말하구 싶어요.

지현 E (보며)그래서 어떡하라구요…(눈물이 날 듯 하다)어떡하자구
  요.(외면하며)답은 벌써 나와 있잖아요, 답 다 내 놓구 쓸데없이 시
  험지 뭐하러 들척거려요.

지현 (턱이 조금 위로 들리면서)‥‥‥

S# 레스토랑 밖

강욱 (안 놓치면서)잠깐만 이대로 있어요.

지현 들어갈래요.(빼려 하며)

강욱 이분만/일분만.(하다가 굳어버린다)

지현 (강욱 시선 따라 보고 굳는다)…

민경 (저만큼 서서 보고 있다)……

강욱 (잡은 것 놓고 조용히)들어가요.

지현 ……(레스토랑 쪽으로 움직이는)…

민경 (조용히 지현 보며)…

S# 지현의 방

지현 …….

S# 강욱의 오피스텔

강욱 (서성거리며 얼음 넣은 가득 찬 술잔 기울이는)…(서성거리다 마시고 서성거리다 마시고 서성거리는데)

S# 해변의 키스(아주 짧게)

S# 훌쩍 마시는 강욱

S# 정사 직전 격렬한 탐닉/짧게

S# 훌쩍 또 마시는 강욱

S# 다시 탐닉/역시 짧게/

S# 오피스텔 안

강욱 (멈춰 서며 그런 자기 자신에 대해서 환장하겠다/술잔 이마에 대고 문지르는/짧게)

S# 탐닉 연결/짧게

S# 오피스텔

강욱 (술잔 싱크대 타일벽 쪽으로 냅다 던져버리는)…

[요란한 소리와 깨지는 술잔.]

강욱　‥‥‥(그대로 서 있다가 한 손으로 얼굴 이마에서부터 쓸어내리면서
　　전화로)‥‥(전화 들고 찍는다/민경의 집)

　　E 벨 가는

이모　F 여보세요.

강욱　전데요 민경이 들어갔습니까?

이모　F 어 이서방/지금 막 들어왔는데 올라갔어.(강욱-안도)위루 해.

강욱　예‥알겠습니다.안녕히 주무세요.

이모　F 이서방두.

　　E 끊기는

강욱　‥‥‥(천천히 수화기 놓는)‥

S#　거실

이모　(티브이 보고 있고)

서여사　(수금한 임대료/만 원짜리/수표 섞여서 전체 칠팔백/은행 띠지로
　　묶어놓은 것 서너 다발/세고 있다)‥‥(물 적신 스펀지 그릇까지)‥‥(입
　　속으로 세면서)

이모　(티브이 보다가 한 번씩 옆 눈으로 돈 보고 하다가/백 장이 거의 채
　　워질쯤 해서 띠지 하나 떼어서 주는)

서여사　(띠지 받아서 한 묶음으로 만드는)‥

이모　한심해 한심해 나보다 더 한심한 팔짜가 있을까‥(리모컨 집어
　　채널 바꾸면서)천원짜리 한 장 안 생기는 돈 구경마아안 하는 빌어
　　먹을 팔짜.

서여사　(다른 돈 한 움큼 집어 세면서)‥‥

이모　(티브이 보며)어떻게 구경만하구 지나 보내야하는 돈일까 나

는. 은행원은 남의 돈 구경하면서 월급이래두 타지만 나는 땡전 한
푼 생기는 거 없이 구경만 해 구경만.

서여사　.....

이모　돈 아쉬운 사람 남의 돈 구경하만 하는 거 고춧가루 고문 보다
더 괴로운 거 아는 사람 있을까?

서여사　....

이모　내가 언니 같으면 돈 셀 때마다 한 묶음씩 턱 집어주면서 너 써
라 한다.

서여사　....

이모　(내려오는 민경/돌아보며)이서방 전화 받았니?

민경　(주방으로)아뇨.

이모　들어왔냐구 전화했더라. …이층으루 하랬는데?

민경　(들어가며)하겠죠.

이모　뭐 필요하니.

민경　E 됐어요.

이모　어이구 빨리 좀 끝내구 치워요. 무슨 돈을 그렇게 오래 세. 내가
하께 내가.

서여사　(손 탁 밀어버리며 본다)

이모　….(보다가)안 먹어. 답답해서 그래.

서여사　(세는 것 계속)

이모　(입 풀룩풀룩 하며 일어나 주방으로)

S#　주방

이모　(들어오며)돈 두구 가는 거 분해서 어떻게 죽을 건지(하다가)?

민경　(양주 스트레이트로 넘기고 있다)

이모 애 너 왜 그래. 그 독한 걸?

민경 (아무렇지도 않게 웃으며)술 먹구 싶은 거 자동차 때매 참았거든.

이모 그래두 천천히 마시지 무슨 맹물야? 속 버려..

민경 (다시 따르며)자야 해. 일찍 뛰어나가 잡지 원고 써야해요. (입으로 올리는데)

이모 (뺏으며)나 먼저 마시자. 이런 날은 잘려구 드러눠두 눈 앞에 돈이 왔다갔다 쉽게 잠 안 와. 생기는 거 없이 잠까지 손해볼 거 없지. 나두 이제 약게 살 거야..(훌쩍 마시려다 내리며 목 쥐며)크으으 으으으/ 야아아아 이 무서운 걸 늬들은 어떻게 그렇게 쉽게 넘기니이… 아으아으아으

민경 (웃으며 이모 손에 술잔 빼내 제가 훌쩍 마시고 컵 놓으면서)주무세요.(나가는데)

민지 (들어오며)배고파. 만두 있죠.

이모 잘자리에 어지간하면 참어.

민지 (냉동칸 열며)내가 해 먹으께 들어가세요.

이모 니가 언젠 내말 들었니 뭐. 입만 아프지.(하고 나가려다)끓일 거니 튀길 거니.

민지 (만두 꺼내며)끓일래요.

이모 그럼 하는 김에 대여섯개 더 해. 내가 도와 주께.

민지 (돌아보며)이모 안 도와줘두 돼요.

이모 이 가시나야 먹구싶어 그래.

민지 그럼 그렇다 그러지 솔직하지 못하게 왜 도와준다 그래요?

이모 꼭 그렇게 따져야 하니?

296

S# 민경의 욕실

민경 (맑은 물에 들어가 무릎 껴안고 앉아 소리 죽여 아프게 울고 있

  는)……

S# 오피스텔

강욱 (침대에 기대앉아 담배 태우고 있는)……

S# 지현의 방

지현 (/잠옷/작동되고 있는 프린터 내려다보며 서 있는)……

  E 전화벨

지현 (받는다)네에.

종혁 F 아직 안 잤지?

지현 아직요.

S# 종혁의 방

종혁 (넥타이 빼면서)유자씨한테 내가 도울 일 있으면 말하라구 정

  식으루 얘기 해. 심장/ 간단한 거 아냐. 담당 의사가 누군지도 물어

  보고….대답이 왜 그렇게 시원찮아. 당신 유자씨한테 감정있어 그

  러는 거야?…(웃으며)괜히 해본 소리야. 농담두 못 알아듣니?…어

  들어왔어. 아까 흘리는 얘기처럼 하구 넘어가 다시 말해 두는 거

  야….엉…그래 연락해 봐.(하는데)

  E 노크와 함께

미스장 E 회장님 들어오세요.

종혁 알았어. 아버님 들어오신대. 잘 자.(끊고 나간다)

S# 종혁 거실 1

종혁 (계단 빠르게 내려온다)…..

노여사 (옷매무새 만지며 안방에서 나오고)….

최회장 (들어온다)

종혁 (목례한다)

최회장 들어왔냐?

종혁 네 늦으셨네요.

최회장 일어날 생각들을 해야지.(소파로) 한껏 기분들 나서 노는데 초대한 사람이 먼저 판 깨구 일어날 수두 없구 냉수 좀 줘.

노여사 (움직이려는데)

제천댁 (벌써 냉수 들고 나온다)

최회장 (냉수 좀 줘/하고 연결)재미 있는 척하면서 벌써느라 죽을 뻔 했다. 앉어라.

종혁 네.(앉는다)

최회장 (아내에게서 물 받으며)적당히 마시고 일어설 줄을 들 몰라. 한번 시작하면 아무튼아예 끝장을 볼려구들 드니까 (마시고 물 잔 내리며)비틀거릴 정도루 마시구 다니지 마. 술에 먹혀 비틀거리는 사내 자식만큼 꼴볼견 없어.

종혁 ··네.

노여사 어쩌다 한번 씩은 더러 비틀거려두 팬찮아.

최회장 ?

노여사 먹으면 취하는 게 술이구 취하구 먹는 게 술인데 술 먹구 너 머 꼿꼿하게 굴면 친구들 재미없어 다 떨어져 나가구 왕따 당해요.

최회장 무슨 따?

노여사 왕따요.

최회장 쯔쯔쯔쯔···점잖치 못하게 애들 쓰는 말이나 줏어 들이구(종 혁은 그저 웃고)당신 치마 폭에 싸구 있는 여인네들은 어떡했어. 다

보냈어?

노여사 보.보냈어요.

최회장 내가 한번 검사해 봐?

노여사 어이 들어가 씻구 누워요. 점잖은 체면에 뒷방 조사까지 하시겠수?

최회장 보냈냐?

종혁 저는 모르겠는데요 아버님.

최회장 (일어나며)조사한다아.

노여사 아이구 여보.(일어나며)

최회장 조사할 거야 내가.(의자 빠져나가며)

노여사 (영감 등 떠밀면서)보내요 보내. 아직 못 보냈어요. 자리들 알어 보구 있어요. 일간 다 가요 간다구요.

최회장 왜 거짓말 해.(밀리며)

노여사 (밀며)가요. 간다니까요오.

종혁 ....(비죽이 웃으며)

S# 지현의 방

지현 (프린트한 종이 가슴에 얹고 침대에 누워서).....

S# 레스토랑 밖

민경 (저만큼 서서 보고 있는)....

S# 지현의 방

지현 (엎드리며 베개에 얼굴 묻는)......

S# 민경의 방

민경 (침대에 책상다리로 앉아 두 주먹으로 입 틀어막듯 하고 소리 없이 찢어지게 울고 있다)

S# 강욱의 오피스텔에서 내려다보는 시내

S# 창문 열어놓고 서 있는 강욱……약간의 바람

F.O

S# 민경의 병원

S# 민경의 진찰실

민경 (컴퓨터 조작)

[컴퓨터 화면 원고 송신 중 인터넷으로]

민경 (마지막 클릭)

[화면에서 순식간에 막대기가 채워지고 송신 끝 신호음.]

민경 (컴퓨터에서 빠져나오는 조작하면서 커피 마시면서)….(컴퓨터 끄고 일어나 커피 잔 든 채 마시면서 문으로)

S# 대기실

민경 (나와서 대기실 불 켜고 도로 들어가려는데)

간호사1 (들어오다)선생님 벌써 나오셨어요?

민경 (돌아보며)어 굿모닝. 원고 보내는 날이잖아.

간호사1 아아

민경 (들어간다)

S# 민경의 진찰실

민경 (들어와 의자로 가 앉아 커피 마시면서)…….

S# 강욱의 오피스텔

강욱 (오렌지 주스 마시고 있다)…(주스 잔 싱크대에 넣고 냄비 하나 꺼내 레인지에 올리고 물병의 물 콸콸 붓다가….그만두고 움직여 상의 집어든다)

S# 사우나에서 땀 빼고 앉아 있는 강욱…….

S# 병원 쪽 주차장에서 병원으로 걸어오고 있는 강욱… 병원 건물로 들어간다

S# 민경의 진찰실

민경 (차트에 적고 있다가 문소리에 보고)어머 애기네?

엄마 (30대/5개월짜리 애기 안고/꿈벅)

민경 네 이리 오세요, …무슨 일이에요?

엄마 손을 뎄어요.

민경 어디..어디보자….(뎄 손 보고 차트에 적으며)심한 건 아니에요. 흉터는 안지겠어요.약 드릴테니까 발라주구요

엄마 (오버랩)물집 안 터트려두 되나요?

민경 아니 그냥 두세요.가만 그런데 이녀석 아무래두 지가 터드릴 거 같다.가능하면 아무것도 안 덮고 약만 발라두는 게 좋은데… 애기니까 할 수 없네. 약바르고 거즈로 살짝 덮어 줘보세요.(쓰며)먹는 약도 처방할테니까 먹이시구요 근데 이 약 쓴데 이 녀석 잘 먹을까? 잘 먹어야 해애 응?(애기에게)나가서 기다리세요.

엄마 네.(일어나며)그런데 여자애에요 선생님.

민경 ?..어어 그래요? 이름이 남자애 이름인데요?

엄마 그런데 여자애에요.

민경 어쩐지이 남자애루는 너무 이쁘게 생겼다 그랬네요. 호호.(그런데 아이는 남자같이 생겼다)

엄마 그럼.

민경 네 안녕히 가세요(하며 일어나 나간다)

S# 피부관리실

민경 (들어오며 누워 있는 여자에게)많이 기다렸죠. 미안합니다. 약 발라 줄께요..(간호사2 약과 면봉 민경에게)…..(약 발라준다)

S# 강욱의 진찰실

강욱 (책 펴 들고 앉아 있다)……(책장 넘기다가 /책이 읽힐 까닭이 없다 /책 엎어놓고 의자 옆으로 돌리며 기대는)……(천장 멍하니 보면서)…

S# 종혁의 사무실

종혁 내 생각엔 서두를 필요 없을 거 같애.우리가 오픈 해 봤자 처음에 그렇게 굉장히 복잡한 주문 같은 거 안 나올 거거든? 외국인들 선물 주문이니 그런 거 나올려면 상당한 시간이 필요할 거야.최소한 일년은 봐야 해.우선은 인가 받는 거야.복잡하게 하지 말자구.가장 간단한 방법으로 해서/보통 일반적인/기본적인 오더가 나왔을 때 에러 확률이 하나도 없게 처리되는 방법으로 가자구.서둘러 의사결정해서 실수하지 말고.

이이사 대우증권 그 친구 얘기가 대우증권도 크리이드문제 때문에 외국인 주문 못받는다 그러더라구요.그래서 오스틴 이팍시도 급한 거 아닌가 생각을 하는 거죠.

종혁 내가 보기엔 이래.외국인 주문을 못받더라도 사실 우리가 거기에 굉장히 좋은 소프트웨어가 있으면 그걸 갖고 국내 기관들 세일즈에 도움이 될 수가 있다구.

이이사 그러니까 그렇게 생각하는 거죠.

S# 지현의 작업실

지현 (컴퓨터랑 테이블 걸레질하고 있다)….

　　E 전화벨

지현 (받는다)네에.

현경 F 나왔니?(좀 소근거리는)

지현 엉. 왜 소근거려?

현경 F 나 좀 늦어 지현아. 우리 작은 아버지 생신이라구 지금 효자
　　　동에 끌려 와 있어. 아무래두 점심까지 먹어야 할 거 같아. 우리 친
　　　척들 모이면 골 때리거든.

지현　그래 알었어.

현경　F 이따 봐.

지현　어엉.

현경　F 네에 가요오오오.(다른 쪽에 대고 소리 지르는)끊어.

지현　엉.

　　　E 끊기는

지현　(끊고 다시 걸레질로)·····(걸레질하다가 그만두고 테이블 의자에 앉
　　　는)····(그저 컴퓨터 화면 보며)·····

　　　E 열쇠 꽂는 소리.

지현　(돌아본다)

유자　(들어오며)일찍 나왔구나.

지현　아냐 금방 왔어.(일어나며) 못나올줄 알었는데…

유자　(옷 걸러)

지현　아버지는…

유자　죽어두 수술 안하신대. 수술하다 미리 죽을 수 없다구 그대루
　　　사시다 죽게되면 죽으시겠대.

지현　위험한 거야?

유자　아냐. 의사가 달래구 엄마가 사정하구 그래두 소용없어. 수술
　　　비 다 만들어 놨으니까 걱정 마시라구 해두 소용없구/(커피 만들러
　　　가며)수술두 무섭구 돈두 무섭구 그런 거지 뭐.

지현　내가 하께(벌써 움직이며)너 앉아 있어. 수술하시면 좋을 텐

데…수술하면 지장없게 사신다면서..

유자 누가 아니라니.

지현 (원두 꺼내며)종혁씨가…필요하면 권위자 선생님 연결시켜 준다구 전하래.

유자 오늘 오후에 퇴원하는데 뭐…밥 잘 먹었니?

지현 한끼 먹는 건 마찬가지지 뭐.(하고 원두 간다)……

유자 (소파로 가며)수술하게 되면 너한테 돈 좀 꿔달라구 그럴 참이었어.

지현 (잠깐 돌아보고 커피 가루 필터에 옮기며)꿔달라기 전에 꿔줄려구 하구 있었어.

유자 인생사가 왜 이렇게 고달프니.

지현 고해니까. 얼마나 고달프면 고해라 소리가 있겠니.(커피 담긴 필터 앉히며)

유자 너는 꽃밭이잖어.

지현 (물병의 물 커피메이커에 쏟으며)꽃밭 좋아한다.

유자 어디 까무러치게 점 잘 치는데 없니?

지현 그런데 있음 나두 가겠다.(스위치 넣는다)

유자 거지 같애 진짜….

지현 (돌아보는)…

유자 종혁씨한테 나 오늘 시간 괜찮다 그래.

지현 (좀 웃으며)오늘은 그 사람이 안될 거야.

S# 종혁의 회의실(대여섯 명)

종혁 우리 영업 개시일을 언제로 하면 좋을까.

강부장 4월 1일이 좋을 것 같은데요.

종혁 그럼 증권전산에 연락해서 즉시 설치하구 3월 한달 동안 테스트하면 되네. 본허가는 3월 중순이면 되는 거지.

이이사 가격은 어떻게 되는 거지? 우리가 시간이 없기 때매 개네들 달라는대로 다 줘야 하는 거 아냐?

강부장 그런데 안가르쳐주더라구요. 딴데서두 안가르쳐 줘요. 친군데두 안 가르쳐 주드라구요.

종혁 친구 관리를 어떻게 그렇게 해. 친구기는 한 거야? 그럼 가격은 심부장이 해. 김부장은 전산 쪽에 계속 프레슈얼 주서 깎자구.

김부장 그게 항목별로 오백만원 천만원은 깎겠는데 크게 깎기는 좀···뭐라고 얘기해야 할지 근거도 없고

종혁 (오버랩의 기분) 느이들 판매가 이렇게 늘어나니까 실제적으로 코스트가 다운 되는 거 아냐. 어차피 개발비용은 고정돼 있던 거고 판매가 늘어나면 깎아줄 수 있는 거야. 김부장 깎는 거 잘해 못 해.

김부장 깎는 건 좀 합니다.

모두 (조금 웃는)

종혁 어떤 식/남대문 시장 가서 십만원짜리 오만원부터 시작하는 스타일이야 뭐야···인간적으로 접근해야 해. 감정 다치게 하면 안 된다구.

김부장 네.

이이사 그럼 디데이 4월 1일로 잡고 추진하지.

강부장 날짜도 날짜지만 요일도 중요하지 않나요?

종혁 (오버랩) 금요일 오픈이 제일 나. 왜냐면 문제가 생기면 월요일 오픈했을 때 계속 연결되잖아.

심부장 사람도 빨리 뽑아야 하는데

종혁   (오버랩)사람 뽑는 건 걱정하지 마.사람 뽑는 거는 이주에서 삼
주 사이면 깨끗하게 끝날 테니까 두고 보라구. 그건 걱정거리가 안
되구 행사도 중요한데 행사 잘할 자신있는 사람 없나?

모두   ….(자신 없다)

종혁   로고는 내가 시아이 작업할 거야. 나 아는 사람하고 바로 작업
들어갈 거고 행사는 이이사가 해. 아이디어를 내 보자구. 깜짝쇼를
하던지 뭔가 이벤트를 만들어야지.

S# 지현의 작업실

유자   (라면 먹고 있고)……

지현   (마주 앉아서 커피 천천히 마시면서 유자 보는)……

유자   (먹으며)내 얼굴에 뭐 묻었니?(안 보는 채)

지현   유 감독 그 뒤에 아무 소식 없어?

유자   없어….유 감독 힘 없어. 반은 포기했어.

지현   ……(보며)

유자   어떤 감독이 국장이 미는 애 안 받구 버티니. 미운털 박혀 딴
데루 쫓겨갈려구?

지현   국장 권력두 대단하지 그지.

유자   대단하지.

지현   너 잘 쓸텐데.

유자   잘 쓸지 어떨지는 해 봐야 아는 거지만 김정희 보다 말 되게 쓸
자신은 있다 내가.(조금 기분 좋아져서)

지현   걔하구 애 비교를 말어라. 걔 베끼기루 뜬 애야..

유자   베끼기나 제대루 베끼니? 걔 작품 나는/빨강 파랑 노랑 천조
각으로 누덕누덕 기운 꾀죄죄한 베갯닛 같아.

지현 작품이라구 할 수나 있어? 걔 살짝 갔어.

유자 그래두 국장이 밀잖어.

지현 국장은 더 간 거지 뭐.

유자 암튼/어쨌든 난 일일 쓴다.

지현 ?...어떻게?

유자 그냥 나혼 자 쓸 거야. 오늘부터 하루 두편 씩 써 제쳐서 한 삼
십 편 만들어 딴 방송국 갖고 가 팔 거야.

지현 ?.....(보며)

유자 못할 거 같아? 나 해. 분해서 이대로는 못 끝내.

지현 너 진짜 대애단하다.

유자 대단한지 이제 아셨소?(다 먹은 라면 냄비 들고 일어나 싱크대로)

지현 (돌아보며)진짜 하루에 두 편 씩 쓸 거야?

유자 폭포수 쏟아지듯 쏟아지는 날은 세 편두 가능해.(물 틀어 받으며)

지현 그럼 원고 너무 거칠잖아.

유자 (세제 스펀지에)난 빨리 쓴 게 더 낫드라. 꾸물댄 건 재미가 없어.

지현 난 왜 너같은 재주가 없을까.

유자 (돌아보며)그 대신 너는 깊고 푸르잖아‥ 나는 얕고.

지현 그런 말 마. 너 부러워 죽겠어.

유자 난 너 부러워 죽겠어.(스펀지로 냄비 닦으며) 팔짜 드러운 사람
이 글쟁이지. 너는 글 안 쓰구 우아하게 살 수 있잖어. 결혼까지 연
기해 가면서 뭣때매 집착하는지 너 이해 못하겠어.

지현 (일어나며)학교 때 교수님이 그러시드라.(컴퓨터로 움직이며)
얘는 꼭 공부를 했으면 하는 학생은 낼름 시집가 들어 앉구/얘는
시집이나 가는 게 상책이다 하는 애는 죽어라 공부에 매달린다구.

내가 그 후자야.

유자 자학까지 할 건 없어야. 넌 그 정돈 아냐.(물 틀어 씻기 시작)

지현 (컴퓨터 스위치 넣고 작업화면으로 가서 시놉시스 불러내는)……

유자 (냄비 그물에 엎으면서)정감독은.

지현 어 참.우리 시납 통과 됐어. 팀장이 오케이 했대.

유자 …축하한다.내 일 빼그러지고 축하하기 심통나지만 잘 됐다 축
하해.(손 씻으며)

지현 고마워.(화면으로 얼굴 돌리며)아직두 갈길이 멀어.우리 꺼라구
국장이 딴지 걸지 말라는 법 없잖아.

유자 (마른 하얀 타월에 손 닦으며)야 그 방송국 국장은 평판 좋드라.
별 간섭 안한대.

지현 하나님 제발이야.

유자 (화장실로 가며)나 샤워한다. 못 씻었어.

지현 어 그래.(유자 욕실로 아웃)

지현 ……(컴퓨터 화면 보고 있다가 시선이 옆으로)……

S# 병원 식당

강욱 (들어온다)

민경 (간호사들과 상 놓는 것 보다가/안 보는 채)어서 와.

강욱 ….(민경 보며)

민경 (김 한 장 집어 입에 넣고)이거 좀 눅었다. 보관 어떻게 한 거야.
새로 꺼내.

간호사1 김 꺼내.

간호사2 네.

민경 안지 왜 그러구 섰어?(여전히 안 보는 채)

강욱 ….(별수 없이 앉는다)…(앉아 잠깐 있다가 또 민경이 보아진다)

민경 먹자.(의자로 오며)먹자구 다 됐잖아.

간호사들 (적당히 자리 잡고 앉는)

민경 기도할 사람 기도하고.

　　　[기도가 필요한 간호사 둘 기도하고]

민경 (수저 들며)오늘도 맛있는 점심 먹을 수 있어 감사합니다.

간호사들 감사합니다.(다 같이 수저 드는)

민경 술을 심하게 마신 거 같네…아니라 그러지 마.얼굴이 말해.그
　　　렇지?

간호사들 네. 표나요 (등 적당히)

민경 술 푸라 그런 사람 여기 없는데 왜 꼭 우리가 억지로 퍼 먹인 거
　　　처럼 뿌우해서 그런담.(여전히 안 보며 먹으면서)안 그래?

간호사들 (적당한 웃음)

강욱 (국 뜨면서)..미안해요…힘들어서 그러니까…이해들 해 줘요…
　　　(먹는다)

민경 (잠깐 보며)….(털듯이)이해 하자. 과음하구 나면 머리두 흔들
　　　리고 만사가 귀찮으니까 우리 아무 말 없이 조용히 밥이나 먹자 이
　　　선생님 위해서.

모두 (적당한 대답)

강욱 ….(먹는)

S# 식당 밖

　　　[식당에서 나오는 민경과 강욱.]

민경 (그냥 제 병원으로 움직이는)

강욱 ….(보다가)민경아.

민경 …(멈춰 선다)

강욱 애기…애기 좀 하자.

민경 (돌아본다)……

강욱 애기 좀 하자구.

민경 나 안하구 싶은데.

강욱 ……(보며)

민경 뜸 좀 들이자…상황이 어떻든 휴진 내걸구 병원 문 닫을 수도 없는 노릇이구/아직 너하구 아무 애기두 시작하고 싶지 않아.

강욱 ……(보며)

민경 지금 시작하면 있잖니 나/해서는 안되는 말 하구….물어서는 안되는 거 묻고 그럴 거 같아….글쎄…노력이 얼마나 효과가 있을지 모르지만 흥분하지 말고 침착하게/있는 그대로 받아들이자 노력하는 중야.

강욱 잠깐 커피 한잔 해.

민경 ……(보며)

강욱 내가 할 말이 있어서 그래.

민경 ……(보며)

S# 근처 카페…

강욱 (찻잔 내려다보며)……

민경 ……(조용히 강욱 보며)

강욱 너한테 …해서는 안되는 짓 한 거 알아….(안 보는 채)··상처 주고 싶지 않았어…모르는 채로 지나갔으면 했는데….그렇게 됐어.

민경 너는 내가….의자에 나를 본드로 붙여논 것도 아닌데 내가 나갈 수도 있다는 생각은 안 했니?

강욱 …..(본다)

민경 내 존재 완전히 무시해 버리고 그렇게 대담하게 군거니 아니면 너 미친 아이니.

강욱 …..(시선 피하면서)대답할 말이 없어.

민경 나는…(시선 내리며)곰곰히 생각해 봤는데 너 어제….변명두 거짓말두 안했어.(하며 본다)그런 경우 백이면 아흔 아홉은 통하든 안 통하든 무슨 거짓말을 둘러대더라도 아니라고/ 별 일 아닌 걸로 우길 거야. 그게 정상 아닌가 싶어.

민경 E (보는 강욱 위에)너는 안 그랬어. 금방 다 내 놓드라.

강욱 솔직하랬잖아.

민경 비겁하게 뒤집어 씌우지 마.

강욱 거짓말 하기 싫었어. 거짓말로 수습될 상황두 아니었구.

민경 ….(보다가 시선 옆으로)그랬어도 니가 거짓말로라도 나를 안심시키는 애를 써 주지 왜 안했을까 그런 생각이 들더라.

강욱 …..(보는)

민경 (고개 돌려 보며)내가 얻은 결론은 그거야. 너는 그 애하구 장난친 게 아니구…너는 그 애가 정말 갖고 싶고 ‥나같은 건 시시해 졌고 그래서 …나같은 건 어떻게 되든 상관없다고.

강욱 그건 아냐.

민경 그런데 어떻게 그럴 수 있니? 여행 중에 어떤 여자를 만났는데 그 나이먹도록 처음이라구. 논 거 아니라구. 그런 말 어떻게 해.(입술이 떨리면서)나 어떻게 할까…나 어떡하라구 응?

강욱 (시선 내리며)거짓말이 싫었어.

민경 너 나 스스로 떨어져 나가기 원해 지금.

강욱 (보는)

민경 물론 너 아니라구 우길 거야. 니가 원하는줄 모르면서 원하구 있는 걸 수도 있어.

강욱 민경아.

민경 (오버랩)니가 나한테 어떻게 이럴 수 있냐는 말은 안해…나 너한테 들인 공두 별루 없구‥니 자식을 낳은 것도 아니구‥우리가 뭐 불타는 사랑으로 결혼하자 그런 것도 아니고……(생각하다가 끄덕이며)너한테 일어난 일은 어쩌면 나한테도 일어날 수 있는 일이라고 생각해.

강욱 ….(보며)

민경 그런데 참 밉다….너한테 이런 식으로 앞통수 뒷통수 맞을 줄은 정말 몰랐어. 믿는 도끼에 발등 찍힌다는 말이 이런 거겠지.

강욱 (탁자 위의 담뱃갑 집어 드는데)

민경 내 발등에서 지금 피가 철철 나.(울먹해지면서 고개 꺾이는)아파 죽겠어. 다시 걸을 수 있을지 모르겠어 (아주 작게 가슴 아프게)나쁜 자식아.(하며 불끈 일어나 나가버린다)

강욱 …….(담뱃갑 든 채)……..

제8회

S# 민경의 병원 진찰실

민경　(겉옷 벗어 처리하며 주체할 수 없이 흐르는 눈물/가운도 안 입고 테
　　이블의 휴지 여러 장 뽑아 눈 가리며 의자에 엉덩이 걸치며 운다)········

S# 강욱의 진찰실

강욱　(들어오며 상의 벗어 걸고 가운 집어 입으면서)······

S# 민경의 진찰실

민경　(다른 휴지 뽑고 있다····눈물 수습하려 하면서 오기 같은 것이 발동
　　하는 얼굴)·····(어느 순간 발딱 일어난다)

S# 강욱의 진찰실

강욱　(의자 옆으로 돌려 앉아)········

　　E 문소리

강욱　(소리에 돌아보면)

민경　(문 열고 서 있다)·····

강욱　(자세 조금 고치는)

민경　(문 닫고)너한테····몇 가지 질문 있어····대답해 주라.

강욱 (일어나며 안 보는 채)…뭔데.

민경 몇 살이니.

강욱 …(여전히 안 보는 채)정확히 몰라.

민경 ……(기 차다/)나이두 모르구 야합을 했니?

강욱 ?(본다)

민경 야합이라는 말이 거슬리니?…안 그러니? 약혼자 있는 것들이
아무 생각없이 순식간에 갈 데까지 가버린 거/들개들 야합같은 거
아냐?

강욱 (외면하고 만다)‥

민경 이름은 아니?

강욱 ‥‥

민경 뭐하는 애니……대답 안할 거야?…첨부터 끝까지 뭉개버리구
말래?

강욱 알 필요 없잖아.

민경 ……(보다가 강욱의 앞으로 와 마주 서며)필요없다구 누가 그래.
내가 알고 싶은 게 필요야. 어떤 기집애한테 널 도둑맞았는지 내가
알고 싶어.

강욱 ……(보며)…

민경 어떤 기집애길래 너를 그렇게 만들었는지 궁금해. 그러니까
말해.

강욱 (피해서 물 있는 곳으로 움직이며)그러지 마. 알 거 없어.

민경 (강욱 움직이는 쪽으로 몸 돌리면서)나 그 정도 요구할 권리는 있
잖니?

강욱 (물병 꺼내면서)권리 얘기가 아냐……(컵 집으며) 알아서 뭐

해.(따른다)

민경　……(보다가)뭘하든 그건 너 알바 아냐. 뭐 하는 애야. 뭐/ 하는 일이 있는 애야 아니면 그냥 여행이나 다니면서 남자나 후리는 애야.

강욱　(물 마시다 돌아본다)…

민경　그런 타입 알아. 햇빛 모자란 음지에서 자란 풀 모양 하늘거리면서 남자 후리는 기집애들 있어..

강욱　(오버랩의 기분)작가야.(심한 말에 약간의 오기)

민경　?…작가?…걔 작가같이 안 생겼든데 너 속은 거 아니니?

강욱　(잠깐 흘깃 보고 물 잔 놓으며)작가 맞어. 방송작가야.

민경　……뭐 썼는데…… 뭐 쓴 작간데.

강욱　(물 잔 놓은 채 등 보이며)시작한지 얼마 안된대…이렇다 내놓을 작품은 없다드라..

민경　……이름이 뭐야.

강욱　(돌아보는)…

민경　이름이 뭐야.

강욱　그거 알아서 뭐 할려구 그래.

민경　(올라서)글쎄 뭘하든 그건 니 알 바 아니라니까? 나 하구 싶은 대루 할 거야.

강욱　글쎄 뭘 할 건데.

민경　너 그렇게 걔 보호하구 싶니? 어제 레스토랑에서두 너/들어가 걔 데리구 나오랬더니 뭐랬지? 니 얼굴 다시 안 볼 작정이면 마음대루 하라구? (감정 조금 높아지면서)인상 더럽게 쓰면서 너 그랬어. 나 어땠는지 알아? 너 정말 나쁜 놈이더라. 무릎 꿇구 빌어두 시원찮은데 뻔뻔하게 그 기집애 카버하자구 니 얼굴 볼 생각하지

마라? 니 얼굴이 뭔데.니 얼굴이 뭐 그렇게 대단한 건데/

강욱 (오버랩의 기분)그럼 지성인이/기어이 거기 뛰어들어가 난동 폈어야 했단 거야?(마주 조금 오르며)

민경 누가 지성인인데...너 지성인이니? 어 그랬니?

강욱 가 일해.(의자로 움직이며)시간 됐어.

민경 ...(뭔가 터질 듯 지나는 강욱 팔 움켜잡는다/입 꽉 다물고/안 보면서).........

강욱 (잡혀서 보는).....

민경 ......(그러나 참아 넘긴다. 그대로 있다가 눈 한 번 꽉 감았다 뜨고 문으로)

강욱 ....(보며)

S# 강욱 진찰실 밖

민경 (나와서 자기 병원 쪽으로/대기 중인 환자들 없다)

간호사 둘 (안에서 흘러나오는 다툼—내용 다는 아니지만 둘이 뭔가 싸운다는 정도—을 들었다/민경 나오자 함께 일어서며 눈치 보는)....

S# 계단을 오르는 민경/혹은 내리는/

민경 ....

S# 강욱의 진찰실

강욱 ....(우두커니 앉아 있다가)....(인터폰 누르고)준비 됐나요?

간호사1 네 선생님. 삼분만 있다 나오세요.

강욱 알았어요.

S# 대형 서점

지현 (카운터에서 계산하고 카드 돌려받고 책 꾸러미 받아 들고 움직이는)......

S# 서점 출구를 향해 나오고 있는 지현·····

지현 (문득 걸음 멈추고 서서)·······(고개 돌려 패스트푸드 상점 보고 그쪽
으로 가서 아무 데나 빈 의자에 앉으며 책 꾸러미 처리하고 핸드폰 꺼내
번호 찍는다)····

　　　E 벨 가는 소리

간호사2 F 네 성형외곽니다.

지현 저···선생님과 통화하고 싶은데요. 박지현이라고 합니다.

간호사2 F 선생님 지금 수술 중이세요.

지현 그 그럼 언제쯤 통화가 가능할까요.

간호사2 F 그건 뭐라구 말씀드릴 수가 없어요. 두 시간쯤이면 나오실
수 있는데 좀 더 걸릴 수도 있거든요.

지현 (오버랩)그럼 그럼요 미안하지만 메모 좀 해 주시겠어요?

간호사2 F 말씀하세요.

지현 공 일 일

S# 강욱의 대기실

간호사2 (받아 적고)··네 알겠습니다(전화 끊고 메모지 들고 보며 혼잣
소리)이 여자 뭐야···(하며 수술실 쪽 돌아보는)

S# 수술 중인 강욱/(쌍꺼풀)

S# 강욱의 진찰실

간호사2 (메모지 들고 와 강욱의 테이블에 놓는다)

S# 서점 패스트푸드···

지현 (콜라 마시고 앉아 있다)·······(끊임없이 생각이 헤매는)

S# 민경의 진찰실

민경 ·····(테이블 의자에 앉아서···생각에 빠진)··········(이윽고 전화기 들

어 버튼 누른다)····

　　F 신호 가는

여자　F 네에 월간여성입니다.

민경　아 나 허민경인데요.

여자　F (오버랩)어머 선생님 안녕하세요.저 지기자예요. 원고 아침
에 받은 거 같든데요?

민경　어 그런데 한기자 지금 자리에 없어요?

S# 지현의 작업실

유자　(컴퓨터 두드리는데)·····

　　E 전화벨

유자　네에···(반가워서)?···한 선배애. 웬일이에요 전활 다 하구?··빛
못보는 방송작가 뭐 그날이 그날이죠오··?·· 네?·····(얼굴 이상해지
며)방송작가 중에 젤 이쁜 애요? 호호 그거 나 아닌가? 왜 그래요?
····아마 나랑 같이 작업실 쓰는 박지현일 걸요? 그런데 왜요. 방송
작가랑 인물이랑 무슨 상관이에요?····(의아한 채)맞어요 태국갔다
왔어요····아니 지금 나가구 없어요. 그런데 도대체 뭐에요 한 선배
····누가요·····김칫국 마시지 말라 그래요. 걔 약혼했어요. 그것두
아주 어마어마한 집안 대단한 아들이니까 헛꿈 꾸지 말라 그래
요···그런데 그 남자는 뭐하는 사람인데요?····약혼자요?··

S# 민경의 사무실

민경　김진수 씨 왜요?

환자　(20대 후반 남자)저기 액취증 때문에 왔는데요···저기 수술을 했
는데··재발해서···레이저까지 했는데두

민경　(벌써 비닐장갑 끼면서 오버랩의 기분)겨드랑이 좀 봐요.(일어나

318

환자 쪽으로)

환자 (일어나 옷 벗어 겨드랑이 보여주는)…

민경 (겨드랑이 만지며)수술 언제 했어요.

환자 일월에..

민경 레이저는요.

환자 11월에요.

민경 됐어요 옷 입으세요.(자기 자리로 가면서)레이저를 다시 할 수
는 있는데 지금은 아직 조직이 덜 아물어서 안돼요. 이삼개월 뒤
조직 다 아문 다음에 할 수 있어요.

환자 지금은 안되나요? 시간이 없는데..

민경 시간 없어도 상처 다 낫지도 않았는데 거기다 또 레이저 못해
요. 액취증이라는 건 겨드랑이 털구멍 옆에 아포크린한선이라는
게 있는데

  E 전화벨/오버랩

민경 잠깐요…네에…어 한 기자…….그래?…(다소 긴장)있었어?…..어
(펜 집으며)틀림없는 거지. 알았어 틀림있는지 없는지는 내가 확
인하께. 말해 이름이 뭐야…..(적으며) 연락처…(적고 나서)작업실
이 어디야…..어…어어…?…..응 알어 약혼했다드라…..아니 그거까
지는 몰라…그래?…..굉장한 집안이네?…근데 걔 학교 어디 나왔대
니…어…엉 그래 한 기자 고마워. 내가 맛있는 밥 사주께…어 그래..
땡큐우(하고 전화 끊고 메모 집어 들고 보면서)………..

환자 저기 선생님.

민경 아 미안해요. 아포크린한선이라는 게 있는데(에서)

S# 패스트푸드점에서 일어나 책 보따리 집어 들고 움직이기 시작하는 지현…

S# 민경의 진찰실

민경 ……(볼펜 테이블 위에 톡톡톡톡 찧으면서)……

S# 시내를 운전하고 있는 지현……

S# 수술 중인 강욱

S# 작업실 복도

지현 (책 보따리 들고 작업실로)……(열쇠 꽂는다)

S# 작업실

현경 (효자손으로 등 긁다가 열쇠소리에 돌아보고)

지현 (들어온다)언제 왔니?

현경 쪼꼼 전에…책방 갔었니?

지현 유자가 말 안해?

현경 못 봤어. 없드라? 진짜 겨울 없는 나라루 이민을 가든지/

지현 (움직이며)식초 목욕 해보라니까 왜 말 안들어‥

현경 초 냄새 싫단 말야.

지현 효자 손으루 긁어대 비듬 떨구는 거 보다 낫겠네.

현경 (긁던 것 그만두며)무슨 책 샀니.

지현 닥치는대로…

현경 정감독 뭐라 안 그래?

지현 몰라 조용하다. 알아서 하라는 건지 뭔지‥

현경 잘두 알아서 하라 그러겠다. 자기 혼자 죽어라 짱구 돌리구 있
     을걸? 시청률이 이러면오를까 저러면 올라줄까.

지현 그놈으 시청률.(싱크대로 가며) 사과 하나 깎자.

현경 어 그래.

지현 (냉장고에서 사과 한 알 꺼내며)유자는 오늘부터 일일 쓴다더라.

320

현경 하게 됐대?(놀라서/반가워서)

지현 아냐.그냥 무턱대고 쓰겠대.(과도와 접시)무턱대고 몇십회 써서 다른 방송국에 들구가 하자 그런대.

현경 자신있다 그거지?

지현 (현경 쪽으로 가며)나두 개처럼 자신 있음 좋겠어. 부럽드라.

현경 작정하면 하구두 남을걸?

지현 하구두 남지.(소파에 앉으며)

현경 생각해 봤는데 있잖니. 우리 아무래두 초고는 니가 써얄 거 같드라.

현경 E (깎으며 보는 위에)왜냐믄 우선 얘기가 니 얘기잖아.

지현 그럼 너 뭐할 건데. 내가 쓴 원고 심사하는 심사위원?

현경 (찡그리며)공동작업이라는 게 가능은 한 거니?

지현 ....(보다가 깎으며)글쎄.

현경 나는 그저 협력자나 하는 게 옳지 싶다. 니가 쓴 원고 보고 느낌 얘기하구 의견 내 놓구/...플롯 짜는데 아는 척이나 하구 말야.

지현 왜 꽁무니 빼는 거야?

현경 너랑 나랑 칼라가 너무 다르잖아.

지현 ....(보며)

현경 아냐?

지현 미리부터 그럴 거 없어. 일단 시작해 보자구. 너 웃기게 재미있는데 있으니까 그런 부분은 니가 써 넣구 그럼 돼. 칠 년에 세 마디밖에 안 하는 큰아들 나 못써 얘. 재수생 아이두 나 못쓰구.

현경 재수생이야 내가 전문이지. 우리 집에 재수가 합이 셋이잖니.

지현 왜 괜히 튕겨?(흘기며)

현경 아무 것도 안하고 있다가 숟가락만 들구 덤비는 꼴 같아서. 미
　　안하잖아아아아.

지현 (그냥 흘겨주는)....

　　　E 지현의 핸드폰 우는 가방 안에서

지현 (받는다)네에..

강욱 F 나..여기 병원이요.

지현 .....(가슴 내려앉는)...

강욱 F 전화했다 그래서...

지현 (오버랩의 기분)그랬어요....저기..잠깐요...잠깐만 끊지 마세
　　요...(하고 전화기 내리며)현경아 미안해.(하고 나간다)

현경 ?....

S# 작업실 밖 복도

지현 (나와서 작업실과 멀게 움직이면서)..친구가 있어서요...복도루
　　나왔어요....전화할 필요 없는 줄 알면서두...(멈춰 서서)

S# 강욱의 진찰실

지현 F 신경이 쓰여서....어제 내가 잘못한 거 아닌가...그냥 그렇게
　　들어가 버리지 말구 어떻게든 수습을 했어야 하는 게 아닌가....해
　　서요.

강욱 (오버랩의 기분)잘못 없어요. 수습할 수 있는 상황이 아니었잖
　　아요....나두 마음이 쓰였었어요....당황하게 만들어줘서...미안해요.

지현 F 나는요...

S# 복도

지현 (복도 벽에 조금 기대듯 하고 서서)나는요 나 때문에 곤욕치르는
　　거....원치 않아요. (눈이 헤매면서)우리 같이 저지른 일은..그저 한

322

순간의 교통사고처럼 생각하구 그만둔다 그래두

강욱　F　(오버랩)한 순간의 교통사고로 생각할 수 있소?

지현　……

강욱　F　아무 대책이 없다고 우리 만남을 그런 식으로 쓰레기 통에 처박지는 맙시다.

S# 강욱의 진찰실

강욱　한 순간 눈맞춤을…평생 못잊고 살 수도 있어요…나는 그럴 거요.

지현　F　어떻게 했어요.…곤욕 치뤘죠…

강욱　괜찮아요…그 사람이 치르는 고통에 비하면

S# 복도

강욱　F　(연결/지현/그 여자의 고통이라는 말에)괜찮아요…걱정하지 말아요.

지현　….(술이 깨는 것 같은/벽에서 떨어지며)

강욱　F　걱정 안해두 돼요.

지현　(오버랩의 기분)알았어요…(허탈한)그럼 됐어요. 안녕히 계세요…(하고 끊으려다 다시)그냥 오다가다 만난 여자라 그러세요.사실이 그러니까. 별 거 아니라구/아무 것도 아니라구요.

강욱　F　(오버랩)지현씨.

지현　(그냥 접어버리고)………

　　　　E　다시 울리는 전화벨…

지현　(전화 폈다 다시 접는다)……

S# 강욱의 진찰실

강욱　………(전화기 보다가 천천히 내려놓는)……

S# 복도

지현 ……(벽에 기대어 서서/고개 조금 아래)……(한참 동안 그대로 있다가 떨치듯 몸 떼고 작업실로)

S# 작업실

지현 (들어온다)

현경 (소파에서 지현이 사다놓은 책 꾸러미 쏟아놓고 책 한 권 들척이다가 보는)…

지현 (소파로 오며)나한테 말 걸지 마. 나 미친 애야.(소파에 풀썩 두 손 양쪽으로 소파 모서리 움켜쥐듯 하고 고개 옆으로 틀고)나 미쳤나봐……

현경 ………(그냥 보며/누구와 통화했는지 짐작하는 바다)

지현 ……(그대로)

현경 ……(까닥도 않고 보며)…

지현 (고개 앞으로/보지는 않으면서/자신이 한심한)내가 지금 뭐하구 있는 건지 모르겠어……

현경 끝난 거 아니니?

지현 (조금 울먹해지며)마음이 끝내지지가 않아. 어제 레스토랑에서 우리…그 여자한테 들켰었어.

현경 ?……

지현 뭐라구…변명할 수도 없이 그렇게 돼 버렸는데…(고개 다시 옆으로 틀며)하루 왼종일 그쪽 일이 궁금해서 전화걸구 싶어 미치겠는 거 있지…결국 메시지 남겨서 지금 전화 온 건데……말로는 그 사람 곤욕 치를 게 신경쓰여서라구 하면서…속 마음으로 내가 기대한 건 그쪽 다 깻박났다는 소식이었나봐……

현경 ……(보며)

지현 그 여자가 치르는 고통에 비하면 자기 곤욕은 아무 것도 아니

324

라는 말이 왜 그렇게 실망스럽겠니…

현경 (오히려 차분해져서)어제 누구… 전혀 눈치 못챘었는데 그 사람들두 밥 먹으러 와 있었니?

지현 (원망스러운/다소 응석 같은 눈빛으로 현경 보며)니가 잘 나간다구 했던 피부과 의사..

현경 ?……뭐?

지현 (휴지 뽑으며)실망했니?

현경 …..(보며)

지현 (휴지로 손 닦으며/안 보며)생각나?

현경 (차분하게)너 어떡할려구 이래…..

지현 ….몰라.모르겠어.

현경 …..종혁씨 너무 안됐다….

S# 청주 공단 시찰 중인 최회장과 종혁…

  [현지 공장 실무 간부의 브리핑]

  [적당히 한 이 분 정도 진행]

S# 다른 공장으로 가는 길

  [부자 같이 걸으면서/간부들 너댓 명 적당한 거리를 두고 따르고]

최회장 …그 아이는 요즘 뭐하구 지내. (종혁 아버지 보는) 어째 방송한다는 소리가 없어. 뭐 쓰기는 쓰는 아이야?

종혁 (좀 웃으며)지금 뭐 준비중인 모양입니다 아버님.

최회장 쓸줄은 아는 애냐?

종혁 네 쓸 줄은 아는 모양입니다..

최회장 지난 번 이 회장 생일 파티에서 그 아이 나온 학교 총장을 만났는데 자기네 제자라구 아는 척 하더라.

종혁 네에..

최회장 재원을 며느리로 맞는 소감이 어떠냐구 싱거운 소릴 해서 우리 집안에 재원은 그다지 필요없고…그저 표 안나게 자식 잘 키우고 내조 잘하는 며느리면 족하다 그랬더니/몰라서 그렇지 그것도 재원이 더 잘하는 법이라 그래서 웃구 말았지…

종혁 (그저 조금 웃는)….

최회장 피곤하게 굴지 못하게 해….여자가 피곤하면 되는 일 없어. 이 나이 들어 늬 어머니한테 고맙게 생각하는 거/…평생 잔소리라고는 모르구 평생 찌푸린 얼굴 안 보여줬던 점이야.

종혁 그 사람두 안 그럽니다.

최회장 (아들 보며)안 그렇기는 뭐가 안 그래 이 녀석아. 웃는 얼굴 보기가 힘들던데..

종혁 아니에요 정말 안 그렇습니다.

최회장 나는 명랑한 사람이 좋더라.

종혁 ….(아버지 보며)…

S# 화장품 생산 공장 둘러보는 父子……

S# 서울로 올라가는 고속도로

　　[달리는 父子의 자동차 두 대.]

S# 종혁의 자동차 안

종혁 (전화 중)먼저 말씀드린 전환사채 껀 검토해 보셨나 해서요…아 그러니까 해외전환사채는 프라이싱하고 앞으로 결정돼야 할 건 발행사 선정하고 환율인데요..그렇죠 나머지는 다 결정 된 거죠…예 해외전환사채 발행과정이 먼저 의사결정을 한 뒤에 그게 모이면 프라이싱을 하게 되는데/프라이싱은 공식에 의해서 나오는 거니까 충분히 예측이 가능하죠. 그러니까 사실상 결정은 됐다구 보시면 됩니다. …한마디로 쇼핑 몰이라구 할 수 있어요.그 사이트에 들어가 퀴즈를 맞추면 사이버 머니가 생기는데 그 사이버 머니로 실제로 물건을 살 수가 있는 겁니다.

S# 작업실

지현 (긴 소파에 천장 보고 누워 있고/한 팔 이마에 올리고)

현경 (침대에서 얇은 덮을 것 갖고 오면서)그러지 말고 미련을 버려… 되지두 않을 일에 매달려서 (덮어주면서)뭐하러 시간 낭비 감정 낭빌 하니.

지현 (눈 감으며)그러니까 내가 미쳤다 그러지이이.

현경 미친 줄 알면 빨리 제정신으로 돌아오면 되잖아.

지현 (옆으로 돌아누우며/눈 감은 채)나두 그러구 싶어…안되니까 돌겠단 말야.

현경 ….(보다가 푹 앉으며)얘 나 그 사람 제대루는 못 봤어두 보긴 봤는데 종혁씨에 비해서 너…(했다가)사람 인물루 비교하는 건 우습지만 야 그래두 우리가 모양새 안 따지니? 종혁씨가 백배 천배 낫지 너는 어떻게 그런 시골 아저씨같이 생긴 사람한테….말이 안된다 말이 안돼. 종혁 씨가 싱싱하게 빳빳한 삼치라면 너 그 남자는 물가서 늘어진 대구야 대구.

지현 (그대로)난 종혁씨처럼 생긴 남자 싫어.

현경 괜히 그러는 거야 진짜야.

지현 (일어나 싱크대로 가며)남들이 다 잘생겼다 그러는 남자/자기도 자기가 잘 생긴 거 아는 남자/얼마나 밥맛인데.

현경 종혁씨가 어디 그러니. 그렇게 유치한 사람 아니다 얘.

제8회 327

지현   (커피 따르면서)니가 더 잘 아니 내가 더 잘 아니.

현경   너 지금 바람났기 때매 괜히 생트집 잡는 거야. 웃겨 죽겠다 진짜.

지현   (머그잔 들며)그럴지두 모르지.

현경   기껏해봤자 성형외과 의사잖어. 막말루 그 사람 깻박내구 너 깻박내구 짜잔 붙는다 치자. 한 여자 한 남자 만신창이 만들어 놓구 그게 아름답기를 하니 아니면 탁월한 선택이기를 하니. 백말탄 왕자 발루 차구 왕자 마부하구 눈 맞은 꼴야 너.

지현   왜 그렇게 속물스럽게 얘기해애‥

현경   야야 아닌 척 해두 우리 다 속물야. 속세에서 살면 속물인 게 당연한 거니까 그런 말 들어두 나 하나두 안 챙피해. 그래 나 속물야.

지현   ‥‥(마시는)

현경   도대체 뭐에 반했니 응? 진짜 궁금해서 온몸이 총체적으로 다 가렵다. 뭣때매 넘어갔니 응?

지현   (머그잔 놓으며)사람이 좋은 거 너‥‥ 뭐 때문이라구 말할 수 있어?

현경   ‥‥그래 뭐 설명할 수 없는 화학반응이라더라.

지현   (옷 있는 곳으로 움직이며)나 집에 들어가야겠다‥‥‥있어봤자 일하기두 틀렸구 집에 가 잠이나 잘래.

현경   (일어나며)잠이나 자지 말구 얼음 물에 얼굴 씻구 정신이나 차려.

지현   그래 알었어 미안해.(소지품 챙겨 들고 나가는데)

현경   그래갖구 너 일 하겠니?

지현   글쎄 말야(하면서 나간다)

S# 복도

지현   (승강기를 향해서)‥‥(가는데)

E 핸드폰 전화벨

지현 (가방에서 꺼내 받는다) 네에‥

민경 F 박지현씨 핸드폰인가요?

지현 네 그런데요.

민경 F 본인이세요?

지현 네‥누구시죠?

민경 F 이 강욱 선생 알죠‥‥‥나 어제 봤던 사람이에요.

지현 ‥‥‥

민경 F 내가 좀 보자구 할 거…각오하구 있지 않았나요?

지현 이 번호 어떻게 아셨어요.(강욱에게서 안 것으로)

S# 어두워지기 시작하는 거리를 운전하고 있는 민경의 차 안

민경 지금 어디/ 작업실인가요? 지금 그쪽으로 가고 있는 중인데 어디서 볼까요.

지현 F ‥‥‥

민경 나는 그쪽 잘 모르니까 아가씨가 얘기해요‥‥‥

S# 국민일보 카페 정도

　　　[마주 앉아 있는 두 여자‥‥]

　　　[두 여자.]

민경 ‥‥(보며)

지현 ‥‥(시선 내리고)

민경 (보며)‥‥‥

지현 ‥‥(그대로)

　　　[찻잔 와서 놓여지며]

민경 고마와요.

웨이터 (인사하고 아웃)

민경 (스푼 집으며)차 들어요.

지현 ....(잠깐 본다)

민경 (첨가물 넣는 손이 약간 떨리면서)강욱이/아니 이 선생 얘기대로라면 서로 피차의 상황에 대해서는 감춘 채 사건을 벌였다 그러든데…(찻잔 올리며 안 보는 채)맞아요?

지현 ......(보며)

민경 (보며)맞아요?

지현 (시선 피하며)굳이 확인해 드려야 한다면…

민경 ?

지현 E 맞아요.

민경 (찻잔 놓으며)아가씨 나 성격 그다지 좋은 사람 아니에요. 내 마음이 지금 어떨 거라고 생각해요. 아가씨가 내 경우 당했다면 어떨 거 같아요.

지현 아가씨 아닙니다 이름이 있어요.

민경 .....(보다가)대단하군‥

지현 ?(본다)

민경 작가 맞아?

지현 저는 제가 이렇게 불려나와 앉아 있을 이유 없다고 생각해요.

민경 ....이유가 없어?

지현 두 분 문제는 두 분이 해결해야 하는 거 아닌가요?

민경 망신당하구 싶니?

지현 반말 안하셨음 좋겠어요. 나 술 파는 애 아니에요. 고압적으로 뭔가 추궁하고 질책하려고 오셨다면 잘못 생각하셨어요. 이 선생님두 성인이구 나두 성인이에요. 말씀대로 우리는

지현   E 서로의 처지에 대해서 몰랐고…쉽게 얘기해서 짧은 동안 아주 가까와졌어요. 그 쪽 입장에서는 황당하겠지만

지현   둘 다 아직 결혼 전이구 나는 도덕적으로 그렇게 비난받을 일은 아니라구 생각해요. 하실 말씀 있으면…조용히…차분하게 해 주셨으면 좋겠어요.(시선 내리며)

민경   ……(보다가)도덕적으로 비난받을 일은 아니라면 인간적으로는 어때…

지현   (본다)

민경   나만 좋으면 나 때문에 다른 사람이야 죽든 살든 아무 상관 없어?

지현   ……(보며)

민경   상관없기 때문에 이 자리에 불러낸 내가 우스워? 유치찬란해?

지현   (시선 내린 채/다소 눅어지는)하고 싶은 말씀 하세요…

민경   ……(보다가)귀국해서도 계속 만나고 있나?

지현   (본다)

민경   추궁이라고 생각하지 말아.. 상황 해결에 필요해서 그러는 거니까.

지현   한 번 만났어요.(시선 내리며)

민경   어제?

지현   아뇨..귀국하는 날요….

민경   그래서….두 사람 어떻게 되는 거지?

지현   (보며) 이선생님 뭐라구 하시는데요..

민경   ….그걸루 끝이라구.

지현   ……(보다가 시선 내리며)이 선생님 말이 맞아요…

민경   ……(한참 보다가/그래 끝난 것으로 확인시키는 게 낫겠다)나는…

절대로 천지개벽을 해도 있을 수 없는 일이라고는 생각 안해. 박지현씨 젊고 이쁘고…우리 이 선생 매력 있어……벌어진 일은 벌어진 일이구….상황두 알았구 얘기두 끝냈다니까 ….그렇게 믿을게…

지현 ……(시선 내린 채)

민경 박지현 씨도 상당히 괜찮은 약혼자가 있다면서…….

지현 ……

민경 이 선생은 내가 잘 알아…그 남자는 내가 내버려주지 않는 이상 절대 자기가 먼저 나 내버릴 사람 아니구…….나는 그 남자 안 내버려‥

지현 ……(보며)

민경 내 사람 다시는 훔치지 말아……부탁해…..

지현 …..(고개 옆으로 돌리며)

민경 훔치구 싶어두 참아……안 그럼 내가 못 참게 될 거야‥

지현 계속 반말이시군요.

민경 나하구 고등학교가 같드군. 반말하면 안돼?

지현 ?…(보는)

민경 (소지품 집어 들면서)다시 또 만날 일 없게 해 줘. ……

지현 (보며)……

민경 (나간다)…..

지현 ……(허탈한 시선으로 따르는)

민경 (찻값 내고 나간다)….

지현 …(한 방 된통 맞고 난 후/창 쪽으로 고개 돌리는)

S# 카페 밖…

민경 (나와서서)……………(발아래 바닥 보며 서 있는)

S# 카페…

지현 (그대로)……

S# 카페 주차장

민경 (운전대에 올라 터지려는 울음 입 꽉 다물고 참으며)……(벨트 뽑아
채우며 푹 터진다) 망할 자식……(한쪽 손등 이마로 올라가며)망할 자
시익……

S# 카페의 지현…

지현 ….(떨리는 손으로 식은 커피 잔 들어 올려 마시며)……(눈물이 크렁
크렁)……

S# 운전하는 지현…(밤)

S# 운전하는 민경….(밤)

S# 운전하는 지현

　　E 전화벨

지현 (받는다)네에‥

종혁 F 어 나야. 아침부터 정신없이 바빠서 연락 못했어.

S# 종혁 사무실

종혁 (슬리퍼에서 구두로 갈아 신으면서)세시까지 회사에서 눈 돌아
가게 일하구 곧장 아버님 따라 청주 공단 갔다 와서 잠깐 또 회의
하고 지금 약속 데 나가는 중야. 당신 오늘 뭐했어. 잘 지냈어? 일
은 시작했나?

지현 F 작업실 있다가 지금 들어가는 길이에요.

종혁 뚜껑은 열었냐구.

지현 F 그렇게 쉽게 열리는 뚜껑이 아니에요. 못 열었어요.

종혁 (상의 떼어들며)몇톤이나 나가는 뚜껑인데 그래. 크레인 대주까?

지현   F 그런 걸루 열리는 뚜껑이면 좋겠네요.

종혁   아 아버님 그러시는데 당신 다닌 학교 총장님이 당신을 재원이라 그러시드랜다…재원인 거

S# 지현의 차 안

종혁   F 맞는 거야?

지현   총장님은 제자는 무조건 재원이라구 하시는 거죠 머‥(대답은 하면서도 눈동자는 허탈하고)

종혁   F (소리 내어 좀 웃고)그런데 말야.

S# 종혁의 사무실

종혁   (상의 든 채)당신 아버님 뵈면 좀 많이 웃어드리구 명랑하게 굴어라. 아버님 명랑한 사람 좋아하시는데 당신 웃는 얼굴 보기 힘드시대……알았어?

지현   F 알았어요.

종혁   운전 조심해 / 나 나간다.

지현   F 끊어요.

종혁   끊어(전화 놓고/인터폰)

여비서   F 네 사장님.

종혁   나 내려가.이이사 강부장 내려오라 그래.

여비서   F 네 알겠습니다.

종혁   (출입문으로)

S# 강욱의 병원 대기실

강욱   (수술실에서 나온다)

간호사2   (따라 나오며)피곤하시겠어요. 선생님.

강욱   좀 그런데요? 하루 세건은 좀 힘들어요… 그런데 몇시죠?

간호사2 일곱시 넘었어요..

강욱 ....(들어가려다가 문득)허선생 안 내려왔었어요?

간호사2 아까 다섯시 쯤 퇴근하셨다 그러든데요?

강욱 ...알았어요.(방으로)

S# 강욱의 진찰실

강욱 (들고 들어온 새 가운 걸어놓고 담배 집어 의자에 길게 앉으며 피워 물고 기대면서 천장으로 내뿜는)........(그러다가 몸 일으켜 서랍에서 지현의 전화 메모 꺼내 보는)....(보다가 놓고 다시 기대는).....

S# 민경의 빌라

민경 (들어온다)...

이모 (엄마 옆에서 과일 깎다가)? 어떻게 들어온다는 소문두 없이 들어오니? 일찍 들어오는 줄 알았으면 안 먹구 기다리잖아.(과일 깎던 것 놓고 일어서며)

민경 천천히 먹을께요..(움직이며)엄마는 어때요.

이모 한결 낫다. 원위치 했어.(주방으로 움직이며)옷 바꿔 입구 내려와 차려 노께.

민경 네에..(계단으로)

서여사 왜 그렇게 기운이 없니.(신문 경제란 보던 중)

민경 환자가 많았어요...피곤해 죽겠어...(계단 오르며)

서여사 그러게 치료비를 올리라니까..(민경 그냥 올라가고)제대로 받고 받을 환자만 받으면 신세 덜 고단하고 좋잖아. .....(혼잣소리로) 어중이 떠중이 다 보구 앉았으니 실속두 없이 몸만 지치지.

S# 민경의 이 층 거실

민경 (나타나고)

민지   (잡지 보고 있다가)일찍 들어오네?

민경   넌 기분이 좋으네에?(그렇다고 다른 사람이 될 필요는 없고/안 보
       이던 관심 정도)

민지   언니한테 할말 있어(일어나며)

민경   나중에 해 나 피곤해.(들어가며)

민지   안 길어. 간단해.(따르며)

S# 민경의 방

민경   (들어오며)빨리 하구 나가.

민지   김새 진짜.

민경   기운 없어…기운 없어서 그래··

민지   보약 먹는 거 다 어떡하구 기운이 없니.

민경   (소지품 처리하며)뭔데…

민지   형부가 비밀루 하겠는데 언니한테까지 비밀인 건 아무래두 양
       심에 찔려서 그래.

민경   ?··너… 돈 주대?

민지   이천 받아서 아버지 갖다 줬어··

민경   ?··· 그돈을 받으면 어떡해.

민지   (오버랩의 기분)돈 필요한 사람이 이돈그돈 가리니? 언니한테
       갚아달라는 거 아니구 갚아달래서 갚아줄 언니두 아닌 거 아니까
       신경쓰지 말구 알구만 있어. 엄마한테랑 이모한테는 물론 비밀이
       구 유산 받으면 형부한테 갚아 줄 거야.

민경   (움직이며)유산 언제 받는데··

민지   엄마 세상 떠나면…내가 엄마보다 먼저 죽진 않을 거 아냐.

민경   (돌아보며)넌 어떻게 그런 말 그렇게 아무렇지두 않게 할 수가

있니.

민지 얘기했다아? 형부한테 아는 척이나 해 줘. 생각해보니까 진짜
입 꼭 다물어 언니두 모르게 하면/형부가 나 이상한 애라 그럴 거
같아서 말야. 너무 깜찍하다 그러지 않겠어?

민경 깜찍하구 너 안 어울려.(옷 갈아입으려 꺼내면서)

민지 그렇지.(수긍)···앙큼두 안 어울리고 응큼이 어울리겠다.후후
(하며 나간다)

민경 ····(움직이다가 /멈추고)······

S# 지현의 집 마당

[지현의 자동차 들어오고 있다····]

[주차하고]

S# 자동차 안

지현 (사이드브레이크 채우고 라이트 끄고 시동 끄고 키 뽑아내고 시트에
눈 감고 기대는)······

S# 지현네 마루

[일가족 귤 먹으면서 티브이 오락 프로그램 보면서 웃음이 터진 참이
다/다 같이/]

지현부 저런데 나와서 저 뭐하러 영감 망신을 시켜. 저건 자기 집 안
방에서나 할 소리지 원 쯔쯔쯔쯔/ 당신은 늙어두 저렇게 되지 마.

지현모 걱정돼요?

초희 어머머머 아버님두 젊으셨을 때 바람 피셨어요?

지현모 얘가 지금 무슨 소릴 해. 세상에 태어나 아는 여자가 당신 어
머니하구 나밖에 없다는 게 큰 유센 양반한테.

초희 그런데 왜 망신 당하실 걱정을 하세요?

지현모   망신을 주자면야 못 줄 것도 없지. 시두때두 없게 북북 꿔대
는 가죽피리 하구

지현부   어허어어

초희/진이   (넘어가고)

지현모   그나마 냄새가 없어 다행이지. 냄새 독했으면 나는 벌써 죽
었네

지현부   (오버랩)애비 귤 먹어라. 현식아 애비 귤 좀 줘 너만 먹지 말고.

현식   네에. 아빠(귤 주며)

지태   (신문 보며)됐어 너나 먹어…

초희   (신문)뭐 볼 거 있다구 그래요. 볼 거 아무 것도 없든데…

지태   녹차나 한 잔 줘.

진이   (발딱 일어나며)네에.

지현부   어 그래 나두 한잔 다우. 그러지 말구 우리 다 한잔씩 마시자.

지현모   애 나는 싫어/잠 안오더라.

한수   나도 안 마셔.

진이   E 알었어요.

초희   (귤 한 쪽 입에 넣다가 오버랩)아이고 이건 갔다. 쉬었어.(뱉어내
며)꿀렁거리더니 역시 갔네.…한수 먹어라.

지현모   저 뱉어내면서 왜 걔는 먹으래. 쯔쯔쯔쯔

지태   (신문 보다 못마땅해서 아내 보는)

초희   간 거 증명할라구요. 당신 먹어 볼래요?

지현모   이리 내봐.(뺏으며)내가 먹어보께.(아버지는 티브이 보고/ 씹
으면서)가기는 어디루 가. 좀 싱싱하질 않을 뿐인데‥

초희   그럼 어머니 잡수세요.

지현모 그래 내가 먹을 거야. 멀쩡한 걸 갖구

지현 (들어온다)다녀 왔습니다아.

초희 아가씨 들어오네요.

지현모 언제 왔어. 어째 누리두 안 짖어.

지현 짖을라 그러다 말더라구.

한수 저 짖구 싶을 때만 짖잖어요.

지현부 그게 아니라 짖을 땐 안 짖구 안 짖어야할 때는 짖는 눔이지
…푼수통야.(티브이 끄며)춥지 도루 춰줬어. 이리(난로)와 녹이구
들어가.

지태 차타구 왔는데 녹일 정도로 춥지 않어요··(지현은 아버지 말에
연결 아버지 옆으로)

지현모 발딱 일어나 상 보지 뭐해애.(며느리에게)

초희 (굼뜨게 일어나며)아가씨 상 봐야 해애(부엌에 대고)··

지태 (일어나고 있는 아내 다리 확 잡아챈다)

초희 아이구 왜 이래애?

지태 빨리 좀 움직여 빨리. 어어어이이(하며 불끈 일어나는데)

지현부 뭐하는 짓야 이게.(상당히 엄하다)

지태 …

지현부 애들 앞에서 엉?! 별일을 다 보겠네. 자식 앞에서 자식 에미
한테 그러면 그 자식이 뭘 배워.

지태 잘못했습니다.

지현모 혼날 줄 알았다.

지현부 내가 느이 어머니한테 그러는 거봤어? 어디서 배워먹은 버
릇야 이게.

지현모 이제 그만 됐어요.

초희 더 하세요 아버님. 저 이럴 땐 정말 저 그만 살구 싶어요.

지현모 어서 일어나 부엌에나 들어가. 불난데 부채질 해서 불키우지 말구.

초희 사람마다 다 각각 자기 리듬 자기 템포라는 게 있는 법 아니에요 아버님?

지현모 (오버랩)잘못했다 그러잖아. 소방차 부르게 만들지 말구 각설하고 말아 우리 다 아니까.

초희 저요 정말 아버님.

지현부 (오버랩)그래 미안해··(일어나며) 너 나중에 사과 받구 우선 지현이 밥 먼저 줘···

지현 (일어나는 아버지 보다가 초희 보는/엄마는 귤 먹은 뒤처리하고)···

초희 (뿌우해서 일어나 주방으로/현식이도 제 방으로)

한수 (거북해서 있다가 부시시 일어나며)저 그만 내려 갈께요 어머니.

지현모 (마루 치우며)그래 진이 데리구 내려가라.

한수 나중에 내려 오라 그러죠 뭐···주무세요. 주무세요 형님. (하고 나간다)

지현모 (마루 훔친 깨끗한 걸레 들고 일어나며)너두 그 성질 좀 고쳐. 다들 기분 좋게 노는데 이게 뭐야··썰렁하게 만들구··(욕실로)

지태 ···(휭하니 제 방으로)

지현 ···(일어나 제 방으로)

S# 지현의 방

지현 (들어와 소지품과 겉옷 처리하고 이내 나간다)

S# 주방

지현 (들어오며)내가 하께 언니 들어가요. 진이야 너두 내려 가.

진이 다 됐는데요 머. 국만 뎁혀지면 돼요.

지현 국 안 먹어두 돼. 불끄구 내려가.

진이 찻물두 끓어야 해요.

초희 (뿌우 서 있다가)파장 했어··내려 가. 내가 하께.

진이 ···네···그럼···(목례 어설프게 눈치 보며 하고 나간다)

지현 (차려진 쟁반에 물 한 컵 따라놓으며)늙거든 복수해 줘요···못됐어 진짜.

초희 아가씨 명심해요. 어머님 말씀이 진리구 ··내가 살아 있는 표본이에요··내가 더 좋아하는 사람하구는 절대 결혼 안하는 거에요 ·· 나같이 버려지 취급 받구 살어요.그런 점에서 아가씨는 참 복 많어요··

지현 ·····(보며)

초희 늙을 때까지 뭐하러 기다려요. 저 인간 늙으면 나두 늙을텐데/ ···늙기 전에 어떤 날 날 잡아서 내가 안 살아주구 말 거에요. 좋아 좋아 그냥 봐주구 넘어가니까 진짜 자존심두 없는 줄 알어···(눈물 훔치며)

지현 ········(보다가)들어가요···

초희 들어가요.

지현 (쟁반 들고 나가고)

지현모 (들어오며)웬 드러운 성질머리····(하다가 눈 아래 닦는 며느리 보고)··너 우니?

초희 저는 뭐 울줄도 모르는 천치에요?

지현모 ···(아연했다가 달래는) 아 누가 그렇대.너 천치라는 사람 어딨

어. 말짱하게 대학 공부까지 한 사람인데.너 천치라는 사람 있으면
(레인지로 가며)애가 물을 얼마나 끓이길래(주전자 뚜껑 열어 보고)
이런이런 매련한 것.어이구우우우(하며 주전자 물 싱크대에 적당히
버리고 도로 올려놓으며)너 천치라는 사람 있으면 내가 목을 비틀어
버리겠다.

초희　(비죽 웃으며)어이구 어머닌..

지현모　애비가 딱 지 할아버질 닮아서 저래…타고난 성질은 평생 못
　고치드라. 그저 고질병 하나 달구 있다 딱하구 불쌍하다 그러구
　말어.

초희　아가씨는 늙어서 복수하래요.

지현모　그래 늙어서 복수해.

초희　늙을 때까지 안 기다려요.. 더는 못 참겠다 싶으면 내일이라두
　보따리 쌀 거에요.

지현부　쯔쯔쯔쯔쯔 (흘기며)

S#　지현의 방

　[화장대에 쟁반 놓고 맛없는 밥 먹으며…..]

S#　강욱의 오피스텔

강욱　(들어와 불 켜고 열쇠 처리하고 햄버거 봉투 식탁에 놓고 겉옷 벗어
　걸고 그대로 침대에 천장 보고 퍼져 누우며 한 손 이마에 올리고)………

지현　F (오버랩의 기분)알았어요…(허탈한)그럼 됐어요. 안녕히 계
　세요…그냥 오다가다 만난 여자라 그러세요.사실이 그러니까. 별
　거 아니라구/아무 것도 아니라구요.

강욱　…..

민경　E (고개 돌려 보며)내가 얻은 결론은 그거야. 너는 그 애하구 장

342

난 친 게 아니구…너는 그 애가 정말 갖고 싶고 ··나같은 건 시시해
졌고 그래서 …나같은 건 어떻게 되든 상관없다고.

강욱 (손으로 눈 덮는)……

   E 현관 벨.

강욱 ?….(몸 일으켜 문으로)누구세요.

민경 E 문 열어.

강욱 (문 연다)

민경 (들어오며)너 왜 잘못했다구 안해. 다시는 그런 일 없다구 왜
   안해.

강욱 …잘못했다 그런 거 같은데··안 했니?

민경 넌 했는지 모르겠는데 암튼 난 못들은 거 같애. 그건 니가 제대
   루 잘못했다 소릴 안했기 때문 일 거야.

강욱 ……

민경 잘못했다/한 순간 실수였다/다시는 그런 일 없다/용서해라/
   상투적이고 상식적이지만 너 그래야 하는 거 아니니?

강욱 꼭 말해야 하는 거 아니잖아.

민경 봐 너./너 하기 싫은 거야. 잘못한 거 아니구 실수도 아니구 다
   시 안한다는 약속 하기 싫구 내 용서같은 거 필요없는 거야.

강욱 니가 질문하고 니가 대답하는 그런 거 하지 마. 니 생각이 다
   맞는 거 아냐.

민경 다 맞는 건 아니면 그럼 맞는 건 뭐니.

강욱 니가 원하는 걸 말해. 나는 죄진 놈이고 처분만 바랄 뿐야. 니
   성격에 그냥 넘어갈 애아니라는 거 알아. 각오하구 있어. 말해.

민경 (오버랩/울음처럼)이강욱……(불러놓고 있다가) 너 나 봐.

강욱   ·····(본다)

민경   니가 아는 내 성격에 그래 절대 그냥 못 넘어갈 일야. 나 별명
        이 단칼야. 그런데 단칼로 못 쳐내고 이렇게 질척거리는 게 무슨
        뜻인지 너 몰라?

강욱   ·····(보는)

민경   단칼이 칼집에서 안 뽑혀! 뽑아지지가 않는다구 이 망할 인간아!

강욱   (안아버린다)···

민경   (마주 안고 있다가)·····(밀어내면서/좀 차분해지며/안 보는 채)너
        못 내놔···안 내놀 거야···누구한테두 안 줘···너 없이 평생 니가 준
        상처 껴안고 때때로 더러워하며 그렇게 ···안 살 거야. 너를 포기하
        기에는 ···니 존재가 나한테 너무 커····

강욱   (자책으로 다가서며)민경아.(하는데)

민경   (그대로 바닥에 주저앉아버리며 울음 터뜨려버린다)······

강욱   ········(보며)

민경   (두 주먹으로 입 막듯 하고 가슴 찢어지게 우는)·········

강욱   (앉으며 어깨 잡아 안아준다)·····

민경   (그대로 울기만)

강욱   (일으켜 세워/···천천히 겉옷 벗긴다)

민경   ···(그대로)

강욱   ·····(보다가 다시 안아주는)····

민경   (마주 껴안는다)····

S# 지현의 방

지현   (옆으로 꼬부리고 누워서)·····

S# 강욱의 오피스텔

[각각 술잔 들고 앉아서]

강욱 ……(술잔 내려다보며)

민경 (술잔 무릎에 놓아 잡고 저만큼에 시선 던지고)……너 왜 우리 그림을 이렇게 망쳐 놓니……

강욱 (훌쩍 한 모금 마시고 내린다…안 보며)

민경 (시선과 고개 그대로)정말 보기 좋은 …누가 봐도 따듯하고 기분 좋은 그림…만들고 싶었는데……

강욱 ……(그대로)

민경 (한 모금 마시고 내리며 여전히 안 보는 채)……우리‥ 노력하자.(목이 뜨끔거려 간간이 조금씩 표 안 나게 찡그리며)강욱아 우리…노력하자….나… 시시해졌어두 전처럼 친절하게 대해주구….너…

민경 E 미워 죽겠어두 …전처럼 웃으께……그래두 한동안은 내가 너 미워하는 거…너 나 심심해하는 거…서로 들키겠지……

민경 그래도 우리 아닌 척 하자…모른 척 하자……(훌쩍 마시고 내리며/술잔 내려다보며)노력하자. 열심히 노력하자……응?

강욱 그래…그러자‥(안 보며)‥그렇게 하자…

민경 나는 정말 니 앞에 멋지구 잘난 여자구 싶었어….지금까지는 내가 그런 줄 알았어….(시선 피하며)그런데 아니드라… 평범 이하두 이상두 아니드라…그저 보통 수수한 여자드라….(훌쩍 마시고 내리며)질투나 죽겠구‥니가 미워 죽겠어…자존심 상하구…비참하구 초라하구…그런데 너 그거 아니?…미국 여자들도 남편한테 딴 여자 생기면 반 돌드라…마찬가지야‥사람 다 똑같아….

강욱 너 잘났어….평범하지 않아.

민경 ……(반응 없이 허탈한)

강욱 (보다가 한 모금 마시고 일어서며)더 할래?

민경 엉…(안 보는 채 컵 내밀고)

강욱 (받아서 술 있는 곳으로 가 술잔 두 개 채우고 얼음 넣어 되돌아와 민경에게 내밀고)

민경 (받자마자 반쯤 한꺼번에 마시고 내리는)…

강욱 ….(선 채 보며)

민경 데려다 주지?(안 보며)

강욱 (앉으며)그럼 ‥걱정 마‥

민경 걱정돼서가 아니라…후후 (쓴웃음)마음 딴 데 가 있는 너한테 치대는 거…(슬픔 같은)눈치가 보여서 그래. 딴 맘 먹구 있는 남자 옆에 있는 여자/이런가부지?‥

강욱 너 답지 않아.

민경 나답지 않아.(마신다)

강욱 천천히 해.

민경 (안 보는 채)지금 그렇게 보구 있는 내가 …어떻게 보이니…

강욱 …‥(보며)

민경 구질구질하니?

강욱 너를…좋아해.…신통치도 않은 나를 많이 좋아해주고 아껴줘서…고마웠고…의사로서 능력. 자랑스럽고‥그랬어.

민경 너 과거형으로 얘기하고 있어.(안 보며) 나 흘러간 인물이니?

강욱 (본다)…‥

민경 (한숨처럼 토해내며)그래 따지지 말자. 골치 아프다 따지지 말자구.…과거래도 괜찮아. 나는 너한테 과거라고 해도 너는 내/ 과거 현재 미래 영원이야. 우리는 죽어서도 나란히 묻힐 거야.

346

강욱 …..(보며)

민경 (보며 웃는다)진저리처지니?

강욱 (보며)노력하자….노력할게…

민경 …..(시선 피하며)

강욱 ….(마시며 눈이 뜨고)

S# 지현의 방

지현 …..(침대에 걸터앉아서)….

민경 E 이 선생은 내가 잘 알아…그 남자는 내가 내버려주지 않는 이
상 절대 자기가 먼저 나 내버릴 사람 아니구…….나는 그 남자 안 내
버려..

민경 E 박지현 씨도 상당히 괜찮은 약혼자가 있다면서…….

S# 종혁네 거실 1

종혁 (현관에서 들어오며)아직 안 주무셨어요?

노여사 (고쟁이)아버지 아직 안 들어오셨어.

종혁 늦으시네요. (상의 벗으며)

노여사 영빈관에서 뭐 외국 손님 초대래…

종혁 네에…저 올라갈께요.

노여사 얘얘/(불러 세우는)

종혁 네.(돌아보며)

노여사 너 내가 아주 이쁘구 좋은 거 구경시켜주께. 잠깐만 기다려.
나 금방 나오께. 잠깐 있어 응?(하고 부지런히 주방으로)

종혁 (뭘까 싶으면서 상의 소파 등에 걸치고 앉으려다가 주방으로)

S# 주방

종혁 (들어와 냉장고에서 물병 꺼내 물 따라 마시는데)

노여사   (정말 막 해산한 갓난아이 다른 부엌 쪽에서 안고 나오며)얘얘.
  (제천댁 따라 나오고)

종혁   (돌아보는)

노여사   (연결)이것 좀 봐라. 너 이런 애기 본 일 없지? 이거 봐.(들이대
  며)세상에 나온지 사흘 밖에 안된 애기야. 잘 생겼지. 이쁘지 응?

종혁   아니 웬 애기에요 어머니.

노여사   내가 낳았지 ㅎㅎㅎㅎㅎ

종혁   예에?

노여사   너 한번 안아봐.(안기려 하며)

종혁   아니 어머니.(좀 피하는)

노여사   (안기려 하며) 안구 가만히 들여다 봐 한번. 아 안아보라니까.

종혁   아이 전 안을 줄 몰라요. 떨어뜨리면 어떡해요.

노여사   떨어트리기는 왜 떨어뜨려. 떨어뜨리면 내가 받으께. 자‥자자‥

종혁   (받아 안고 보는)‥‥‥

노여사   이쁘지‥‥‥너두 요렇게 태어나 지금 만큼 큰 거야. 신기하지
  않니?‥

종혁   예 신기해요 그런데 얘가 도대체 누구에요.

노여사   아 내가 낳았다는데 그래 왜(하고는 제천댁 돌아보며 소리 내
  어 웃는다)하하하하

제천댁   (같이 웃고)

종혁   아줌마가 낳으셨어요?

제천댁   (오버랩)아유 아니에요.

노여사   (오버랩의 기분)제천댁 딸이 해산했어‥여기와 즈 엄마 옆에
  서 조리하라구 데려왔지. 어려운 시집 보다 여기가 백번 낫잖아

(제천댁 돌아보며)그렇잖어?

제천댁　아이구 그럼요 사모님.

종혁　(빙그시 웃으며)아주머니들에 애기에 방이 비좁겠어요.

노여사　어 아냐 얘 아주머니들 갔어. 괜찮아. 아까 오후에들 일 자리 루들 갔어.

종혁　어 그래요?

노여사　다 부처님이 보살피잖니이…요놈 들어와야 하니까 아주머 니들 가게 만들어주시구…(애기 만지면서)니 자식이다아 생각하구 한 번 봐…얼마나 이뻐…얼마나 귀해··응?

종혁　(웃으며)네에.(엄마에게 애기 내미는)

노여사　(받으며)아이구구구구 얼른 손자 봐야지…나두 얼른 손자 봐 야지이(하는데)

　　E 인터폰 우는

제천댁　(받으려 움직이는데)

종혁　제가 받지요.(받는다)네에…네 알았어요 아저씨.(끊으며)아버 님 들어오시는데요.

　　[두 여인 기겁/]

노여사　으응?(허겁지겁 아이 제천댁한테 넘기면서)아니/아니아니 이 최기사 얘는 뭐하는 애야 도대체가.(달려 나가며)

S# 거실

노여사　(달려 나와 옷 입으며)이이이 정신나간 녀석…무슨 생각을 하 면서 까먹구 사람 기함을 하게 만들어 이 녀석.

종혁　(나오면서)아버님이 미리 연락 못하게 하셨대요 어머니.

노여사　?

종혁 최기사 잘못이 아니에요.

노여사 (잠깐 멈췄다가 도로 부지런히 입으면서)원 원/ 그러면 그렇지 개가 그럴 애가 아닌데 이상하다 그랬네 내가. 나이 들면서 느느니 심술이고 잔소리니 저 영감을 어떡해…어떡해애….아이구우우우 아이구 심통…

종혁 (웃으며 마중하려 현관 쪽으로 움직이고)

노여사 현관문 잠거라…잠거(하는데)

최회장 (들어오며)현관문을 왜 잠거…

노여사 (움직이다 멈추고 보고)‥

종혁 이제 들어오십니까.

최회장 늦는다더니.

종혁 예 방금 들어왔습니다.

최회장 쯔쯔쯔쯔쯔‥꼴 조오타. 마저 입어.

노여사 잠잘 일 밖에 없는데 뭘 입어요.

최회장 버선까지 신어.(하고 안방으로)

노여사 (마저 입으며 투덜거리는)치‥내 머리가 뭐 느이 아버지만큼 안돼 느이 아버지는 회장님이구 나는 이러구 사는 줄 아니? 눈에는 눈 머리에는 머리다…최기사가 안되면 장비서도 있다 그거야…장비서로 연락책 바꿔야지 흥‥

종혁 (웃고)어머니 저 올라가요.

노여사 (펄썩 앉으며 버선 집으며)그래 올라가 올라가‥

S# 민경의 빌라 단지

   [들어와 멎는 강욱의 자동차.]

S# 차 안

민경 (취해서 강욱의 어깨에 처박듯 하고)

강욱 (시동 걸어놓은 채 고개 돌려 민경 보는)‥‥‥‥민경아‥‥민경아‥

민경 ‥‥‥(기댄 채)나 안자‥

강욱 다 왔어‥‥정신차리구 들어가야지‥

민경 (몸 떼며)정신 차리구 들어가야지‥‥후우우우우(뒤로 기대며)

강욱 ‥‥‥(보며)

민경 들어가야지‥ 그래‥들어가야지‥

강욱 낼 아침에 데리러 오께‥

민경 ‥‥‥(그대로)

강욱 ‥‥(보다가 내린다)

S# 자동차 밖

강욱 (운전석 옆으로 가 문 열고)내려 민경아‥‥

민경 ‥‥(내리는데 무릎이 꺾인다)

강욱 (안아 올리고)‥‥

민경 너무 심하게 마셨나부다‥‥‥미안해‥‥추한 꼴 안 보이구 싶었는데‥상황이 상황이니 만큼‥너두 이해 해야 해‥

강욱 이해해 그래‥ 자자‥들어가자‥놀래시겠다‥큰일 났다‥‥

민경 ‥‥‥(강욱에게 몸 실리고 걷는)몇신데‥

강욱 열두시 넘었어‥

민경 걱정 마‥우리 엄마 주무셔‥‥

강욱 ‥‥

민경 강욱아‥

강욱 왜‥

민경 농약 마시면‥죽기까지 얼마나 괴로울까‥

강욱   ·· 쓸데없는 소리 마···

민경   쓸데없다····그래 쓸데없는 소리지. 그래 알았어···안하께···(자꾸 꺾이는 무릎··강욱/그때마다 안아 일으키며)

S# **민경의 거실**

이모   (혼자 잠옷 바람으로 티브이/자정 넘은 시간/케이블 영화 같은 것/보다가 놀라서 현관으로 내닫는)·····

강욱   (민경 업고 들어서고 있다)

이모   왜 이러니 응?··왜 그래.애 어디 아파?(하다가 냄새)아이구 이게 무슨 일야. 웬 술을 이렇게 인사불성으로 퍼마셨어 얘가아.

강욱   죄송합니다.(하며 계단으로)

이모   (따르며)이서방은 말짱한데 얘만 왜 이래 응? 아 좀 말리지이이.

강욱   ·····(그냥 올라가는)

S# **민경의 방**

강욱   (들어와 민경 침대에 눕히고)

이모   (거들다가)안되겠다···얘 동치미 국이래두 퍼 먹여야겠어. 이래갖구 내일 병원엘 어떻게 나가···

민경   (엎드린 채)얼음 좀 넣어요 이모오.

이모   (돌아보며)어이구 아주 가지는 않았네.아주 간 줄 알았더니.(하며 나가고)

강욱   ·····(내려다보는데)

민경   (훌떡 몸 뒤집으며)너 앉어··(침대 옆 두드리며)

강욱   (걸터 앉는다)····

민경   (강욱의 한 손 잡아 제 가슴에 올리고 눈 감은 채 비질비질)여기가···너무 아파·····생으루 잡아 뜯어두 아마··이보다는 덜 아플 거야····

352

강욱   (다른 손으로 민경 머리 만져주는)….

민경   한달 동안만 기절했다 깨났으면 좋겠다…(한숨 토하듯)….정말
그랬으면 좋겠다….

강욱   ……

S# 빌라에서 나오는 강욱….자동차 쪽으로

S# 자동차 앞

강욱   …..(와서 멈춰 서서 숨 토해내면서)………(한참 동안 그대로 있다가
이윽고 천천히 차 문 열고 오른다)

S# 자동차 안

강욱   (벨트 매고 시동 걸고)……(앞 보면서 한동안 있다가 출발)

S# 빌라 단지 빠져나가는 강욱의 자동차…

S# 차 안…..

강욱   ……(운전하다가 전화 꺼내서 건다)……(지현의 핸드폰)

S# 지현의 방

지현   (스탠드만 켜놓고 엎드려 말똥말똥)….

        E 핸드폰 전화벨

지현   ?….(일어나 테이블로 움직여 핸드폰 받는다)네에··(강욱의 전화로
는 생각하지 않는다)

강욱   F 늦은 시간에 미안해요.

지현   …아뇨 안자구 있었어요…

강욱   F 내일 잠깐 만나고 싶은데….

지현   …..왜요…

강욱   F 만나서 얘기해요…

지현   …..그러죠….(나도 할 얘기 있어.)

제9회

S# 종혁의 집 전경(마당에서 본)

S# 종혁네 거실 1

종혁 (미스장 앞 세우고 내려오는)····

미스장 서재에 계세요.

종혁 (서재 앞으로)아버님.

최회장 E 그래·····(잠시 있다가 나와서 앞서 주방으로)

종혁 (따르고)

S# 주방

　　[들어오는 부자.]

　　[미스장은 표 안 나게 뒤로 움직이고 제천댁과 노여사 아침상 마무리 중.]

노여사 어서 오세요 회장님.

최회장 식당 개업했어? 뜬금없이 어서 오세요는 뭐야.(웃지는 않지만 부드럽다)

종혁 (조금 비죽이 웃고)

노여사 (남편 말에 대꾸)매일 아침 똑같은 손님 싫증나서 말이라도 새로운 기분 들려구요.

최회장 싫증나기는 마찬가지야.(제천댁 뒤에서 웃고) 웬 재첩국이야.(앉으며)

노여사 (종혁도 앉고/앉으며) 한 동안 안 드셔서 올려보내라 그랬어요.

최회장 잘했군.(밥그릇 뚜껑 열며)

노여사 칭찬 받으니 좋으네요.(뚜껑 열며) 먹자.

종혁 네…

　　　[식사 시작하는 세 사람]

　　　[잠시 조용히 먹기만 하는데‥]

　　　E 갓난아이 울음 소리가 시작된다.

종혁 (먼저 듣고 엄마 보는)

노여사 ?(하고 제천댁 황급히 뒤로 들어가고)‥‥(최회장 눈치 보는)

최회장 (아직 모르고)‥‥

노여사 (눈치 보며 먹는데)

　　　E 아예 불이 붙은 듯 울기 시작

최회장 ?‥‥이게 무슨 소리야.

노여사 무무무슨 소리기는 간난쟁이 우는 소리네요.

최회장 이 집에서 간난쟁이 우는 소리가 왜 들려.

종혁 제천 아줌마 딸이 해산했대요 아버님. 몸조리할 데 마땅치 않아서 어머님이 데려 오라 그러셨나봐요.

최회장 ‥‥(가만히 아내 보면서)

노여사 아 제천댁이 여깄으니 여기가 애 엄마 친정인 셈 아니에요.

최회장 즈쯔쯔쯔쯔(애 울음소리 아웃)

노여사 제천댁이 좀 잘해요. 벌써 우리 집에서 몇 년이유. 그만한 편

의쯤 봐주는 게 인간의 도리구

최회장　(오버랩)좌우간 끊임없이 물어 들인다 끊임없이 물여드려.

노여사　그 대신 여자들은 다 빠졌어요. 모두 다 일자리들 찾어서 갔어요.

최회장　아들이야 딸이야.(오버랩)

노여사　아들이에요.당신 한 번 보시겠수? (벌써 일어나려 하며)애가 아주 대장군감이에요.

최회장　앉어 밥 먹어. 내가 그앤 봐서 뭘해.

노여사　(도로 앉으며)그럼 식사 끝나구 보시겠어요?

노여사　당신이나 실컨 봐. (하는데)

　　　E 아이 울음 소리 다시 시작

노여사　아니 회장님 진지드시는데 왜 자꾸 애는 울려어. (일어나면서)애가 울면 뭐가 불만이라 우는지 이내 알어야지 원(벌써 뒷방으로 가며)이 사람들 뭐 하는 거야.

최회장　살판 났다‥

종혁　(웃는다)

최회장　오늘은 뭐하니.

종혁　그 동안 밀린 잠이나 자려구 아무 것도 안 잡았습니다.

최회장　그럼 실컨 자구/오후에 니 사촌들 모아 저녁식사나 하지.

종혁　…(보는)

최회장　만난지 꽤 되지.

종혁　네‥알겠습니다.

S# 지현의 마루

지현　(씻으러 나오는데)

356

[긴 교자상은 이미 치워져 있고/초희와 진이 둥근 큰 상 펴면서 다리
안 먼지 걸레질하고 있다]

지현 왜요.(왜 그래요)

초희 일어났어요? 아버님이 큰상 답답하다구 하셔서요…좀 나가
보세요. 사슴 한 마리가 도망가서 새벽부터 그거 찾느라구 난리
에요.

지현 어떻게 도망을 가요?

초희 철망 뚫구 도망가지 아가씨는 사슴 집 딸 몇십 년에 어이구 참‥

지현 (현관으로 가면서)철망 손 계속 보는데두 심심 찮게 도망가니
말이에요.

초희 계속 손 봐두 어떻게 그 철망을 다 봐요. 허약한 데 있기 마련
이지…

[진이는 괜히 제 쥔 것 같다.]

S# 집 밖

지현 (내려오며)사슴 도망갔다면서요.

지현모 (웅숭거리고 서 있다가 돌아보며)일어났어?

지현 아버지는.

지현모 애 찾으러 가셨지.

지현 어디서 찾아. 찾는 거 보지를 못했는데…

지현모 그렇다구 안 찾구 가만 있을 수는 없잖어. (차 소리/돌아보며)
들어 오신다.

[들어와 멎는 소형 트럭.]

[지태 운전대에서 내리고 아버지 같이 내린다]

지현모 없지요?

지현부 없어…뭐하러 나와 섰어. 아까부터 줄곧 그러구 있었던 거야?

지현모 언제 쩍 모양 동네 누가 보구 알려나 주면 모를까 손재수루 생각하세요.

지현부 (아내와 지현 쪽으로)무슨 불만 있어 뛰쳐나간 게야. 밥두 잘 주구 다 잘 해 주는데.

지현모 (피식)가둬 논 게 불만이지 다른 불만 뭐 있을까.

지현부 들어가. (나중은 딸에게)들어가자 춥다.(해놓고/철망 건드리고 있는 지태에게) 얘얘 놔두구 들어 와. 대충 손질해 놨으니까 괜찮아 아침 먹구 손 보면 돼. 한수 놈은…

지현모 헤매구 다니겠지요오.

지현부 (집으로 움직이며)들어가 들어가.

S# 민경네 주방

이모 (아침 식탁 차리면서)언니 내려 오라 그래. 엄마두 나오시라 그러구.

민지 (토스터에 빵 집어넣다가 도로 빼며)알았어요.(나간다)

S# 거실

민지 (나와서 안방으로 가 노크하며)아침이요.(해놓고 이 층 계단으로)

S# 이 층 거실

민지 (민경의 방 앞으로 와서 노크하려는데)

민경 E 우웅웅웅웅 웅웅웅웅웅 (이불 쓰고 우는 소리)

민지 ?(문 열고 들어간다)

S# 민경의 방

민지 (들어오면서 보면)

민경 (시트 위에 이불까지 덧덮었다. 머리끝까지 올리고 개구리처럼 엎어

져서 <u>으드드드드드</u> 떨며 우는)

민지 (다가들며)왜 그래 언니. (시트 끌어 내리며) 응? 왜 그래.

민경 (시트 잡아 올리며)몸살 났나봐…온 몸이 쑤시구 취어. 아파. 아파 죽겠어.

민지 얼마나 아픈데 울 정도야. 아이구 참 웃겨 죽겠네 무슨 의사가 그래. 어디 봐.(피하는 민경 이마에 손 대보고 놀라서)열이 이렇게 심한데 뭐하구 있어. 약 안 먹었어?

민경 우웅웅웅웅웅

민지 울긴 왜 울어 울긴…몸살에 죽니? 별꼴 다 보겠다 진짜. 가만 있어 약 갔다 주께.(하며 서둘러 나간다)

민경 (시트 젖히며 괴롭게 우는)

S# 주방

민지 (빠르게 뛰어 들어오며)언니 심하게 아파요.(서여사는 식탁에 앉아서 신문 보는 중에 보고 이모는 상 차리다 보고)

서여사 아퍼?

이모 술병 났구면.

서여사 술병이라니.

이모 (아차 했다가)아 간밤에 잔뜩 취해 갖구 들어 왔더라구. 언니 자느라 몰랐지.

민지 (그 동안에 약 먹을 물 준비하며)술병 아니구 몸살같아요. 열이 펄펄 나는데 뭐.엉엉 울면서 아퍼.웃겨.

이모 심하게 아픈 모양이네?너무 아프면 울음나지 그래.(민지 따라 나가려)

서여사 누구랑 마셨는데.

이모   (돌아보며)이서방이 데리구 들어왔던데?

서여사   (일어나며)상이나 봐. 하는 짓이라구는 암튼(나간다)

이모   …(잠깐 있다가 움직이며)감기구먼 뭐. 감기 오면 몸살은 자동케
이슨 거구…예방접종 안했나?… …(놓았던 국그릇들 냄비에 도로 쏟
으며 혼잣소리)덜 끓었는데 차라리 잘 됐네. 잔소리 각오했는데…

S# 민경의 방

서여사   (민경 이마 만지면서)언제부터 이런 거야.

민경   (떨려서)으으으으으으 몰라 (고개 옆으로 틀면서)자다가 시작했
나봐.

서여사   끌끌끌끌 그러게 술은 왜 먹어. 의사가 아프면 어떡해.남들
이 웃어.

민지   의사는 사람 아닌가. 약 먹어 언니.(민경은 계속 떨고)

서여사   약 보다 주사가 빠르잖아.

민지   주사 놀 줄 아는 사람 어딨어요.

서여사   이서방은 됐다 구어 먹니 삶어 먹니.

민지   형부 올 때까지 내버려 둬요 그럼? 일어나 언니. 일어날 수두
없게 아퍼?

서여사   (일으키며)일어나 일어나. 먹어두자.

민지   (약 주고)

민경   (약 넘기고)

민지   (물 대어주면서)그래두 이제 울지는 않네.

서여사   (쓰러져 눕는 민경)이서방 주사 준비해 갖구 오라 그래.

민경   내버려 두세요오….

서여사   아껴서 뭐 할려구.(이마에 또 손 올린다)

민경 (엄마 손 잡아 내리고)

서여사 가만 있어 봐.

민지 약 먹은 지 삼초 됐어. 벌써 안 내려요.

서여사 ?(민지 흘기는)체온계 갖구 와봐. 체온 재 봤어?(민지 움직이고)

민경 (엄마에 연결)됐어요..약 먹었으니까 이제 내릴 거야.

서여사 아프면 사람을 부르지. 왜 생으루 혼자 앓아. 이건 뭐하는 물
건야. 뭐 좋은 거라구 애를 병이 나도록 퍼먹여.

민경 이 서방 잘못한 거 없어. 술때매 아니에요.

서여사 그럼 뭣 때매야. 피곤한데다 술까지 퍼먹고 저항력 약해서
탈난 거 아냐 결국.

민경 (쓴웃음)엄마 아는 것도 많으네..

S# 거실

민지 (약상자에서 체온계 꺼내 들고 계단으로 돌아서는데)

  E 비디오폰.

민지 (움직이며)내가 열어요……(현관문 열며)오셨어요?

강욱 (들어서며)굿모닝.

이모 (벌써 내다보며)안 굿모닝일세. 이서방 죽었다.

강욱 ? 무슨 일 있어요?

민지 형부가 언니 술 퍼먹였다면서요. 언니 병났어요. 형부 꼼짝없
이 뒤집어 쓰게 생겼단 뜻이죠 머. 엄마가 그냥 넘어가겠어요?

이모 그냥 넘어갈 사람이니?

민지 올라 오세요..

강욱 (이모 잠깐 보고 민지 따르는데)

이모 지가 마셨다 그래.입 벌리구 들이 분 거 아니라구.(하고 주방으

로 아웃)

[계단 오르면서]

강욱 어떻게 아픈데.

민지 (앞서 올라가며)몸살인 거 같아요. 열이 많아요. 약 먹였어요.

강욱 …

S# 민경의 방

민지 (들어오며)형부 왔어요.

서여사 (돌아보며)애한테 무슨 술을 그렇게 먹여.

민지 언니가 먹었지 형부가 뭐 입 벌리구 들이 뵀겠어요?

강욱 죄송합니다. 제가 좀 볼께요··

서여사 (못마땅하지만 그래도 비켜주고)

강욱 (민경 옆으로 오며)약 뭐 먹었어.

민지 해열제죠 머.

강욱 (민경 얼굴 만지며)체온계 좀 줘.

민지 네.

서여사 (민지와 함께)내 뭐랬어.

S# 시내로 들어오고 있는 지현의 차 안

지현 어 현경아 나 좀 늦어.(전화 중)

현경 F 왜 늦는데?

지현 약속 있어. 열한시 쯤이면 될 거야. 너 뭐해?

S# 작업실

현경 니 시납시스 내 놓구 첫 씬을 어디서 시작할까 궁리 중야.

지현 F 그래 좋아 열심히 궁리해.

현경 너 들어올 때 프린터 잉크 좀 사갖구 올라와·· 다 된 거 같아.

S# 차 안

지현 알았어. 이따 봐.

현경 F 엉 끊어.

지현 (전화 접는다)

S# 민경의 거실

이모 (계단을 향해서)내려 와 아침 먹어요오.국 식어어어어

S# 민경의 방

민경 (링거 꽂고 누워 있는 고개 딴 쪽으로 돌리고)내려가요.이모 소리
　　　지르잖아.

강욱 내려 가세요. 열 내려가고 있어요.

서여사 (의자에서 일어나며 못마땅해죽겠다)휴진이라는 전화는 한 거야?

민지 했어요.

서여사 (나가고)

민지 형부두 아침 잡숴야죠.

강욱 (보며)난 됐어 괜찮으니까 내려가.

민지 우리 아버지가 너무 좋아하세요.

강욱 ?(얘기하면 안 되잖느냐는 눈짓)

민지 괜찮아요 언니한테 말했는데요 머. 우리 아버지 전화 받으시
　　　는 목소리가 달라졌어요. 힘없는 노인한텐 역시 돈이 힘이에요. 유
　　　산 받으면 갚아 드릴께요.

강욱 됐어 안 갚아두 돼.(민지 나가고/민경 옆에 앉으며 민경의 얼굴에
　　　손대는 얼굴 틀려고)

민경 (그 손을 야멸차게 때리면서 벌떡 일어나며 마구 아무렇게나 강욱을
　　　때리는데 눈물범벅)

강욱   (몇 대는 별수 없이 맞을 수밖에 없고/민경 손 잡으며)진정해 주사
        빠져 진정해.

민경   (상관없이 팔목 잡힌 채 이 악물고 미친 듯이 몸부림치는)

강욱   가만 있어. 주사 빠진다구.

민경   (몸부림 멈추고 노려 보는)

강욱   ……(보다가 팔목 놓고 주사 체크하는데)

민경   (다른 주먹으로 강욱 머리를 모질게 갈겨버린다)

강욱   ……(얻어맞고 안 보는 채)

민경   이중인격자……소름 끼쳐.

강욱   ……(가만히 보는)

민경   그 기집애가 그렇게 좋대? 어디가 좋대. 어떻게 해주길래 그
        렇게 정신 없대 이 돼지야.(소리는 극도로 억눌러서)

강욱   ……(보며)

민경   다시 안 볼 생각하면 들어가? 정신이 없었어? 뭣때매 정신이
        없어. 마약같대? 마약에 취한 거 같대?

강욱   (시선 피하며)누워. 아무 생각 말구 잠 자. 곧 졸릴 거야 자는 거
        이상 좋은 약 없어.

민경   누가 먼저 꼬리 쳤니.너야 그 기집애야.

강욱   그만 해.

민경   그만 못해. 이제부터 시작야 그만 못해.

강욱   그만 해.

민경   그만 못해.너 볶아 죽일 거야 그만 안해.(눈에서 불이 튄다)

강욱   그 정도면 충분히 했어 됐어.

민경   니 맘대루 충분해? 갈아 마시구 싶은데 충분해?

강욱　나가봐야 해. 그만 진정하구 누워.

민경　안 나가두 되는 데 어디 나가. 그 기집애 보러 나가니?

강욱　....(보며)

민경　그 기집애 만나러 나가는 거야?

강욱　다신 안 만나. 얘기 끝냈잖아.

민경　믿을 수 있어야 끝난 거지. 믿다가 발등 찍혔는데 그걸 어떻게 믿어.

강욱　(좀 올라서)그렇다구 수갑하나 나누어 차구 줄곧 쫓아다닐래? ··그럴 수 없는 거잖아.

민경　.....(보며)

강욱　목욕갈 거야.....전화 하게.

민경　....(보는)

강욱　됐지...일어나두 되지.

민경　.....(보던 시선 피하며 울먹)안아주라....

강욱　.....(보다가 안아준다)

민경　(주사 안 꽂은 팔 강욱의 겨드랑이로 밀어 넣으며 붙으며)목욕 지금 안 가두 되잖아....

강욱　.....

민경　지금 꼭 가야하니?

강욱　....안 그래두 돼....

S# 병원 근처 카페

지현　(창 쪽에 혼자 앉아서.....물 잔....창 쪽으로 고개 돌리고)........(한동 안 그러고 있다가 시계 본다)....

S# 같은 카페···

지현 (커피 잔 비우는)……(커피 잔 놓고 시계 한 번 보고 소지품 챙겨 일어
      서는데)

강욱 (와서 선다)

지현 ?…(보는)

강욱 미안해요. 피치 못할 사정이 생겨서…전화를 꺼 놨드군요…

지현 (소지품 도로 놓으면서) 네…(앉고)

강욱 ….(앉으며)많이 늦었어요..(양복만으로)없을 줄 알았어요.

지현 늦는 사람이 기다리는 사람보다 더 초조했겠죠.(안 보며)..

강욱 ?

지현 E 괜찮아요..

강욱 …..(보며)

지현 (조금 웃어 보이며)사고 아니면 됐어요.

강욱 …(보다가 시선 피하며)그 사람이..병이 났어요…그래서 늦었어요.

지현 …..(그저 보다가 끄덕이듯 시선 내리며)왜 보자구 하셨어요..

강욱 …..(보며)

지현 (시선 들며)네?

강욱 (오버랩의 기분으로)나 이제 그만..미련 …줄…놓겠어요.

지현 ….(보며)

강욱 정직하게…끊임없이 어떻게 안 될까…되는 길이 없을까 생각
      했었어요.(비죽이 쓴웃음)유행가에 앉으나 서나 당신 생각이라는
      노래가 있죠 왜…

강욱 E (보는 지현 위에)그 노래를 실감하게 잠자는 시간 빼고 계속 …

강욱 멈출 수가 없었어요…나 자신이 혐오스러울 만큼 콘트럴이 안
      됐어요……(시선 내린 채)

지현   ....(조용히 보며)

강욱   고백이라구 생각해요.(시선 들어 보며)나는 지현씨가 내 운명‥
‥이런 구식 단어 글쓰는 사람한테 우습게 들리겠지만 운명처럼
느껴졌어요.

지현   .....(보며)

강욱   (시선 피하며)그래서 쉽게 놔 버릴 수가 없었나봐요. 그런데 그
사람이···내가 알고 있던 것 보다 훨씬 더 깊게···내가 필요한 모양
이에요‥

지현   .....(보며)

강욱   (보며)그 사람한테 다른 상대가 생겼다구 가정할 때···나는 별
로 괴로워 안할 거 라는 생각이 드니까···그사람한테 몹시 미안하
고‥(고개 창 쪽으로)내가 나쁜 거 알겠어요. 그래서···(고개 앞으로/
시선은 아래)그래서 우리는 같이 노력하기로 했어요.

지현   .....(보며)

강욱   (지현 보며 쓰고 아프게 조금 웃으며)어리석은 미련도···실현성도
없는 꿈도 버립니다‥‥미안해요‥‥‥다음 생에 만나주면···정말 고
맙겠소‥‥

지현   ......(그저 보며)

강욱   미안해요.

지현   그 얘길 왜 하는 거에요‥‥굳이 불러내서까지 할 거 없는 얘기
같은데요.

강욱   (끄덕이면서)맞아요. 당연한 의문이에요.이렇게 생각해 줘요.
지현씨한테 대놓구 얘기하는 걸루 나 스스로에게 보다 확실히 다
짐하기 위한 거라구. 일종의 선언처럼‥그런 거라구요.핑계 낌에

마지막으로 한 번 더 얼굴보고/아니 이건 객쩍은 소리구/아니 진
심이요.객쩍은 소리 아니에요(안 보며)마지막으로 얼굴 한 번 더
보구 싶어서…

지현 (오버랩)이렇게 불러내 선언같은 거 안해두 그분한테 내 전화
번호 넘겨줬을 때 벌써 알아봤어요.

강욱 ?

지현 (보며)얼마나 괴롭힘을 당했으면 하고 억지로 이해할려구두 해
봤지만 어이없는 실망감 없앨 수가 없네요. 어차피 사랑이라는 감
정은 재료가 환상이라구 하드군요. 환상은 깨지게 돼 있는 거고…
내 환상도 조각났어요.

강욱 (오버랩)아니 저 전화번홀 누가 넘겨줬다는 거요.

지현 ?…그쪽에서 넘긴 거 아니에요? 아니면 어떻게 알구 날 잡았겠
어요.

강욱 ?(어디서 알았을까)….난 그런 적 없어요.

지현 ….(설마/보는)

강욱 난 아니에요 나는 그런 적 없어요……그 사람이 테이블 위에 있
는 메모를 봤다면 모르지만…수술하구 나오니까 메모 있더라구요
…….그걸 본 모양이군요…

지현 ……(보며)

강욱 (보며)그래서

지현 (오버랩)만났어요.

강욱 ?거칠게 굴었어요?

지현 아뇨. 반말이 불쾌해서 항의했지만 고등학교 선배라 그래서 깨
갱하구 말았어요.

368

강욱 (고개 옆으로 돌리며)뭐라 그래요.

지현 자기가 내버리지 않는 이상 이강욱 선생은 절대 자기를 먼저 버릴 사람 아니라구요.(보며)

강욱 ·····(보며)

지현 확신에 차서요···(시선 종업원들 쪽으로 좀 움직이며)차 마시라 소리를 안 하네요.차··드시겠어요? 나는 그만 일어나고 싶은데요.

강욱 ······(보며)

지현 선언문 잘 들었습니다. (소지품 챙기며/안 보는 채 좀 웃으며)헛물켠 거 같은 기분이 드는 거 보면 나두 어리석은 헛꿈같은 걸 꾸고 있었다는 얘기겠죠?

강욱 ·····

지현 잘 알아 모셨습니다. (웃으며 보며)다음 생에 만나는 건 고려해 보겠어요.그리구 내 전화번호 넘겨준 거 아니라서 됐어요. 먼저 일어 날께요.(일어나 나간다)···

강욱 ···(움직이는 지현 보다가 일어나 카운터 쪽으로)

S# 카운터

지현 (계산하려고 지갑 꺼내는)

강욱 (조금 밀어내듯)내가 하께요.

지현 (잠깐 보고 나간다)

강욱 (돈 꺼내며 돌아보는)

S# 카페 밖

지현 (나와서 주차장 쪽으로/)

강욱 ····(약간의 간격을 두고 나와서 지현이 가는 것 보다가 좀 빠른 걸음으로 따른다)

S# 주차장

지현 (들어와 자동차에 키 꽂는데)

강욱 잠깐요….

지현 (돌아본다)

강욱 (다가와 서서 안 보는 채)그 사람 일…대신 사과해요··그런 일 까지 당하게 해서 미안해요.(하며 본다)

지현 상관없어요.(조금 웃어 보이며)훔치는 긴지 모르구 훔쳤지만 어쨌든 남의 사람 훔쳤던 건 사실이니까요. 도둑질했으면 욕 먹어 싸죠 머.

강욱 (오버랩의 기분)어디 잠깐…차 타구 안 나갈래요?

지현 ·····(보다가 웃는다)또 혼나게요···다시 만나면 안 참겠다 그러든 데요?

강욱 저기

지현 (상관없이 자동차 문 연다)

강욱 ·····(보는)

지현 (돌아보며)이제부턴 어디서 또 우연히 부딪혀두 모르는 사람 들이에요. 우연히 부딪는 일 같은 거 다시는 없기 바라지만.

강욱 ·····(보며)

지현 (보며)좋은 기억으루 간직할 거에요··그쪽두 그래 줬으면 해요 ···(하며 자동차로 오른다)

강욱 (조금 물러나는데)

지현 (차창 열고 보며)나는 결혼 9월로 연기했어요.

강욱 ?····

지현 달라지는 거 없죠?··

강욱　……(보는)

지현　(유리문 올리고 출발)

　　[뜨는 자동차…]

강욱　……

S# 작업실 승강기에서 내려 복도로 걸어오는 지현…

S# 작업실

현경　(열쇠 돌아가는 소리에)누구니.

지현　(들어오며)나아.

현경　열두 시가 다 됐다 야. (컴퓨터 앞에 앉아 있던 중)점심까지 먹구

　　오는 줄 알았다.

지현　유자 안 나왔어?

현경　아니.

지현　아버지한테 무슨 일 있나. 집에 전화해 보지 왜.

현경　아버지한텐 아무 일 없으니까 걱정마. 아버지가 받으시던데 뭐.

　　아침에 나갔대. 나타나시겠지.

지현　정감독은.

현경　아니? 죽었나봐.

지현　너머 조용한 게 어째 불길하다. 안 그러니?

현경　그래…다른 시납 받느라구 바쁜 거 아닐까?

지현　(커피머신 쪽으로 가며)만약 그렇다면 내가 죽이구 말 거야.

현경　어 야 프린터 약 꺼내. 갈아 끼자.

지현　(돌아보며 입 벌린다)

현경　가먹었구나.

지현　엉 까먹었어.

현경 에이구우우 젊은 게 정신 머리하구는. (지갑 챙기면서) 내 갔다
　　오께.

지현 얘 내가 가께.

현경 (문으로)커피 마셔.

지현 미안해 현경아.

현경 됐어.(하며 아웃)

지현 ⋯⋯(도로 돌아서 머그잔 집어 올려 한 모금 마시고 고개 들며)⋯⋯

S# 강욱의 오피스텔

강욱 ⋯⋯(들어오며 상의 벗어 걸치고 침대 모서리에 앉으며 전화기 든다.
　　버튼 찍고)⋯(기다렸다가)아 난데요⋯어제 수술 환자들 어때요. 조
　　용해요?⋯됐어요. 나 오늘 안나가니까 그렇게 알구‥시간 되면 퇴근
　　들 해요⋯예 월요일에 봅시다⋯(전화 끊고 그대로 침대에 눕는)⋯⋯⋯

　　E 전화벨

강욱 (몸 일으켜 받는다)네에.

강욱부 F 병원에 안나가구 뭐하는겨.

강욱 (더 일어나 앉으며)예 아버지.

강욱부 F (오버랩)시간 이 몇신데 여직 그라구 있는겨 이눔아.

S# 청주 안방

강욱부 바쁘다는 거 다 그짓말 아녀? 너 병원을 하구 있기는 있는겨?

강욱 F 토요일이잖아요 아버지.

강욱부 ?(밥상 들고 들어오는 아내 돌아보며)반굉일여?

엄마 야아..

강욱부 반굉일인데 안 내려올껴? 은제 내려올껴.

엄마 아 알어서 하겠지유.

강욱부　뭐햐, 끊어졌냐?

강욱　F 아녜요 아버지.

S# 강욱의 오피스텔

강욱　오늘은 일이 좀 있구/내려갈 때 연락드릴 게요.

강욱부　F 순대 할머니한테 니 얘기 했더니 좋오아 햐. 너 오는 날 미리 알려만 달랴 특별히 신경 써 만들어준댜.

강욱　흠흠 네에‥

S# 작업실

　　[프린터 잉크 갈아 끼우고 있는 현경.]

현경　(문득)너 종혁씨 만난 거 아니지.

지현　(책 들척이다가 돌아본다)

현경　그 아저씨 만났지.

지현　(책장 넘기며)‥‥

현경　(대답 없자 돌아보며)‥‥애 정말 큰일났네. 너 진짜 왜 그래‥

지현　됐어 끝난 사람야.

현경　끝난 사람 왜 만나구 다니니.

지현　잠깐 보자구 해서.

현경　그 아저씨두 웃긴다? 왜 보재?

지현　‥‥

현경　생각할수록 불가사의야. 너 종혁씨 두구 바람난 거.(잉크 다 끼우고 빈 병 들고 휴지통으로 움직이며)‥‥(휴지통에 잉크병 던져 넣고 싱크대로 가며)그렇게 생긴 남자가 대체 왜 좋은 거야

지현　난 남자 우리 아버지처럼 투덕투덕한 게 좋아.

현경　(물 틀어 손 씻으며)하기야 사람 입맛이 오만가지니까 콩나물/

콩자반/ 멸치/ 고구마같아두 다 결혼이라는 걸 하기는 하드라.
(물 멈추고 타월에 손 닦으며)....투덕투덕 생긴 아버지 삼십년 넘게
봤으면 싫증 안나니?

지현 싫증은 잘 생긴 남자가 나는 거야.

현경 야 미운 짓을 해두 잘 생긴 남자가 하는 게 낫지 고구마가 미운
짓 해봐라 더 미울 거야.

지현 그만해.끝난 일야.

현경 끝났다 그러면서 만나구 다니니까 그렇지. 그러다 종혁 씨 알
면 어쩔 거야.신경쓰여 죽겠어.

지현 파혼 밖에 더 당하겠어 뭐.

현경 애 좀 봐? ..애 지현아.

지현 (책 덮고 일어서며 오버랩)그만 해 현경아. 이제 정말 끝났다니까.
(하는데)

유자 (들어온다)안녕.

현경 무슨 사무가 그렇게 바빠?

지현 (현경과 함께)안녕.

유자 어젠 신륵사 한 바퀴 돌구 오늘은 새벽 일찍 나와 전등사 갔다
오는 길야. (커피로)

현경 뭐 절이 배경으루 나오니?

유자 아냐. 속이 불편해서. 절 한 바퀴 돌면 가라 앉거든.

현경 신자두 아니면서

유자 (커피 따른 머그잔 들며)너 참 누가 연락 안했디?

지현 누가?

유자 어제 누가 니 연락처 알고 싶단대서 가르쳐 줬는데.

374

유자   E (보는 지현 위에)중매 든다 그런데. 방송작가 중에 젤 이쁜 애
       가 너니? 난 난줄 알았더니 최근에 태국갔다 온 작가 찾으니까 너
       잖아.

유자   태국 여행에서 누구 만났었니?

지현   아니 없어.(일어나 가방 쪽으로 가며)

현경   (시선 지현 따르며)전화한 사람이 누군데?

유자   (테이블로 오며)월간 여성 한선희 기자라구 대학 선배 있어.

현경   (월간 여성이라면/입 벌리며/잠깐 지현 보고 도로 유자 보며)그래
       서 가르쳐 줬단 말야?

유자   그래.. 뭐 잘못된 거야?(컴퓨터 켜며)

지현   (가방 벗기며)중매 든대?

유자   어 그런 뉘앙스드라. 물론 내가 초쳤어. 굉장한 약혼자 있으니
       까 꿈깨라구.그래두 혹시해서 물어보는 거야.(컴퓨터 조작하며)연
       락 안 왔구나.

지현   점심 먹자.너 점심 어떡했니.

유자   나 먹었어 갔다 와.

지현   가자.

현경   엉.(급히 지갑 챙기는)

S# 복도

지현   (먼저 나와 걷는데)

현경   (뒤따라 붙으면서)그 피부과 의사야 너.

지현   (돌아본다)

현경   월간 여성이라면 그 여자가 피부 상담하는 잡지란 말야.

지현   …

현경 너 난리났다.당분간 나오지 말구 집에 있어.핸드폰 꺼놓구.

지현 (오버랩)벌써 만났어.

현경 (멈추며)에에?

지현 (그냥 승강기 앞으로 가 단추 누른다)

현경 (황당해서 빠르게 지현 옆에 가 서며 지현 보는)····언제!

지현 어제/

현경 뭐래. 드럽게 나오디?

지현 (오버랩/열린 문으로 타며)드럽게까지는 아니었어.

현경 (타고)

S# 승강기 안

지현 (버튼 누르며)다시는 자기 남자 훔치지 말라더라.

현경 ····(보다가)오죽 변변찮으면 남자 도둑이나 맞구 있냐 그러지 왜.

지현 (잠깐 돌아보며 쓴웃음)

S# 비빔밥집

지현 (비비고 있다)······

현경 (비비면서 눈치 보는)·····

지현 (비비는)····

현경 머리 끄들리구 망신 안 당한게 다행이다 그러구 말어.

지현 수준이 있는데에····

현경 그것도 사람 나름야. ···진짜 큰일날 뻔 했다 너···

지현 (대꾸 없이 비빔밥 입에 떠 넣고 씹는데)

　　E 전화벨

지현 (전화 꺼내서)네에.

S# 침대 방

종혁 (자다 깬 상태/몸 일으켜 등 뒤에 베개 넣으며)밥 어디서 먹니....좋은 거 먹지 나는 그거 보기에두 정신없구 별루더라. ··그래 좋아하면 됐어 좋아하면 많이 먹어....아냐 집이야. 밀린 잠 찾아 먹느라구.아침 먹구 올라와 다섯 시간 세상 모르구 잤어. 점심 먹구 두 세 시간 더 잘 거야. 오후에 뭐해. 알았어·· 다섯 시 반쯤 전화할께.... 그래 끊구 밥 먹어.(전화 끊으며 시트 홀렁 젖히고 내려서는)····(팔 올려 양쪽으로 당겨 등 펴는 운동하며 화장실로)

S# 강욱의 오피스텔

강욱 (들어와 키 놓고 상의 벗고 들고 들어온 봉투에서 초밥 상자와 장국 병 꺼내 공기에 장국 따라놓고 의자에 앉아 젓가락 벗겨 초밥 먹으려고 하나 집어 들다가)·········(그만두고 일어나 움직여 상의 주머니에서 담뱃갑 꺼내 입에 물고 침대 모서리에 걸터앉아 담배 피워 문다)·······(담배 태우며 있다가 담배 끄며 일어나 상의 집어 들고 키 집어 들고 나간다)·····

S# 어딘가 교외 벌판에 세워져 있는 강욱의 자동차···

S# 자동차 안

강욱 ········(전면 유리로 바깥 저만큼에 시선 던지고 혼자 소주 마시고 있다)··········

S# 작업실

정감독 (소파에 앉으며)뭐야 나는 벌써 대본 작업 들어갔을 줄 알았는데 뭐 천장만 쳐다보구 있었단 거에요?

현경 김밥 마는데두 재료 준비에 뭐에 할 일이 얼마나 많은데 벌써 써요.(마주 앉으며)그리구 뭐 확실히 하는 건지 아닌지두 모르는채 무작정 쓰기부터 해요?

정감독 아니 오케이 받았으면 확실한 거지 뭐 문서에 도장 찍어 줘

야 하나아

유자   (컴퓨터 책상에서 일어서며 오버랩)워낙 되는 일보다 안되는 일
이 많으니까 그렇죠.(정감독 쪽으로 가며)근데 지현이 베스트랑 내
꺼랑 누구 께 먼저 나가죠?

정감독   당연히 박지현씨 꺼죠.(지현 커피 들고 오다가)? 원래두 지현
씨 작품이 먼저 나온 거구 계절 관계도 소유자씨 거는 오월 쯤에 찍
는 게 낫겠더라구.

유자   (의자에 벌써 앉았다)닷새 안에 뽑아내라구 몰아칠 땐 언제구요.

정감독   (지현이 놓는 머그잔 집어 들며 오버랩의 기분)그런데 소문 듣자
니까 소유자씨 일일 물 건너 가는 거 같든데 알구 있어요?

유자   네에 염병할 제길할이에요. 감독님. 저 대본 한 삼십회 써서 감
독님 드리면 감독님이 좀 팔아 줄 수 있으세요?

정감독   뭐 대본만 좋으면 다리는 돼 줄 수 있죠.

유자   (달라붙듯)다음 일일극 감독이 누구에요. 소개 좀 해 주실래요?

정감독   (갸웃)누가 들어간다 그러드라아..김현철이 걔라 그러지 아마.

유자   (정감독에게 바싹 다가붙어 갑자기 정감독 한쪽 팔 꽉꽉 주무르기
시작하면서)저 좀 소개해 줘요 네?

지현 현경   ?(그 위에)

유자   E 오어/ 보기 보다 튼실하시네에?

유자   감독님 몸 좋다 야. 알이 꽉꽉 찼어.

정감독   (좋아서)에이에이에이 나이가 몇살인데 허허허허

지현 현경   ....(지현은 슬그머니 일어나 싱크대 쪽으로 움직이고/현경은
입 벌리고 있고)

유자   그 김현철이라는 감독은 어떤 사람이에요. 성격이 어때요 감

독님.

현경   (오버랩)야/ 우리 미니시리즈때매 오셨다잖아아. 너 좀 뒤루
빠져주라 엉?

유자   몇살이에요. 학교 어디 나왔어요?

현경   소유자.

유자   야 좀 가만 있어.니네 얘기는 쉽게 안 끝나잖어. 몇살이에요?

정감독   걔가 사십은 넘었지?

유자   작품 취향은 어떤데요.

지현   (오버랩)망고 깎을까? 우리 망고 먹을까?

S#   들판 자동차 안(상당한 시간 경과/오후 다섯 시 무렵)

강욱   ……(기우뚱하게 기대서 잠들어 있다)……(추워서 웅크리고)…….

S#   민경의 방

이모   (민경 깨우는)얘…(링거는 뽑혀져 있고)…얘 민경아……뭣 좀 먹어
야지 이렇게 잠만 자면 어떡해애……응? 얘 민경아 민경아….

민경   왜 그래애애애애

이모   뭣 좀 먹구 자라구우…

민경   생각없어요오··

이모   아무 것도 안 먹었잖아아아.

민경   나중에 먹을께에에…주사 맞어서 괜찮아요…

이모   ……(보다가 일어서며)이 사람이 대체 주사에 뭘 집어 넌 거야 …
어떻게 까부라져 잠만 자··

민경   자야 해. 이모오…나는 자야 해애…

이모   (도로 앉으며)그래 그런데 잠깐 정신 차리구 좀 먹자 응? 전복
사다 죽 쒔어어어.응?

민경   강욱이 좀 찾아 봐 이모.

이모   아 병원에두 오피스텔에두 없어. 핸드폰두 안되구….어디가
      있는 거야 애.

민경   강욱이 좀 찾아 봐…강욱이 좀 찾아봐 이모오오.

S# 거실

이모   (죽 쟁반 들고 내려오며)안 먹는대요.

서여사   (테이블 의자에서 뭔가 기록하다가)안 먹는다구 그냥 들구 내
        려오는 거야 그래?

이모   (주방으로)주사 맞았으니까 괜찮대. 잠이나 더 잔대요. 무슨 입
      맛이 있겠어.열이 그렇게 펄펄 끓었는데…

서여사   열은 없구?

이모   열은 잡혔어요. 이서방만 디리 찾네..(들어간다)

서여사   무심한 녀석…

S# 작업실

유자   (컴퓨터 두드리고 있고)…..

지현/현경   (정감독 보고 있다)….

정감독   (종이의 플롯 보면서)………(심각하다)……(갸웃/종이 놓으며)시
        작이 너무 밋밋한데? 첫회가 얼마나 중요한지 두 작가 다 알죠. 첫
        회에서부터 뭔가 강렬한 흡인력이 있어야 하는데 이건 좀…그런
        데? 첫 회부터 이렇게 매가리가 없어서는… 그런데?

지현   (잠깐 현경 보면서)앞 부분은 어떤 색깔 드라만가 분위기 전달
      에 주력하구 중반부터 사건으루/

정감독   사건서부터 시작하자구 박작가. 지금 시청자들 안 참아.인
        내심 없다구. 그러니까 첫씬부터 치구 나가자구.꽈과과꽝/어? 이

게 뭐야/우선 첫 장면에 확 시선을 끌어놓구 박작가 좋아하는 분
위기는 사이사이 틈틈히 집어 너라구요.

지현   (김새지만)그럼 중간을 맨 앞으루 돌리라구요.

정감독   그게 좋겠는데요?

지현   (뭔가 말하려고 하는데)

　　　E 도어 차임벨

현경   ?내가 나가께….(문으로 움직이며)누구세요.

종혁   E 아 현경씨.최종혁입니다.

지현   ?

현경   (유자도?)어머머 지현아 종혁씨야.(지현 벌써 일어나고/현경 문
열며)웬일이세요오?

종혁   (문밖에서)놀랐죠 하하하.한번 놀래켜 볼려구요.작업실두 궁
금하구요.그런데 들어오란 말 안해요?

현경   어머 들어오세요.들어오세요.

종혁   (들어오며)이거(케이크 상자 현경에게)

현경   (받으며)감사합니다.

종혁   유자씨 오랜만입니다.

유자   (일어나 있다가)정말 예기치 못한 방문이네요. 놀래켜 주는 게
목적이었다면 충분히 효과적이었어요.반갑네요.

종혁   하하‥반가와요(하다가 소파에 앉아 골똘히 플롯 보고 있는 정감독
보고)손님이 계셨군.

지현   이리 와요.

종혁   어‥(하고 지현에게 엄청난 꽃다발/아주 기다란 대/장미나 칼라 같
은 꽃/ 주고/정감독 쪽으로)

지현   감독님.

정감독   ?..어 아..(하며 일어선다)

지현   미니 시리즈 감독이세요.

종혁   (벌써 명함 꺼내서)아 네에..박지현과 결혼하는 사람입니다.. 인
사 드립니다.

정감독   아..아아 그 최(명함 받으며)

종혁   최종혁입니다.

정감독   이거 반갑네요.나는 명함이 없는데

종혁   네 좋습니다.

정감독   (손 내밀며)정 상훈이요.

종혁   (손 잡으며)우리 지현이 잘 좀 부탁드리겠습니다.

정감독   하하하 뭐(하며 지현 돌아보고)

종혁   혹시 제가 도울 일 있으면 언제든 무슨 일이든 돕겠습니다.

정감독   (지현 보며)도울일 뭐가 있지 박지현씨?(명함 보며)혹시 아버
님 사무실 좀 빌려 쓸 수 있나 촬영 때?

종혁   (잠깐 정감독의 반말이 걸리고/그러나)지현이 작품에서 필요하
다면 불가능은 아닙니다.

유자   종혁씨 언제까지 세워놀래.(뒤에서 종혁 두 팔 잡고 밀면서)앉으
세요 종혁씨. 앉으세요 네?

종혁   하하 앉아두 되나요? 뭐 일 얘기 중에 방해하구 있는 거 아닌
가요?

유자   아이 아니에요. 일 얘기 끝났어요. 감독님 끝났죠?

정감독   아 난 끝났어요. 손님두 오시구 박지현씨 나현경씨 모레 오
후에 다시 봅시다.(손 내밀며)반가왔어요. (종혁 손잡으며 인사하고)

정감독 (나가며)방송국 사람 중에서 박지현 씨 약혼자 본 사람 나밖에 없을 걸? 하하..

지현 (문에서)안녕히 가세요.

정감독 E 수고해요

지현 (문 닫고 되돌아오는데)

현경 종혁씨 뭐 커피 드시겠어요?

종혁 (앉으며)아니에요 생각 없습니다.(둘러보는)제법 잘 만들어 놨는데?

현경 그럼 생수는 어때요.손님한테 물 한 모금두 안 먹여 보내는 건 예의가 아니니까.

종혁 하하 좋아요 그러죠.

유자 (오버랩/뜬금없이)종혁씨 긴장하세요. 지현이 한테 눈독들이는 남자 있어요.

현경 ?(물 꺼내다가 돌아보고)

지현 (소파에 앉다가)?

종혁 그래?(지현 보며)

지현 괜히 그러는 거에요.

유자 (오버랩)얘 태국 갔을 때 어떤 남자가 찍었나봐요. 연락처 알구 싶다구 전화해서

현경 (오버랩)참 주책이다.쓸데없이 그런 소리 뭐하러 하니.

유자 내가 꾸며내는 거 아닌데 뭐 어때. 연락처 알구 싶대서 가르쳐 줬는데 아직 연락은 안 왔대요.긴장하라구요.

종혁 그러죠..(지현 보며)긴장하죠.흠흠..

S# 승강기 앞

종혁 (승강기 앞으로 오며)누구야.

지현 ?..누가요.

종혁 몰라서 그래? 태국서 당신 찍었다는 놈이 누구야.

지현 내가 어떻게 알아요.

종혁 짐작가는 사람 없어?

지현 없어요.

종혁 여섯시까지 접때 그 레스토랑으로 나와.사촌들하구 밥 먹기로
했어.

지현 ?(보는)

종혁 E 나 운동 가볍게 하구

종혁 따로 갈게.

지현 (오버랩의 기분)나 거기 가기 싫어요.(보며)

종혁 ?.....왜.

지현 그 사람들하고 그레이드가 달라서요.(안 보며)

종혁 잘났다는 거야 못났다는 거야.

지현 (안 보며)못나서요, 나는 밥 먹으면서 대화를 반 이상 영어로
지껄일 실력두 못되구 암튼 나누는 얘기들이 나랑 딴세상 사람들
같아서 싫어요.

종혁 밖에 오래 있다 들어와서 그래. 하기는 그렇대도 웃기는 애들
이지만. 한마디로 아니꼽다 그거지.무슨 말인지 알아.걔들 오늘 안
나와 갑자기 연락해서 다들 다른 스케줄이 있대. 한남동 종욱이 내
외랑 방배동 애들/논현동애들 여섯이 다야.

지현 (보며)어쨌든 나는 거기 안 가요.혼자 가요.

종혁 ....(보다가)왜 그래. 아버님께서 사촌들 모으라구 말씀하셔서

모은 거야.안 간다는 게 말이 돼?

지현 (시선 비키며)아직 결혼 전이잖아요. 빠져두 무리 없어요.

종혁 다 커플인데 혼자 나가 앉았으라구? 그렇게 만들구 싶어?

지현 (보며)안 그런 척 하면서 은근히 자기들 끼리 눈짓하면서 나 무시하는 거 모르죠.그런 사람들 안 만나구 싶어요.

종혁 누가 그래. 당신을 왜 무시해.

지현 (시선 내리며)누구라구 선별할 수 없어요 다 그러니까.

종혁 ....당신 그거 괜한 열등감 아냐? 그러는 사람이 어딨어.

지현 (안 보는 채)나는 느껴요 열등감 아니에요...

종혁 ....그래서 싫다구?

지현 싫어요.

종혁 결혼하면 그럼 어떡할 거야.

지현 ....(본다)

종혁 결혼해도 안 만나면서 살 거야?

지현 안 만나도록 만들어 줘요.

종혁 .....(보다가 눙치면서)무리한 소린 하지 마. 그럴 수는 없어...여자들이 그러지?거꾸로 당신에 대한 질투라고 생각해. 자기들은 아무 것도 아닌데 당신은 작가구 또 다들 당신만큼 안 이쁘니까 심술나 그런다구 생각하면 간단해.

지현 암튼 안가요...일두 해야하구...

종혁 ......(보다가)좋아 내가 또 봐줬다. 나는 너 이렇게 봐주는데 너는 도통 나 봐주는 게 없으니 내 신세 참 한심하다. 그런데 나 두 가지 기분 나쁜 거 있어. 아까 그 정감독인가 뭐가하는 작자한테 당신 왜 반말 듣구 가만있어.

지현 ?(보는)

종혁 어디서 누구한테 반말야. 당신 사회 생활 그렇게 해? 그래야 작가 생활 할 수 있는 거야?

지현 정감독 우리보다 나이 훨씬 많아요.그리구 반말 안해요‥

종혁 뭐가 아냐 내가 들었는데.

지현 어쩌다 혼잣말 비슷이 섞여 나오는 거까지 반말로 트집잡을 순 없어요. 반말에 대해서는 나두 누구보다 민감한데 내가 못 느낄 정도면

종혁 (오버랩)반말 했어 기분 나빠. 그리구 그 사람 왜 나 들어갔는데 두 그냥 앉아있어. 예의없는 사람 아냐?

지현 ‥‥‥(보며)

종혁 감독이 그렇게 대단한 거야?

지현 종혁씨는 그렇게 대단해요?

종혁 ?‥뭐?

지현 종혁씨 주변에서는 종혁씨 나타나면 모두 다 일어나 아는 척 하겠죠. 그런데 익숙해서 아무 데서나 그런 대접 받아야 한다구 생각하는데 그거 틀린 거에요. 정감독 훨씬 나이 든 사람이구 우리 플롯 보느라 골똘했을 수도 있고 또 의도적으로 모르는 척 했다고 해도 그 사람 개성일 수도 있는 거고/오히려 종혁씨가 우스워요. 자기를 대통령으로 착각하지 말아요.

종혁 ‥‥‥‥‥(보며)

지현 ‥‥‥‥(보며)

종혁 ‥‥‥‥(보다가 피식 웃어버린다/웃으며 잠깐 고개 딴 쪽으로 돌렸다가 다시 지현 보며)그래 졌다. 당신 말이 맞아. (고개 돌리며)흠흠‥흠

흠흠흠흠…(웃고 다시 버튼 눌러놓고 다시 보며)귀여워 죽겠다….

지현   …(보다가 시선 피하며)이럴 때마다 정말…없는 정이 더 떨어져요…

종혁   이럴 때마다 나는 당신이 더 이뻐지는데?

지현   ?(보는)

S# 들판 자동차 안(어둡기 시작)

강욱   ……(잠 깨서 앞 보며/)……(한동안 그대로 있다가 …시계 보고 시동
건다)……

S# 출발하는 자동차…

S# 작업실

[작업 중인 유자와 지현 /현경은 책 들척이고 있고]

유자   ……(정신없이 두드리다가 문득 지현 돌아보며)뭐하는 거니.

지현   ……(두드리는)

유자   플롯 만드는 거 같지는 않구(기웃이 보며)응?

지현   그냥 시작해 보는 거야.

유자   그래? 이번엔 시작이 빠르다. 오래 익힌 얘기라 그런 가부지? 정
감독 말대루?

지현   아냐 내 생각대루.

유자   …알아줘야겠다. 바꾸라는대루 바꿔. 일리 있든데 뭘 그래.

지현   (손 멈추고 의자 좀 뒤로 굴리면서 오버랩) 유자야.

유자   ?…뭐.

지현   너 정감독 팔은 왜 주물르니…

유자   ?

현경   (책 보다 유자 쪽 보는)

유자   그냥 잠깐 기분 좋게 만들어 준 거지 뭐. 왜…숭하디?

지현   …(보다가)숭하더라··(도로 의자 당겨 앉으며)그렇잖어두 여자

작가들 감독하구 엮어서 웃기는 소리들 하는 사람들 있어····웃기

는 소리 듣게 하는 애들두 있긴 하지만…그런 소리 들을 때 열 나…

일은 일로/일만 하면 되는 거잖아.

유자   ?··튀었나?

현경   튄 게 아니라 엄청 비굴하더라. 얼굴 뜨거워 죽는 줄 알았어.

유자   비약하지마. 별 뜻 없었어.

현경   기분 좋게 해주자구 그랬다면서.기분 좋게 해줘 작품 들어가

게 만들려구 한 짓 아냐.

유자   (발끈)야 내가 무슨 화냥질 했니? 느이들 왜 이러는 거야.

지현   그만하자. 그만하구 일 하자.

유자   촌스러 미치겠어 진짜··(혼잣소리처럼)

현경   촌스러?(일어서며) 내가 촌스럽다는 거니 지금?

지현   현경아.

현경   촌스럽다잖아. 감독한테 아양이나 떠는 주제에 내가 뭐가 촌

스럽다는 거야 너.

유자   (야양에서)뭐어?

S# 작업실 지하 주차장

[입 꾹 다물고 아주 불쾌한 현경과 지현·····걸어 나온다····아무 말 없

다가··]

현경   (문득 멈추며)쟤 진짜 왜 저러니.

지현   소녀 가장이잖아.

현경   차라리 술을 팔지이/

지현   (오버랩)나 머리 아파 현경아. 그만 하구 가자…그만 잊어버리

388

자(하며 제 자동차로)

현경   (제 자동차로 퍽퍽 움직이며)잘가.

지현   (돌아보며)잘가.

S# 고개 약간 옆으로 기울어진 채…운전하고 있는 지현…(완전한 밤)‥

S# 민경의 빌라

서여사   (들어서는 강욱에게)사람이 어떻게 그래. 애 병 나 늘어져 있는

거 보구 간 사람이 전화 한통두 없이 종일 무슨 사무가 그리 바빠/

강욱   죄송합니다…볼일이 좀 있어서요‥민경이 어떤가요.

서여사   몰라…올라가 봐.(돌아서 소파 쪽으로)

강욱   …올라가 보겠습니다.(하고 움직이는데)

서여사   의사 사위 무슨 덕 본 다구 좋대들…의사 사위두 나름이구 내

자식이 의산데 뭐 황송할 게 있어.(혼잣소리처럼)

강욱   ‥‥(올라가다 멈추어 선)‥‥‥

서여사   (소파에 앉아 신문 집는)

강욱   (움직이기 시작)

S# 민경의 방

민경   (침대에 앉아 죽 먹고 있다)‥‥(흐트러진 머리)

E 노크

민경   …들어와요‥

강욱   (들어온다)…

민경   ‥‥‥(보며)

강욱   ‥‥‥(다가와서) 좀 어때‥

민경   ‥‥‥(그냥 먹는다)

강욱   이모님 어디…안 계시는 거 같더라‥

민경 (안 보는 채)링거 사러 가셨을 거야…

강욱 …(앉으며)열은 내렸지.

민경 내렸어….

강욱 ….(보다가)기운이 없구나.

민경 (안 보는 채)어디 가서 뭐했니…

강욱 ……(보며)

민경 연결 안된다 그러드라….

강욱 바람 쐬구 왔어…

민경 (가만히 시선 들어 보는)….

강욱 임진강 쪽에 나가서….

민경 혼자서?

강욱 (쓴웃음)그럼 혼자지…

민경 왜 그래야 했는데…(수저 놓으며)

강욱 ……(보며)

민경 (쟁반 잡으며)응?

강욱 (쟁반 집어 치우면서)그저…그 동안 일들 정리 좀 하느라구…

민경 그래서…정리가 잘 됐니?

강욱 (민경의 손 잡아 한 손 덮으며)그래 잘 하구 왔어··(조금 웃듯)

민경 ……(보다가)내가 너 쥐어패서….화나지 않았니?

강욱 아니….맞을 짓 했으니까….

민경 ….(보며)

강욱 (한 손 민경의 흐트러져 엉망인 머리로)….(머리 만지며)많이 잤어?

민경 (보며)샴프하구 싶어.

강욱 안돼…참아…머리만 빗어…(일어나 화장대로 가며)씻는 건 천천

히 해……(빗들과 브러시 중에서 제일 엉근 빗 하나 뽑아 들고 와서 의자

자리 고치며)돌아 앉아 봐. 내가 빗어 주께..

민경   (보며)….

강욱   응? 빗어주께(조금 가볍게) 엉망이다. 빗어야겠어.

민경   …..(보며)

강욱   돌아 앉으라구…돌아 앉을 기운도 없는 거야? 내가 해줘?(하며

민경의 팔에 손 대는데)

민경   (그 손 잡으며)됐어…내가 하께…(하고 돌아앉아 준다)

강욱   ……(머리 보다가 천천히 부드럽게 머리 빗어주기 시작)….

민경과 강욱   ………..

민경   ……(눈물이 고이기 시작)

강욱   …….(눈물이 고이기 시작)

민경과 강욱   …………

민경   (불현듯/손 올려 제 머리 빗고 있는 강욱의 팔 잡아 당기며 고개 꺾

는다)….

강욱   ……(눈물 가득 차서 보며)…….(그대로 있다가 당겨 안으며)..(시선

이 조금 위로)……

민경   (그대로)너 걔하구 있다 왔지…(작은 소리로)

강욱   ?…아냐 그렇지 않아..

민경   걔하구 있다 온 거 같아.

강욱   (민경 머리에 얼굴 붙이며)아니라니까…혼자 있었어..맹세코 아

니야…

민경   ……(있다가 강욱 팔 떼어내면서)그럼 걔를 잊어야 하는 게 …너

무나 쓰라려서 혼자 임진강까지 나갔어야 했니?

강욱 ………(뒤통수 보며)

민경 (강욱 쪽으로 돌아앉으며)그래서 혼자 술 마셨니?(보며) 너한테서 술 냄새 난다…

강욱 ……(그저 보며)

민경 ……(보다가 천천히 강욱의 눈물에 손 대면서/뺨)…무슨 의미니……뭘 슬퍼하는 거니 지금…너 눈물 흘리는 거 첨 봤다.…무슨 뜻인데…

강욱 …너를…너한테…잘못해서…(고개 틀며 휴지 뽑으며)미안해서…그래…

민경 (조용히 강욱 보며)….

강욱 (눈물 닦으며)미안하다…정말 미안해.…

민경 (고개 딴 쪽으로 돌리며/눈 찌그려 감으며)그 기집애 잘라내야 하는 게 그렇게 고통 스럽니?

강욱 ……(그대로)

민경 거짓말두 제대루 못하는 자식.…너 다 보여 멍청아…다 보인다구우..(찢어지면서)

강욱 (한 손 올려 눈 가리면서)…….

민경 ……(고개 돌려 입 꽉 다물고 보는)…

강욱 ……(그대로)…

민경 나한테는 왜 그런 사랑이 없니.…

강욱 …….

민경 참 …못할 짓이다 그치?

강욱 (한 손은 눈 가린 채 민경 당겨 안는다)….

민경 (안겨서 눈이 위로)……

S# 지현의 마당(밤)

지현 (누리 꺼안고 만지면서)너 왜 안 짖는 거야. 누나 안 반가워? 짖
을 덴 안 직구 안 짖을 덴 짖는다구 아버지가 너 푼수래…왜 그래··
너 머리 모자라니? 식구가 들어오면 들어왔다구 짖어서 알려 줘야
지. 밥먹구 하는 일이 뭐야 응?

한수 (뒤에 나타나며)누나 들어왔어요?

지현 (일어나며)엉 뭐하는 거니?

한수 철망 좀 둘러 보느라구요.

지현 못 찾었지.

한수 네··찾긴요··

지현 니 탓 아냐. 괜찮아. 첨 있는 일두 아닌데 뭐.

한수 속상해 죽겠어요··

지현 (몸 돌리며)그만 어정거리구 들어 가.

한수 네··

지현 (돌아보며)저녁은 먹었니?

한수 네. 지금 치우구 있어요··

지현 (웃어 보이고 움직이는)

S# 지현네 마루

지현 (들어오며)저 들어와요··

지현부 어 왔어?

지현모 (밥 먹은 자리 훔치면서)쪼꼼만 일찍 들어오지.

지현부 (오버랩)지현이 들어왔다 상차려.

진이 E 네에.

지현 (앉으며/상의 벗으며)못 찾았다면서요.

지현모 찾긴 어디서 찾어.

지현부   지 집 싫다구 토낀 놈이 나 여깄습니다 하겠어?

지현   한수 속상해 죽겠대요.

지현부   죽을 일두 많다 지눔이 봐췄나부네.

지현모   (오버랩)아버지 아무 말씀두 안 하셨는데 뭐.

지현   뭐라 그러셔서 그러나 뭐.저 혼자 그러는 거지.

현식   (제 방에서 나와 지현에게 들러붙으며)고모 들어오셨어요?

지현   (옆으로 궁둥이 안으며)그래.고모 들어왔어.

현식   고모 건망증 최신 작 아세요?

지현   아니? 나 몰라.

지현모   저런저런 인석 (손자 만지며)그 얘기 할려구 튀어나왔네(남편
       보며)

지현부   ㅎㅎㅎㅎㅎ 그래 한 번 더 해라 어디

현식   (오버랩/풀썩 앉으며)있잖어요 고모 택시 한 대가 신나게 달려가
       는데요오?

지현   응.

현식   뒤에 타고 있던 아주머니가 운전기사 아저씨한테 아저씨 내가
       어디 가자구 그랬지요?그랬대요.

지현   응/건망증이다 그거지.

현식   운전기사 아저씨가 뭐라구 대답했게요?

지현   ?….뭐랬는데?

현식   어! 아주머니 언제 타셨소?! 그랬대요.

부모   (새삼스레 웃고)

지현   (소리 내어 웃는)

현식   재미있죠.

394

지현 그래.그런데 너 어디서 주워들인 거야?

현식 (벌떡 일어나며)학교에서요.(제 방으로)

초희 (상 들고 나오며)숙제 다한 거야?

현식 하는 중이에요.(아웃)

초희 (상 놓으며)학교 갔다 오면 숙제부터 해 치우구 놀면 얼마나 좋아.
입이 닳어 그냥 내가.

지현 숙제 하기 싫어요오.

지현모 (상 딸 가까이 밀어주며)그래두 너는 숙제부터 하구 놀았어.숙
제하라 소리 해 본 기억이 없어 내가. 당신 있수?

지현부 없어. 차분하게 지일 지가 알어서 다했지 우리 지현이야.

지현 (수저 들며)그런데 숙제는 정말 하기 싫었어요. 못난이라 그랬
지 뭐. 숙제 안 하면 크은일 나는 줄 알구.

초희 나 닮었어요..애보구 뭐랄 것도 없어요 어머니. 내가 숙제 안해
가는 대장이었거든요..

지현모 에이그 에이그.

S# 민경의 방

강욱 (민경에게 주사 꽂을 준비하고 있는)....팔 내..

민경 나 화장실 가구 싶어.

강욱 ..그래 그럼 다녀와서 꽂자...일어나.

민경 (힘들게 일어나는데)

강욱 (도와주고)

민경 (침대 아래로 내려서다가)웃긴다...발바닥이 왜 아프니..

강욱 발바닥이 아퍼?

민경 엉...발바닥까지 충격 받았나봐....(하고 다소 힘들게 화장실 쪽으로)

강욱 ·····(보다가 도와주러 움직인다/잡아주자)

민경 (보며) 고마워····

강욱 ·····들어 가···

둘 (화장실 쪽으로)

S# 지현의 방

지현 (옷은 갈아입고/침대에 걸터앉아서 찻잔 들고)·······(멍하니)····

강욱 E 고백이라구 생각해요.나는 지현씨가 내 운명····이런 구식 단어 글쓰는 사람한테 우습게 들리겠지만 운명처럼 느껴졌어요.

지현 ·····(차 마시는 위에)

강욱 E 그 사람한테 다른 상대가 생겼다구 가정할 때···나는 별로 괴로워 안할 거 라는 생각이 드니까···그사람한테 몹시 미안하고···내가 나쁜 거 알겠어요. 그래서··그래서 우리는 같이 노력하기로 했어요.

지현 ·····(찻잔 내리며 멍하니)

강욱 E 어리석은 미련도···실현성도 없는 꿈도 버립니다·····미안해요·······다음 생에 만나주면···정말 고맙겠소····

지현 (떨치듯 일어나 테이블로/컴퓨터 전원 켜고 찻잔 놓고 전화기 든다/번호 찍고)···네 안녕하세요 어머니 저 지현인데요 현경이 들어 왔죠····네 좀 바꿔 주세요····어 애 난데···정감독이 하라는대루 해보까 한 번?···그래애 ···너무 속 보이구 후지기는 한데 그래서 나두 내키지는 않는데 그래두 시작이 너무 기운이 없다니까 말야····그냥 밀구 나가?···그럴까?·····그럼 현경아 일단 두가지로 시작해 보면 어떨까···우리 생각대로 하나 시작해 보고 정감독 요구대로 시작해 보고···그래 너 놀지 말고 일해·· 엉···엉 안녕···(전화 끊고 컴퓨터 조작 시

작······기다렸다가 문서 불러내고 타이핑하기 시작)

S# 민경네 거실(아침)

이모   (청소기 밀고 있다)

S# 민경의 방

민경   (커튼 열어놓고 창밖 내다보고 서 있는/아직 완전히 다 밝지는 않은
상태/방 안은 꽤 어둡다)·····

　　E 밖에서 이 층 화장실 문 여닫히는 소리.

민경   (소리에 잠깐 돌아보다가 움직여 침대 옆 전화기 쪽으로 가 버튼/전
화번호 누른다)

　　E 벨 가는 소리···

민지   F 네에 여보세요··(잠에서 아직 안 깬)

민경   형부 일어난 거 같아. 화장실 들어간 거 같으니까 / 샤워 내 방
에 와서 하라 그러구 내려가 커피 만들어 올라와.

민지   F 살아난 거야?

민경   엉 살았어.

민지   F 알았어.

　　F 전화 끊는 소리

민경   (수화기 놓고 침대에 걸터앉아서)········

S# 이 층 거실

민지   (잠옷에 로브 입고 나와 화장실 문에 대고)형부 일어나셨어요?

강욱   E 어 어 일어났어.

민지   언니가 샤워 언니 방 꺼 쓰시래요.

강욱   E 됐어. 고마워. 샤워 안할 거야.

민지   (아래층으로 내려간다)

S# 거실

민지 (내려와 주방으로)

이모 (청소기 미느라 못 보고 있다가 보고) 웬일이냐아? 오늘 일요일 아니니?

민지 언니가 깨웠어요.(아웃)

이모 민경이 깼어?

민지 E 깼어요.

이모 (청소기 끈다)

S# 주방

민지 (봉투에 갈아놓은 커피 가루 계량하면서 들어오는 이모에게) 커피 드셨어요?

이모 아냐 내꺼두 만들어.

민지 살아났대요. 목소리두 나졌어. 형부 챙기는 거 보니까 괜찮아진 거 같아요.

이모 같이 자면서 이서방이 낫게 해줬겠지..

민지 ?(돌아본다) 누가 같이 자요?

이모 민경이랑 같이 잘 사람 누구니.

민지 아이구 이모는 맨 생각하는 게./아파 다 죽어가는 사람 놓구 무슨 상상을 하세요/

이모 (오버랩) 어린 게 왜 그렇게 앞서 달려? 무슨 상상이라니?

민지 (흘기며) 그만둬요. 이모 소질있는 거 다 알아요.

이모 소질있으면 내가 이러구 가정부 살이해? 시집을 가두 열두 번은 갔지.

민지 형부 손님 방에서 주무셨어요. 확실해요.

이모 그거야 알 수 없는 거고…월장도 해 이것아.

민지 월장이 뭐에요?

이모 무식하기는 쯔쯔. 이렇게 무식하면서도 너 대학생이지.담 뛰어 넘는 게 월장이다. 뛰어 넘을 담도 없는데 식은 죽 먹기 아니냐 그 뜻이야.

민지 에으에으.

S# 민경의 방

강욱 (타월 들고 들어오며)잘 잤어?

민경 (창에서 돌아보며)샤워 여기와서 하라니까.

강욱 가서 하지 뭐. 세수만 했어.(움직이며)

민경 (의자 있는 곳으로 움직이며)불 좀 켜.

강욱 어/(불 켜면서)그런데 이 수건 어떡하니. 내가 쓴 거 그냥 걸어 놀 수도 없고··바구니 없더라.

민경 아무데나 던져 놓지.(수건 빼내 제 욕실로 가며)민지 커피 만들어 올 거야….(수건 제 욕실에 던져놓고 오며)잘 못 잤지.

강욱 그럭저럭 잤어··너는…

민경 (의자에 앉으며)목 떨어진 꿈꿨어. 앉어

강욱 (앉으며)··그게 뭐야··

민경 살로메 앞에 바쳐진 세례 요한 목처럼 쟁반에 얹혀진 내 목을 니가 들고 있더라.

강욱 ·····(보는)

민경 슬퍼하지도 않구 놀란 얼굴도 아니구 무덤덤하게…

강욱 개꿈야.

민경 개꿈두 어떻게 이 상황에 그런 꿈을 꾸니. 니가 나를 잘라버렸

다는 거 아냐.

강욱 개꿈이라구.(일어나 화장대로 가며)얼굴 당긴다. 니 꺼 좀 쓸게.

민경 거기 파란 물 발라…

강욱 (얼굴에 화장수 바르고)

민경 ……(가만히 보면서)…강욱아.

강욱 (머리 손질하며)··응.

민경 우리 결혼하는 거….조금 밀자.

강욱 (돌아본다)······왜.

민경 너 지금…결혼할 상태 아니잖아.

강욱 ……(보며)

민경 (외면하고)꿈 때매 깨서….생각했어….머리랑 가슴에 다른 애
가 꽉 차 있는 너랑…그런 줄 알면서도 그냥 결혼 강행하는 게 영리
한 건가/아니면 그 아이가 희미해질 때까지….걔가 결혼해서 니가
완전히 포기할 수 밖에 없을 때까지 기다리는 편이 나은가…

강욱 …..(보며)

민경 태어나서 처음 그런 생각이 든다….사는 게…쓰디쓴 약 삼키는
거 같다는 생각…

강욱 ……(보며)

민경 어떻게 하는 게 나을까…(보며)니 생각은 어떠니.

강욱 …..(보다가 와서 앉으며)니가 결정해…어떤 쪽이든 나는 상관없어…

민경 (시선 피하며)그래 너는 상관없겠지. 내가 결정해야겠지. ….

　　E 노크

강욱 네에.

민지 (커피 쟁반 들고 들어온다)언니두 마시지.

민경 엉

강욱 언닌 쥬스 갔다 주지 왜.

민경 아냐. 됐어 커피 먹구 싶어.

민지 (머그잔 놓으며)커피 먹겠다는 거 보니까 다 낫구나.

민경 응 살만해.

민지 잠자리 바꿔서 잘 못 주무셨죠.

강욱 아냐 잘 잤어.

민지 간 맞춰 드세요.

강욱 고마워.

민지 (나가고)

강욱 (머그잔 집어 드는데)

민경 (안 보는 채)걔는 …굉장한 집에 가기루 돼 있드구나.

강욱 ….(본다)

민경 그 집에서 알면 어떻게 될까.

강욱 ……(보며)

민경 참 간 보따리 큰 기집애구 앙큼 발칙한 애야.(머그잔 들며)…원색적인 본능대로라면 다 까발려 그 결혼 못하게 만들겠어.

강욱 (보며)잊어 버려.

민경 (본다)간단하구나.

강욱 노력하기로 했잖아. 같이 노력하기로.

민경 (좀 토라지는)짜증 피지 마··이것도 노력의 한 단계라구 생각해.

강욱 짜증 아냐.(하며 커피 올리는데)

민경 벌써 싫잖아 너.그 기집애 욕하니까 싫잖아.

강욱 (마시고 내리며)끝내기로 한 얘기는 깨끗하게 끝내. 피차 불편하잖아.

민경   글쎄 언제 쯤 깨끗하게 끝낼 수 있을까. 그 기집애 신문에 내주 구 망쪼 들게 만들구 싶은데.

강욱   (머그잔 내려놓으며 오버랩)너 그 사람 전화 번호 어떻게 알았니.

민경   ?·······(보는)

강욱   너하구 나 둘이 해결보면 되는 문제야. 다시는 그 사람 괴롭히 지 마.

민경   너 안 만났다구 했잖아. 만나자 그러대?

강욱   내가 만나자 그래서 만났어.

민경   ?····니가?

강욱   완전히 정리한다 그랬어. 우리 결혼한다구.

민경   (오버랩 머그잔 집어 커피 끼얹어버린다)

강욱   ?·······

민경   그딴 보고 할 필요 어딨어 너. 그 기집애가 뭔데 그 보고하러 만나.

강욱   (그냥 보는 위에)

민경   E 마주 앉아서 눈 맞추고 얼마동안 무슨 얘기 했니. 같이 살고 싶어 환장하겠는데 내가 놔주지를 않아서 별 수 없다고 했니?

민경   마음은 언제까지나 영원히 니꺼고 껍데기만 결혼하는 거니까 섭섭해하지 말라고 했니? 그 얘기하는데 임진강까지 가서 하루 왼 종일 걸렸니?

강욱   (조용히 일어선다)

민경   너 안 만났다 그랬잖아! 왜 거짓말 해 너! 왜 거짓말 해애!

강욱   (오버랩의 기분)소리지르지 마. 소리지르는 거 질색야···문제 확

대시키지 말구 진정해. 임진강은 나 혼자 갔어. (하고 문으로)

민경 너 어디가.(부들부들)

강욱 (돌아보며)옷 갈아 입으러.

민경 그래 그 기집애는 소리 안 지르겠지.소리 지를 일이 뭐가 있어. 좋아 죽구 못사는 미친 것들인데 나처럼 소리 지를 일이 뭐가 있냐구.

강욱 말 좀 골라 써(하며 돌아서는데)

민경 (오버랩)상것들한텐 상말이 마땅해.뭐가 불만야.

강욱 ····(돌아선 채 그대로 있다가 그냥 나가버린다)

민경 ······(입 꽉 다물고 강욱이 나간 문 보다가 한 손 이마로 올리며 허물어지는)······

S# 거실

강욱 (계단 다 내려왔다)

서여사 (티브이 켜놓고 앉아 있다가 돌아본다)

강욱 안녕히 주무셨어요.

서여사 애는 어때.

강욱 많이 회복됐습니다. 저는 그만 가보겠습니다.

서여사 아침 하는데 어딜 가. 뭐 바쁜 일이라두 있는 거야?

강욱 네 좀 일이..

이모 (주방에서 나오며)아침 먹구 가. 다 됐어 먹구 가 응?

강욱 아니 저 실은 아침 약속이에요. 죄송합니다 이모님. 나가서 먹어야 해요.

서여사 (오버랩)정치꾼도 아니면서 무슨 조찬 약속이야.(못마땅해서)

강욱 (보는)..

이모 (강욱 옆에서)정치꾼만 아침 약속 하라는 법 있수? 할 수 없지 뭐 그럼. 이 서방 잘 먹는 알찌게 끓일려구 했는데…

강욱 다음에 먹여주세요.

이모 그래. 얼마든지…

강욱 (엄마 쪽으로 목례하고 현관으로)

이모 (따르며)애썼어. 고생했어 응?

강욱 아닙니다. 그럼‥

이모 어 잘 가.(강욱 나가고)

이모 (돌아서는데)

서여사 무슨 남이냐?

이모 ?

서여사 애썼어 고생했어는/당연히 할 일 한 거에 무슨 그렇게 극상 치하야.

이모 어이구 참 백년 손이랬수. 하기 좋은 말 듣기두 좋구 다 민경이 위해서요. 솔직히 말해 나는 언니한테 저런 사위가 무슨 복인가 싶수‥

서여사 뭐야?

S# 빌라 주차장

S# 강욱의 차 안

강욱 ……(운전석에 앉아서)….

S# 민경의 방

민경 (그 의자에 그대로 앉아 입 꽉 다물고 시선 조금 옆 아래로 하며 자괴와 슬픔)…….

S# 빌라 주차장 차 안

강욱 ……(있다가 이윽고 시동 걸어…출발)

404

S# 뜨는 강욱의 자동차…

S# 종혁네 거실

[부자가 같이 최회장의 골프채 손질하면서/]

종혁 종욱이네는 둘째애 가졌대요.잘 못 먹든데요?

최회장 그렇다더라.

노여사 (물 갖고 나오다가 오버랩)그래서 그 소리 듣구 뭐 느낀 거 없어?

종혁 아무 것도 못 느꼈는데요.

노여사 (남편에게 물 주면서)장가 늦어 제 자식이 아우들 자식한테 형님형님하게 생겼는데 쯔쯔.

최회장 그놈 회사는 잘 굴러가는 모양이더라.

종혁 네…고비는 넘긴 모양입니다. 금년에는 매출을 꽤 높이 잡구 있던데요.

최회장 매출이 문제가 아니라 이익이 문제지.

종혁 워낙 기초 투자가 많이 들어서 몇 년 동안은 이익에 욕심낼 처지가 아니랍니다.

최회장 그래도 그 놈이 곧잘 꾸려 가….공분 뒷전이고 밤낮 친구들하고 놀러만 다니더니.

노여사 애 됨됨이는 종섭이보다 개가 나요.

최회장 지현이는 잘 어울리냐?

종혁 ?

최회장 다 제대루 가정교육들 시켜 보냈다구는 하지만 내 보기에는 종욱이 댁이나 종섭이 댁이나 또 종운이 댁이나 푸근한 애가 하나두 없어. 우리 집안이 장차 그게 문제야. 남의 집 며느리 얘기할 게 아니라 우리 집에 들어오게 돼 있는 애두 푸근한 구석이라고는 없지만..

노여사 그 나이에 푸근하기는 쉽지가 않아요.

최회장 그래두 소질은 보이지 왜…소질은 보이는 법이야.

노여사 우리 애는 아직 너무 어려워만 해서 그렇지/ 보면 싸가지두 있구 배려두 있구 그래요. 하나 보면 알지 뭐.

최회장 그럼 다행이구….제일 늦게 들어오는 애/먼저 들어와 자리 잡은 애들 사이에서 물에 기름 돌 듯 안하게 니가 자주 자리 좀 만들어 주고 또/어디까지나 손위라는 인식 확실히 심어줘라…요즘 애들 맹랑해서 알수 없어.

종혁 네..알겠습니다.

노여사 느이 아버님이 저 말씀 왜 하시는데…나 시집 와 고생 좀 했지.

최회장 그런 소린 할 거 없고.

노여사 모두 다 한다하는 집안 딸들 아니니 느이 작은 어머니들.

종혁 네.

노여사 어이구 참 그대 생각을 하면 우습지두 않어. 나하나 가장자리루 비잉빙 돌리면서 우습게들 구는데

최회장 그만둬. 애한테 무슨 쓸데없는 소리야. 지금 꼼짝들 못하면 됐잖어.

노여사 당신 며느리 내꼴 당할까봐 당신이 먼저 시작하셨어요.

최회장 됐어 그만 하라구.

최회장 기사 (현관에 들어와서)회장님 출발하실 시간입니다.

최회장 어 집어 너라.

종혁 네..(일어나 백에 골프채 집어넣고 기사도 들어와 거든다)

최회장 (물 마시고 옆에 두었던 상의 집어 들며 일어선다)

노여사 (같이 일어서 다가들며)이리 주세요.(상의 받아 입히면서)아직
    땅 다 안 녹았을텐데 무리하지 말구 대충 치구 들어오세요. 괜히
    욕심부리다 다치지 말구요.

최회장 내일은 내가 알어서 해. 잔소리 좀 그만해.

노여사 따끈이 붙이는 거 잊어버리지 말구요.

최회장 날 다 풀렸어. 그거 붙일 정도 아냐.

종혁 날씨 아주 좋겠어요 아버님.

최회장 그렇지? 바람도 없는 거 같구.(의자 빠져나가며)

종혁 네…

최회장 지현이 불러 저녁 먹으까?

노여사 좋지요.

S# 대문 앞

기사 (앞서 나와서 골프채와 가방 싣고)

부자 (나오고)

최회장 (자동차에 오르고)

종혁 (뜨는 자동차에 인사하고)

    [뒤이어 대어지는 종혁의 자동차.]

종혁 (내리는 기사에게)가서 쉬어 내가 하께.

기사 알겠습니다.

종혁 (자동차로 오르고)

S# 시내를 달리는 종혁의 자동차

S# 운전하고 있는 종혁…

종혁 (문득 시디 넣으면)

    M 클래식……

[크게 표는 안 나지만 어딘가 여유로운…]

S# 사슴 목장으로 들어오고 있는 자동차/목장

[철망 수리에 매달려 있는 아버지/한수/괜히 서 있는 엄마/진이/저만
큼 차 앞 유리로 보이고.]

[그 옆에 대어지는 자동차.]

종혁 (내린다)안녕하십니까. 저 왔습니다.

지현부 어 어서 와.

한수 오셨어요?

종혁 어. (아는 체하고)수리할 게 많으세요?

지현부 전체적으루 한번 다 점검하는 거야…멀쩡한데두 사고가 난
단 말야..

지현모 사슴 한 마리가 도망갔다네. 소 잃구 외양간 고치기지 뭐.

종혁 그래요? 지현이 사슴 도망갔다 소리 안하든데요.

지현부 뭐 얘기했으면 잡아다 줄라구?

종혁 하하..아뇨. 전 몰랐다구요.

지현모 자주는 아니지만 종종 있어. 당신 그만 한수한테 맡기구 들
어갑시다.

지현부 얘 혼자 힘들어 못해.

한수 들어가세요. 저혼자 할 수 있어요 아버지.

S# 지현네 마루

지현모 (들어오며)얘 아직두 자니?

초희 (마루 늘쩡거리고 닦다가)아직 기척 없는데요?

지현모 (지현의 방으로 가며)최서방 왔다. 현식 애비 뭐해.

초희 몰라요. 누워서 책 보던데..(마루 닦는)……

지현모 (지현 문 열려다 돌아보며)최서방 왔다니까.걸레들구 그만 일어나구 애비 나오라 그래.

초희 알었어요...

S# 지현의 방

지현모 (들어오며)애...지현아....(다가들며)몇시에 잤길래 이래 얘가... 지현아 지현아...(머리끝까지 뒤집어쓴 이불 조금 걷어내면서)

지현 .....

지현모 얘 좀 봐.(흔든다)얘 얘..지현아.

지현 (몸 뒤집으며)밥 안먹어어어..깨우지 마아아아. 나 여섯시에 자기 시작했어요오.

지현모 .....(깨우는 게 안쓰럽다)....(좀 보다가)얘애

지현 (오버랩)아유우 왜 깨워어어 나 좀 내버려둬요오오오.

지현모 최서방 왔어어...

지현 ...

지현모 일어나야지 안 일어날 거야?

지현 ....(눈 뜨며)...

[한편 마루에서 들어온 종혁/아버지/지태 인사 나누는 소리 들리고]

지현모 일어났다가 보내구 다시 자...응?........아니 뭐하느라 여섯시까지 안자...대충 한 두세시까지만 하구 자지 무슨 먹구 살 일 났다구 여섯시까지 안자 그래.....정신 차려 응?

지현 아후우우우 싫어 죽겠어어어어어.

지현모 (잇새로 공기 끌어 들이는)시잇/ 들어.

지현 (일어나 앉는다)왜 전화두 안하구 자기 멋대루 와아아. 여기가 자기 집야?

지현모 (가볍게 등짝 때리며)얘가?

S# 마루

지현부 아침은 먹었어?(앉으며)

종혁 네 먹구 움직였습니다.

지태 앉어.

종혁 네.

초희 그럼 뭐…차는 뭐….

종혁 아무 거나 주세요…아무 거든 상관없어요.

지태 귤차 좀 끓이지.

지현부 그래 그거 좋겠다. 우리 진이 제주도 즈이 친정에서 보낸 무공
해 귤이 있어.

종혁 네에..

초희 녹차두 있구요.

종혁 귤차 마시죠.

초희 조금 기다려야 하는데 시간이 괜찮아요?

종혁 네 괜찮습니다 시간 많아요.(초희 움직이는데/한편)

지현모 (부어터진 지현 등 가볍게 밀면서 나온다)얘가 새벽 여섯시에
잤다네.

지현부 홀랑 샜어?(지현은 그냥 화장실 쪽으로)

지현모 홀랑 샜대요.

지태 최서방 왔어. 아는 척이나 하구 들어 가.

지현 (그냥 들어가고)

지태 쟤가?

지현모 애기했어. 지금 제 정신 아냐.

지태 제 정신 아니래두 아는 척은 해야죠오.

종혁 놔두세요. 자는 거 깨우면 화나요‥괜찮습니다.

지태 자네 애 너무 봐줘서 저래.

S# 화장실

지현 ‥‥‥‥(세면대 두 손으로 잡고 고개 꺾고 있는 위에)

종혁 E 봐주는 게 아니라 저두 자는 거 깨우면 화내거든요‥‥제일 싫
       은 게 자는데 깨우는 거에요.

지현부 E 그래 자는 데 깨우는 거 반가운 사람 없어. 그건 나두 그래 허
        허허허

S# 지현의 방

지현 (세수하고 들어온 참이다. 타월 아무렇게나 화장대에 놓으면서 멍하
       니 거울 보는)‥‥‥‥(그러고 있다가 스킨 병 집어 들어 따르는데)

종혁 (들어온다)‥

지현 (그냥 바르는)

종혁 미안한데? 밤새는지 몰랐지.

지현 (얼굴 두드리는데‥그것도 힘이 없다)‥‥

종혁 (뒤로 가 어깨에 손 얹으며)밤 왜 샜어‥쓰느라구?

지현 (밀크로션 병 집으며 조금 끄덕이듯)

종혁 밤샐 정도로 급박한 것도 아닌데 왜 벌써부터 밤새고 그래.(거
       울 속의 지현 보며)‥‥음?

지현 하다 보니까 그렇게 됐어요.(로션 얼굴에 찍으면서)

종혁 (손 떼고 의자 쪽으로 가며)그거 낮에 하면 안돼? 낮에 쓰고 밤엔
       잠 자야지. 사람이나 짐승이니 밤에는 자도록 돼 있는 거야. 그게
       리듬이라구.(의자에 앉아 지현 쪽으로 돌며)

지현   ······(그냥 바르는)

종혁   정신 차리고 나가자.

지현   ?

종혁   (연결)나가서 밥먹고 우리 서해안 갔다오자.

지현   ?····(해서 돌아본다)··어디요?

종혁   겨울 바다 보러 가자구. 바빠서 이번 겨울엔 바다두 못 봤어···겨
울 바다 볼만하잖아···강릉 갈려고 했는데 아버님이 저녁하시재. 시
간 댈려면 강릉은 불가능해.

지현   나 여섯시에 잤어요.

종혁   알아. 차에서 자면 돼···가는 동안 자고 오는 동안 자고 그럼 돼.
편안하게 자도록 운전해 줄테니까 걱정 마.

지현   다음에 가요. 난 자야 해요.(화장대로 돌아앉으며)

종혁   다음 주도 그 다음 주도 약속 있어·· 오늘 못 가면 겨울이 끝나.

지현   (빗 들며)그럼 혼자 가요.

종혁   ·····(보는)차에서 자면 되잖아.

지현   (머리 빗으며/조금 짜증)차에서 자는 건 자는 게 아니에요. 집에
서 자는 거 하구 차에서 자는 거 하구 종혁 씨는 같아요?

종혁   ·····(보며)

지현   그럴 생각이면 어제 얘기했으면 좋았잖아요. 그럼 밤 안새구
잤죠.

종혁   아침에 눈 뜨면서 당신하고 같이 겨울바다 보러가고 싶어졌어.

지현   ·····(빗 떨어트리며/바닥이 아니라)

종혁   혼자가 아니라 같이.

지현   (오버랩의 기분)꼭 가야해요?

412

종혁 가야 해.

지현 (빗 놓으며)좋아요 가요 그럼.(하고 발딱 일어나 창문 여는데)

종혁 (아주 낮게)당신 이거 뭐하는 거야.

지현 (옷 꺼내며)꼭 가야 한다면서요.

종혁 (낮게)지금 미운 놈한테 떡 내던지는 거야?

지현 ?……(돌아보는)

제10회

S# 달리는 차 안

종혁 (불쾌해서 운전하는/눈 부릅뜨지 말고)‥‥

지현 (옆자리에 시선 내리고)

종혁 ‥‥‥기대서 자.

지현 ‥‥‥‥

종혁 자라구.

지현 됐어요. 안 졸려요.

종혁 졸려 죽을 것처럼 그랬잖아. 갑자기 왜 안 졸려.(앞 보면서)

지현 ‥‥‥

종혁 ‥‥‥‥

S# 종혁 회사 주차장으로 들어와 멎는 자동차

S# 차 안

종혁 (키 뽑고 문 열며)내려.

지현 여기가 바다에요?

종혁 바다 안 가. (내려서 자동차 앞 돌아 지현 쪽 문 열어준다)‥‥‥

지현 (내린다)…

종혁 ····(잠깐 보다가 지현의 손 잡아끌듯이 하고 건물로)

지현 ····(끌려가듯 하며)…

S# 회사 회의실··

종혁 (들어와서 돌아보며)··들어와.

지현 (들어온다)…

종혁 (상의 벗어 아무 의자에나 입히면서)얘기 좀 하자…얘기하기에 이 이상 좋은 장소 없어…(타이 좀 느슨하게 하면서)보기보다 나 상당히 잘 참는 놈인데··오늘은 좀 못 참겠다. 왜 이러는 거야. 나한테 왜 이래.

지현 ······(보는/크게 반발하는 건 아님)

종혁 이 세상 누구도 나한테 당신처럼 함부로 안 굴어. 왜 이래.

지현 ···(보던 것 그만둔다)

종혁 가족 모임에도 싫다/좋아 그건 내가 양보해줬어. 그래서 나 혼자 한짝 젓가락으로 나갔었어. 전혀 유쾌하지 않았어. 그 자리에 안 나오겠다는 당신이 신경 쓰여서/신경이 쓰이다 못해 결국은 여자들 자리 비켜 달래 놓고

종혁 E (돌아보는 지현 위에)녀석들한테 뭐라 그랬는지 알아? 여자들 당신한테 까불지 말게 하라 주의줬어.(지현 입 벌어지고)그 녀석들

종혁 무슨 얘긴지 이해 못하는 채 알았다고 약속했어. 집에 들어가 여자들 모두 한방 씩 먹었을 거야.

지현 (오버랩)그게 무슨 유치한 짓이에요.

종혁 유치해?

지현 내가 언제 그래 달랬어요. 왜 그런 짓을 해요? 기막혀…말도 안되는 고자질이나 해서 말 듣게 한다구 얼마나 우습게/생각하겠어요.

종혁 나 바본줄 알아? 그 화살 당신한테 가게 그렇게 처리했을 거 같아?

지현 다른 사람두 바보 아니에요. 어떤 식으로 처리했든 다 알아요.

종혁 내가 보기에 그렇다 그랬어 내가 보기에 늬들 건방지다.

지현 달라지는 거 없어요.

종혁 어쨌든/어쨌든 그런데/ 바다 보러 가자는 것도 해주기가 싫어 미운 놈한테 떡판 내던지는 것처럼 그래야겠어?

지현 밤샜다구 했잖아요. 나 체력 그렇게 안 좋아요. 밤새구 난 아침 에 바다보러 달려갈 만한 에너지가 없단 말예요.

종혁 (오버랩)문제는 태도야. 웃는 얼굴로 미안하지만 지쳐서 도저 히 못 움직이겠다. 좀 자게 해주면 안되겠냐 그럼 안되는 거야?

지현 ....

종혁 귀찮고 싫어서 죽겠는 얼굴로 혼자 가라. 꼭 가야 되냐 /성질 팍 피면서…왜 그래.

지현 자는 사람 깨워서 바다엘 가자는데 웃을 만큼 나는 마음이 좋 질 못해요.

종혁 …..(보며)

지현 신경질쟁이구요.

종혁 …..앉아.

지현 ....

종혁 (의자 빼서 앉으며)앉으라구.

지현 (앉는다)….

종혁 밤샌 줄 모른 사람야.

지현 마루에 앉아있을 때 알았잖아요.

종혁　....(보는)

지현　신경질 핀 거 미안하지만 ...태도는 왜 밤낮 나만 문제가 돼요. (보며) 잠자는 사람 강제로 깨워났으면 안되구 미안한 거 아니에요? 아무 상관없이 바다가자./ 차에서 자라/꼭 가야 한다. 강요면서 명령이고/나는 꼼짝없이 싫어도 따라야 하고...결혼을 하는 건지 노예로 팔린 건지 모르겠어요.

종혁　......(보며)좀 심한 거 아냐?

지현　(고개 돌리면서)그럴 때면 먼저 기분이 나빠져요. 기분 나빠도 웃을 수 있을만큼 유능하지 못해요.

종혁　......(보며)

지현　.......(안 보며)

종혁　나는 당신 적군이 아냐. 경쟁 상대도 아냐. 당신과 나는 하나야. 내가 당신이고 당신이 나야. 그래야 해.

지현　종혁씨는 종혁씨고 나두 종혁씨래야 하는 거죠··

종혁　그렇지 않아.

지현　(오버랩)아무리 죽겠어도 바다 가자 그럼 어머 좋아요 산에 가자 어머 산에 가고 싶었어요

종혁　(오버랩)억지 쓰지 마. 그런 여잘 원했다면 당신이 아니야.

지현　(오버랩의 기분)그런 여자는 심심할테니까요. 나같은 애 잡아서 그런 여자로 길 들이여 놓고 즐거워 할려구요.

종혁　.....(보다가)말 안된다....너하구 말 안된다.

지현　....(안 보며)

종혁　무서워 어디 살겠니. 잠 좀 깨워났다구 이러니 무서워 어떻게 백년을 같이 살겠냐구.

지현 ⋯⋯(시선 아래로 내리며 일어서는)바다에 가요⋯가고 싶으면 가야 하는 사람이잖아요.

종혁 ⋯⋯(보며)

S# 시내를 달리는 종혁의 자동차⋯

S# 차 안

지현 ⋯안가요?

종혁 ⋯⋯(그냥 운전)

S# 사슴 목장으로 들어오고 있는 종혁의 자동차⋯

S# 차 대는 곳에서 돌려지는 자동차

S# 차 안

종혁 ⋯⋯(앞 보며)내려⋯⋯잠이나 자라.

지현 ⋯⋯(앞 보며)

종혁 내리라구.

지현 (돌아보며)바다 못 가서 어떡해요.

종혁 (앞 보는 채)바다는 내년에도 거기 있고 후년에도 거기 있어⋯⋯나중에 가지⋯

지현 ⋯미안해요⋯성질 부려서⋯

종혁 (돌아보며)솔직히 김은 상당히 새⋯⋯이제 쯤은 내 독선이나 독단 같은 약점⋯품어줄 때도 되지 않았어?⋯당신은 송곳으로 아프게 찌르기만 하지 추호도 이해하고 봐주지는 않아. 비판하지 말라는 거 아냐⋯동지의 비판이었으면 좋겠다는 뜻이야.

지현 종혁씨도 내 일 갖고 뭐라 그럴 땐 동지 같지 않아요.

종혁 ⋯⋯(보다가 픽 웃으며 고개 돌리고)한 마디도 안져. 한 마디도. (하며 다시 보며)당신은 공 같애. 치면 튀어올라. / 치는 강도 만큼

418

튀어 오르지…재미있어…

지현 나 갖고 공놀이 하는 거에요?

종혁 ?…(보다가 고개 돌리며 조금 소리 내어 웃는다)

지현 너무 때리지 말아요. 코까지 튀어 올라 코피 터뜨릴 수도 있으
니까.

종혁 (돌아보며)아무 것도 하지 말고 잠만 자. 다섯시까지 차 보내께.

지현 내가 가께요.(차 문 잡으며)

종혁 운전하지 마. 타구 와…인사 생략한다.

지현 (내린다)…

종혁 ….(출발)

S# 나가는 자동차와 보는 지현….

지현 (돌아서 집 쪽으로 움직이며 자신도 한심하고 종혁이도 한심하다)….

S# 지현네 마루

지현 (들어온다)

지현모 (북어 찢으며)어디 갔다 와?

지현 그냥 드라이브…(제 방으로 움직이며)

지현부 (축산협회보 같은 것 보다가)밥은…

지현 안 먹었어요…언니 우동 있어요? 우동 같은 거 먹구 싶어요.

초희 남았는지 모르겠네…현식이가 정신없이 끓여 먹어서..

지현모 아 얼른 일어나 찾아봐. 없으면 한수 나가 사오라게.

초희 에에…(일어나 움직이며)시장두 보긴 봐야 해요…

지현 없으면 그냥 국수 좀 뜨겁게 만들어 줘요…잔치 국수 있죠 왜..

초희 E 어디 찾아 보자구요…있네.있어요 아가씨.

지현 (들어가려다 돌아보며)그럼 부탁해요 언니.

초희　E 네에에에..

지현　(들어가고)

지현부　애 데리구 나가 어째 밥을 안 먹였어..

지현모　그러게…문 연 식당이 없나아.(시계 보며)열시 밖에 안됐네요.

지현부　이제 열시야?

지현모　에에..

현식　(숙제 들고 나오며)나 여기서 숙제 해야지…

지현부　어? 그래…그래 이리 와.

현식　(배 쭉 깔고 엎드리는)

지현모　아이구 눈 나뻐져. 상두구 왜 그래. 일어나 일어나.

S# 지현의 방

지현　(침대에 걸터앉아서)……(상의만 벗어놓고…앉은 채 벗은 듯한)……

S# 강욱의 오피스텔

강욱　(식탁에서 혼자 맛없는 밥 먹고 있다…볶음밥 같은 것)………(먹다가 스프 그릇 집어 마신다)…

S# 지현의 방

지현　(책상에 앉아서 생우동 먹고 있다)……

　　　E 전화벨

지현　….(전화 돌아보고 받는다)…네에..엉 나 집에 있어 왜애?

S# 작업실

현경　아니 나 뭣 좀 해볼까 그래서 나왔거든…유자두 나와 있다 애… 집에 있을 거야?

유자　(두드리며)웬만하면 나오라 그래. 저녁에 영화나 보자.

현경　웬만하면 나오지 그러니? 유자가 저녁에 영화 보재……그래?…

420

뭐하느라 못 자?

유자　(돌아보고)

현경　어머머 진짜 너 진짜 일부 탈고했단 말야?

유자　웬일야 완행열차가?

현경　완행 열차가 웬일이냐 그런다.

S#　지현의 방

지현　완행열차 급행으루 바뀌었다 그래….몰라아 그냥 써지는대로 냅다 써 제꼈어. 다듬구 고르느라 애 안 쓰고 일단 되는대로 메꿔 보자 그랬더니 한 시간에 평균 열장씩은 나가더라…..놀랠 거 없어 유자는 한 시간에 이십매두 쓰구 미치면 삼십매두 쓰잖아·· 어 자 야 해.··안돼 저녁에는 성북동 가야 해.

S#　작업실

현경　그렇구나 알았어 그래.

유자　나오라 그래.

현경　잠자구 오후엔 성북동 간댄다··그래 그럼 자…어 적당히 있다 들어가든지 아니면 유자랑 영화나 보러 가든지…..내가 할게 뭐 있 니. 나대로 미니 뚜껑 한 번 열어볼까 해서 나왔는데 얘 아무래도 안되겠어.내 얘기가 아니라 그런지 점도 안 찍어진다.

유자　원고 보내 보라 그래. 우리가 한 번 보게.

현경　어 지현아 너 팩스로 좀 보내 볼래? 나 디게 궁금한데 응?

S#　지현의 방

지현　아냐…다듬어야 해. 낼 갖구 나갈께…엉··싫어…최소한 실밥 정 리는 해야잖어…몰라 제대로 꿰매진 건지 아닌지도 모르겠어… 엉…엉 그래…응 안녕··(끊고 다시 먹으며 눈이 다른 생각으로 달리는)…

S# 강욱의 오피스텔 복도

강욱 (볶음밥 그릇 내놓고 문 닫는다)

S# 오피스텔 안··

강욱 (들어와서 욕실로)

S# 욕실

강욱 (들어와 칫솔에 치약 짜서 입에 넣는데)

　　E 차임벨

강욱 (나간다)

S# 오피스텔

강욱 (나오며) 네에 누구세요!

세탁소 E 세탁물 가지러 왔는데요 선생님.

강욱 아 예 잠깐 만요…(큰 비닐봉지 찾아내서 벗어두었던/민경이에게
　　서 커피 세례 받은 양복과 와이셔츠 등 아무렇게나 구겨 넣으며 문으로
　　움직이는데)

S# 민경의 방

민경 (쿨쩍쿨쩍 울고 있다)이모 나 돌겠어어··(이모에게 옆으로 앉아)

이모 아 글쎄 말을 해 이것아…왜애…왜 돌겠냐 말야….돌겠다돌겠
　　다 소리만 하지 말구 말을 하라니까아?

민경 돌겠어어어어어

이모 …(보다가)얘가 나까지 돌게 만들래나··왜 그래 글쎄 뭣때매 돌
　　아 니가아.

민경 엄마한테 말 안할 거지?

이모 할 일이면 하구 안할 일이면 안하구.

422

민경 안돼‥엄마가 알면 강욱이 영 놓쳐‥엄만 알면 안돼애‥

이모 ‥이 서방이 뭐‥이서방한테 무슨 /‥뭔데에‥‥

민경 (침착해지며 숨 한 번 흐느낌처럼 끌어 넣으며) 걔 바람났어 이모.

이모 ?‥‥‥(너무 놀라서 하얗게‥믿어지지 않는다)‥뭐어?

민경 (이모에게 고개 돌리며) 바람났어‥‥딴 기집애 생겼어‥

이모 ‥‥‥애 ‥애 너 뭐 잘못 아는 거 아냐? (소리 극도로 죽여서/문 쪽 보면서) 늬 엄마 알면 화산 터지구 지진나구 우리 다 죽는다. 너 소리 낮춰. 애 우리 목욕탕으루 들어 가자. 아니 이불 속이 낫겠다. 이불 속에 들어가 얘기하자. 일어나. 침대루 올라가자구 어서 응?

민경 괜찮아요‥조용히 얘기하께‥

이모 내가 큰 소리 낼까봐 그래 내가/이게 무슨 날벼락야. 너 괜히 생사람 잡는 거 아니니? 아니 그럴 사람을 갖구 그런 말을 해야지 내가 믿지이. 애 나는 남자가 애 낫다는 소리보다 더 안 믿긴다. 확실한 거야? 확실한 증거가 있냐구우.

민경 그 기집애 내가 만났는 걸?

이모 ?뭐야?‥진짜란 말야 그럼?! (자기도 모르게 버럭 했다가 황급히 문 쪽 보며 제 입 막는다)

S# 아래층 거실

서여사 (전화하고 있다 웃어가면서) 김사장 왜 이래. 내가 그 땅을 지금 왜 팔어‥글쎄 땅 못팔어 몸 다는 사람두 아니구/ 도로 낸다구 잘라간 땅 보상금 받은 게 봐 언젠데/‥내용 아는 사람이 땅 팔라 소리 해? 오늘 낼 공사 착수할텐데 바보 아닌 담에 지금 그 땅을 왜 팔어 내가‥‥아이구 여러 말 할 거 없어. 김사장이 땅 쥘이면 그거 지금 팔겠어?‥‥아니면 됐어. 별 싱거운 사람 다보겠네 살다살다.

S# 민경의 목욕탕

민경 (욕조 안에 책상다리 하고 앉아)작가야. 방송작가.(안 보는 채)

이모 (역시 욕조 안/민경 앞에 쪼그리고 앉아서)작가?…아니 작가씩이 나 되는 년이 뭐 할 짓이 없어 남의 남자한테 침 바른다디.

민경 강욱이가 …완전히 가 버렸어…쟤 쉽게 안 잊을 거야. 내가 알아.

이모 (오버랩의 기분)얘 작가라면 보나마나 모과같이 생겼을텐데

민경 모과 아니야.. 이뻐.

이모 지까짓게 작가 이뻐봤자

민경 (오버랩)아냐 정말 이뻐/ 나 보다 훨씬 어리구..훨씬 이뻐…

이모 예 까짓 인물은 별거 아냐. 늙으면 다 똑같이 한심해. 그래서 이서방 그 자식 뭐라는 거야. 그 기집애때매 너 찬밥 만든대? 너하구 안한대?

민경 말로는 정리했대..다시는 안 만난대…그런데…그래 놓구두 또 만났드라구…

이모 …..야 당장 때려 치워.

민경 (얼굴 틀며)강욱이 없이 나 안되는 거 이모 몰루?… ..나 걔 …정말 좋아해….내가 이렇게 구질구질하게 굴지 정말 몰랐어…나 싫다면 그만이지..마음 변한 남자 놓구 이러니 저러니 하는 유행가 내가 얼마나 경멸했었는데…지금 내가 유행가 그 자체야 이모.

이모 …(보다가)그러게 더러운 게 정이구 사랑이라는 거야……(좀 더 보다가)별일이다아..나는 이서방은 믿었다아? 세상에 이건 물구 나무 서서 거품 뿜구 죽을 일이네 원. 빌어먹을 놈. 얌전한 강아지 부뚜막에 올라간다더니 어이구 기막혀..

민경 (오버랩)아까 걔..(한 손으로 눈 가리면서)커피 끼얹어 내 쫓았

424

어요…없었던 일로 넘어가야지…그러는 걸루 이겨내야지 하면서…그게 안돼…문득문득 목졸라 죽여 버렸음 좋겠어….죽이구 나두 죽었으면 좋겠어어..

이모 …(보다가 껴안는다)….너 이서방 없으면 안된댔지…그럼 그러면 안돼…더어 잘해주고 더어 웃어 주고 속으로는 정말 죽이고 싶게 미워도 겉으로는 흘러가는 것처럼 애교 떨구 이쁜 짓 해야 하는 거야…(떼고 보며) 어떡할 거야 이 서방 없이는 못산다면서. 그럼 잡아야지.잡아서 붙잡아 매야지 응?당분간 창자 빼서 어디 치워. 나 창자 없다 하고 그저 잘해. 잘해줘. 저도 양심이 있으면 설마 니가 왜 그러는지 알겠지. 알면 느낄 거야. 느끼면 돌아설 거구.응?

민경 이모 나 머리 자를까?

이모 ..머리는 왜.

민경 그 기집애..머리가 단발이더라구..

이모 ….(가여워서 보며)…

민경 글쎄 내가 이렇게 됐다니까?

이모 (안아준다)

S# 오피스텔

강욱 (누워서)……(우두커니)

S# 지현의 방

지현 (컴퓨터 켜놓고 간밤에 쓴 원고 보고 있다…간간이 수정하면서)…

지현부 E 너 안자?

지현 ?..네 왜요 아버지.

S# 마루

지현부 (지현의 방 가까이)성북동 간다면서 왜 안자…왜 안자구 톡톡톡톡 그래….

지현   E 네에 잘 거에요…

지현부   얼른 자….그만 해‥

S# 지현의 방

지현   네 알았어요.(문서 저장하고 침대로 파고들어가 눕는다)……(눈 뜨
고 있다가 문득 몸 일으켜 전화번호 찍는다)

E 벨 가는 소리.

종혁   F 네에.

지현   어디 있어요.

종혁   F 운동하고 나와 밥 먹는 중야. 안 자고 뭐해.

지현   바다 못 보게 만들어 미안해요.

S# 호텔 테라스 커피숍

종혁   (혼자 스파게티 정도 먹으면서)됐어.

지현   F 그냥 순하게 따라 나설수도 있는데…너무 피곤한데 그러니
까 짜증이 났어요.

종혁   왜 그러는지 알아.나를 별로 안 좋아하기 때문에 짜증 먼저 나
는 거야….그런 줄 알면서 데려 오는 거니까 따지고 보면 당신한테
블레임 걸 필요 없는 거야.

지현   F …..

종혁   부정 안하지?…좋아. 상관 안해.나만 좋으면 되니까. 아직 나
를 다 몰라서 그래….나는 자신 있어. 잠이나 자. 끊어 나 밥먹어.(끊
는다)

S# 지현의 방

지현   …(전화 내리며)….

426

F.O

S# 민경네 거실

민지   (학교 갈 차림으로 문 열며)어서 오세요.

강욱   (들어서며)음.

민지   언니 밥 먹구 옷입으러 올라갔어요.나중에 뵈요.

강욱   응 그래..(올라서고)

민지   (신 신으러 내려서고)

이모   (주방에서 나오며)어서 와 이서방.(날아갈 듯) 아침 안 먹었지?
  먹구 나가 내가 차려 줄게 응?

강욱   아니에요.토스트 해 먹구 왔어요 괜찮아요.

이모   그래? 그럼 올라가 봐. 오늘은 애가 한결 개운한 모양야. 다 난
  거 같아

강욱   네에.(하고 이 층 쪽으로)

이모   (강욱 움직이자 이내 얼굴 험악해지면서 강욱 등을 쏘는)…

서여사   E 국 식었어. 국 새로 줘.

이모   어이구 손은 맛사지하는데 밖에 안 쓰지 그저.(돌아서며)

S# 민경의 방

강욱   (문 연다)

민경   (옷 입다 돌아보며)어서 와.

강욱   (들어서며)괜찮아?

민경   괜찮아졌어. 아침 먹지 왜.

강욱   먹었어. …. 왜 화장두 안 했어.

민경   나가자.(앞서며)

S# 거실

　　[내려오는 두 사람.]

서여사　(소파에 앉으려다 돌아본다)…

민경　다녀 오께요.

서여사　일찍 끝내고 들어와 쉬어…

민경　..알아서 할께요.…(현관으로 가며)이모오 저 나가요.

이모　E 그래애.

S# 빌라 주차장과 입구

　　[나오는 두 사람.]

강욱　차는 갖다 놨는데 내 차 타구 가.

민경　아냐 키 줘. ..(손 내밀며)

강욱　괜찮겠어?

민경　줘.

강욱　(키 주고)

민경　(받아서 제 차 쪽으로 가 문 열고 오른다)…(시동 걸고)

강욱　(시동 거는 것 보고 제 차로 오른다)

　　[나가는 민경의 차와 강욱의 자동차.]

S# 민경의 자동차

민경　……(운전하면서)

S# 강욱의 자동차

강욱　……(운전하면서)

S# 작업실

지현　(팔짱 끼고 창에서 거리 내려다보고 있다)………

　　M 에프엠 방송/곡명 소개 중..이어서 음악으로

지현 (꼼작도 않고 서서)……

유자 (들어온다)…일찍 나왔네?

지현 ……? (돌아보며)어 너두.

유자 (움직이며)언제 나왔어?

지현 (창에서 떨어져 커피메이커로 움직이며)지금 막/커피 앉히구 기다릴 정도. 영화 뭐 봤어?

유자 영화? 어 영화 안 봤어. 현경이랑 그냥 뭉개다가 여덟시쯤 짜장면 먹구 들어갔는데 그게 체해서 죽는 줄 알았다.

지현 급하게 먹었어?(커피 따르며)

유자 아냐 그렇지두 않았는데 그렇드라구. 내가 잘 체하잖아.

지현 (머그잔 집어 주며)오늘은 봄이드라.

유자 (받으며)나는 봄이 더 젬병야. 바람이 기분나쁘게 춥잖아. 너 사월에두 눈 날리잖니.춘설.

지현 그래 춘설이 난분분하니 올똥말똥하여라 그런 시조 구절 있지 왜.

유자 (마시고 내리면서)너 태국 가서 성형외과 의사 만난 거 아니니?

지현 ?…무슨 소리야?

유자 아니 왜 너 오자마자 전화번호부에서 성형외과 의사 찾아 통화했었잖아. 너 그때 분명히 여행 어쩌구 안 그랬었니?

지현 (책상으로 움직이며 오버랩의 기분)그게 태국하구 무슨 상관야.

유자 상관있는 거 아냐?

지현 (테이블에 머그잔 놓고 앉으며)상관없어……성형에 대해서 뭐 좀 알아볼려구 연락했었는데 의사가 여행중이었어…돌아왔을 때쯤 됐겠다 싶어서 연락했던거야.

유자　그래?…나혼자 괜히 상상력이 발동했었구나. 문득 그 생각이 나잖아. 아아 태국에서 얘가 성형외과 의사 본 적 있다.

지현　작가 아니랄까봐.(컴퓨터 켜며)

유자　그런데 그것두 아귀가 딱 떨어지지는 않더라구. 너 분명히 통화했는데 그 남자는 니 성도 이름도 연락처도 니가 뭐하는 앤지도 모른다 좀 이상하긴 했어.

지현　(키 조작하며)머리 안 복잡해? 한가하기두 하다.

유자　(제 책상으로 움직이며)누굴까 너 찾는 사람.

지현　관심없어.

유자　(앉으며)성북동은 어떠니.

지현　?뭐가 어때?

유자　아니 그 정도 부자 집 분위기는 어떤가 궁금해서…우리같은 사람 그런 집안 잘 모르잖아. 너는 큰 도움 될 거야…어떠니.

지현　종혁씨네 경우에는 좀 무거워.

유자　어떻게 무거워?

지현　…(좀 생각하다가)무거워.

유자　너 쪼니?

지현　쫄아. (화면 보면서) 많이 쫄아.

유자　부자라서?

지현　그거보다두…우리 집하군 분위기가 다르니까…일 도와주는 아줌마랑 처녀랑 그런 사람들 움직이는 거 부터가 긴장돼 있으니까 나까지 덩달아 그렇게 돼.

유자　불편하겠다··그거 어디 살겠니.

현경　(들어온다)어 나는 내가 일등일줄 알았는데?

지현 어서와

유자 (지현과 함께)너 어제 짜장면 괜찮았니?

현경 (움직이며)왜 뭐가?

유자 난 체해서 죽을 뻔 했어.

현경 면발이 너무 굵네 가느네 짜장이 시큼하네 어쩌네 트집이 많
더라. 너 체할 줄 알았다 내가. 너 프린트 했어?(커피로 움직이며)

지현 어 해주께.(한 번 더 훑어 보고)

  E 전화벨

유자 (냉큼 받는다)네에 …어머 종혁씨 안녕하세요.(필요보다 더 반
색)네 도착해 있어요. (지현 돌아보며)오늘은 나보다 더 일찍 나와
있던데요? …네 기다리세요.지현아.(전화 건네지고)

지현 나에요.

S# 종혁 회의실

종혁 기분 좋은 날야. 본인가 방금 떨어졌어. …어 그래 축하받아야
해. 되게 돼 있는 거였지만 그래도 기분이 그게 아닌데? 썩 좋아.
아버님 말고는 당신한테 제일 먼저 알리는 거야. 응 그래. 땡큐. 그
럼 일해.(직원들 들어오기 시작)나 회의 시작해야 해. (전화 끊으며)
앉읍시다. 신나게 시작합시다.

모두 (적당히 기분 좋아하면서 자리에 앉고)

  [각자 몇 장씩 프린트된 종이 들고 들어온다]

종혁 업무협의 말야.(프린트물 들며)업무계와 정보계에 대해서 말
인데

심부장 정확하게 어떤 인원이 붙어서 해줘야 하는 거죠?

김부장 자금이나 회계나 인사관리나 이런 사람들이 해줘야 하는 거

아닌가요?

종혁　(오버랩)그렇게 하지 말고 여기서는 영업지원팀 플러스 경영 관리팀 플러스 영업 전산팀이야. 업무계는 거의 모든 파트가 다 들어간다고 봐야 한다구. 그러니까 김부장이 실제로 일을 진행할 수 있게 모든 걸 아주 세세하게 파악하고 있어야 해.그런데 내 생각에는 업무협의 기간이 너무 짧은 거 아닌가 해. 특히 이 정보계 쪽도 이거 갖구는 아마 안될 거야.

심부장　그럼 딴 거랑 계속 오버랩하면서

종혁　오버랩 돼두 상관없어. 왜냐면 업무협의 하루 종일 하는 거 아니잖아. 하루 한시간이나 삼십 분씩만 하면 돼. 그리고/각팀별로 일에 대한 플로워 차트를 만들어서 모든 일이 시작되는 데서부터 끝까지/우리 회사 전체 안에서 자기가 하는 일/만약 내가 채권 쪽이라면 채권 쪽 거래의 모든 프로세스를 플로워 차트로 그려 본 다음에 일을 하자구. 아직 인적 구성이 다 안돼 있으니까 어느 정도까지는 신경을 써 줘야 해. 그럼 큰 실수는 없을 거야. 그럼 다음으로 넘어가자구.

S#　강욱의 진찰실

강욱　……(책 보고 앉아 있다)……

　　　　E 노크

강욱　?…네에.

민경　(들어와 문 닫고 보며)……(문께 서 있는)

강욱　….(보다가 책 놓으며)환자 없어?

민경　(그대로 선 채 보며)애들이 나 아프다구 한 시간 비워 놔 줬어…

강욱　잘했네··(하고 일어선다)

민경   ......(소파로 가 앉으며)청주에는 언제 갈 거니.

강욱   이번 토요일에 갈까 해‥

민경   (안 보는 채)서둘지 말자…식 올리는 거…당분간 미루구….시간 을 버는 게 좋을 거 같아.

강욱   ......이유는.

민경   (보며)이대로 결혼식장에 들어가 서 있으면 ‥너무 서글플 거 같아….웨딩드레스 입고 우는 신부는 되고 싶지 않아.

강욱   (외면하는)

민경   지금 상태로 결혼해서…신혼여행은 어떨 거 같니…결혼 생활 은 어떨까…물론 너 나한테 신경 써 잘해주겠지. 그렇지만 전처럼 저절로 해주는 게 아니라 노력으로 하는 거 보일 거야…그렇게 잘 해 받으면서 내가 편하겠니?…그렇게 시작하기는 싫어.

강욱   .....(돌아보는)

민경   너 …어느 정도는‥다는 아니래도 한 육십 정도는 나한테 돌아 왔다는 느낌이 들 때…그때 하자….사십 정도는 무시해치우고 견딜 수 있을 거 같아.

강욱   ....(소파로 움직여서 앉으며 안 보는 채)민경아….

민경   ....말해.

강욱   예정대로 진행하자….그게 더 나아….

민경   머리 속에 온통 딴 여자 들어있는 너하구 한 집에서 사는 건…. 셋이 사는 거 아니니?‥둘 반 정도는 참겠는데 셋은 참기 어려워.

강욱   딴 여자….나가라구 했어…곧 나갈 거야…

민경   ....(보며)

강욱   ....(보며)어차피 우리 두 사람…설레임으로 시작한 사람들 아니야....우정 같으면서 형제애 같으면서....그런 거 아니니?

민경 그래 그렇게 시작했는데 언제부턴가 나는 니 뒤통수만 봐도 설레기 시작했어.

강욱 ....(보며)

민경 우리의 비극은 그 점이야...나 혼자 너를 설레면서 좋아하는 거.

강욱 나두 너 좋아해.

민경 형제처럼 친구처럼...

강욱 열정은 어차피 식게 마련야....부부는 형제같고 친구 같은 게 최상이야..

민경 (외면하며)그렇다면 나는 너를 백퍼센트 이해해야 하겠구나.... 친구한테/ 형제한테 다른 사람 생겼다고 질투에 눈이 멀거나 그러지는 않는 법이니까...

강욱 ....(보며)

민경 오히려 축복하고 고무시켜 줘야겠구나.......(돌아보며)얘기했지 나는 멋있는 여자이고 싶다구....이럴 때 멋있으려면....그래 나는 너를 사랑한다..그런데 너는 다른 여자가 좋다니..사랑하는 사람아. 니가 사랑하는 여자한테 가서 행복해라...그래야 하는데 나는 너한테 커피나 끼얹구 있어.

강욱 (오버랩의 기분)그냥 진행하자.

민경 ....(보며)

강욱 진행하자. 그게 나한테 좋구 너한테 좋아.

민경 ....(보며)

강욱 성실하께...약속해....실망 안 시키께....

민경 ....(보며)

S# 병원 식당

민경 (들어오며 명랑하게)어어 냉이 냄새가 진동을 하는데?

간호사1 은정이가 갖구 왔어요 선생님. 할머님이 장호원 숙부 댁에
가셨다가 밭에서 캐 오셨대요, 완전 무공해 자연 냉이예요.

민경 그래서 향이 이렇게 환상적이구나. 할머님 고맙습니다.

간호사2 그런데 우리 할머니 냉이 뜯어 오시구 병나신 거 있죠. 병원
가셨어요.

민경 저런. (상 건드리며) 우리 병원비 드려야 하는 거 아냐?

간호사2 호호 아니에요.

간호사3 (밥공기 갖다놓으며)선생님 많이 편찮으셨나봐요.

민경 어 좀 혼났어.

간호사4 그런데 (국그릇 갖다놓으며)선생님 더 이쁘세요.

민경 그래? 그럼 쭉 아파야겠네? (들어오는 강욱)

강욱 이게 무슨 냄새예요.

민경 은정이가 냉이 갖구 냉이국 끓였대. 아니 참 국이니 찌개니.
(국 들여다보며)

간호사1 국이에요 선생님.

민경 국이래.(앉으며)

강욱 (앉으며)오동잎 떨어지는 걸로 가을을 안다더니 냉이 향기로
봄을 알겠군 응? 배고프네··어서 빨리 앉아요 들.

간호사들 (적당히 대답하고 앉는다)

강욱 기도하세요.(기도 끝나고)감사합니다.

모두 감사합니다.(먹기 시작)

간호사3 우리 선생님 아프시시구 더 이뻐지셨죠.

강욱　(좀 쩔리지만)……그런가요? (민경 보며)

민경　그런가요? 모르겠는데요?

모두　(웃고)

민경　먼저 대수술한 환자 참 경과가 어때?

강욱　누구

민경　여행 갔다 와서

강욱　(오버랩)아아..잘 회복되구 있나봐. 별 말 없는 거 보면……제주
　　도 친구네 가 있대….부기두 많이 빠지고 멍도 가셔가는 중이래.

민경　좀 신경쓰였었어…피곤한 채 수술 해서.

간호사1　우리 선생님 손은 신의 손인데요?

민경　신의 손?

간호사2　네 신의 손요.

민경　그러셔?..신의 손이세요?…그런 줄 몰랐네에?

강욱　나도 몰랐네에?

모두　(적당히 웃고)

강욱　그런 소리들 하지 말라니까.

간호사3　안간호사 어제 양가 부모 상견례 했대요 선생님.

민경　?그랬니?

간호사4　..네..

민경　그래 분위기 어땠어? 양쪽 부모님들 다 괜찮게 생각하셔?

간호사3　부모님들은 괜찮은데 고모가 한 분 아주 골 아프더래요.

간호사4　언니이(하지 마)

민경　왜애?

간호사3　아니에요..

간호사1   기막히게 좋은 혼처 수두룩하게 놔두고 자기 조카가 돌았
다 그러드래요.

민경   어머..상견례 자리에서 그게 무슨 발언이야? 아주 무식하구나
아. (강욱 돌아보며)이 선생은 그런 고모(하다 멈춘다)

강욱   ....(먹으며 딴생각하고 있는)

민경   .....(보다가 덮어버리고 간호사들에게)이 선생 지금 밥먹으면서
주무신다. 그래서 뭐라 그랬어? 그냥 당하기만 했니? (하면서 강욱
돌아보면)

강욱   ...(그대로)..(민경과 강욱 위에)

간호사1   E 그냥 당했대요 글쎄, 나같으면 한방 쏴줬을건데.

간호사2   E 뭐라구 쏴요?

S# 작업실

지현   (배달시킨 피자 식탁에 나누어 놓으면서)현경아 불안 해.....뭐라
고 말 좀 해 봐.

현경   (프린트된 원고 넘기면서)다 됐어. 기다려.

지현   (냉장고로 가면서)내가 왜 널 심사위원을 만들어 놓구 이렇게
떨까.

현경   나만한 심사위원이 어딨냐. 쓰지는 못해도 보는 눈은 날카롭
다는 거 아니냐.

유자   (테이블에서 일어서며)날카롭지.

지현   (냉장고에서 캔 콜라 세 개 꺼내다 놓으며)알아 줘야지.

유자   (식탁으로 옮겨 앉으며)너는 차라리 방송비평으로 도는 게 낫지
않을까 싶어.

현경   돈이 돼야지 돈이.

유자   넌 뭐 돈 걱정 할 거 없잖아.

현경   (원고 탁 덮으며)박지현 파이팅.

지현   ?(콜라 캔 집어 들다가 돌아본다)

현경   (원고 들고 테이블 쪽으로 움직이며)지금까지 니가 쓴 대본 중에 최고야. 탁월해. 완벽해. 놀랬다.

지현   장난치지 말고 제대로 얘기해.

현경   (원고 테이블에 놓고 식탁으로)장난 아냐. 너무 좋아. 도입두 좋구 전개두 신선하구 극성두 강하구 군더더기 없구 덜그럭거리는 데두 없구 좋아 아주 좋아.

지현   진짜야?

현경   (앉으며 피자 조각 집으며)너 된다 저거. 두고 봐 너. 저 작품으로 너 계약작가 될테니까. 왕창 불러. 소신 껏 왕창 불러서 나 십퍼센트만 주라.

지현   헛소리 하지 말구 너 진짜루 얘기해.(좀 화내듯)

현경   애들은 왜 이러는지 모르겠더라? 진짜로 얘기하면 헛소리로 듣구 헛소리는 진짜로 듣구 머리들 정말 나쁘다 늬딜?

지현   진짜야?…진짜 나 좋아해두 되는 거야?

현경   너 잘 써 잘 쓴다구 그랬잖아.

유자   대중성과 오락성이 없을 뿐이지.(약간 시큰둥)

현경   그런데 이번 껀 그것두 충분해.

지현   그래? 신경을 좀 썼거든.(서둘듯 앉으며)

유자   신경 쓴다구 돼?

지현   어렵게/나만 아는 얘기 안되게 애 썼거든.

현경   어 애쓴 보람있어. 선명한 사진 같아졌어. 기분 좋아(신나게 먹

438

으면서)

유자　　나는 좀 보면 안되니?

현경　　뵈주지 마. 쟤 보구 초치면 너 못 써.

지현　　아냐 현경아. 초치는 얘기두 필요 해. 그래 너 좀 봐 줄래?

유자　　어 보께. (하는데)

　　　　　E 현관 벨··

모두　　(현관 돌아보는)

유자　　누구야.

현경　　네 누구세요! (먹으며 벌써 일어서며)

이모　　E 실례합니다.

현경　　(움직여 문 연다)··네··무슨 일로 오셨죠?

이모　　여기 방송작가들 작업실이라 그러든데요.

현경　　네 맞아요. 누구 찾으세요? (여전히 먹으며)

이모　　박지현씨라구

현경　　(오버랩)아아. 지현아 손님 오셨어 들어오세요. (벌써 돌아서며)

지현　　?·· (해서 일어서는)

이모　　그럼 잠깐 실례하겠어요. (하며 들어선다)···

지현　　····(다가가며)저를 찾아 오셨어요?

이모　　·····(보며)

지현　　제가 박지현인데요.

이모　　(느닷없이 따귀 갈기며)그래 니가 박지현이냐?

유자　　(놀라서 튕겨지듯 일어나고)

현경　　(동시에 달려들며)여보세요! 이게 무슨 짓이에요!

이모　　무슨 짓? 나 할만한 짓이야.

현경 (중간에서 지현 밀어내면서)너 저리 가.(해놓고는)나가요 나가 주세요.

이모 나가? 못 나가.(소파로 움직이며)너 이리 와. 나 무식한 사람 아 냐. 그렇지만 남의 남자 가로채는 기집애한테는 이게 어울려. 이 리 와.

유자 ?

현경 E (유자 위에 오버랩의 기분)여보세요.

현경 일하는 작업실이에요. 빨리 나가요. 경찰 불러요?

이모 경찰?(앉으며)그래 불러라 불러. 불러!

현경 허…허 기막혀 무슨 이딴 아줌마가 있어/.

이모 이딴 아줌마구 저딴 아줌마구 너한테 볼일 없어 너 이리 와 앉어.

현경 야 너 일일구 불러.정신 병자 실어가라구 일일구 불러 빨리

지현 (이모 쪽으로 움직이며 오버랩)현경아 가만 있어.

이모 그래 불러 부르라구.(지현과 함께)

지현 (이모 앞에 서서)누구세요. 신분부터 밝혀 주세요.

이모 뭐야? (올려다보며) 신분? 나 민경이 이모야. 됐니?

지현 나가시죠. 나가서 얘기해요.

이모 나갈 거 없어. 여기 앉어. …너한테두 여기가 날 걸? 친구 두 사 람 앞에 당하는 게 낫잖아 더 많은 사람들 한테 망신 당하는 거 보 다 응?

지현 (앉으며)늬들 자리 좀 피해 줄래?

유자 어 그래(하고 움직이려는)

현경 얘 나 못 나가. 안 나갈 거야. 다짜고짜 주먹질부터 하는 아줌 마 뭐 믿구 너 혼자 두구 나가니. 나 안나가. 야 너두 나가지 마. 그

냥 있어.

유자 지현이가 나가라잖아.

현경 내 맘야.

지현 (오버랩)모두 일하는 중이에요. 빨리 끝내구 가 주세요. 원하는 게 뭐에요.

이모 너 이강욱이 누군지 알구 이강욱한테 침 바르니.

지현 ....(그냥 보며)

이모 이강욱이 허민경 약혼자야. 걔들 고등학교 때부터 사랑한 사이야. 식만 안 올렸다 뿐이지 결혼한 부부나 같아. 너 끼어드는 바람에 어떻게 됐는지 알아? 내 조카 병나서 쓰러졌어 이 여우같은 기집애야.(현경은 부지런히 전화번호 찾고 있다)

지현 그건 댁의 사정이구 댁 사정 같은 거 내가 알 바 아니에요. 이강욱 씨 천치 바보 아니구 그 사람 내가 납치해서 가둬 놓구 논 거 아니에요. 해결 볼 게 있으면 이강욱씨하구 직접 해결 보지 나한테 와서 이럴 문제 아니지 않나요?

이모 ?...이게? 남의 남자 가로챈 기집애에 최소한 양심두 없는 물건이구나 이게. 어디서 고개 빳빳이 들구 이게/(하며 달려드는)

지현 (피하고)

현경 (전화기 버튼 눌러놓고 기다리다)여보세요!

이모 너 정신 똑바로 차리고 내 말 잘들어.

S# 민경의 진찰실

  E 울리는 전화벨

민경 (테이블 위 치우다가 이내 받는다)네에 허민경입니다.

현경 F 허민경 선생 이거 밖에 안돼요?

민경 ? 누구에요.

현경 F (오버랩)나 한 작업실 쓰는 사람이에요. 자기 문제 자기가 해결하지 무식한 이모까지 보내구 이래야 해요?

민경 ?..

현경 F 빨리 저 아줌마 좀 치워요. 별꼴을 다 보겠어 정말!

민경 지금 거기 계세요?

현경 F 있어요 행패 부리고 있어요.

민경 좀 바꿔요 바꿔 주세요.

S# 강욱의 진찰실

강욱 (신문 뒤적이고 있다)

S# 작업실

이모 안 받어 그냥 끊어.

현경 받아요 바꾸래요.

이모 끝났다 그러구 너 또 만났잖아아. 이게 누굴 등신으루 아네에?.... 너 이서방 옆에 두 번 다시 알찐거리지 마. 내말 우습게 들었다가는 진짜 큰코 다칠테니까 명심하는 게 니 신상에 좋을 거야. 오늘은 이쯤하구 가지.(일어나며)일들 해야 한다니까...(의자 벗어나며)그런데 어떤 작품들 썼어요? 내가 본 게 있나? 뭐 썼지요? 제목만 말해 봐요. 나 연속극 많이 보는 사람이에요.

현경 (문 벌컥 열고)가시죠.

이모 (현경 흘겨보며 나가고)

현경 (문 꽝 닫는다).....

지현 (두 손 얼굴에 붙이면서 터지는 울음)....

유자 ......(보며)

442

현경　(보며).....

　　E 수화기에서 흘러 나오는

민경　F 여보세요..여보세요..

유자　(그냥 수화기 얹어버린다)

지현　.....(울면서).....(그러고 있다 불현듯 일어나 가방 집어 들고 빠르게 나간다)

현경　(쫓아나가는)지현아...얘 지현아...

유자　....(닫기는 문 보며)...

S# 복도

현경　(쫓으며 잡으며)지현아..지현아.

지현　됐어 (팔 떼어내며)괜찮아　걱정마. 바람 쐬구 들어오께..(승강기 쪽으로)

현경　(보며).....

S# 지하 주차장

지현　(나와서 자동차로 오른다)...

S# 시내를 달리고 있는 지현의 자동차 안

지현　(전화 들고 있다).....(울면서)

강욱　F 네에.

지현　지현이에요...보구 싶어요...지금 만나구 싶어요.....

S# 강욱의 진찰실

강욱　.....(의외/놀람과)

지현　F 보고 싶어요... 여보세요.....여보세요?

강욱　(오버랩의 기분)무슨 일인지 안 묻겠어요..

S# 지현의 차 안

강욱 F (연결)나도 보고 싶지만… 그렇게 못해요‥

지현 ‥‥(서늘해지는/술이 깨는 듯한)

S# 강욱 진찰실

강욱 다시 안 본다는 약속을 했어요‥‥약속‥‥‥

S# 지현의 차 안

강욱 F 지켜주고 싶어요…지현씨가 힘든 만큼 나역시(하는데)

지현 (그냥 전화 그냥 접어버린다)…

S# 강욱 진찰실

강욱 (끊어진 전화 잠깐 내려다보다 핸드폰 번호 몇 개 찍다 그만두어버
린다/수화기 내려놓는 데서)

S# 운전하는 지현

지현 …(뒤통수 얻어맞은 얼굴‥‥‥운전하다가 길옆으로 자동차 급히 세우
면서 아이 같은 울음이 터진다)…(소리 내어)

S# 강욱의 진찰실

강욱 ‥‥‥

S# 서여사 거실

E 울리는 전화벨…

S# 운전하며 전화 걸고 있는 민경

E 벨 가는 소리만/

민경 (전화 끊으며 빵빵 클랙슨/앞에서 알찐거리는 차에)

S# 작업실

현경 (콜라 벌컥벌컥/ 캔 픽 놓고 포크로 먹다 남은 피자 괜히 쿡쿡 지르
는데)

유자 (느닷없이)뭐하는 사람이니.

444

현경 ?…(잠깐 보고)내가 어떻게 알어.(안 보며)

유자 (몇 글자 수정하면서/한 손으로)너 알잖어어(왜 그래애)

현경 내가 뭐/나 몰라.

유자 (오버랩)최종혁보다…(아예 돌아앉으며)훨/ 낫니?

현경 (오버랩 픽 일어나며 치우며)나두 몰라/모른다구.

유자 너는 알아.

현경 몰라.

유자 알잖아 이 기집애야.

현경 ….(입 꽉 다물고 그냥 치우는)

유자 허민경은 누구니.

유자 E (현경 위에)학교 선생이니?

현경 (그냥 움직인다)

유자 E 그 아줌마 치우라구 아까 허민경 선생한테 전화했잖아. 무
슨 청문회니? 덮어놓구 몰라 작전/ 나한테 통해?

현경 (픽 돌아서며 오버랩)안다 그래 알어. 조금 안다. 그래서/ 지현
이 없는 자리서 너랑 나랑 같이 그 얘기 하자구?

유자 너두 그러잖아. 지현이랑 둘이/ 나 없으면 신나게 씹는 나 알
아. 우리 다 그래애.알구 있다구.

현경 (식탁 닦으며 오버랩의 기분)니가 알구 있는 거 나도 알아.

유자 (화면으로 돌아앉으며 오버랩의 기분)어쨌든 굉장한 스캔들이
다.웃겨. 누구보다 단정하고 깔끔한 척 하는 애가 진짜 어머 깜짝
이다.(톡톡톡…)눈 시퍼런 약혼자 놔두고 별 거 다해.(톡톡톡) 좌우
간 엄청나다.

현경 (묵살/그냥 움직이는/식탁 닦은 행주 싱크대에 빨러)…..

유자 (의자 돌리면서)이중 플레이 언제부터니.

현경 (돌아본다)?

유자 이중 플레이잖아.

현경 (오버랩)너는 말을 꼭 그렇게 해야겠니?

유자 나만 몰랐잖아. 소외된 사람은 원래 속이 꼬여 말 곱게 안나오
      는 법야. 너 그것도 몰라?

현경 너 입 싸.그래서 말 안했어.

유자 뭐?

현경 안 싸?‥너 싸.

유자 싼 입으로 그럼 종혁씨한테 폭로하까?

현경 ?(놀라서)

유자 내가 입이 싸? 너 입 싼 사람 구경 못했구나. 내가 무슨 입이 싸.
      근거를 대. 내 입 싸서 황당했던 근거를 대라구.

현경 ‥‥(보다가)그만 두자. 너무 유치하다. 그만두자구.(하며 폴 트는데)

      E 전화벨

현경 (돌아보고)

유자 (받는다)네에‥

지현 F 현경이 좀 바꿔줄래?

유자 (현경에게)너 찾는다.

현경 (와서 받는다)여보세요.

지현 F 현경아 너 좀 나와 줄래?(울음 섞인)

현경 너 어디야어딘데(에서)

S# 노래방 지하 계단을 빠르게 내려오고 있는 현경

S# 노래방 홀

446

현경   (남자 종업원 안내로 어느 한 방 쪽으로)

S# 어느 한 방

지현   (병맥주 병째 마시고 있다)

현경   (들어와 문 닫고 지현 옆으로 가서 내려다보며)…

지현   앉어 현경아.(눈물 손 바닥으로 /옆으로 밀듯 닦으며)

현경   (앉으며 다시 입으로 가져가는 병 빼내며)하지 마…몇 병 째니.

지현   (옆으로 보며)두 개.

현경   (술 병 옆으로 저만큼 치우며 거의 오버랩의 기분)그만 해.

지현   (오버랩)현경아. (안 보는 채 흐느끼면서) 나 /그렇게 당하구 뺨까지 맞구 뛰쳐 나와서/나왔는데/미칠 듯이 보고 싶어서 나 전화했었다?..아무 생각 없었어. 눈물이 쏟아지는데./그냥 그 사람 앞에서 울구 싶다는 생각 밖엔 안났어그래서 전화했어/전화했거든? 그런데…으흐흐흐(울며 조금 웃으며)거절당했다?……다시 안 만나기로 약속했기 때문에 ..나올 수가 없대…

현경   (어깨 안는다)

지현   (옆으로 안기면서)나올 수가 없대애애애..(두 여자)

S# 강욱의 진찰실

강욱   나이에 비해 이마에 주름이 많이 생기죠.(모녀 손님/수술 희망자는 딸)

딸   네..

강욱   눈 뜰 때 이마까지 움직여서 그래요.(자기가 눈만 크게 떠 보이며)나처럼 눈만 크게 떠 보세요…잘 안되죠.(눈 작은 사람으로)지금 눈이 크게 안 떠지는 건 눈 안에 눈꺼풀을 들어올리는 근육이 제 기능을 못해서 그래요.이런 눈은 그냥 보통 쌍꺼풀처럼 짖어서

궤매기만 하면 눈이 쌍꺼풀 풀린 거 같이 이렇게 졸린 눈같이 돼
요.그러니까 눈 안의 근육까지 수술을 해줘야만 쌍꺼풀이 제대로
나와요.

엄마　그럼 이마 주름도 없어지나요?

강욱　더 이상 생기지는 않죠.

엄마　예쁘게 해 주세요 시집 보내야 해요‥

강욱　(그저 조금 웃는듯)

S# 민경네 거실

민경　(화면 시작과 동시에 소파에서 벌떡 일어난다/주방으로)

S# 주방

민경　(들어와 냉장고의 물병 꺼내 물 따라 벌컥벌컥 마시는데)

　　　E 현관문 여닫히는 소리.

민경　?(컵 탁 놓고 나간다)

S# 거실

민경　(나오고)

이모　(현관 내려다보며)애 신발이 왜 나와 있어?(혼잣소리하며 민경 구
두 집으려 하는데)

민경　이모.

이모　(기절초풍/거의 주저앉을 지경)아이구 깜짝야. 아이고오오 누구
놀래켜 죽일 일 있니이? 기척두 없이 왜 그래애.(추스르며)너 이 시
간에 웬일야? 시원찮아서 들어왔니? 컨디션이 영 아니야? (소파 쪽
으로 움직이면서)뭐 좀 먹었어? 아이고 허기져 꼬부라진다.

민경　(오버랩/)지금 어디서 오는 거에요.

이모　(소파에 소지품 놓다가 잠깐 돌아보면서) 응?‥어 볼일 좀 보고(남

아 있다)

민경 (오버랩)무슨 볼일!(조금 터지는)

이모 ?(돌아본다)

민경 왜 그래요 이모오! 이모한테 부탁하지 않았잖아아. 뭣때매 거기까지 쫓아가 사건을 만들어요오!

이모 (오버랩/오히려 여유작작)니 부탁 받고 갔다 소리 안했어 야.

민경 (오버랩의 기분)어쨌드은!

이모 아 그럼 어떠냐아? 니가 보냈으면 어때/뭐가 무서워. 나/ 남의 남자 꼬드긴 기집애가 마땅히 당해야 하는 봉변 주구 왔어. 머리 끄딩이는 못 흔들어 줬지만 따귀는 한 대 옴팡지게 올려 부쳤지. 흐흥..

민경 (입 벌리고)

이모 (주방으로 가며)야 친구년들이 있어서 그것도 마음대로 안되더라. (가다 돌아보며)초록은 동색이라고 친구년들도 또옥같드구나. 똑같이 뻔뻔스러운 것들야. 다같이 싹통머리들이 제로더라..(들어가며)

민경 이모 때매 내가 못살아아아.(오버랩의 기분/쫓듯이 주방으로 움직이며)

S# 주방

민경 (들어오며)이모 마음대루 왜 그래애. 이모 멋대루 왜 그래.

이모 (냉장고에서 반찬들 꺼내 놓으며/계속 움직이며 오버랩)너 위해서 한 짓야. 이모 그냥/늬집에 얹혀 가정부하면서 밥이나 축낸다구 우습게 봤니?

민경 …(할말이 없고)

이모 그런 것들은 애저녁에 밟아 뭉개 버려야 해. 잡초두 너/ 클대루 크게 버려 뒀다가는 쉽게 안 뽑아지는 거야. 안 뽑아질 뿐만 아니라 화초 죽이구 잡초밭 되는 거야. 이서방인지 저서방인지 완전히 끝났다구 하지만/ 그걸 어떻게 믿어. 남녀 정분난 거 다스리기가 그렇게 쉬운 일인 줄 알어? 더구나 이서방인지 저서방인지 /그런 애가 바람나면 더 무서운 법야. 슬쩍슬쩍 곁눈질 소질 있는 사내 바람은 오히려 겁날 거 없어 너. 그런데/ 이서방 타입이 바람이 나면 /그건 남풍두 서풍두 아니구 광풍이야 광풍. 어정쩡 하구 있다 광풍 만들래? 기집애두 완전히 싹을 죽여놔야 안심하지/ (그 동안 다 차리고 의자에 앉으며)

민경 이모.(한심해서 오버랩)

이모 (오버랩)아 기집애가 자꾸 불러내면 어떡할 거냐 말야. (젓가락 들고)

민경 강욱이 약속했어어어

이모 이런 맹순이 어이그. 그러구두 니가 무슨 박사니? 바람든 놈 약속/방구보다 더 허무한 거야 이것아. 그걸 믿어?

민경 (오버랩)나를 뭘루 생각하구 우리 집을 뭘루 생각하겠어요.

이모 지까짓게 누구를 뭘루 생각할 주제나 되니? 저는 뭔데. 남의 약혼자 가로챈 기집애가

민경 (오버랩)남자 도둑 맞은 것두 누가 알까 창피스러운데/ 집안 식구 처들어가 폭행까지 했다구 소문나 봐. 우리 꼴이 뭐가 돼요!

이모 꼴 보고 돼지 잡아?!(이모도 좀 오른다)남의 얘기 사흘이야. 나 잘했어. 너무 잘 했어.(하며 먹기 시작)

민경 ……(보다가 맥 빠져)강욱이 알면 어떡해요.

이모   ?… 그땐 그 기집애 내가 죽인다/연락했다는 증거잖아. 그걸 가만 내버려 둘 거 같애?

민경   (오버랩)내 일에 다시는 개입하지 마세요.

이모   야

민경   (불끈)웃기잖아. 이모까지 동원해 분풀이 하는 거 칠뜨기 같잖아 아아.

이모   너 칠뜨기지 칠뜨기 아닌줄 알어? 칠뜨기 아니면 왜 당해.

민경   ……(보다가 돌아서 나가며 허탈해서)그래요 칠뜨기야..이모한테 털어논 내가 칠뜨기 였어어어..

이모   (기다랗게 찢은 배추김치 밥숟가락에 얹어 입으로 가져가다가)김치 맛있는데 밥 안 먹을래?

S# 노래방

지현   (화면 시작과 동시에 코 패앵/울음 끝/)백말 탄 왕자 두고 마부하고 눈 맞았다 그러지만….나는 백말도 안 부럽고 왕자도 황홀하지가 않아. 그런 말하는 너 환멸스러워.(안 보는 채)

현경   (오버랩)여자들이 조건에 많이 가버리잖아. 사랑을 맨 나중에 놓는 애들두 많아졌고/ 조건을 사랑하는 거면서 아니라고 우기기도 하고/ 사랑보다 조건이다/ 내놓고 뛰는 애들두 꽤 있어.

지현   (오버랩)그저 평범한 집안에서 혼자 용이 된 정도라면 아마 종혁씨 좋아했을지도 몰라. 늬들은 멋있다 그러지만/ 태어날 때부터 모든 것을 완벽에 가깝게 두 손에 쥐고 나온 사람 /언제나 모든 일에 자신있는 거….비위 상해..우리 대부분 안 그렇잖아

지현   E 모두 평범하게 태어나 평범한 부모 밑에서/작은 일에 기뻐하고 슬퍼하고/… 갈등하고 좌절하면서 어른이 되잖아……

지현   종혁씨랑 같이 있으면 나/때때로 잡동사니‥(숨 한꺼번에 들이
마시는/흐느낌 뒤 호흡) 바구니같은 기분 들어서 때때로 역심 나. 우
리가 그렇게 목을 매달고 있는 방송 일/종혁씨는 이해 못해. 너랑
내가 왜 그렇게 펄펄 뛰면서 좋아하는지 절대 이해 못할 사람야. 나
기분 좋으라구 한다는 소리가/ 사과 한빡스 사는 것처럼 내 꺼만 방
송하는 방송국 차려준대. (보며)얼마나 재수없는지 알아?

현경   ‥‥

지현   재수없지 않니?

현경   (오버랩의 기분)결국은 다 마음이야. 반한 남자가 아니니까 재
수로 들리지 /반해 있어봐라 빈말이래도 얼마나 기분좋겠어‥

지현   (오버랩/고개 숙이며 갑자기 울먹)현경아 나는 거절 당할 수도 있
다는 생각은 진짜 눈꼽만큼도 안했었어.

현경   ‥‥‥

지현   너무하지 않니? 진짜 너무 바보지 나.

현경   (단정적으로)종치구 말아. 그쪽만 안되는 거 아냐아. 너두 안돼.

지현   ‥‥‥

현경   전화는 뭐하러 해.(나무라듯)

지현   (오기처럼)그렇게 당했는데/한 번 쯤 봐두 죄 될 거 없잖아.

현경   (오버랩)지현아.(하는데)

      E (지현의 핸드폰 울린다)

현경   ‥‥‥(가만있는 지현 보다가 제가 꺼내며)받아.

지현   내버려 둬.(얼굴 돌리며)

현경   종혁씨가 찾는 건지도 모르잖아‥

지현   (그대로)놔둬. 그 사람 전화는 꼭 받으라는 법 없어.

현경   (받는다)네 여보세요?….여보세요?

강욱   F 실례지만 박지현씨 휴대폰 아닌가요?

현경   ?··맞는데요? 누구시죠? 혹시 이강욱 선생인가요?

지현   ?(해서 보고)

S# 강욱의 진찰실

강욱   그렇습니다. 지현씨/통화 안되나요?

현경   F (전화 뺏으려는 지현 밀치며 하는 분위기)너 가만 있어. 내가 받
으께. 왜요. 너무 했다는 생각이 드셨어요?

S# 노래방

지현   (전화 뺏으려 하며)이리 줘.

현경   (지현 피해 이리저리 몸 틀거나 일어서거나 하면서)무슨 남자가
일처리를 그렇게 데데하게 해요.

지현   (오버랩)현경아.

현경   (상관없이 연결)허민경씨 이모 쳐들어와 주먹질한 거 아세요?

S# 강욱의 진찰실

강욱   ?··

지현   F 하지 마 너!(뺏으려 하는 분위기/)

현경   F 이 남자도 알아야 해·· 비겁하잖아.

지현   F (오버랩)끊어. 창피하게 왜 이래 애가.

강욱   여보세요… 여보세요?(하는데)

　　　F 끊어지는 전화··

강욱   ····(황당해서 전화 다시 걸려다 말고/걸려다 말고/그러다 수화기 탕
놓고 진찰실 나간다)

S# 대기실

강욱　(나와서 계단 쪽으로 빠르게)

간호사2　(차트 들고 뭔가 말하려다)?…

　　　[기다리고 앉았는 환자 대여섯.]

S# 민경의 대기실

강욱　(나타나고)

간호사3　선생님.(웬일? 반가움)

강욱　환자 보세요?

간호사3　아뇨. 급한 일 있다구 비우셔서 환자 모두 되돌려 보내구 있

　　　는 걸요‥(난처한/)

강욱　(획 돌아서는데)

민경　(무거운 얼굴로 나타나는)

간호사3　E 선생님 오시네요.

강욱　‥‥(보는)

민경　…(잠깐 보고 제 진찰실 문 열며)한가해?

강욱　‥‥

민경　(들어가고)

S# 민경 진찰실

민경　(들어와 소지품 놓고 상의 벗어 거는)

강욱　(소지품 놓는 데서 들어오는데)

민경　(설마 벌써 알려나는 생각 못 하고 안 보는 채)환자 없어?

강욱　(오버랩)어디 갔다 오는 거야.

민경　?…집에…왜?

강욱　(오버랩의 기분)너하구 나/ 둘만으로 끝내는 거 아니었니?

민경　‥‥(잠깐 보다가)무슨 얘긴지 분명히 해줄래?(하며 가운 떼는데)

454

강욱 (오버랩)이모님까지 알게 할 필요 없잖아.

민경 (휙 돌아보는)····

강욱 무슨 상관이라구 남의 작업실까지 처들어가셔!

민경 왜 상관이 없어 내 이몬데.(낮게/다부지게)

강욱 다 끝난 일에 꼭 그렇게까지 해야 해?! 이모 성격 뻔히 알면서
이모한테 너/··(하려던 말 그만두고)잘못이라면 너는/ 내 잘못만 비
난하면 돼. 그 사람 괴롭히는 건 치사하구 졸렬한 짓야.

민경 (오버랩의 기분/높이지 말고)끝났다면서 어느새 너 알고 있잖
아. 뭐가 끝난 거야. 끝났는데 어떻게 알아.(이 갈듯)

강욱 (오버랩)니가 아무 짓 안했으면 알 것도 없었어.

민경 그래서 또 만났니?

강욱 ··너한테····실망이다. 이 정도까지라고는 생각 안했어.(하며 나
가려)

민경 실망?(강욱 걸음 멈추고)실망이라구? 허/(콧방귀)

강욱 (콧방귀에 돌아본다)

민경 지금 누구 앞에서 실망이라는 단어를 내 놓니. 실망이라구?

강욱 ···내 말에 콧방귀를 뀔 정도라면 ·····우리/ 그만두는 게 옳아.

민경 ·····(보며)

강욱 너한테 실망했다는 말도 해서는 안될 만큼 / 그렇게 내가 너한
테 쓰레기니?

민경 (오버랩의 기분)그만두고 싶어?

강욱 (오버랩의 기분)아무리 못난 사내 자식도 제 약점/ 처가에서 아
는 건 싫은 법야. 그렇지 않아도 취급 제대로 안하는 느이 어머니
한테/나 뭐가 될까.

민경 (보며/좀 터지듯 오버랩)나도 한 군데는 털어놓을 데가 있었어야 했어/.

강욱 (오버랩)주먹질 하시구 싶으면 나한테 하라 그래. 그사람 니 이모한테 주먹질 당할 이유 없어.(딱딱하게 내뱉고 횡하니 나가려는데)

민경 …그렇게 가슴 아프니? 그렇게 속이 아파?

강욱 …(돌아보는)

민경 따귀 한 대 맞은 게 그렇게 속이 쓰려?

강욱 (올라서)따귀를 왜 때려! 누가/ 무슨 자격으로 그 여잘 때려!

민경 ?……(한 방 먹은)….

S# 종혁의 소희의실

종혁 반갑습니다./(이십 대 후반 청년 하나와 삼십 대 하나/부장 한 사람)우리 회사에서 일하기로 결정했고 연봉협상만 남았는데 어떻게/각자 할까요 같이 해도 상관없나요.

남자들 (서로 얼굴 보고)같이 해도…/같이해도 상관없습니다/(등)

종혁 그래요 그럼.(이력서 보며)백두섭씨가 이 인수씨 보다 몇 년 선배죠?

백두섭 4년입니다.

종혁 직급은 둘 다 대리였네요. 전 직장에서 얼마 받았죠?

백두섭 사천입니다.

이인수 저도 사천 받았습니다.

종혁 성과급 포함해서 사천/스톡 옵션 별도/어떠세요.

이인수 저는 연봉은 작더라도 일한 만큼 대우 받고 싶습니다.이 회사에 매력을느낀 것도 일한 만큼 대우해 준다는 점이었고/누구보다 열심히 잘할 자신이 있기 때문에

456

종혁   (오버랩)좋아요. 우리가 원하는 사람이에요.백 두섭씨도 같은
　　　　생각인가요?

백두섭   그렇습니다.

종혁   그럼 연봉 삼천오백에 회사 성장에 따라/개인 기여도에 따라
　　　　능력별 성과급 지불/괜찮은가요?

백/이   네 좋아요.좋습니다.

종혁   그럼 그렇게 결정

백두섭   (오버랩)저기 그런데 여기 전세금 대출은 되나요?

종혁   아니요.그런 건 없어요. 지질지질한 사원복지 우리는 안합니
　　　　다. 대신 능력만큼 대우로 지급해요.

부장   그런데 백두섭씨는 지금 직장에서 전세금 대출 받은 게 있어서

종혁   (오버랩)얼마죠?

백두섭   이천입니다.

종혁   이천만원에 이자 얼마 물어야 하죠?

부장   백만원 정도‥

종혁   (오버랩)이러죠. 백 두섭씨는 연봉 삼천육백으로 결정합시다. 이
　　　　자 년봉에 얹어줄테니까 은행에서 대출 받도록 해요.

부장   그러면 되겠네요.

종혁   불만 없죠?

백두섭   예 좋습니다.

종혁   그럼 그렇게 하죠. 언제부터 일할 수 있는 거죠? (부장에게)

부장   예(대답하려는데)

백두섭   저는 다음주부터 출근할 수 있습니다.

이인수   저는 정상출근은 다음달 초나 돼야 가능할 것같구/ 다음 주

부터 오후 근무는 가능합니다.

종혁 (일어서며)그럼 그렇게 합시다.(차례로 손 내밀며)잘해 봅시다/ 잘해 봅시다…

S# **목장으로 들어오고 있는 지현의 자동차…**

　　[아버지와 한수 일하고 있다 돌아보는데도 그냥 휘익 지나는 지현.]

지현부 ….(보다가)너하고 나…우리가 투명인간 됐냐?

한수 ..네?

지현부 우리가 안 보였으니까 그냥 지나가지 보였으면 그냥 지나갈 리가 없잖아.

한수 (소리 내어 웃으며)새로 시작한다는 작품 생각하느라구 안 보였나부죠 뭐..

지현부 저거 운전하구 다니는 거 항상 불안해. 머리 속에 생각 많은 사람은 운전하면 안된단 말야.

한수 그래두 누나는 찬찬해요.

지현부 세번째 놈 첫 번째 칸으로 옮기고 철망 좀 봐라.

한수 첫번째 놈하고 괜찮을까요? 그놈 발정기라 사나운데..

지현부 이제 지났어 괜찮아..(하며 집 쪽으로 움직이는)

S# **마루**

지현모 (화면 시작과 동시에/전화 받고 있다)네에 네 잘 알지요 그 사람이 소개 했에요?…네에 그래 몇냥이나 필요하신데요….네명이면 한 스무냥 있어야죠. 한냥에 이만원이니까

진이 (옆에 마루 걸레질하며/오버랩)사십만원요 어머니.

지현모 사십만원이지요.(하는데 지현 들어온다)

진이 어머나 언니 일찍 들어오시네에?

458

지현모   (딸 돌아보면서 오버랩)시세는 다 마찬가지에요. 한 사만원은
빼드릴 수 있으니까 더 싼데 있으면 거기서 사시구요…예…예…위
치는 아시나요?‥예 그럼 오세요‥ 예 안녕히 계세요오(하며 벌써 궁
둥이가 들리고 있다/전화 끊으며)왜 이렇게 일찍 들어와?(하며 지현
의 방으로 가 노크)

S# 지현의 방

지현   ?(옷 벗다 돌아보는)왜요.

지현모   (문 열며)왜 이렇게 일찍 들어와?

지현   (움직이며)일찍 들어와두 탈이에요?

지현모   너무 일찍 들어오니까 이상하지‥어디 시원찮어?‥감기 기운
있어?

지현   아니에요‥일두 잘 안되구 그래서 …그냥 책이나 보려구요‥‥

지현모   얼굴이 왜 그래?

지현   ? 뭐 ‥왜‥

지현모   너 울었니?

지현   (외면하며 오버랩의 기분)엄마 엉뚱한 소리 하는데는 암튼/점점
올케언니 닮어가는 거 같애.

지현모   어디 끄어부칠데가 없어서 망할 것/부석부석 운 얼굴 같어.

지현   울기는 울일이 어딨어어.(약간의 짜증)

지현모   친구들하구 다투구 울 수두 있지 뭐.(문으로 돌아서며)우는 데
는 이등 안하잖어.

지현   (뭐라 대꾸하려다 그만두고 수건으로 머리 매는데)

지현모   오줌은 잘 나와?(돌아보며)

지현   아이구 참.잘 나와요. 걱정 마.

지현모   그럼 왜 부어.(꿍얼거리며 나가고)

지현모   E (나가서)지현이 따라 들어오는 거에요?

S# 마루

지현부   엉..왜 일찍 들어왔대?(현관께서 몸 턴 수건 들고 걸레그릇 쪽으로 움직이며)

지현   (나오며)일 안돼서 책보러 들어왔어요. 사건이 없으니까 암튼 일찍 들어오는 것도 사건이야.(하며 화장실로)

지현모   사건 저혼자 만들면서 사건이 없다네.

지현부   그러게.(수건 걸레그릇 옆에 떨어뜨리며)우리만 사건이었나 부지.

지현모   (오버랩의 기분)칠수가 소개했다구 누가 용 산다구 전화 왔었어요.

지현부   용만?

지현모   에..약은 자기네가 짓는대요.

지현부   (앉으며 오버랩의 기분)언제 온대.

지현모   (옆에 앉으며)내일 오전에 온댔는데 와야 온제지요 머.

진이   (오버랩의 기분/마루 닦은 걸레 걸레그릇에 넣어 아버지가 던져놓은 타월과 함께 집어 들며)값만 조사하구 안 오는 사람들 얄밉더라..

지현부   흐흐 안 오면 뭐/ 용이 없지 손님이 없어서?

진이   (냉큼)그래두 일껀 말시켜 놓구 안 오면 놀림 받은 거 같아요.

지현부   (오버랩)현식 에미는

지현모   뭘 물어요. 한참 잘 시간인데…

진이   킬킬(웃으며 물소리 나는 욕실 앞에 걸레그릇과 빨 수건 놓으며)저녁에 뭐 해 먹어요 어머니?

지현모 글쎄다.(돌아보며)팥 삶아 넣구 호박죽이나 끓여볼까··

지현부 현식애비 호박죽 안 먹잖아.

지현모 걘 밥해주면 돼요. 애가 부석부석해요.

지현부 누구.

지현모 지현이요··오줌은 잘 눗는다는데

지현부 (오버랩)밤새구 작품 쓰느라 고단해서 그래. 호박죽 쑤워. 나쁠 거 없어.호박이 여자들한테 좋아. 여자들 천지 아냐 이집. 이로운 거 해 먹어.

지현모 무슨 여자들 천지에요 넷넷인데?

지현부 숫자가 아니라 (잡지 들며)힘이 문제지. 당신 파워 있잖아.

지현모 (영감 머리에 붙은 작은 티끌 떼어주며)어이그그그그/(흘기고/주방에 대고)얘애/··호박 중짜루 하나 씻어서 앉히구 팥 골라 삶자.

진이 E 네에에에.

지현부 (오버랩)사슴을 너무 줄였어···

지현모 아이구(질색) 또또/

지현부 백마리 넘게 키우다 장난 같아서 재미가 없어.

지현모 아이구 됐네요··· 이제 그만 편하게 살아요. 숫자 불굴 생각 말구 이대루 살아요···평생 그만큼 일했으면 됐어요 예?

지현 (씻고 나오는데)

지현모 (문소리에 돌아보며 연결)느이 아버지 또 사슴 늘구구 싶으신가부다.

지현 하지 마세요 아무도 찬성 안해요.(아버지 쪽으로 오며)

지현모 아무도 찬성 안해요.

지현 (아버지 등 뒤에 앉으며)아버지.

지현부 ?(고개만 틀어)왜 그래. 나앉어/ 왜 궁둥이에 붙으면서 불러.

지현 (아버지 등에 옆얼굴 붙이며/한 팔로는 허리 안듯이)나 이러구 자전거에 실려 학교 많이 다녔어요.

지현부 흠흠흠

지현모 (아버지와 함께)쩍하면 탔지 뭐. 틈만 있으면 실어 날렀으니까.

지현 (오버랩의 기분)아버지..

지현부 왜애…왜 은근히 불러…요구가 뭐야…

지현 아버지같은 남자하구 결혼하구 싶었어요…

지현부 ….?(아내 본다)

지현모 (남편과 잠깐 눈 맞추고 나서)아버지 같은 사람이 뭐 그리 쉬운 줄 알어?…안 쉬워…아 그리구 너한테 아버지같은 남자 뭐가 재미있어…남자는 남자래야지…너 늬 아버지가 나한테두 아버지같은 줄 알어? 아니야 나한테는 어디까지나 남자야 남자.

지현부 당신은 어디까지나 여자구.(딸 등에 붙인 채)

지현모 그럼요.

지현 (등에서 떨어지며 오버랩의 기분)전화 빼놓구 잠깐 좀 거에요. 전화와두 바꿔주지 말아요(하며 일어난다)

지현모 그래 저녁 먹을 때 깨우께…

지현 (들어가고)

지현부 (딸 돌아보던 고개 아내에게)애가 왜 맥이 없어.

지현모 원고 쓰는 게 잘 안되나봐요. 끄응/(일어서며)어이구우우 그건 왜 한다구…(주방으로)

초희 (하품 막으며 나오면서)현식아아! 현식이 들어왔니이?

지현부 (일어나며)현식이 아직 안 들어왔다./(자기 방으로 돌아서는)

초희   어이구우우(화장실 쪽으로 움직이며)썩어 죽어 내가 썩어 죽어...

S#   지현의 방

지현   (침대에 피시시식 쓰러지면서)

S#   악몽처럼 따따부따하고 있는 이모의 얼굴··잠깐/

S#   지현 눈 감으며 돌아눕는데/···

강욱   **F** 무슨 일인지 안 묻겠어요.나도 보고 싶지만/그렇게 못해요/
다시 안 본다는 약속을 했어요.약속/지켜주고 싶어요.

지현   ·······(주루룩 눈꼬리로 흐르는 눈물)

제11회

S# 강욱의 진찰실

강욱 (차트에 적으며)이주 후에 한번 더 오세요…경과가 아주 좋아요.
됐어요.

소녀 (일어서며)감사합니다 선생님.

강욱 (웃으며)잘가세요.(소녀 나가면서 인터폰 누른다)

간호사2 F 네 선생님.

강욱 오늘 환자 다 봤어요. 끝내 주세요.

간호사2 F 저기요 선생님.

강욱 (그냥 인터폰 끊어버리고 일어나 가운 벗어 걸고 의자 옆으로 돌려
앉아 기대어 담배 태우기 시작)……

　　　　E 문 여닫히는 소리/

강욱 (힐끗 돌아본다)

민경 (문 쪽에서 보며)….

강욱 (도로 담배 태우는)….

민경 이모한테 말한 거/·· 생각이 짧았어.

강욱　……

민경　잘못했어…미안해…용서해 줘…

강욱　……(그대로)

민경　다시는 안 그러실 거야. 내가 화 많이 냈어…

강욱　……

민경　……(보다가)이선생/……(불러놓고 강욱 쪽으로 몇 걸음 와 멈추며)나 두 매끄럽고 우아하게 처신 못하는 나 자신이 싫어. 그렇지만 너두/ 지혜롭지 못해. 따귀 한 대 쯤/개 맞아두 돼. 개 상대가 니 존재 알 면/ 너는 따귀 보다 더한 일도 당할 수 있어. 늬들이 저지른 일이 그런 일이야.

강욱　(담배 퍽 끄고 일어나며 오버랩)그만하자. 진절머리 나. 이제 그만 해 지겨워.(가운 벗으며)

민경　……(보며)

강욱　……(말없이 상의 입는)……

민경　……(보며)

강욱　(담뱃갑 집어 주머니에 넣고 나가는)

민경　……(보며)

　　E 밖에서 인사 주고 받는 소리

민경　……

S# 병원에서 나오는 강욱/……

S# 주차장 쪽으로 걷고 있는 강욱……

S# 거리를 운전하는 강욱…

S# 강욱의 오피스텔

강욱　(햄버거 봉투와 석간신문 들고 들어와 식탁에 놓고 상의 벗어 걸고 식탁에 앉으며 신문 펴 든다)······(잠깐 보는 듯 하다가 신문 아무렇게나 놓으며 일어나 창으로 가 선다)

S# 이미 불이 켜져 있는 거리…

S# 고급 일식집

종혁 (종혁과 상대편 사장은 가운데/양옆에 하나씩 자기네 부장급 앉혀 놓고/사장에게 정종 따르며)그러니까 간단하게 일부다처제/아니 다부다처제가 낫겠군요.다부다처제도 가능하다고 생각하시면 됩니다 사장님··(정종 도쿠리 사장 옆자리로)받으세요.

상대 남자1 아니 사장님 제가.

종혁 (오버랩)괜찮습니다 받으세요.(따르면서/얘기 상대는 사장이다) 더 심플하게/기브 앤 테이크에요.내가 밀어주면 그쪽에서도 나를 밀어준다/저는 무슨 일을 할 때 우선 믿는 것으로 시작합니다. 용우형…

용우 어 그래.(상대 쪽 사원)

종혁 (따르며)원래 제 스타일입니다.직원을 뽑을 때도 마음에 들면 우선 다 믿어버립니다.내가 안 믿어주면서 상대는 나를 믿기 바라는 건 말이 안돼요. 요즘 세상에 간단히 믿어버리는 거 위험부담이 큰 거 같지만 실패한 적 없습니다.용우형한테 제휴 제안도 과격하게 했지요 하하.

사장 흐음 뭐라고 했는데요.

종혁 우리 결혼 한번 해 보자 그랬습니다/.그런데 결혼도 여러 길이 있다 그중에서 내가 원하는 건 이 방법이다/솔직하게 다 터놓고 얘기했습니다.

용우 너 솔직한 게 마음에 들어/서로 탁 터놓으면 피차 통하는 거

466

아냐?

종혁 인터넷은 우리도 생각하고 있는 영역이거든요. 그래서 형한테
전활 한 거에요.

용우 느네 영업전략이 뭐냐.

종혁 아웃소싱/과감한 아웃소싱이에요. 핵심만 빼구는 다 바깥에서
조달할 거에요. 제3시장이 나오잖아요. 우리가 거기 마켓메이커가
될 겁니다. 마켓 메이킹에 대해 들어 보셨습니까?

S# 민경의 거실

민경 (우울하게 들어오고 있다)....

서여사 (앉아서 신문 뒤적이다 보고 있는).....

민경 ....(말없이 계단으로)

서여사 이서방은...

민경 퇴근했지요.

서여사 안 데려다 주구? (이모 나와서 올려다보는)

민경 (올라가며) 걔두 고단해요오.

서여사 일찍 들어와 쉬라니까 쯔쯔..

민경 (그냥 올라가버리고)

이모 (주방으로 쪼르르)

S# 주방

이모 국 넘기지 말구 끓거든 뚜껑 열어 너/

민지 (책 뒤적이며 너겟과 콜라 먹다가)이모는 뭐하시구요.

이모 니 언니 좀 올라가 보고 내려 오께. 아픈 애 잖아. (나가려다 되돌
아서며 괜히)하긴 뭐해. 다 느이 집 볼일이지 내 볼일 볼 게 뭐가 있
니. 어이그 지겨워 어이그 지겨워.

민지 ?…(뭔지 통하지도 않는 푸념이지만 뭐 늘 그러니까/너겟 입으로)

S# 민경의 방

이모 (약간은 조심스럽게 문 열고 본다)

민경 (소파에 앉아서/옷 안 벗은 채)……

이모 (들어와 마주 서며)……얘…

민경 ……(고개 들어 이모 본다)……

이모 이 서방/ 알디 모르디.

민경 ……(그저 보며)

이모 이서방 알아 몰라.

민경 (오버랩)몰라요…아직 모릅디다.(하며 일어나 옷 벗기 시작)

이모 아직 몰라?

민경 몰라요.

이모 …이상하다.…알텐데에?…

민경 ……

이모 알면서 모르는 척 하는 거 아니니?‥그 기집애랑 완전히 끝난 척 하느라구 응?

민경 ……

이모 아직두 나한테 화내구 있는 거니?

민경 ‥‥

이모 참 공없다. 쯔쯔‥(문으로 움직이며)마음대루 해라아. 나는 후회 없으니까아아.

민경 (이모 나가자 침대 옆구리에 걸터앉으며)……‥

S# 지현의 방

지현 (잠들어 있는데)

E 지현의 가방 안에서 울리는 핸드폰 벨 소리……계속 울리는 벨 소리··

지현　(거의 자면서 침대 내려서 가방 속에서 핸드폰 꺼내는데)

　　　　[멈추는 벨··]

지현　(핸드폰 든 채 도로 침대로 엎어지는)……

S# 민경의 방

민경　·····(전화 내려다보고 있다가 다시 재다이얼 버튼 누른다)········

　　　　F 벨 가는 소리···

지현　F (잠에 취한) 네에 여보세요……여보세요.

민경　(오버랩)나 허민경이야.

S# 지현의 방

지현　····(했다가 펄쩍 잠이 깨는)?····누구라구요?

민경　F 허/민경.

지현　(그냥 전화 접어버린다)

S# 민경의 방

민경　?····(다시 건다)

　　　　E 전원을 끈 상태라는 메시지.

민경　······(전화 내려놓다가 문득 다시 번호 찍고)

　　　　E 일반 전화벨 가는 소리···다섯 번

민경　?

S# 강욱의 오피스텔

　　　　E 울리는 전화벨

강욱　(티브이 켜놓고 보는 것도 안 보는 것도 아닌 상태면서 받지 않는)····

　　　　E 계속 울리는 벨

강욱　(느리게 일어나 전화 코드 빼버린다)·····

S# 민경의 방

민경 ‥‥(전화 내려놓는)‥‥

S# 지현의 방

지현 (엎드려서 잠이 깨 있다)‥‥(눈 뜨고 멍하니‥)

E 밖에서 지태 퇴근해 들어오는 소리./맞아들이는 엄마와 아버지. 한 수 소리 다음에

지태 E 지현이 들어왔나보네요.

지현부 E 일찍 들어왔어.(지현 몸 일으킨다)

S# 마루

지현모 (부엌에서 나온 참이다/ 행주 들고 선 채/방으로 가는 아들에게) 옷만 바꿔입구 금방 나와. 저녁부터 먹자‥

지태 (그냥 들어가고)

지현부 (벌써 상 밥 먹을 자리로 옮기며)내 닦을테니까 얘 깨워 데리구 나와.

지현모 (행주 건네며)그러세요.(하는데)

지현 (나오며)일어났어요‥

지현모 일어났네.

지현부 (화장실로 가는 딸)좀 주무셨어요?

지현 (잠깐 돌아보고 조금 웃는 듯 하며)네에.

지현모 (부엌으로)잘 했네…상 보자아.

진이 (반찬 쟁반 들고 나오며)네에에.

한수 (얼른 받아주고)

지현모 그거 죽 안 먹는 인물들 거다야 들구 있어. 아니 큰 상에 놔 일단.(하면서 작은 상 따로 꺼내 놓고)이리 와 이거 닦으세요.

지현부　어 그래..(작은 상 닦으러)

S# 같은 마루

　　[자리 잡고 앉아 호박죽 팀 밥 팀. 현식 부자는 밥/나머지는 죽.]

지현부　포옥 잤어?

지현　?··네.

지현모　너 잔다구 느이 아버지 우리 숨두 못쉬게 하셨단다.

지현　뭐어 쉬이 시끄러 조용해 아부지가 더 시끄럽든데.

진이/한수/엄마/　(표 안 나게 웃고)

지현부　포옥 잤다더니 제대루 못잔 거야?

지현　아니 처음에요. 잠들기 전에에··잘 잤어요···세상 모르고 잤어··

지현모　자구 나오니까 얼굴이 좀 낫다.

지태　(오버랩의 기분)최서방 회사/ 인가 나온 거 너 알어?

지현　알아요.

지현부　인가 떨어졌어?

지태　네·· 벌써 신문에도 나오고 방송도 하든데 모르셨어요?

지현모　몰랐지. 언제 떨어졌는데.

지태　오늘요.

지현부　잘 됐다 거 잘됐네.

지태　축하는 해 줬어?···지현이 너 말야.

지현　했어요.

지태　시큰둥하게 굴지 마.

지현부　그래 그러지 마. 그 나이에 대단한 일이야.

지현모　대단한 일이지 그럼.

지현부　뭐 알어서.(당신이 뭐 알길래)

지현모　대단하다면서요.

지현부　내가 대단하다면 덮어놓고 대단한 거야?

지현모　그럼요.

지현부　이맛에 산다. <u>ㅎㅎㅎㅎㅎㅎ</u>

　　　　[지태만 빼놓고]

모두　(조금씩 웃는)

초희　아버님 어머님 보면 부부 일심 동체에 모델같아요.

진이　(냉큼)맞어요.

초희　(오버랩)그럼 종혁씨는 이제부터 정식 사장님이네요 여보?(남편 돌아보며)당신은 축하 인사 제대루 챙겼수?

지태　(오버랩의 기분)아버지 어머니두 최서방 오거든 잊어버리지 마시구 아는 척 하세요. 증권회사 오픈이라는 게 그렇게 쉬운 일 아니에요.

지현부　그래 알어..아는 척 해야지 그럼..

지태　(오버랩)지현이 너/ 최서방 가볍게 생각하지 마..그래두 되는 상대 아니야.

지태　E (이미 싫증 나 있는 지현 위에)너때매 신경 쓸 일 만들지 말고 잘 해 괜히.

지태　두고 봐. 뭐든 이룰 수 있는 친구야. 아무한테나 차례오는 결혼 상대 아니야. (하는데)

　　　　E 지현의 방 전화벨/오버랩.

지현　(얼른 수저 놓으며)어…(빠르게 일어나 들어간다)

S#　**지현의 방**

지현　(들어와 받는다)네에.

종혁 F 일찍 들어갔더라.

지현 ··그랬어요.

종혁 F 차 보냈으니까 타구 나와. 거의 도착할 때 됐을 거야.

지현 ?저녁 지금 먹는 중인데요

종혁 F (오버랩)저녁은 먹어.

S# 움직이는 차 안에서

종혁 나는 지금 저녁/두번 째로 먹으러 가는 중야. 바쁜 중에도 오늘/
특히 대단하다. 종일 전화두 못한 거 보면 알겠지?

지현 F (오버랩의 기분)저녁 먹으러 간다면서 나는 나가서 뭐하는 건
데요.

종혁 (웃으며)나와. 나와 보면 알아. 끊어. (접는다)

S# 지현의 방

지현 …(전화기 놓으며)….(잠시 있다가 나간다)

S# 마루

지현 (나오면서)아무한테나 차례오는 결혼 상대 아닌 사람이 (앉으
며)차 보냈다구 나오래요. 어디로 가는지도 모르는 채 차 오면 그냥
타고 가야하구…내 형편 같은 건 거의 묻지도 않아요.(수저 들면서)

지태 그 정도는 참아··

지현 그 사람 넥타이나 구두가 된 기분이 든단 말이에요.

지태 과장하지 마. 스타일이 그런 거지 어떤 놈이 넥타이 구두한테 그
렇게 치성을 들여.

지현 …

지현모 그건 오래비 말이 맞어··

지현 ……(그냥 먹는)

S# 집 밖

[종혁이 보낸 자동차 대기 중이고]

[남매 자동차 쪽으로 오면서/자동차와 그래도 꽤 거리를 두고.]

지태 …쓸데없이 예민해서 쓸데없는 까탈펴 피곤하게 만들지 마.

지현 (오버랩의 기분)나를 자기 재산이라 그러는 사람이에요.

지태 그것도 트집이야?··

지현 사람을 어떻게 재산이라고 말해?

지태 (오버랩)최서방한테 재산은 이미/ 재산의 의미가 아니야. 그럴 정도로 갖고 있는 사람이 너를 재산이라고 했다면 그건 그 이상/저의 전부라는 의미야. 머리 그렇게 나빠?

지현 (그럴 수도 있다/그렇지만)자기가 가진 재산 중에 하나로 추가되는 뜻으로 들렸어.

지태 틀렸어 아냐.

지현 그런 말투 너무 싫어.

기사 안녕하십니까.(오버랩)

지현 (목례하고)

지태 최사장은 뭐타구 우기사가 왔어.

기사 네 이사님 차 타셨습니다 부장님·· 타시지요.

지현 (차로 오르는)

지태 갔다 와.(타는데)

지현 …(대꾸 없이 그냥 오르고/닫아지는 문.)

S# 어느 칵테일 라운지

지현 ····(입구에서 들어온다/···누가 있는지도 모르고 두리번거리며)····

유자 E 박지현.

지현 ?··(/친구들이 있을 줄 몰랐다/)

  [유자와 현경 앉아 있다…현경은 부어터져 있고 유자는 상관없이 손 흔
  든다.]

지현 (빠르게 다가가서)?··무슨 일야?

현경 (오버랩)소유자 물색없는 바람에 이렇게 됐다.

유자 (오버랩)그렇다구 해두고 어쨌든 앉어. 할 수 없잖아.

지현 (앉으며 오버랩의 기분)어떻게 된 건데…

유자 종혁씨 너 찾는 전화 내가 받았었어.일찍 들어갔다 그러다가
  지나가는 말루 괜히/ 어디 근사한 스카이라운지서 칵테일 한잔 사
  주세요 했더니 이렇게 된 거야.

현경 (오버랩의 기분)너두 없는데 글쎄 그 소리를 할 거니? 너 어떡하
  구 들어갔는데 종혁씨한테 술 사달라 소릴 할 거냐구.

유자 (좀 올라서)그만 좀 해라. 지나가는 말이라구 했잖아. 그렇게 바
  쁜 사람이 설마 단번에 그럽시다 할 줄 몰랐다구. 이렇게 된 건 나
  두 생각 밖이란 말야.

지현 (오버랩)됐어. 그런데 종혁씨는 어디루 또 저녁 먹으러 움직인다
  그러든데

유자 (오버랩)금방 온다구 마시구 있으래.우리 뭐 시키자…(손을 들어
  보이거나 캔들을 들어 보이거나)

현경 너 신경질 났지.

지현 늬들하구 상관있는줄 몰랐어.

현경 말 안했어?

웨이터 (와서)네.

지현 (현경에 연결)나와 보면 안다드라.

유자   (오버랩)나는 맨하탄 주세요. 현경아 너 뭐

현경   (오버랩)브라운 카우요/넌 피나 콜라다?

지현   엉.

웨이터   알겠습니다(아웃)

유자   (웨이터와 상관없이)얘가 하두 악악거려서 사전 설명 할려구 전
화했는데 너 꺼놨드라.

지현   어 참··(하고 핸드폰 꺼내 전원 넣는다)

S#   시간 경과/

　[각각 칵테일들 마시면서··]

유자   뭔지 나 아직도 내막 제대로 모르지만/ 너 약게 굴어. 국경은
없을 수 있지만 계산은 반드시 해야하는 게 결혼이야. 사랑과 결
혼은 별개 문제야. 아직도 그걸 분리독립 못시키고 있다면 시대착
오다.

현경   (오버랩의 기분)분리 독립이냐 아니냐는 어디까지나 개인의 선
택문제지 시대 핑계댈 거 없어.

유자   시대가 개인의 선택에까지 영향을 끼치니까 그렇지. 너 옛날에
는 겉보리 서말만 있어도 처가 덕 안 본다 그랬어. 처가 덕 보는 게
수치였다고. 그런데 지금 어떠니·· 이제는 처가덕/오우 원더풀 그
러잖아. 우리 아버지 세대만 해도 여자들 돈벌이한다 그럼 남자길
길이 뛰었어. 지금? 노골적으로 맞벌이하는 여자 원해. 이게 현상
이야. 여자도 남자와 평등하게 자기 발전/능력발휘/차원이 아니라
벌이/단순한 돈벌이로 말야. 니네들 지금 이 사회에서 돈을 압도하
는 가치가 뭐니 한번 내 놔 봐.

현경   (오버랩의 기분)괜히 되두 않은 썰 풀 생각 말구 그만 둬. 니 얘기

듣구 있으면 세상 살기 싫어져 응? 사랑도 죽이고 의미도 죽이고 가치도 죽이고 인간도 죽이고 다 죽이고 살려놓는 거 너/ 돈밖에 없잖아.

유자 돈에 한이 맺혀서 그래. 아침에 보리 삶아 먹고 점심 굶고 저녁 죽만 먹고 한 번 커 봐.

현경 그랬어도 너 성공했어. 어쨌든 공부도 했고/ 작가 됐잖아.

유자 흥/ 고졸.

현경 어때. 누구보다 머리좋구 똑똑한데.

유자 (오버랩)박지현 내 충고 들어. 너 돈 애야. 꿈꾸지 말구 까불지 두 마. 사랑이 뭔데. 사랑 별 거 아냐. 그냥 근거없는 느낌일 뿐이구 환각일 뿐이야 믿을 거 못 돼 너.(마신다)

지현 천천히 해.

유자 (잔 내리며 오버랩)최종혁 근사하잖아. 어쨌든 모든 게 평생 개런티 아냐. 너 그게 우리 모든 여자의 꿈인 거 몰라서 그래?

현경 여자가 기껏 그거 밖에 안돼? 모든 여자의 꿈이 최종혁같은 남자랑 결혼하는 거게?

유자 너두 까불지 마.

현경 소위 작가라는 게 한심하다 한심해‥ 우리는 좀 달라 보자 응?(하는데)

종혁 (빠른 걸음으로 다가오며)아 미안합니다.

유자 (좀 노래하듯)어서 오세요. 앉으세요.

종혁 (앉으며)많이 늦지는 않았어요.(시계 보며)아홉시 반이니까.

유자 준수한데요 머.

종혁 (옆의 지현 돌아보며)일찍 들어가서 뭐했어.

지현 잠 잤어요.

종혁 머리 아픈 건 나았어?

지현 ?..(잠깐 현경 보고 끄덕이며)나았어요.

유자 나 술잔 비었는데

종혁 아 ..(웨이터 불러놓고)시켜요./마시구 싶은 만큼 마셔요들. 현
경씨는 어째 안 마시고 있는 거 같네요.

현경 종혁씨가 내야할 술값에 신경쓰여서 술이 안 받네요.

종혁 하하 그런데 신경 써주는 사람도 다 있네요. (다가온 웨이터에
게 주문하고)유자씨/(뭐 할래)

유자 같은 걸로요.

종혁 당신

지현 난 됐어요.현경아

현경 어 나두 됐어. 안 땡긴다 오늘··

종혁 하하 왜 그래요.

현경 그런 날두 있어요.

종혁 (벌써 지현 보며 딴 얘기)본인가 난 거/아버님 어머님께 말씀드
렸어?

지현 ?..(잠깐 보고 글라스 집으며)오빠가요···오빠가 말씀드렸어요.

종혁 뭐라 그러셔.

지현 ···대단하다구요.

종혁 대단하다구 하셔?(하는데)

  E 지현의 핸드폰 울린다

지현 잠깐요.(전화 꺼내는데)

종혁 그것만 받구 꺼 놔.

478

지현 (잠깐 종혁 보고 여는데)

현경 (종혁의 말에 연결)종혁씨 찾을까봐 켜논 거에요.

종혁 알아요.

지현 네 여보세요.

강욱 F 이 강욱이요.

지현 …(전화기 종혁의 반대쪽 귀로 옮기고)

강욱 F 지금 어디..아직 시내에 있는 거요?

지현 네…그런데요..

S# 강욱의 오피스텔

강욱 (술 만들면서)내 전화 받기 싫은 거 이해해요. 만나자고 할 염치도 없어요. 부탁하는데…

S# 라운지

강욱 F 이 메일 주소 좀 알려 줄 수 있겠소?

지현 (전화 막고)잠깐요.(하고 일어서 나간다)

종혁 ?..누구야.

지현 (잠깐 돌아보며)금방 돌아와요.

종혁 나중에 통화하자 그럼 될 거 아냐.

현경 (오버랩)정감독일 거에요. 통화하기로 했거든요. 얘 정감독이지?

유자 언제?

현경 아까…너 샤워할 때.

유자 그래?…뭣때매 통화하는 거야?

현경 작품때매!

S# 라운지 밖

지현 (나오면서)그건 왜요.

강욱   F ....

지현   (멈춰 서며)편지는 괜찮다고/ 허락 받았어요?

S# 강욱의 오피스텔

강욱   지현씨.

지현   F (오버랩의 기분)약속했고./지켜야겠으면 지키세요···나 지금
친구들하구 그사람하구

S# 라운지 입구

지현   같이 있어요. 끊을께요(전화 내리는데)

강욱   F 그런 일 있었던 거 알았으면/ 나갔을 거요.(지현 도로 올리는)
몰랐어요······

S# 강욱의 오피스텔

강욱   주소 좀 압시다./··가르쳐 줘요.

S# 라운지 안

지현   ····(들어와 앉는다)

　　[가벼운 얘기 하다가 멈추고]

현경   (냉큼)원고 독촉이지?

지현   어.(글라스 올리는)

유자   웃긴다. 베스트 만들기도 바쁠텐데 원곤 미리 받아서 뭐하자는
거야.

현경   (냉큼)수정 시킬라고오오오. 일차이차삼차 수정 시킬라고.

종혁   (오버랩)그런데/감독 전화 받는데 당신 왜 그렇게 굳어.

지현   ?··나요?

종혁   (웃으며)아무 생각없이 네 여보세요 했다가 / 굳으면서 전화기
다른 쪽으로 옮겨 들고/이번에는 차분하게 네··그런데요··· 그 다음에

480

전화 들고 밖으로 나가고….일 전화라기 보다/남들 알면 안되는 관
계/ …처럼 느껴지든데?

유자   굉장히 예리하네요 종혁씨이?

현경과 지현   ?(해서 유자 보고)

종혁   E 이상하지 않았어요?

유자   (선선하게)몰자면 몰릴 수도 있는데/지현이가 정감독하구 남
이 알면 안되는 관계/그건 천만에니까 종혁씨가 틀린 거에요.

종혁   하하 그래요?

현경   (오버랩의 기분)지현이 너 피곤하겠다아. 와아아 술 다 깨네. 종
혁씨가 너 전화오는 거싫어하니까 쫄아서 소리도 제대로 못내고
나가서 받고 /불쌍해 죽겠는데 얼투당투 않게/ 야 너 결혼하지 마.
종혁씨 의처증 기미 있어 애.

종혁   (큰 소리로 기분 좋게 웃는다)

S# 성북동 대문 앞
   [종혁의 자동차 시동 걸어놓은 채 대기 중]

S# 거실/

종혁   (지현 데리고 들어오며)들어왔습니다 아버님.

노여사   오냐. 어서 오너라.(남편과 상관없이 티브이 리모컨과 비디오 리
모컨 집으며)한참 재미있는데‥(하며 끄기 시작)노는 날 다시 봅시다.

지현   (종혁과 함께 다가와 서서 목례)

종혁   아버님 염려해주시고 지원해주신 덕분에 예상보다 인가 빨리
떨어졌습니다…이제부터는 모든 것이 저의 무한 책임이라는 거
압니다 열심히 하겠습니다.

최회장   (싫지 않다)알면 됐어. 지현이 앉어라.

노여사　그래 얘 앉어.

지현　네..

최회장　앨 데리구 오려면 좀 더 이른 시간에 데려왔다 보내든지/ 언제 보내려구 데리구 와. 어른들 기다리시잖아.

종혁　네 전화 드렸어요..

최회장　앉어.

종혁　(앉으며)이 사람하고 같이 있었어요.(지현 앉게 하며)잠깐 들려서 인사 드리고 간다고 해서요.

노여사　잘했다. 좋은 날 마무리/ 늬둘이 같이 한 것도 의미가 있구.. 또 아버님께 나란히 인사 드리는 것도 잘 생각했어. 쓰네 안쓰네 해도 아버지 신경 많이 쓰셨고…하네 안하네 하셔도 너 모르게 이것저것 하셨어.

최회장　어떻게 그리 잘 알아. 본 것처럼 얘기해 어째.

노여사　이 나이가 되면 눈감고 있어도 다 보인다우. 더러 전화하시는 소리두 들었지요 왜….

최회장　(오버랩)오픈해 보면/오픈한다구 준비할 때가 훨씬 편했다는 거 알 게다… 성급하게 굴지 말고 차근차근/.. 신중하고 철저하게/…해….네 실수는 곧 애비 실수가 돼. 너 혼자 아무리 날고 기어도/회사 대표는 처음이야. 경험부족에 판단미스에..심심찮게 당황스럽거나 맥빠질 일 있을 거야.

종혁　각오하고 있습니다.

최회장　제대로 자문 받을 인력도 확보해 두고

종혁　네.

제천댁　(차 들고 나오고 노여사 같이 움직이고)

482

최회장   너는 뭐…일은 늘 한다 그러는데 어째 방송한다는 소식이 없어.

지현   ..

종혁   이제 곧 나올 거에요…찍기 시작했어?

지현   다음 주에 시작한대요.

최회장   니 어머니 좋아할 거 써라…저번 꺼는 어렵다 그러드라.

노여사   그래 어렵더라.

최회장   결혼하기 전에 뭐든 똘똘한 거 하나 써서 남기고 끝을 내라.

지현   (보는)…

최회장   (일어서며/지현과 종혁 자동적으로 일어서고)골 빠지게 그건
왜 쓰구 있어. 남이 써 내는 거 구경이나 하지

노여사   차 안 드시구요?

최회장   잘 자리에 뭘…(안방으로)…

노여사   저 따라 들어가요?

최회장   괜찮아. 애 보내구 들어 와.

종혁   (조금 따라 나가다가)안녕히 주무세요.

최회장   (그냥 아웃)

노여사   (앉으려다 지현에게) 얘 너두 인사 드려야지.

지현   (노여사 돌아본다)….

노여사   주무시러 들어가시는데 그냥 마앙하니 보구만 있어?

종혁   (의자로 오며)타이밍을 놓쳤지/

지현   (가만히 종혁을 보는)…….

S# 지현네 마루

지현   (핸드폰 받으며 들어온다)어 지금 막/..(돌아서 현관문 잠그며/차
분하게) 현관문 잠그는 중야.(엄마 앉은 채 내다보는/지현 모르는 척

그냥 제 방으로 움직이며)그래 잠깐 있어. 나 방에 들어가서 하자. 지금 들어가는 중야.(엄마 돌아보고)주무세요.(하고 들어간다)

S# 지현의 방

지현 (들어와 문 닫으며)사람이 이러다 도는 거구나 싶다. (핸드백 던져놓고 옷 벗고 하면서)완전히 어느 돼지같은 날이야.(개야 개)나 개 좋아하니까 돼지로 바꿨어. 남의 남자랑 며칠 눈 맞아 받는 벌 치고는 너무 독한 거 아니니?(옷 대충 벗어 침대에 놓으며)생전 첨보는 사람한테 따귀 얻어맞아/공범자였던 남자는 후아유 너 누구야 그래/눈 딱감고 잠이나 퍼잘려구 들어왔더니 /친구 입 방정에 도로 끌려나가 찍 소리 못하고 두시간 벌서/그게 끝인가 했더니 술값낸 남자/ 자기 집에 같이 가재.(컴퓨터 의자 당겨 구겨지듯 앉으며)현경아 나 죽겠다. 죽을 거 같아.(하며 컴퓨터 전원 켜고 조작 시작하는)

S# 강욱의 오피스텔/컴퓨터 화면/

[쓰다 만 편지 화면]

[미안하다는 말 수십만번 되풀이해도(까지)]

민경 E (화면 위에/열려 있는 문 밖에서)핸드폰도 꺼놨니?

강욱 E 그래.

민경 E 내 꺼 안 받을려구?

강욱 E 누구 꺼든⋯⋯조용히 있구 싶어.

S# 오피스텔 방 앞 복도/방문 열어놓은 채

민경 ⋯⋯(보다가)들어오라구 안 하구 싶니?

강욱 (보며)아니‥ 들여놓기 싫어.

민경 우리 대화가 필요해 이선생.

강욱 (오버랩의 기분)때로는 대화보다 침묵이 나을 수 있어. 우리 지금 서로 봐줄 기분이 아냐. 이럴 때 얘기하면 감정만 악화되구…서로 으르렁거리며 상처만 입히게 돼….나중에 하자.

민경 나중에 언제…

강욱 나중에.

민경 언제./

강욱 얘기하구 싶어질 때.

민경 그게 언젠데.

강욱 (들어가려 움직이며)몰라. 잘 가라. 나 들어가.(하고 들어가버린다)

민경 …(입 벌리고 문짝 보며)…

S# 오피스텔 안

강욱 (담배 있는 곳으로 움직여 입에 담배 물고 라이터 켜 피운다)

S# 복도

민경 ……(문짝 보며 서 있다가 어느 순간 싹 돌아서서 승강기 쪽으로 딱 딱딱딱)

S# 강욱의 방

강욱 ….(멀어져 가는 발소리 들으며/고개 복도 쪽으로 틀고)…(있다가 컴퓨터 앞에 앉아서 글자 쳐 넣기 시작한다)….

S# 지현네 부엌/

지현 (소화제 같은 약 넘기고 물컵 들고 나간다)

S# 지현의 방

지현 (맥없이 컵 테이블 구석에 놓고 의자에 앉아 화면 보는…그래도 원고는 써야 한다는/)

S# 불려 나와 있는 방송 원고 화면

지현   (물컵 집어 드는데)

    E 편지 도착 신호음/지현 화면 보면

S# 화면 /편지 도착 화면/받겠냐/안 받겠냐/취소냐/

지현   .....(조금 망설이다가 마우스로 받기 클릭)

S# 편지로 바뀌는 화면/

    미안하다는 말 수십만번 되풀이해도

    지현씨가 당했던 상황의 끔찍함을

    보상할 길이 없음을 알아요.

    그러나 역시 방법이 없군요.

    미안합니다 미안해요. 미안해요 미안합니다.

    미안해요 미안해요 미안해요 미안합니다.

    미안합니다 미안합니다 미안합니다.

    밤새도록 미안합니다.

    내일도 모레도 미안합니다

    평생 미안합니다

    죽는 날까지 미안합니다.

지현   ....(쓴웃음)....(편지 쓰기로 전환해서 쓰기 시작)

S# 강욱의 오피스텔

강욱   (비닐봉지에 재떨이 비우고 물에 씻으러 움직이는데)

    E 편지 도착 신호음.

강욱   ?...(돌아보고 서둘러 책상 한 손으로 짚고 서서 편지 받는/ 클릭)

S# 화면의 글자들

486

죽는 날까지 미안해한대도 벌어졌던 일을 없었던 것으로 할
수는 없고/

죽는 날까지 잊을 수도 없습니다.

다시 똑같거나 비슷한 일이 벌어지지 않도록

그것만 해주시면 되겠습니다.

몹시……지치는 기분입니다.

다시는 번거롭게 안 하겠습니다.

나도 약속합니다…

강욱   ……(화면 보며)

S# 다른 날 작업실/

지현   (작업하는 중)

강욱   E 번거롭다는 말은 맞지가 않아요. 그 사람한테 한 약속도 약
속이지만 나 자신을 믿을 수 없는 두려움도 커요.

S# 병원에서 환자 보고 있는 강욱

지현   E 두렵다는 의미가 뭔가요. 무엇을 두려워 하는 건데요.

S# 현경과 함께 수다 떠는 한편 원고 프린트하고 있는 지현

강욱   E 나는 겁쟁이라 모든 것이 두려워요. 누구도 실망시키고 싶
지 않고 누구한테도 나쁜 짓 하고 싶지 않고 누구도 쓸쓸하게 만
들어 주고 싶지 않아요.

S# 간호사들 민경과 함께 점심 먹는 중인 강욱

지현   E 그 누구들에 나는 포함되지 않는군요. 아주 쓸쓸합니다.

S# 차 마시며 원고 들고 토론하는 지현과 현경 위에

강욱   E 많은 시간 그대를 생각하고/그대 꿈꾸기 바라면서 잠자리
에 듭니다. 쓸쓸해 하지 말아요. 함께 있지 않으면 사랑이 아니라

는 말은 틀렸어요.

S# 수술 중인 강욱 위에

지현 E 함께 할 수 없는 사랑은 초라하고 비참하지요.(에서)

S# 작업실

지현 (문 열고 선 채)? 웬일이세요? 베스트 촬영 끝났어요?

정감독 (밀고 들어오듯 하며)베스트가 문제요 지금 박작가?

지현 ? 뭐 잘못 됐어요?

정감독 미니 원고 말요.

지현 ....(긴장해서 보는)

정감독 정말 박작가가 썼어요? 누구 딴 사람이 쓴 거 아닌가?

지현 (쫄아서)큰오빠네 가족하구 재수 막내는 현경이가 쓴 거구

정감독 (오버랩)아아 좋아좋아좋아. 아주 훌륭해요.

지현 ?

정감독 (대봉투 탁 탁자에 내려놓으며 앉으며)나 이 오회분 다섯편 읽구/ 어제 날밤 새웠어요 한 숨 못잤다구 흥분해서. 첫씬부터 그림이 팍팍팍팍 떠서 날아다니는데 젠장/하이가 돼 가지구는 죽어두 잠이 와야지

지현 정말이세요? (옆에 선 채)

정감독 아니(오버랩) 이런 재능을 가지고 여태 왜 딴 골목 헤매구 다녔는지가? 궁금해요. 그런데 나작가 소작가는 어디가구 혼자 있어요.

지현 현경이 목욕가구 유자는 아직 안 나왔어요. 그런데 감독님 정말이세요? 대본 정말 괜찮은 거에요?

정감독 뭐 중간중간 문제가 좀 되는데는 찍으면서 손봐두 되구 어쨌

488

든 전체적으로 책 좋아요.

지현 어딜 손봐야 하는데요?

정감독 아 건 지금 얘기할 거 없구

지현 (오버랩)지금부터 손을 봐야죠. 연속물인데 (메모지와 펜 들고 마주앉으면서)문제가 있으면 해결하면서 써야 줄기가 연결이 되죠.

정감독 아 그정도 아니에요 그정도 아니니까 걱정말구 그냥 이어 쓰라구. 커피두 안 줘요?

지현 (일어나며)커피는 드리는데요 어디어디가 이상해요? 부분부분 디테일이에요 아니면 포석 자체가 문젠가요.

정감독 아 걱정말아요 찍으면서 잘라내구 고쳐넣구 그럼 되니까.

지현 누가요 감독님이요?

정감독 ?....(보고)아 내가 작간가 왜 내가 해요 박작가가 손 봐 줘야지./나 대본 손 안대니까 걱정마요.

지현 (커피 만들러 움직이면서)만약 제 동의하에 제 손을 거치지 않은 대본 수정이 있을 때는요?(돌아보며 경고하듯)저작권 침해로 감독님 고소할 거에요.

정감독 무서워 죽겠네 떨려 죽겠어. 아 나 그런 거 안하는 사람이니까 걱정 말고 커피나 줘요.

지현 (머그잔에 커피 따르면서)베스트는 어떨거 같아요?

정감독 참 소작가 베스트는 후배 놈한테 넘겨야겠는데요?

지현 ?

정감독 미니 원고 나오기 시작하니까 베스트 의욕 없어요.

지현 (커피 들고 정감독에게 갖다놓으며) 유자 김새요 감독님. 그러지 마세요.(하는데)

현경 (들어오며)야아 날아갈 거 같다. 어 감독님 오셨어요? (목욕그릇 치우면서)너 때도 무게 나가는 거 아니? 때밀고 재면 삼백그람은 가볍게 나온다? 아주 가쁜해요. 미니 대본 다 보셨어요?

정감독 나작가 등퇴장이 조옿든데요. 환상의 콤비야. 낄낄거리구 웃을 데는 전부 나작가 대목이드군요.

현경 예에. 제가 좀 웃길 수는 있지요.

정감독 나작가 시트콤으루 뻗어보지.

현경 (소파로 가며)떼거지로 모여서 작업하는 거 취미 없어요. 그래서 우리 책 어때요 감독님.

정감독 좋아요/(지현 잠깐 보며)좋다 그랬어요. 팔십 점에서 팔십오점 사이/탁월한 거죠.

현경 와아아아아아/(두 손 부채처럼 펴서 흔들며 좋아하다가 지현 보며)어거지로 좋아할래두 안된다. 역시 시납 오케이 받았다는 소식이 생애 최고였나부다.

지현 (웃어 보이는 데서)

S# 병원 주차장

강욱 (운전대 옆자리에 백화점 봉투 몇 개 민경에게서 받아 싣고 운전대 쪽으로)…(운전대 문 열며)들어가.

민경 언제 오니.

강욱 낼 늦게든 모레 아침이든…가 봐서 되는대로..

민경 ….(보며)…

강욱 (오르고 문 닫는다)

민경 ….(보며)

강욱 (좀 안됐어서 유리창 열고)들어가.

민경　운전 조심해.

강욱　그래 걱정마.(시동 걸며)

민경　….(보다가 출발하려는 몸짓인데)강욱아.

강욱　?(돌아본다)

민경　우리 깨구 말자.

강욱　….(보며)

민경　정말 치사하구 아니꼬와 못 봐주겠다. 뭐한 놈이 성낸다구 너 진짜 대단하다/ 어떻게 하다 내가 이런 적반하장을 당하는 거지?

강욱　간다.(하며 움직이려하는데)

민경　너 언제까지 폼 잡을 거야!

강욱　?(돌아본다)

민경　아주 어려워서 몸둘 곳을 모르겠어요 제가 뭘 그렇게 엄청나게 잘못했나요? 언제쯤 사면이 될까요 선생님.

강욱　(천천히 내리는데)

민경　(연결)내가 바람 폈어요? 내가 약속 위반 했어요?

강욱　(보는)

민경　E 간호사들 보기 민망해 죽겠어요/걔들 다 나한테 문제 있는 걸루 알거예요. 우리 집에서는 왜 선생님 통 안오시느냐구 난리구요?

강욱　(오버랩)깰래?

민경　….(보는)

강욱　깨자면…기꺼이 동의하께. 우리 안되겠지 그렇지. 너 나 우습게 보여 안되겠지.

민경　…..(보며)

강욱　청주 안 간다.(차 문 닫고 움직이며)들어가자. 들어가서 얘기하자.

민경　……(가는 강욱 보며)

S#　종혁의 사무실 방

종혁　(책상 위 챙기면서 전화 받는 중/반갑게)어 바빠서 연락두 못했다. 별일 없지?

친구　F　나는 별일없다 나는 별일없는데 너는 별일없니?

종혁　(웃으며)나는 날마다가 별일이야. 오픈해 놓구 지금까지 날마다 한두껀 씩은 에러야 미치겠다.

친구　F　(오버랩의 기분)니 약혼녀/ 혹시 최근에 태국갔다 왔니?

종혁　?…그래 왜.

친구　F　혼자 갔어?

종혁　그래 임마 왜 그래.

친구　F　나 만날 시간 있니?

종혁　무슨 일인지 알아야지. 시간내기 쉽지 않아. 무슨 일야..

친구　F　니 약혼녀/ 태국에서 어떤 남자하구 동행이었던 거 너 알아?

종혁　?……

S#　어느 건물 로비 커피숍

친구　(담배 꺼내며 오버랩의 기분)태국 관광 많이들 가잖아. 모 방송국 사보 여기자가 신혼여행 갔는데/관광 코스가 니 약혼녀하구 거의 같았대나봐.

친구　E　(종혁 위에)방송국 다니니까 박지현이 누군지 정도는 알수 있지/한동네 사람이랄 수 있으니까.

종혁　(오버랩)그/지현이 봤다는 여기자/ 너랑 직접 아는 사람야?(충격은 보이지 말고)

친구   아냐 연예부가 물어 온 거야. 그런데 그거 말고 여성지 쪽에서
도 말들 있다더라.

종혁   무슨 말이 어떻게.

친구   남자쪽도 말꺼리가 될만한 사람이라드라. 그 남자두 약혼한
여자가 있는데 그 여자두 만만하질 않구/암튼 여행중에

종혁   (오버랩)늬들/그렇게 엉성하게 만드니? 남자 동행이 있었다는
것만으로 거기까지 비약해서 기사꺼리가 된 거야? 늬들 하는 일은
참 쉬워서 좋겠다.

친구   우리 그렇게 쉽지 않아.

종혁   (묵살/오버랩)신변안전 때문에 경호겸 관광 안내 겸/방콕 지사/
대리 한 친구 쭉 붙여 놨었어. 무슨 헛소리 하는 거야 너.

친구   (오버랩)경호 겸 안내?

종혁   그래.

친구   경호겸 안내하는 남자하구 손잡고 다니니?

종혁   ‥‥누가 확실히 봤대? 증거 있어? 그냥 말이잖아. 말로 사람도 죽
일 수 있어.

친구   우리 쉽게 하는 거 아냐. 단지 누가 뭘 봤다더라/그것만 갖구
기사 썼다가는 신문사가 열 개래두 못당해. 나름대루 열심히 조사
하구 추적해서/ 어느 정도 그림이 맞춰지면 이건 꺼리다 아니다

종혁   (오버랩)담당기자 누구야. 니가 콘트럴 할 수 있어 없어.

친구   일단 덮으랬어. 일단은 덮어는 놨는데

종혁   (오버랩)일단이 아니라 완전히 폐기 처분하라 그래.

친구   (오버랩)그런데 늬들 결혼은 왜 연기한 거야. 연기했다면서.

종혁   (오버랩)기사 못 나가. 단 한 글짜라도 흘리면 너 나한테 죽어.

사실 여부와 상관없어/. 알았어?

친구 너 알고 있었니?

종혁 알고 있었던 것도 없고 모르고 있었던 것도 없어. 그 사람 옆
에 줄곧 지사 애들 붙어 있었고/ 내가 모르는 동행같은 거 있을 수
없어. 착오가 아니면 날조야. 아니야.

친구 (끄덕이며)완전한 헛소문두 없진 않아 그런데 직업까지 나와
있더라. 잘 나가는 성형외과 의사래.

종혁 ? 너 날 뭘루 보는 거야. 늬 신문에 나가는 광고 다 회수 시킨다…
(에서)

S# 강욱의 진찰실

강욱 (화면 시작과 동시에 양 허리에 두 손 짚고 서서)나한테 떼밀지
말구 니 분명한 의사를 말해. 깨고 싶으면 깨고 싶다 분명하게 말
해버리고 깨자구. 하루에도 몇번 씩 왔다갔다/‥ 올렸다 내렸다 /
니 감정에 따라 출렁거리기 정말 고단해.(보며/감정이 상당히 상해
있다)

민경 (마주 보다가 피해서 물 있는 곳으로 가며)너한테 놀라구 있는 중
이라 그래….전에는 삐져두 이틀이 안 갔는데 너무 오래 삐져 있으
니까 이건 삐진 게 아니구나…겁이 나기 시작해. 그래서 더 아무렇
게나 굴게 돼.(순하지만 어투는 딱딱)

강욱 (보며 오버랩)나는 니 그 아무렇게나가 참 싫은 사람이야.

민경 …..(보며)

강욱 아무렇게나 말해 버리고 아무렇게나 소리 지르고 아무렇게나
빈정대고…..그리고는 그런 의미가 아니고 별 뜻 없었고/ 그냥 해본
건데 뭘 그걸 갖고 째째하게 그러냐 그래‥당한 사람은 아직 기막

혀 있는 채론데.

민경　(반발/ 오버랩)변한 건 너지 나는 안 변했어. 아무렇게나는 전에두 마찬가지였어. 지금 그걸 트집 잡는 건 니가 변했기 때문이라구.

강욱　전에두 싫었었어. 결혼하면 고쳐달라고 부탁할 참이었어.(싫어서/좀 올라서)

민경　……(보며)

강욱　우리는 너무 많이 망가진 거 같다. 물론 원인 제공은 내가 했고. 내 잘못이기는 하지만/ 그렇대두 이런 식으로 평생 살 수는 없어.

민경　(오버랩)너 끊임없이 딴생각하구 있는 소리가 들려! 딴 생각하지 마. 그럼 안 그래.

강욱　소리 좀 지르지 마.(자기도 모르게 높아지며) 질색이란 말야!(에서)

S# 종혁의 사무실

종혁　……(의자에 기대앉아서)……(저만큼 옆 아래로 시선 던지고 /두 손 모아 쥐고)…(있다가 손가락 하나씩 꺾기 시작/표정은 오히려 담담한 채)…

S# 작업실

현경　(지현 팔 툭 치면서)야 유자도 좋다 그랬잖어. 뭘 걱정하는 거야.

지현　한번에 좋다 그러니까 오히려 뭐가 잘못된 거 같은 느낌인 거 있지.(작업 의자에 앉아 5회분 프린트물 들고 현경 돌아보며)

현경　(제 컴퓨터 자판에 먼지 제거 스프레이 뿜으며)날마다 매맞던 여자 안 맞으면 이상한 거 처럼?

지현　(오버랩의 기분)암튼 이건 일단 통과된 걸루 치구 치구 앞으로 나갈 거야.(서랍에 넣으며)이제 십 일부 남았어. 다음 주 중에 삼부 만들

수 있을까? 그럼 반은 하는 셈인데.

현경 감독한테 고무적인 얘기도 들었겠다 가속도 붙어서 가능하잖을까? 가다 꽁 맥히지만 않으면 말야. 무슨 펑/ 하수도/ 싱크대 뚫는 것처럼 쓰다 꽁 맥혔을 때 펑 뚫어주는 뭐 그런 거 있음 정말 좋은데 그지.

지현 첫씬서부터 다섯 씬 내리 니꺼야.

현경 알아. 근데 지현아 오늘 하루쯤 룰루랄라 좀 놀면 어떨까. 두더지처럼 틀어박혀서 우리 너무 일만 하지 않았니?

지현 룰루랄라 뭐하면서 놀아? (돌아보며)

현경 (찡그리고 보며)하다 못해 시외버스 타고 어디 호수 구경이라도 하고 왔음 좋겠다.

지현 (일어나며)반이나 써놓고 가자. 호수 구경가기에는 아직 바람 차. 토스트 먹을까?

현경 호수를 토스토로 진정시켜라/(싱크대 쪽으로 가며)

지현 (냉동실에서 빵 봉지 꺼내며)한 쪽? 두 쪽?

현경 /한 쪽? 두 쪽? 너 건 나한테 실례야. 다섯 쪽? 네 쪽? 이래야 내가 너는 사람 뭘루 보냐. 나 많이 안 먹어어어 세쪽이면 충분해 충분/이렇게 만들어야지

지현 (웃으며)세쪽?

현경 엉..(커피 봉지 꺼내며) 좀 많지만 일단 귀는 보자.

지현 (웃으며 토스터 오븐에 빵 집어넣는데)

　　　E 전화벨

지현 내가 받으께…네에?…어 나에요…

S# 작업실 근처 길의 종혁의 자동차

종혁 …지금 뭐하구 있어.

지현 F 현경이랑 빵 좀 궈 먹을려구요.

종혁 기분이 괜찮은 거 같은데? 일 잘되나부지?

지현 F 원고 다섯회 분 넘겼다구 했죠 왜.

종혁 어.

지현 F 좀 전에 정감독 왔었거든요? 원고 너무 좋대요.

종혁 아아..

지현 F 안 바빠요? 한가해요?

종혁 (오버랩의 기분)다 왔어. 아예 작업실 나와버리는 걸로 하고 내
   려 와.

지현 F 어딘데요?

종혁 다 왔다니까. 현관야. 빨리 내려 와.(하고 끊는다)

S# 작업실

지현 (끊으며)나 나가야 해 현경아. 와 있다구 빨리 내려 오래.

현경 어 그래 빨리 내려가 봐.

지현 (봄 코트와 핸드백 있는 곳으로 움직이며)이러는데 질려 정말..이
   러는 거 내가 얼마나 싫어하는지 아직두 제대루 모르니/ 돌머리
   중에두 돌머리야.

현경 투덜거리지 마.(토스터에 빵 집어넣으며)그냥/ 최종혁은 그렇
   다아아/ 배냇병이다아..그러라니까?

지현 (입으며)배냇병이다아아아

현경 그 대신 키크고 잘 생겼으니까 봐준다아아아

지현 (흘기면서 나가는)닐 봐.

현경 엉.

지현 (문 닫았다가 다시 열며)혹시 모르니까 우리 호수 데려가 줄 수
        없나 물어 보까?

현경 그럴 시간이 어딨겠니.

지현 암튼 일단 물어는 보께.

현경 됐어어 신경쓰지 마.

지현 (문 닫는다)

S# 복도

지현 (그래도 서둘기는 하는 걸음)

S# 작업실 빌딩 승강기 앞

지현 (내린다)

종혁 (지현 쪽으로 손 내밀어 가볍게 잡고 현관으로 움직이며)다시 들어
        올 일 없지?

지현 왜 그러는 거에요?

종혁 어디 좀 갈려구.

지현 어디요?

종혁 교외.

지현 (멈추며/반가워서)현경이가 어디 호수 보러 가구 싶다는데 같이
        가면

종혁 (오버랩)안돼/딴 사람 끼는 거 재미 없어.나가자.(현관문 나가는)

지현 ?..(한 채)

S# 현관 앞

종혁 (나와서 지현에게 운전대 옆문 열어주고)

지현 ?

종혁 (조금 웃는 듯 하며)타. 내가 운전할 거야.

지현　(좀 어리둥절한 채 타고)

종혁　(우기사에게)월요일에 회사로 출근하면 돼.

우기사　알겠습니다.

종혁　(운전대로 오른다)

S#　출발하는 자동차

S#　자동차 안

종혁　강남 넘어가서 백화점에 잠간 세우구 당신 속옷 사고 그러자‥

지현　?(보는)

종혁　속옷은 갈아 입어얄 거 아냐.(보며)

지현　어디 가는데요?

종혁　어디든/어디가 그렇게 중요할 거 없잖아. 나랑 가는 건데…

지현　….(보며)

종혁　오늘 쉬고 내일 오거나/ 아니면 모레 아침에 오거나 그럴 거야.

지현　(오버랩/마음 상하기 시작하면서)일도 해야하고 집에도 아무 얘
기 안하구 나왔어요.

종혁　(오버랩의 기분)집에는 연락 드리면 되고 /일은 하루 이틀 미루
면 돼.

지현　(보다가)…..(앞 보며)자꾸만 이렇게… 머리없는 애가 되는 느낌
주는 거….좋을 거 없어요.

종혁　(돌아보는 위에)

지현　E 이런 저런 계획인데

지현　싫으냐 좋으냐/ 왜 물어두 안 봐요?

종혁　(돌아보며 비죽이 웃는)지금부터 어디 갈 건데 오늘 안 돌아와.
싫어 좋아.

지현   …(그저 보는/기막혀)

종혁   좋다면 다행이고/싫어도 가야 해.(얼굴 앞으로)같이 있고 싶어.

지현   (그런 사람이니까 별수 없다. 바꿔서)현경이 데려가요.

종혁   (오버랩)다른 사람 필요없어.벨트 매.

지현   …(포기/벨트 매는데)

종혁   E (연결)원고 잘 썼다 그랬다구?

지현   ?··좋대요.

종혁   얼마 동안 쓴 거지?

지현   쓴 날짜만 따지면 십 이일 걸렸어요. 열 이틀. 평균 이틀에 한
       편 썼구 ··중간에 이틀은 하루 씩 쉬었구…

종혁   잘 나간다 그러더니 잘 써져서 그랬군. 그래서/ 당신두 자신이
       있는 건가?

지현   우리 일은요 상에 올려 놔 봐야 알아요. 그러기 전에는 누구도
       몰라요.

종혁   그거 깝깝한 일이다….(운전하면서)

지현   ….(보는)

종혁   ….(운전하며)

지현   가는 건 좋은데 잠자는 건 싫어요. 오늘 와요.

종혁   오늘 안와.

지현   와요.

종혁   안 와.

지현   아버지 외박 못하게 해요.

종혁   태국 갔을 때는 외박을 일주일이나 했잖아.

지현   그건 여행이에요.

500

종혁 흐흠..여행이었다...이건 뭐구(돌아보며)이것두 여행이야. 짧
      은 여행....

S# 병원 주차장··

    주차장으로 들어오는 강욱과 민경.

강욱 ....(제 자동차 문 열고 오르려는데)

민경 얘기해서 시원해진 거 있니?

강욱 (타려다 말고 돌아보며)....아니 없어.

민경 (보며)결국은 시간이 해결해 줄 거야. ...올라오면 전화할 거지.

강욱 그래....

민경 갔다 와..타..

강욱 (한 손 민경의 옆 목 아래 얹고 부드럽게 만져주며)집으루 들어가지?

민경 글쎄. 그래야겠지? 들어가 책이나 보지 뭐...

강욱 (조금 *끄덕여주고* 차에 오르는데)

민경 강욱아.

강욱 (돌아본다)

민경 ...(보다가)부르고 싶어 불렀는데...잘가 하면 가서 영 안올 거 같
      구..갔다 와 그럼 오기 싫은데두 어거지로 올 것같고....그렇다.

강욱 잘가 그래도 와야 하고 갔다 와 그래도 와야 해. 병원이 있으
      니까.

민경 (그냥 끄덕이는/보며/웃음기 없이)

강욱 (쓴웃음)그리구 니가 있으니까/(하고 차에 오르는데)

S# 강남 어느 백화점 옆구리 주차장

    [백화점 건물에서 종혁과 지현 시장 본 것 들고 나오고 있다....]

종혁 (트렁크 열고 시장 본 거 집어넣고)

지현 …(같이 집어넣다가/)정말 꼭 가야 해요?

종혁 ?(돌아본다)

지현 (종혁의 앞으로)다음에 가면 안돼요? 좀더 여유 있을 때

종혁 (오버랩)여유없을 게 뭐야. 나 여유 있어.

지현 (오버랩)나요 내가 없어서 그래요. 오부까지 잘 썼다 그러니까 곧장 육부 칠부 계속 막 써야 할 거 같아서 마음이 급해요. 이번에 좀 이상하게 잘 써지거든요·· 잘 써질 때 빨리빨리 후다닥 써야지 중간에 딴 일 끼면 리듬 깨지구 김 빠져요.(좀 사정하는 투다)

종혁 (오버랩)그러니까 내가 지금 반갑잖게 끼어드는 딴 일이라는 거야?

지현 아무두 없이 우리 단 둘이 어디 가서 뭐해요.

종혁 가서 할 일 많아. 밥 해먹구 청소하구 얘기하고/ 낚시하고 낮잠도 자고 할 거 많아.(하면서 운전대로)

지현 ….(보며)

종혁 (차 문 열고 보며)타 빨리.

지현 …(별수 없다)…(차에 올라 문 탁 닫는데)

S# 달리는 종혁의 자동차. 짧게/

S# 차 안

지현 (내키지 않는 채 끌려가야 하니까 좀 부어 있고)

종혁 ….(전혀 상관없이 운전하면서 여유 있게)지금 현재 이 시점에서 당신 나 어떻게 생각하니.

지현 (돌아본다)··

종혁 (앞 보면서)얘기를 좀 하자구·····얘기가 필요해.

S# 춘천쯤에 있는 콘도 건물

S# 콘도 객실(가장 큰 평수)

종혁 별로 길게 안 왔으니까 피곤할 건 없지.(소파 쪽으로 가며 상의

벗으며/지현 봄 코트 벗어 걸고)

지현 …

종혁 과일 좀 씻어. 포도 맛있어 보이더라.(상의 소파 등에 걸쳐놓고

넥타이 풀어 걸치면서)저녁은 어떡할래. 내려 가 먹자. 공치러 한 번

왔었는데 먹을만 해.(하며 전화기 집어 든다)

지현 (굵은 포도송이 싱크대에 넣는데)

종혁 E 아 아버님이세요? 저 종혁입니다. 네에 지현이 지금 저하구 같

이 있어요.(지현 돌아본다)

S# 지현네 마루

지현부 그래? 같이 있어?…(옆의 아내에게/돌김 비비고 있는)최서방인

데 같이 있대.

지현모 우리 애 저녁/들어와 먹냐구 물어봐요.

지현부 (전화에 대고)응?…(듣다가)글쎄…그건 좀…가만 있어봐.즈

엄마하구 상의 좀 하구‥(전화 막고)최서방이 우리 애 오늘 안 들여

보낸대/

지현모 ?…왜요.

지현부 춘천 쪽이래…주말이니까 같이 있구 싶다 뭐 그거지.

지현모 여태 그런 일 없었는데 왜요.

지현부 직접 물어 봐.

지현모 곤란하다 그러세요. 털퍽 오냐 그래라 하는 거 아니에요. 성

북동에서 알아봐요. 우리 우스워져요.

지현부 (전화에 대고)안된다는데? 음 안된대…즈 엄마가 안된다면

안된다는 거야. 나는 권리 없어…

S# 콘도 객실

종혁 (비죽이 웃으면서)네 알겠습니다. 죄송합니다.(지현 그 동안 씻은 포도 갖다놓으며 보는)네‥네‥네 그러겠습니다 아버님. 안녕히 계십쇼‥(전화 끊으며)당신 말대루 외박을 싫어하시는군. 하기는 딸/외박 시켜 먹구 사는 부모 아니구는 좋아할 일 아니지만. 당신도 까다롭고 당신 부모님도 깐깐하시고…난 그거 좋아. 그런데 왜 그러구 서 있니. 뭐 지시 기다리는 여비서야? 앉아.

지현 (마주 앉으며)여기까지 나올 거 없잖아요.

종혁 (오버랩의 기분)나하고 이런 공간에 있는 게 거북해?

지현 편하지 않아요.

종혁 남자하고 단둘이 이런 공간에 있어본 적 /없어?

지현 …(보며)

종혁 이제쯤은 편안하게 손두 잡고 기대기도 하고 안기도 하고 /… 그래도 되는 거 아닌가? 당신은 말야….약혼할 때나 지금이나 똑같은 거리/항상/ 십미터 쯤 떨어져서 나를 쳐다보고 있어‥‥

종혁 E (보는 지현 위에)한 발자국도 가까워진 적이 없어. 내가 한 발짝 다가들면 한발짝 물러나고 두 발짝 다가들면 두발짝 물러나는 느낌이야.

종혁 그동안 조금도/한발짝이나 두발짝 가깝게 다가설 만큼도 변화가 없는 거야?

지현 종혁씨는……

종혁 나는…

지현 (오버랩의 기분)아직 한 집에서 같이 살 사람이라는 느낌이 안들

504

어요..

종혁 왜.

지현 종혁 씨 자체/종혁 씨 주변/배경/모두가 불편하고 나를 긴장
시키거나 /..재미가 없게 만들어요. 내가 들어갈 자리가 아니라는
생각/ 잘못 끼워지는 단추라는 느낌이 많아요. 우리 두 사람은.. 성
장 배경도 너무 틀리고 성격도 다르고/ 생각하는 방법도 너무 틀
려서 쉽게 안 섞여지는 걸 거에요.

종혁 (오버랩의 기분)방법을 얘기해봐.

지현 방법같은 건 없어요. 종혁씨도 달라질 수 있는 사람 아니구 /나
는 나대루 고집쟁이라 다른 사람 되기 힘들어요. 우리는 다 태어난
대로 살다 죽는 거 같아요.

종혁 당신한테 내가 그렇게 형편없어? (약간 뒤틀리면서)

지현 (웃으며)어떻게 감히 그런 말을 할 수 있어요, 어떤 여자가.

종혁 (오버랩의 기분)당신 하고 있잖아.

지현 내 타입이 아니라는 말은 할 수 있어요. 내 타입은 아니에요.

종혁 (오버랩)뭐가 당신 타입야.

지현 지배자 같은 투 싫어요. 일방적인 거 싫구 명령쪼도 싫어요.

종혁 그렇게 싫은데 결혼은 왜 한댔어.

지현 시원한 꼴 아무 것도 없는데 그래 화려한 결혼이래도 해보자
그래서요.

종혁 (오버랩/벌떡 일어나 지현 옆자리로 옮겨 앉으며 지현 껴안는)내
생각에는 우리 사이에 거리는(지현은 거의 놀라서 뒤로 몸 빼려는/종
혁?해서..잠깐 있다가 불끈 당겨 안으며)이런 시간을 너무 안 가져서
좁혀지질 않는 거야.(지현의 두 팔목 잡고)밀어내지 마. 당신 방콕에

서 나 겁나게 밀어냈었지. 챙피해서 베란다서 뛰어 내려 죽어버릴까 생각했었어.(너무 무거울 필요는 없음)

지현 ?

종혁 당신 처음부터 나를 밥맛없어 했어. 상당히 많이 비꼬구 할켜 됐지. 당신이 목적이었기 때문에 다 받아 줬어. 당신 그건 인정하지..

지현 …(보다가 끄덕인다)인정해요.

종혁 (오버랩)당신 내 여자야.

지현 ……(보며)

종혁 키스한다….

지현 ……(보며)

종혁 얼굴 돌리면 죽을 줄 알아.

지현 ….(보며)

종혁 (천천히 얼굴 다가드는)….(눈 뜬 채)

지현 ….(눈 뜬 채 보다가/….어느 순간 감아버린다)

종혁 (아주 부드럽고 감미로운 키스/)

지현 ….(잠깐 눈 떴다가 다시 감는)

종혁 (지현 소파 등에 부드럽게 밀어 앉게 하며)….(보는)

지현 ….(보며)

종혁 눈감아 줘 고맙다.

지현 ….(보며)

종혁 어때 한 발자국 가까워지지 않았어?

지현 (휴지 뽑으려고 팔 뻗는)

종혁 가만 있어.

지현 묻었어요.(하고 휴지 뽑아 종혁에게 내민다)/

종혁 닦아주는 거 아냐?

지현 ··(조금 쓴웃음/종혁의 입 닦아준다)

종혁 ···(보고 있다가 휴지 구겨 치우는 지현에게)다섯 발자국만 움직이면 침대가 있지만

지현 ?(돌아보는)

종혁 (연결)그냥 두고 갑시다.(불끈 일어나며)내려가 커피 한잔 마시고 뜨자. 손 씻고 나올테니까 잠깐 기다려.(하고 화장실로)

지현 ·····(있다가 포도 쟁반 들고 싱크대로 가 놓고 도로 와서 코트 떼어 소파 등에 걸쳐놓고 의자 가장자리에 엉덩이만 걸치고 앉아서)······

    E 화장실에서 들리는 물소리···

지현 ······

    E 화장실 문 여닫히는 소리에

지현 (일어난다)

종혁 (상의 가지러 소파 쪽으로 오는데)

지현 (상의 집어 입혀줄 폼)

종혁 ?··갑자기 왜 인심이 좋아졌지?

지현 입어요.

종혁 (입으면서)사람 바뀐 거 아냐?

지현 시장 잔뜩 봐다 논 거 어떡해요.

종혁 여기 일하는 사람들 먹으라 그럼 돼.(하고 지현의 코트 집어 든다)입혀주께.(에서)

S# 콘도 커피숍

종혁 (차 마시고 내리고···찻잔 탁자에 놓지 않은 채 찻잔 내려다보며 가만

히)⋯⋯

지현 ⋯⋯(가만히 보며)

종혁 ⋯(그대로)⋯

지현 ⋯⋯(보며)

종혁 (문득 지현과 눈 맞추고 쓰게 혼자 웃으며 한 모금 마시고 찻잔 내리는데)

지현 무슨 생각하구 있는 거에요.

종혁 ?⋯나한테 뭐가/ 궁금할 때두 있어? (찻잔 놓으며)당신 나한테 관심없잖아.

지현 ⋯(보는)

종혁 머리를 잘라도 모르고 새 양복 입어도 모르고 처음 맨 넥타이도 몰라보고 음?

지현 머리는 자른 표날 때까지 안 두니까 모르고/ 양복은 늘 새거니까 모르고/ 넥타이도 볼 때마다 처음 보는 거 같아요.

종혁 (조금 웃으며)무슨 생각? 궁금해?

지현 대답 안해두 돼요.

종혁 내가 좀 돈 놈이 아닌가 하구 있었어.

지현 ⋯왜요.

종혁 ⋯(끄떡하며)그런 게 있어. 당신은 알 필요없어.

지현 (그래요?의 끄덕임으로 찻잔 드는데)

종혁 관심 가져줘 고마워.(안 보는 채)앞으로도 계속 그래줬으면 좋겠고⋯하루 십센티 씩이라도 계속 다가 와 줬으면 좋겠고/⋯(하다가 시선 들어 보면서 새삼스럽게)내일 만날 때는 오늘 만났던 거 까지 합쳐진 두께로 만납시다. 당신은 좀 묘해. 늘 똑같거나 비슷해. 조

508

금 더 가까워졌다거나 조금 더 친숙해 졌다거나 그런 게 느껴지지 가 않아. 아까도 말했지만

지현 (오버랩)십미터요.

종혁 십미터/(보며)

지현 (웃으며/좀 편해진 상태)나 핸드폰 받을 때 그거만 받구 꺼 그런 소리 하지 말아요. 음식 시킬 때 덮어놓고 오늘은 이거 먹어 하지 말아요. 피곤해 죽겠다는데 겨울바다같은 거 보러 가자구 억지 쓰 지 말아요. 전화 연결 안된다구 우리 집에까지 알려서 총동원령 내 리지 말아요. 자기 일만 중요한 일이고 내일은 일도 아닌 것처럼 생각하지 말아요. 자기 운전기사한테 반말하지 말아요.

종혁 ?야 그 친구 나하구 동갑야.

지현 훨씬 위로 보여요. 또 동갑이래도 그래요. 왜 사장은 꼭 반말해 야 해요? 종혁 씨 아직 새파란데 볼상 사나와요.

종혁 또 있어?

지현 나한테 너라 소리두 하지 말아요. 반말까지는 봐주는데 너라 는 소린 싫어요.안 고치면 나두 종혁아 이랬니 저랬니 할 거구 / 우 리 네 살 차이 밖에 안나요. 네 살 차이에 마흔살 차이처럼 구는 거 우스워요.

종혁 ….(보다가)그건 아주 사소한 문제들야. 그것들 때문에 내가 당 신한테 푸대접 받는 거야? …음

지현 (돌아보고 있다가 끄덕이며)이 남자 참 싫다는 생각 들 때 꽤 있 어요.

종혁 그걸 왜 이제야 말하지?

지현 생긴대루 살아라 그랬죠 머.

종혁　....(보며).....

S# 서울로 달리는 자동차 안

종혁　....(운전하면서)길게든 짧게든 지금까지 여자가 당신 빼고 두
사람 있었어.

지현　(돌아보는)

종혁　하나는 대학 졸업반 때 둘째 숙모님이 주선하셔서 선을 봤는데
피아노하는 여자였어..아버지 어머니는 좋아하셨어. 여러가지 면
에서 나하고 격이 맞는다구 생각하셨겠지.

지현　....(앞 보며)

종혁　딱 이여자다 싶은 것도 아니고 딱 이여자는 아니다 그것도 아
니고 그저 그랬는데...한번 보고 싫다는 건 예의가 아니니까 세 번
은 만나 봐라 그래서/ 세 번 만나고 또 세 번 만나고 또 세 번 만나
고 그렇게 한 스무 번쯤 만났을 거야. 반년만에 끝냈으니까..생기기
도 그만하면 잘 생겼고 체격도 탄탄하고 성격도 발랄하고 부침성
도 아주 좋구 다 괜찮은데...평생 같이 살기에는 어쩐지 지루하겠더
라. 아버님 노발대발하시고 어머니도 실망하시고/어쨌든 반년만
에 없었던 일로 만들었었지...

지현　(돌아보는)고해 성사 안해두 돼요.

종혁　또 하나는 미국 있을 때 같은 유학생이었는데...그 여자하고는
꽤 괜찮았었어. 주말은 같이 지내면서 거의 반은 부부처럼 살았는
데 어느 날 결혼하구 싶은 남자가 생겼다구 끝내자드군.(지현 돌아
보며) 그래서 끝냈어.어이는 없었지만 타격은 별로 안 받았어. 끝
내놓고 보니까 그동안 나는 성생활에 덕을 봤구 그 여자는 경제적
인 덕을 보구 상부상조한 거드라구. 그리구 그 다음에 까다로우면

510

서 재미있는 여자를 만났는데 그게 당신이야.

지현 (앞 보며) 재미있다는 말은 못 들어봤어요.

종혁 까다로운 게 재미있어.

지현 …(돌아보며)

종혁 이제 당신한테 말 안하고 있는 거 없어.

지현 다음은 네 차례다 그러는 것처럼 들려요.

종혁 아니 그런 거 아냐. 당신은 영리하기 때문에 만약 말 안한 게 있다면/그건 말할 필요가 없기 때문 일 거야. 당신 판단을 믿어.

지현 ….(보며/무슨 얘긴지도 모르는 채)

종혁 긁어 부스럼같은 거 안 만들어. (조금 웃으며) 나두 누구 못지않게 약거든.

지현 (애매하게 보며)…

S# 달리는 자동차

〈2권에서 계속〉